序 言

为适应纪检监察机关履行纪律审查和监察调查双重职责，对违纪违法和职务犯罪问题一体审查调查的新形势新任务，帮助广大纪检监察干部不断提高履职尽责的能力，笔者认真吸收国内职务犯罪讯问研究中的部分成果，并结合长期从事职务犯罪讯问的感悟，欲借此书形成对职务犯罪讯问要素研究的体系性理论认知，以便更好地指导监察讯问。

职务犯罪讯问对当事双方来讲都是一个集约思维的过程。

监察人员的思维历程是：把获取供述当作目的，如欲达目的需要监察对象自愿交代，要想具备这个条件，就需要采用说服、教育的方法，而采用这个方法需要采取沟通、交流的方式，采取这个方式需要把语言和行为当作工具，而言行是心理活动的外现，若想正确、高效运用恰当的言行必须准确分析监察对象的心理，要想精准把握监察对象的心理支撑点，就必须查找监察对象的动机。即，把判断监察对象为什么这样说、为什么这样做当作讯问活动的原始出发点。

监察对象的思维历程是：把不供或少供作为目的，如欲达目的需要不交代，要想具备这个条件就必须采用反说服教育的方法，欲进行反讯问就要采用反沟通交流的方式，这也势必要把语言和行为当作工具，而要恰当地使用言行工具则要了解讯问人员的心理，在琢磨讯问人员心理的前提下品味讯问人员行事动机。即，把琢磨讯问人员为什么这样说、为什么这样做当作反讯问的原始出发点。

讯问要素是组成讯问活动的基本单位。从上述讯问人员的思维历程看，其主要由讯问动机、讯问心理、讯问语言、讯问方式、讯问方法、讯问条件等组成。从监察对象的思维历程看，其主要由应讯动机、应讯心理、应讯语言、应讯方式、应讯方法、应讯条件等构成。以上两者叠加，就构成了整体的职务犯罪讯问要素，具体包括：监察人员讯问动机与监察对象应讯动机、监察人员讯问心理与监察对象应讯心理、监察人员讯问语言与监察对象应讯语言、监察人员讯问方式与监察对象应讯方式、监察人员讯问方法与监察对象应讯方法、监察人员讯问条件与监察对象应讯条件。

本书正文包括六大部分：第一章为监察人员讯问动机与监察对象应讯动机，共分三节，第一节为监察人员讯问动机与监察对象应讯动机概述，主要介绍监察人员讯问动机与监察对象应讯动机的概念、特征、种类以及生成机理；第二节为监察人员讯问动机与监察对象应讯动机的情绪维度，主要介绍监察人员讯问动机与监察对象应讯动机各自的情绪因素；第三节为监察对象应讯动机的破解。第二章为监察人员讯问心理与监察对象应讯心理，分为三节，第一节为监察人员讯问心理与监察对象应讯心理概述，主要介绍监察人员讯问心理与监察对象应讯心理的概念、特征、种类以及研究意义；第二节为监察人员讯问心理与监察对象应讯心理的生成机理，主要介绍监察人员讯问心理与监察对象应讯心理的逻辑生发过程；第三节为破解监察对象应讯心理的方法，主要介绍情绪调控法、态度改变法和顺序清障法三种破解方法。第三章为监察人员讯问语言与监察对象应讯语言，分为三节，第一节为监察人员讯问语言，主要介绍监察人员讯问语言的概念、特征、种类以及不同语境下的讯问语言等；第二节为监察对象应讯语言，主要介绍监察对象应讯语言的概念、特征、种类，应讯语言与合作度分析，以及监察对象应讯语言的破解，其中，监察对象应讯语言的破解主要介绍会话沟通法和会话批评法两种破解方法；第三节为监察笔录及其证据效力，主要以引供为例说明监察笔录的制作规范及其证据效力。第四章为监察人员讯问方式与监察对象应讯方式，分为三节，第一节为监察人员讯问方式，主要介绍硬讯问法、软讯问法、直接突破法和迂回包抄法等四种讯问方式；第二节为监察对象应讯方式，主要介绍拒供、少供、谎供、翻供、串供、避供等六种应讯方式；第三节为逆向思维在监察讯问中的运用，主要介绍了逆向思维的宏观和微观两种运用方式。第五章为监察人员讯问方法与监察对象应讯方法，分为三节，第一节为监察人员讯问方法概述，主要介绍监察人员讯问方法的概念、特征、作为实现方法途径的心理限制和具体的讯问手段等；第二节为监察对象应讯方法；第三节为监察对象应讯方法的破解，主要介绍了应讯方法的政治属性及其优势功能发挥的实践。第六章为监察人员讯问条件与监察对象应讯条件，分为三节，第一节为效能理论及趋避动机理论，主要介绍效能理论及趋避动机理论的内容；第二节为监察人员讯问条件，主要介绍实质意义和形式意义上的监察人员讯问条件；第三节为监察对象应讯条件，主要介绍实质意义和形式意义上的监察对象应讯条件。总起来讲，各章均采用先罗列具体的职务犯罪讯问

职务犯罪
讯问要素研究

ZHIWU FANZUI
XUNWEN YAOSU YANJIU

高新平 / 著

山东人民出版社 · 济南
国家一级出版社 全国百佳图书出版单位

图书在版编目（CIP）数据

职务犯罪讯问要素研究 / 高新平著. -- 济南：山东人民出版社，2022.10（2023.11重印）
ISBN 978-7-209-14041-6

Ⅰ. ①职… Ⅱ. ①高… Ⅲ. ①职务犯罪 – 预审 – 研究 – 中国 Ⅳ. ①D924.304

中国版本图书馆CIP数据核字（2022）第190898号

职务犯罪讯问要素研究

ZHIWU FANZUI XUNWEN YAOSU YANJIU

高新平 著

主管单位 山东出版传媒股份有限公司
出版发行 山东人民出版社
出 版 人 胡长青
社　　址 济南市市中区舜耕路517号
邮　　编 250003
电　　话 总编室（0531）82098914
　　　　 市场部（0531）82098027
网　　址 http://www.sd-book.com.cn
印　　装 济南万方盛景印刷有限公司
经　　销 新华书店

规　　格 16开（180mm × 260mm）
印　　张 25
字　　数 403千字
版　　次 2022年10月第1版
印　　次 2023年11月第2次
印　　数 501—1000
ISBN 978-7-209-14041-6
定　　价 59.00元

要素，然后提出破解应讯要素方法的思路展开，在解答“是什么”“为什么”的同时，更注重给出“怎么办”的方案。

从职务犯罪讯问要素的属性看，各个讯问要素按照讯问生发进程形成了一个逻辑链条，具有了更明确的指向性和更高的概括性。从职务犯罪讯问的国内研究现状看，多数研究对各个讯问要素的含义内容、机制作用以及应对之道经常语焉不详，对其研究所涉范围相对较小，对其功能的研究相对肤浅。故，笔者愿借此文为职务犯罪讯问要素研究作贡献，对监察讯问实务进步略尽绵薄之力，力图为职务犯罪讯问提供新的视角，以增进职务犯罪讯问方法的合理性、合法性，并尝试从要素罗列和要素应对相结合角度进行问题阐释，从要素原问题层面建构职务犯罪讯问研究的理论框架，为职务犯罪讯问研究的创新与发展提供较为科学的理论支撑。

本书所采用的研究方法是：

1. 思辨抽象的方法。尽量把职务犯罪侦查讯问和监察讯问的感悟升华为理论抽象和思辨能力，既然本书称之为研究，则不可避免地使用思辨抽象的方法。

2. 心理学分析与侦查学实证相结合的方法。充分利用现代心理学和刑事侦查学的成熟观点与理论支点，尽可能地坚持用联系的、实证的、全面的观点具体分析问题，尽量避免片面或错误的论证与结论。

3. 注重思想政治教育的方法。改进传统职务犯罪讯问的刚性，增加监察体制改革后的温情新风，采用将职务犯罪侦查讯问特点与加强思想政治教育相结合的方法，大力形塑能够适应监察体制改革后职务犯罪讯问新形势、新要求、新特征的监察谈话新模式，既注重传统职务犯罪侦查讯问的有利面向，又强化思想政治教育的巨大威力，以使职务犯罪讯问模式更加适应纪检监察机关之政治机关的本质属性。

本书的主要创新点是：

1. 本文尝试开辟职务犯罪讯问要素研究的新路径。在当前的监察讯问实践中，存在着理论认知与现实需要之间的较大差距，对职务犯罪讯问要素之间的基本关系停留在一种较为零碎的认知中，略显碎片化特征，缺乏从体系上系统研究的清晰认识，要么一味强调传统的职务犯罪侦查讯问的作用，要么单纯强调思想政治教育工作的效威，要么一味割裂式地研究职务犯罪讯问要素，缺乏具有较强逻辑性和整全性的系统研究模式。为了改进这些偏颇，本文尝试通过一种逻辑生发模式进行研究，具有一定的理论价值。

2. 心理分析与讯问技能相结合的论述方法，能为新时代监察体制改革后的职务犯罪讯问模式增添实证要素，能够消除单纯将职务犯罪讯问视作手段的传统弊端，使构建适应监察讯问的新模式成为可能。

此书得以付梓仰赖山东省纪委监委委、室领导和全室同志的大力支持，在此表示诚挚感谢！

本书内容理论与实务相结合，贴近需求，实用性强，但囿于时间和水平，书中难免存在疏漏和不足之处，敬请广大读者批评指正。

高新平

2021 年 4 月 7 日于济南

目 录

第一章
监察人员讯问动机与监察对象应讯动机

监察人员讯问动机和监察对象应讯动机是一对具有共生关系的概念，是由动机概念衍生的伙伴概念，它们除具有动机概念的全部特征外，还具有自身的独特性特点，这种独特性表现为特定谈话空间和特定谈话时间内具有特殊互动关系的双方基于认同与否或相互认同的程度而发生的欲望状态。根据己之需要而互动是认同的重要因素，主体在不同层次的认同或对自身“归属”于特定身份的认知和情感而产生的己之需要实现的欲望的基础上滋生的心理愿望，从讯问人角度而言称之为监察人员讯问动机，从监察对象角度而言即称之为监察对象应讯动机。监察人员讯问动机和监察对象应讯动机的本质是监察人员和监察对象为了各自寻找己之归属而产生的动机。

第一节 监察人员讯问动机与监察对象应讯动机概述

监察人员和监察对象的行为尽管各不相同，但具有共同的特征，那就是其行为受心理的支配，具有自动性和自制性；监察人员和监察对象任何有社会意义的行为发生都是有原因的并为一定的动机所激发，都是在动机的直接推动或调控下实现的，没有无动机的行为。作为一个合成式的新概念，其必定是动机理论的重要组成部分，既具有动机理论的某些内容，也具有自己独特的理论成分。下面就对监察人员讯问动机和监察对象应讯动机展开讨论。

一、监察人员讯问动机概述

下面，我们分别讨论监察人员讯问动机和监察对象应讯动机的概念、种类、特点和功能。

（一）监察人员讯问动机的概念

根据是否与讯问目的相联系，我们可从两个不同角度界定监察人员讯问动机的概念。第一个角度是把讯问动机作为监察人员意图达到讯问目的的动力源，只有监察人员脑海中存在讯问目的才可进一步讨论讯问动机问题，这一要求限定了讯问目的存在的必要性。从此必要性角度观察，监察人员讯问动机是一种具有特殊内容的动机，是驱使监察人员实施讯问行为以达到一定讯问目的的内心起因或意识冲动；监察人员讯问动机是促使监察人员去追求某种讯问目的的推动力量；换言之，所谓监察人员讯问动机即刺激监察人员实施讯问行为以达到讯问目的的内心冲动或内心起因。第二个角度不将监察人员讯问动机与讯问目的联系在一起，所谓监察人员讯问动机是指推动实施讯问行为的内心起因，即激发监察人员实施讯问行为的内心冲动；换句话讲，监察人员讯问动机是激起和推动监察人员实施讯问行为的心理动因，或是指引起和推动监察人员实施讯问行为并满足某种需要的愿望和意念；也可以说监察人员讯问动机是激起并维持讯问行为的内心起因和意志倾向；更可以这样讲，监察人员讯问动机是激起和推动监察人员实施讯问行为的心理动因，或监察人员之所以要实施讯问行为的内在原因，抑或刺激并促使监察人员实施讯问行为的内心起因或思想活动。这些定义回答了监察人员是基于何种心理原因实施讯问行为的问题，说明监察人员讯问动机的作用是形成监察人员讯问心理并发动讯问行为，表明实施讯问行为对监察人员的心理愿望所具有的意义。

这两种关于监察人员讯问动机的定义大同小异，在监察人员讯问动机是一种内心冲动或内心起因上两者并无分歧；所不同的是，第一个角度的概念把监察人员讯问动机限定为一种达到讯问目的的内心冲动或内心起因，第二个角度的概念则将推进监察人员实施讯问行为的内心冲动或内心起因都视为监察人员讯问动机。很显然，监察人员讯问动机与讯问目的分属监察人员的不同心理历程，两者本来就有交集，比较起来第一个角度的概念相对周全，笔者更赞同第一个角度的概念。至此，我们可以认为：监察人员讯问动机是指引起监察人员进行讯问活动，维持并促使讯问活动朝向说服监察对象主动如实供述这一目标行进的内部动力，是监察人员为实现获取供述目的而行动的原因。

（二）监察人员讯问动机的种类、特点和功能

1. 监察人员讯问动机的种类

为了更好地了解监察人员讯问动机，可以按不同的标准对监察人员讯问动机加以分类。

（1）主导性讯问动机和从属性讯问动机

根据讯问动机对讯问行为的作用力不同，可以将监察人员讯问动机分为主导性讯问动机和从属性讯问动机。一般说来，监察人员讯问动机是由讯问需要和外部刺激（目标或诱因）相结合而产生的。在讯问实践中，监察人员一般会具有一个根本性的讯问动机，即具有征服监察对象的欲望和实现获取口供目的的行为动力，这一讯问动力贯穿讯问全程，推动着讯问进程的延伸和进展。为了达到获取口供的总体讯问目的，需要对监察对象展开一个漫长的说服过程，在每一次的话轮转换中，存在着各种不同的阶段性讯问动机，甚至在每一次话题交错中，同样存在这种情况。这些不同的阶段性讯问动机在前述根本性讯问动机的牵引下紧密地串联在一起，就形成了链条式布局，它们在支持根本性讯问动机方面前后呼应，交互作用，便构成了监察人员讯问动机体系。其中，不同的监察人员讯问动机所具有的地位和作用是不一样的。根本性动机比较强烈和稳定，阶段性动机则相对微弱而不稳定。我们通常把监察人员身上最强烈、最稳定的根本性讯问动机称作主导性讯问动机或优势性讯问动机，把那些微弱而不稳定的阶段性讯问动机称作从属性讯问动机或辅助性讯问动机。显然，主导性讯问动机对讯问行为具有更大的刺激作用，在其他因素大致相同的条件下，监察人员往往采取与主导性讯问动机相一致的意志行为。

（2）征服性的生理动机和成就性的社会动机

根据讯问动机对讯问行为的着力点不同，可以将监察人员讯问动机分为征服性的生理动机和成就性的社会动机。征服性的生理动机是指监察人员基于满足自尊心的需要、对讯问工作的热爱、恪尽职守的信念、实现讯问目的的欲望、所承受的各种现实压力、所应承担的责任和所须履行的义务，所产生的制服监察对象并获取其供述的冲动。成就性的社会动机是指监察人员在进行讯问活动过程中为完成任务达到成功而产生的追求成就并力避失败的愿望。

（3）即时性讯问动机和预谋性讯问动机

这是根据监察人员讯问动机形成的特点所作的分类。即时性讯问动机也称

情境性讯问动机，是在讯问行为情境发生作用的前提下，在较短的时间内迅速形成的监察人员讯问动机。对监察人员来说，由于事先没有思考和准备，所以这类讯问动机在相当大的程度上是由具体的讯问行为情境和监察人员当时的情绪状态决定的。在这种情况下，引起监察人员讯问动机的情境一般具有应激性、极限性的特点，它能够促使监察人员立即产生讯问动机。即时性讯问动机具有不稳定的特点，容易在其他情境因素的作用下发生改变。预谋性讯问动机是在较长时间内通过多次的思考形成的监察人员讯问动机，但值得注意的是，这种讯问动机可能是通过不断的、连续的思考形成的，也可能是通过多次的、间断的思考形成的。无论属于哪种情况，这类讯问动机都是在深思熟虑之后形成的，是被监察人员充分意识到的。由于预谋性讯问动机是通过冷静的判断、谋划、考虑形成的，因此这类讯问动机比较稳定，而较少受讯问行为情境的影响。

2. 监察人员讯问动机的特点

监察人员讯问动机首先是一种动机，但它又不同于一般的动机，因为它只存在于讯问领域而仅与监察人员讯问心理和讯问行为相联系，因而它具有以下特点：

（1）动力性

讯问动机一经产生就必然会推动监察人员实施讯问活动，它决定了监察人员讯问心理和讯问行为的发生与否及活动程度。这里所说的监察人员讯问动机的动力性，指的是监察人员实施讯问活动的驱力发动机制，是推动监察人员产生讯问心理和实施讯问行为的最一般的倾向性，这种倾向性仅能使监察人员对某类刺激和信息处于最活跃的准备状态，但不能决定监察人员讯问心理和讯问行为的性质和方式。

（2）指向性

如果说讯问动机的动力性只提供了监察人员讯问活动必不可少的能量，那么，监察人员讯问动机的指向性则决定了监察人员讯问心理和讯问行为的性质和方式。动机的指向性决定了监察人员讯问心理和讯问活动的是非善恶，监察人员为达到自己的讯问目的必然要采取一定的讯问方法和选择一定的讯问手段，监察人员讯问动机、讯问手段和讯问目的相互作用、相互结合、相互制约，使监察人员最终完成了由监察人员讯问心理和讯问活动的可能性向监察人员讯问心理和讯问活动的现实性的转化。

（3）内隐性

监察人员讯问动机是监察人员的讯问心理的一种表现形式和心理现象，无法被直接观察，再加上讯问行为的法定性，使监察人员常常在讯问行为发生之前就要准备好讯问预案，而且为了保证讯问行为的顺利进行和讯问目的的顺利实现，监察人员有时必须掩盖和伪装其真实的讯问动机。因此，只能按照讯问情势以及讯问行为的情况去推断讯问动机。

（4）贯通性

任何监察人员讯问动机，既单独存在，又互相贯通，而且就监察人员讯问心理和讯问行为而言，往往是多种监察人员讯问动机在共同起作用，只不过其中必有一种或几种动机起主导作用，各种讯问动机之间的贯通性成为监察人员讯问动机中的一个十分重要的特点。

（5）复杂性

监察人员讯问动机的复杂性主要体现在三方面：首先，从监察人员讯问动机的内容来看，监察人员讯问动机中既有生理（生物）的、物质的内容，也有社会的、精神的内容，这些内容或成分往往交织在一起，通过具体的监察人员讯问心理和讯问行为体现出来，因此，很难用单一的标准来划分或命名。其次，从监察人员讯问动机的存在状况来看，有些监察人员心理同时存在多种讯问动机，还有些监察人员的不同讯问动机的出现有一定的时间间隔等。所有这些复杂的监察人员讯问动机整体对讯问行为发挥作用，其中的主导性讯问动机推动讯问行为的产生，其他讯问动机变成从属性讯问动机，在讯问行为的实施过程中起一定的制约作用，并且在监察人员与讯问情境的相互作用中，会随时通过作用转化而成为主导性讯问动机，从而引起监察人员讯问心理和讯问行为的变化。

3. 监察人员讯问动机的功能

（1）引发和始动性功能

监察人员讯问动机是监察人员进行讯问活动的原发性动力，没有这个动力，监察人员不可能形成监察人员讯问心理和进行讯问活动。也就是说，监察人员讯问动机具有形成监察人员讯问心理和引发讯问活动功能，是讯问活动的原动力，对讯问活动起着始动作用。

（2）方向和目标性功能

监察人员所产生的动机是有一定方向和目标的，他的讯问行动总是按照说服监察对象这个预定方向和目标行进。

（3）强化和激励性功能

监察人员讯问动机对监察人员的讯问心理和讯问活动起着维持、强化和激励的作用，以使其最终实现获取供述的目标，该目标总是促使、激励监察人员不断进取以获得成功。

二、监察对象应讯动机概述

应讯就是应对讯问或应付讯问的意思。所谓应对，是指监察对象在判断与监察人员的交互作用可能会为自己带来负担甚至会超出自己所拥有的资源时，为减低、最小化或忍耐这种交互作用的内、外需求而采取的认知与行为上的努力。所谓动机，现代心理学认为其是指发动、指引和维持躯体和心理活动的内部过程。从这个角度理解监察对象应讯动机，可以发现现代心理学上的监察对象应讯动机既包括监察对象的行为活动还包括监察对象的心理活动，其定义内容应该是应对与动机含义的结合。

（一）监察对象应讯动机的概念

根据心理防御机制理论的观点，可以认为应对是监察对象面临会带来讯问压力的应激性事件时会无意识地运用否认、压抑、投射、升华等防御机制来应付讯问，该观点为应对指明了无意识层面上的研究方向；目前应对领域研究更倾向于强调监察对象对讯问环境的适应性应对及实证研究，并注重意识领域的研究。根据人格功能理论的观点，可以认为监察对象广泛而稳定的人格特质决定其应对方式，不同监察对象的应对方式由于人格特质的不同而各具差异，不同讯问情境下同一监察对象的应对方式具有相对稳定性；该理论过分强调人格特质对应对方式的影响而忽视具体应激情境对应对方式的影响。根据情境理论的观点，可以认为讯问情境因素在监察对象应对方式选择中具有决定作用，应对是对特定情境的反应；该理论注重不同情境下监察对象应对方式的研究，但忽视人格特质、个体差异对应对的重要作用，不能说明同一应激情境下监察对象应对方式的差异，亦不能说明在不同时间内同一个监察对象于同一应激情境下应对方式的差异，也不能区分客观情境的应激与主观体验到的情境的应激，故对应对缺乏一定的解释效力。现象学－相互作用理论的观点强调具体的人、具体的环境、具体的时间对具体应对方式的影响。据此可以认为，应对是监察对象与讯问环境之间相互作用着的动态过程，不仅承认应对的个体差异性，而且承认讯问情境的变化性，这在一定程度上克服了人格功能论与情境论的缺陷，被誉为是相对全面的应对理论。心理学家认为，应对除了是消除或减弱应激源或所谓健康的或适应性的应付外，还是任何预防、消除或减弱应激源的努力，不论是健康的或不健康的，不论是有意识的或无意识的，该努力都可能是以最小的痛苦方式对应激的影响给予忍受。应对首先应该根据其斗争或预防的本质被对待，这种观点为应对方式分类提供了新思路，使对应对方式的研究更趋于微观化。

应对讯问实际上就是如何处理讯问压力的问题。应讯具有两种特定含义，一种是监察对象对监察人员静态防御意义上的被动回应，另一种是监察对象对监察人员动态策略意义上的主动回应。被动回应不包括反讯问活动，而主动回应则将反讯问活动涵括其中，因为反讯问活动实际上是一种反调查活动。在上述的理论研究中，通常把应对分为问题指向应对与情绪指向应对。问题指向应对是指向改变应激引起问题的应对，情绪指向应对是指向调节对问题的情绪反应的应对。也就是说，应讯具有两方面的内容，一是对具体讯问问题的应对，二是对因讯问问题所引致情绪的应对。

监察对象应讯动机与一般意义上的动机既有联系又有区别。其相同点在于两者都是为了满足监察对象的某种需要而产生的，是推动监察对象行为的内在起因；其主要区别在于监察对象采取什么样的方式和途径来满足这种需要，一般行为动机选择不仅通过合法途径和方式满足某种需要，而且当需要过于强烈却暂时无法得到满足时监察对象可以抑制这种需要；监察对象应讯动机虽然也选择以合法途径与方式满足某种需要，但对强烈的需要一般表现出积极追求的姿态，只有在极其特殊的情况下才以消极的方式去追求。

根据应讯的两种特定含义，我们讨论构建静态或动态两种意义上的监察对象应讯动机概念的利弊。

首先探讨构建静态意义上的监察对象应讯动机概念的利弊。因为被动回应是静态防御意义上的，所以我们可以给出这样的监察对象应讯动机的概念：监察对象应讯动机是引发监察对象以静态防御方式去预防或适应、消除或减弱应激源的努力的内在驱动力，其决定着监察对象应对讯问活动的发端、方向、强度和持续性，并使之朝监察对象所期望的目标行进。该种定义之法抓住了监察对象应讯动机的核心内容与实质，即认识到监察对象应讯动机是推动监察对象实施应讯活动的努力的内在动因，优点是强调了监察对象应讯动机的内部驱动力量，并且指明了应对的静态性手段；但缺陷是没有反映出监察对象应讯动机是一个动态过程，忽视了监察对象应讯动机的动态性特征与因素，而且只强调了监察对象应讯动机中行为努力的一面，没有强调应讯活动的行为本身。

其次探讨构建动态意义上的监察对象应讯动机概念的利弊。因为主动回应是动态策略意义上的，所以我们可以给出这样的监察对象应讯动机的概念：监察对象应讯动机是指引发监察对象以动态追求方式去预防或适应、消除或减弱应激源的努力或行动的内在驱动力，其决定着监察对象应对讯问活动的发端、方向、强度和持续性，使之朝监察对象所期望的目标行进。该种定义法同样注重监察对象应讯动机的核心内容与实质，即认识到监察对象应讯动机是推动监察对象实施应讯活动的努力的内在动因，优点是强调了监察对象应讯动机的内部驱动力量，并且指明了应对的动态性手段，强调了应讯活动的行为本身；缺陷是没有反映出监察对象应讯动机有时也是一个静态过程，没有涵括监察对象应讯动机的静态性特征与因素。

由此可以看出，以上两种定义都不是一个较完整地概括监察对象应讯动机内容的概念，我们在构建监察对象应讯动机概念时不应该预设方式前提，而应以涵括内容的方式给出一个整合式的广义的监察对象应讯动机概念。探讨至此，我们尝试这样定义监察对象应讯动机，即监察对象应讯动机是指引发监察对象预防或适应、消除或减弱应激源的努力或行动的内在驱动力，其决定着监察对象应对讯问的情绪反应与行为反应的发端、方向、强度和持续性，使之朝监察对象所期望的目标行进。

（二）监察对象应讯动机的特点

由监察对象应讯动机的概念可以看出监察对象应讯动机具有以下特点：

1. 动因性

这是由动机对行为的动因性特点所决定的。动机的动因性告诉我们这是一种监察对象实施应讯行为的驱力发动机制，是推动监察对象实施应讯行为的根源性的倾向性，这种倾向性只是使监察对象对讯问刺激处于最活跃的准备状态，并不能决定监察对象行为的性质和方式。换言之，监察对象应讯动机的动因性特点告诉我们的仅仅是监察对象基于何种需要、对何种诱因做出反应的倾向性特点。

2. 指向性

如果说监察对象应讯动机的动因性仅是提供给应讯行为必不可少的心理能量，那么监察人员讯问动机的指向性则决定了监察对象应讯行为的性质和运动方向，即监察对象应讯动机既可使监察对象具备动的能量，又可使监察对象应讯动机的指向功能进一步引导应讯行为的方向，并最终使应讯行为性质得以明确，使监察对象应讯动机驱使监察对象的应讯行为向着实现应讯目的的方向运动。

3. 相对性

监察对象应讯动机也是与应讯目的相对应的概念，监察对象应讯动机之所以不同于一般动机，就是因为其与监察对象应讯目的相联系。如果没有对应讯目的的追求也就没有监察对象应讯动机可言。无论监察对象应讯动机是否卑鄙，只要其引发的应讯行为不是去追求应讯目的，那么我们就不能称其为监察对象应讯动机，而只能把其视为一般意义上的动机。

4. 复杂性

从内容上看，监察对象应讯动机中既有生理的和物质的内容，又有心理的和精神的内容，这些内容交织在一起并通过应讯目的的实现体现出来，较难用统一的标准贴上命名式标签。从存在状况上看，有些监察对象心理上同时存在多种应讯动机，还有的监察对象的多种应讯动机的出现具有一定的时间间隔性。从发展状况来看，优势监察对象应讯动机主导推动应讯行为去实现应讯目的，其他从属应讯动机在实现应讯目的过程中只起一定的促进或制约作用，并会在监察对象与应讯情境的相互作用中随时通过动机竞争转化为主导动机。可见，监察对象应讯动机具有复杂性特点。

5. 负价值性

大部分应讯行为都是阻碍监察程序进程的有害行为，监察对象实施这些有害行为往往是为了满足其某些畸形且不良的需要，基于此，纪法条规和形势政策对此种意义上的监察对象应讯动机在事实评价基础上进行价值评价时即具有负价值性。

6. 静态性

因为监察人员讯问动机不具有静态的情况，所以只能从动态意义上给出监察人员讯问动机的概念，而且还要特别强调监察人员讯问动机的内在条件性；而因为监察对象应讯动机作为与监察人员讯问动机在形式意义上相对应的概念，兼具静态性和动态性两方面的特性，所以在界定监察对象应讯动机时最好能够涵括这两方面的因素，并且尽量对监察对象应讯动机中的静态性给予关照。也就是说，静态性仅存在于监察对象应讯动机中。在讯问实践中，监察对象以静态方式应讯的情况经常出现，例如监察对象面对凌厉的讯问攻势而暂无积极应对之法时，通常会选择沉默以对，这是一种以不变应万变的处理方式，很难讲其是不是单纯具有静态性，但监察人员通常将此理解为静态应对方式。

（三）监察对象应讯动机的种类

1. 规避性的生理动机

监察对象被立案以后或被采取留置措施之后，出于逃避纪法责任或刑事处罚的本能，会产生规避的愿望和从事反讯问活动的念头。在此思维的主导下，监察对象不仅在欲想满足规避愿望的特殊心态下形成想干成反讯问这件事的措施、途径，而且会决定以什么样的方式做起，这成为理念实施的组织源头。

2. 进取性的社会动机

没有经验的监察人员会认为监察对象往往会被动防御，这是一种误判。监察对象为了达到规避纪法责任或刑罚的目的，通常也会主动去尝试说服监察人员，希望监察人员接受或理解他的想法，并按照他所希望的结果给出他所满意的调查结论。在这种思维的主导下，监察对象同样会产生力图成功并力避失败的冲动，此时进取性外显为监察对象的行为努力或行动特征，监察对象应讯动机成为监察对象从事反讯问活动并朝力图成功方向行进的内部驱动力。

（四）监察对象应讯动机的功能

监察对象应讯动机除与监察人员讯问动机一样具有激发功能、指向功能、维持和调节功能外，还具有自己独特的功能：

1. 联合功能

当监察对象朝最终目标行进时，他将调动所有的思维把能够想起的应对方案联合起来以进行讯问应对，同时他还会为了实现自己的目标决定推动应对讯问进程的行事顺序，以凝聚所有的力量尽力争取监察人员的同情和认可。

2. 选择功能

当监察对象认为自己的动机与监察人员的动机发生冲突时，他会有意识地选择对其有利的方式，做出接近或回避监察人员动机的决定，以把讯问活动趋向维持在其欲实现的特定目标上，以阻止讯问行为指向监察人员的目标，尽力保持其思维的主导性和对监察人员的最大影响力，增强其愿望强度和削弱监察讯问人员意图实现的可能性。

3. 实现功能

当监察对象引发监察人员讯问动机后，其全部思维都会集中在如何固化自己的行动方向和实现目标上，并试图不断强化和激励自己的言行。但是，在这个过程中，当讯问与反讯问分别指向不同目标时，监察对象会无意识地或有意识地选择自己的目标，而回避监察人员的目标，以尽最大努力去接近自己的目标，实现自己的最终意图。

三、监察人员讯问动机与监察对象应讯动机的形成机理

监察人员讯问动机与监察对象应讯动机是监察讯问人员或监察对象内外因交互作用的结果。

（一）监察人员讯问动机形成的因素与过程

1. 一定强度的需要促使监察人员讯问动机形成

许多讯问动机是监察人员的需要的直接体现，监察人员的需要是引起监察人员讯问动机的直接因素。监察人员与普通行为人一样，存在着从生理需要、安全需要、交往与亲密关系的需要、尊重需要到成长性需要的多层次的需要系统，它们都有可能成为监察人员讯问动机的现实因素。监察人员的这些需要，如果与讯问刺激（讯问诱因、讯问目标）相结合选择了合法手段去满足这些需要，就会形成监察人员讯问动机。但由于讯问行为在极端条件下存在遭受严厉惩罚的可能性（即反对动机的作用），只有那些具有中等或中等以上强度的需要才有足够的内驱力成为监察人员讯问动机的来源。而监察人员在特定时期或特定情景下的优势动机（或主导性动机）最有可能成为监察人员讯问动机的能量。

2. 外部诱因诱导监察人员讯问动机形成

在监察人员讯问动机的形成因素中，外部诱因是另一重要的方面。除了中等或中等以上强度的需要与外部诱因的相结合之外，还有一部分监察人员讯问

动机主要或直接由外部诱因引起。这时，监察人员讯问动机是监察人员对适合于讯问的特定情境或诱因直接做出的心理反应。监察人员具有的需要并不一定很强烈，主观上也不必然考虑对监察人员讯问方式的选择，其讯问动机在相当大的程度上具有境遇的性质。

3. 自我调节的力量

当监察人员面对积极的诱因时，其自我调节的力量起着关键作用。自我调节的力量来自两个方面：一为自我监督系统，即道德与纪法观念、纪法情感对心理和行为的调控作用；二为认知判断系统，即监察人员对利益与损失的权衡、对主观与客观力量和讯问成功实施可能性的判断。只有经过监察人员主体意识对动机可能导致的奖赏与惩罚的斟酌才能最终选择或放弃讯问动机。此种清醒意识的评价主要包括讯问动机指向的监察人员讯问心理和讯问行为得到的利益及其可能性以及两者的比较。

（二）监察对象应讯动机的形成机理

监察对象应讯动机具有三个层面的形成机理，一是外界性描述意义上的形成机理，二是内省性描述意义上的形成机理，三是认知调节中介意义上的形成机理。

1. 外界性描述意义上的形成机理

关于外界性描述意义上的形成机理，其通过直观展示影响监察对象应讯动机形成因素的方式，以应对的纵向研究设计模型告诉我们内在因素、外在因素与中介认知调节三方面的交互作用共同塑造出监察对象应讯动机。下面我们探讨应对的生态学模型具体考虑的内容。

（1）应对心理嵌套讯问环境中的问题

这是监察对象内外部因素与认知调节产生共生关系的基础条件，也是监察对象应讯动机产生的前提条件。根据生态学的观点，生态链上的每个共生单元都具有比较优势，共生单元为了实现共同优胜的目标而结合在一起形成共生体。依照生态主义心理学的理论，监察对象的内外因素与认知调节即是这样一个共生体。在共生理论视角下讨论监察对象应讯动机的形成机理，必须先考察应对心理是如何嵌套在特定的讯问环境中的。在具体的应讯活动中，监察对象的应对通常具有防御和攻击两种类型的需要。防御需要即监察对象为应付讯问压力而产生防卫欲望的诱因状态；攻击需要是指监察对象在应讯过程中对监察人员的有意挑衅或有意破坏讯问进程的欲望的启动倾向。在应讯全程中，监察对象面临讯问攻势时通常兼具防御和攻击两种交错性心态，一般是在防御基础上进攻或在攻击中防御。这两种心态通常来源于特定的讯问环境。

下面讨论监察对象防御欲望的情境性变化及其对讯问环境的影响。有的监察对象面临对其自我观念构成威胁的讯问信息时，为了维护其自我观念就会以增强或减弱现实信息的方式故意曲解这些讯问信息；也有的监察对象在对自己的应讯心理进行适应性调节中表现出积极应对和冲动行为两种极端化做法，具体表现为老是抱怨监察人员或一味进行自责两种心态现象，或以避免或抑制不快意识为防卫手段的逃避心态。防御欲望可以被看作监察对象适应讯问环境的一种表现，其不仅是一种挫折反应，也是一种应激策略；不仅是一个潜意识的心理内在过程，更是一个可以进入意识层面并能被监察对象所激发认知的行为方式。根据职务犯罪讯问实践，“否认”已经成为监察对象应激时采取的主要防御方式，但这是一种极不稳定的防御方式，深受讯问情境因素的影响。所谓深受讯问环境的影响是指深受监察人员所施加讯问压力强弱的影响。

在监察对象承受讯问压力的强烈压迫时，如果监察对象难以承受这种讯问压力就会产生痛苦反应，然而这种痛苦反应的产生又促使监察对象发展了四种机能，即压抑机能、否认机能、反向形成机能和认同机能。所谓压抑机能是指一切为纪律、法律、法规、政策所不能容许的冲动或欲望，在不知不觉中被抑制到无意识中，并使监察对象不能意识到其的存在。亦即，当监察对象产生与纪律、法律、法规等规范相悖的内心冲动时，倘若监察对象不加压抑和控制而任其发展的话，则不可避免地导致挫折或痛苦。而压抑则能起到保持其心境安宁的作用，这有利于监察对象维持与监察人员之间的人际关系；但压力也有相反的作用，因为监察对象被压抑的冲动与欲望并没有消失，只是在意识的监督之下暂时蛰伏，一旦有机会则可能再次活跃，引起监察对象意识领域短暂的扰乱现象。同时，倘若监察对象过分地使用压抑作用，拼命压抑自己正常的欲望或本能，则会形成心理崩溃。如实地讲，这是监察人员积极追求并渴望发生的状态，因为监察对象心理的崩溃意味着主动如实供述的可能发生。否认机能是指监察对象有意识或无意识地拒绝那些使其感到痛苦的事情并在感觉上认为其似乎没有发生过，其根本目的是以拒绝承认痛苦的事实来躲避心理紧张或不安，这样可以在一定程度上保护自己，给自己多一些时间来思考并做决定，监察对象在做出应讯决定前一般会采用“否认”的方法以保持与监察人员的心理距离。所谓反向形成机制是指监察对象把无意识之中不能被接受的欲望和冲动转化为意识中的相反的行为，亦即当监察对象受挫时会采取一种与原意相反的态度的心理防御机制，其目的是避免或减轻应讯痛苦。一般情况下监察对象会过度使用反向作用，甚至会形成自我意识扭曲的状态，欲望与行为脱节并导致心理异常，最后形成认知偏执或行为偏执，在贪贿案件的零口供状态下最容易出现这种情况。所谓的认同机制是指监察对象在受挫时会赞成或接受监察人员的讯问观点，以使自己更好地适应讯问环境，提高自信心进而减轻内心的挫折感和痛苦感。

攻击性需要具有三种类型的定义：一种是描述性定义，即攻击性需要是指监察对象意欲向监察人员施加有害刺激的一种心理意向；一种是前提条件定义，即攻击性需要是监察对象在心理上具有以言语伤害或精神伤害监察人员为目的的任何形式的行为意向；一种是行为后果定义，即攻击性需要是监察对象意在造成监察人员心理伤害的心理意向。一般而言，攻击性需要是因监察人员施加压力所致，也就是因外界刺激引发的内部驱动力所致；因为讯问压力会给监察对象造成精神压力与身心痛苦，这对监察对象来讲是件不愉快的事情，所以当监察对象产生攻击意向作为对讯问施压的反应时，本质上是对讯问施压做出的心理反应。

攻击性需要产生的过程是：第一步是对输入信息的编码过程，即监察对象通过感知精确接收来自讯问环境的信息线索，也就是说通过感知讯问要求的具体内容做出“发生了什么”的判断；第二步是对输入信息的解释过程，即监察对象感知到讯问要求内容以后，必须把讯问要求与其违纪违法犯罪事实、纪律责任或法律后果和应讯态度或应讯行为选择联结在一起，并做出“这意味着什么”的解释；第三步是提出自己的应讯目标，即，“我想要什么”；第四步是产生解决问题的策略，即“我能做什么”；第五步是评估第四步产生的策略并加以选择，即“将会发生什么”或“将会怎样”；第六步是执行选择的心理意向，即“立即做”的心理倾向。这个过程表明监察对象攻击心理强弱与其对讯问压力的认知方式或技能以及是否具有竞争性的讯问环境具有密切关系。

竞争是指监察对象在谈话过程中力求胜过监察人员的对抗性欲望状态，竞争意识是指监察对象在认知、情感、意识、动机和行为等方面表现出来的相对稳定的人格特质，具有跨情境的一致性；竞争需要是指监察对象对竞争的认知、态度、策略和动机等方面表现出来的较为稳定的心理倾向。在讯问实践中，当监察对象在遭到讯问攻击的时候，会受竞争意识的影响和竞争需要的驱使而倾向选择辩解或反驳等攻击行为以进行自我防护。这是监察对象基于竞争偏好而产生的攻击偏好。自我防御需要或攻击性需要都是监察对象应讯动机的侧影，如果没有讯问环境就不会存在防御需要或攻击需要。

（2）从相互影响的视角去研究问题

这种视角就是从共生的角度去考察监察对象应讯动机的产生机理。一般而言，共生是指共生单元之间在一定的共生环境中按照某种共生关系而形成的关系。根据共生的概念，共生具有共生单元、共生关系和共生环境三种要素。其中，共生单元是基础，共生关系是关键，共生环境是重要的外部条件。任何共生都是这三种要素相互作用的结果。厘清基本原理以后，我们接着探讨共生单元、共生关系的界定与监察对象应讯动机生成机理的分析问题。

首先探讨监察对象应讯动机共生单元。此处所谓的共生单元特指监察对象个人因素、监察人员个人因素及其所施讯问压力的强弱、监察对象对此两种情况的认知调节三种要素，这三种要素构成一个共生体，每个要素都成为一个共生单元。在这个共生体中，监察对象的应讯理念、应讯指导思想与应讯风格、个人品格与应讯知识水平、语言表达能力和证据运用能力、应讯风险管理与应讯行为管理水平等综合素质皆为组群式的质参量。所谓质参量是反映共生单元内在性质的因素，这组质参量决定了监察对象的综合应讯状态；在这一束质参量中，每个质参量的地位不同，在不同的时空条件和讯问环境条件下会发生变化。另外，监察对象的性别、年龄学历和阅历等均可视为该共生体的象参量（所谓象参量是指反映共生单元外部特征的因素）。

其次讨论监察对象应讯动机共生关系。共生关系既反映了上述共生单元相互作用的方式和强度，又反映了其相互之间物质、信息和能量交换关系。特别是信息流的匮乏会在一定程度上影响监察对象应讯观念的更新和监察对象应讯方式的变换。在上述共生关系中，信息是指监察人员与监察对象之间的讯问联系、情感交流和事实交流、纪法条规与形势政策的传达等；上述三要素之间的共生形式既可以是寄生也可以是偏离共生和互惠共生，既可以是点共生也可以是间歇共生、连续共生或一体化共生。在对监察对象的心理进行矫正过程中，既需要纠偏又需要塑正，其中的纠偏阶段就是寄生现象，塑正阶段就是偏离共生现象。在上述三要素的共生关系中，监察对象对监察人员所抛证据范围变化的体验不但会引起应讯理念等质参量的变化，而且会引致监察对象应讯方式等质参量的变化，如果应讯情势有利于监察对象，便会使监察对象质参量产生正向变化，否则就会出现质参量的反向变化。

最后讨论监察对象应讯动机共生环境。此处所谓的共生环境包括宏观环境和微观的讯问情境，宏观环境包括监察对象面临的党和国家对腐败现象保持高压态势的政治环境、对腐败现象保持零容忍的社会环境、对职务犯罪实施严厉打击的刑事政策等；微观的讯问情境包括监察人员的讯问风格与能力、讯问攻势的凌厉程度、讯问压力的强烈程度、讯问语言的撞击力强弱、监察证据的震慑力大小、讯问目的的强烈程度、讯问手段的慑服力大小等。这些环境因素对上述共生体的影响是不同的，有的是直接的或间接的，有的是主要的或次要的，有的是正向积极的或反向消极的，还有的是中性作用的，而且这种影响作用会随着时空条件的变化而变化。

通过前述我们可知共生现象的本质特征：第一，此谓共生是三要素之间的结合关系，这种结合关系对三方来讲都是必需的相互依存关系，但这种关系并没有改变各方本身的性质与结构。第二，这种关系的产生与发展是物质、信息和能量关系作用的直接结果，共生关系随其的消退或丧失、增强或加深而消退或丧失、增强或加深。第三，监察对象应讯动机共生关系既影响三要素的存在和发展，也影响共生环境，同样共生环境也作用于共生关系，共生体与环境的相互作用从不同侧面反映了共生关系所具有的某种程度的外部性。第四，这种共生不排除竞争，合作是共生现象的本质特征。第五，共生关系的产生与发展能促进各共生单元向更具生命力的方向演化。由此也可以看出，共生是个体变量与环境因素相互作用的过程，这与应对过程实质相同。既然生态主义心理学主张人与环境的共生和交互作用，那么我们便可从共生角度考察监察对象应讯动机，同时必须把共生与生态视角结合起来。应对形成要素之间的共生关系激发了监察对象应讯动机。这里讲的个人因素是指监察对象在预防应对和斗争应对过程中的积极应对或消极应对的不同行为表现，这其中积极情绪与消极情绪共生的现象是不可忽视的考量因素；在预防应对中，当监察对象企图改变对监察人员的言行认知，或以辩解及否认形式试图化解或驳回讯问压力所引致的压迫感时，就会形成行动倾向或行为冲动；在斗争应对中，当监察对象面对讯问压力企图以辩解方式减弱讯问攻势，或以直接反驳方式逼退讯问攻势时，亦会产生行动倾向或行为冲动。此谓讯问中的讯问情境是指讯问中监察人员施加讯问压力的强弱以及施压与反施压之此消彼长的竞争态势。通常情况下，讯问压力越大，给监察对象造成的精神折磨就越重，监察对象的痛苦指数就越大，一般情况下会容易摧垮监察对象的反讯问意识，减弱监察对象行为倾向或行为冲动的烈度，在极少数情况下会刺激监察对象反讯问行为冲动的烈度。但在这种情势下，一般不会根除监察对象的反讯问冲动与行为倾向，尤其是在监察对象幻想心理重或拒谈恶性深而进行目的性应讯的情况下，监察对象即使在承受讯问压力的状态下也会滋生强度不等的应讯动机。至于施压与反施压的竞争，监察对象通常会以积极姿态企图占据讯问上风，虽然有时监察对象也会以消极应讯方式试图达此目的，比如沉默应对，但一般情况下也不会根除监察对象的反讯问倾向与行为冲动，同样会产生程度不同的监察对象应讯动机。一般而言，心机较重的监察对象往往擅长此道，抗谈拒供倾向会比较明显，并会产生强烈的监察对象应讯动机。

下面我们深入到应对形成因素各概念内部，来分析监察对象应讯动机的形成机理。应对是个体变量与环境因素相互作用的过程，这说明构成应对概念的是监察对象个体特性与讯问环境，两者之间的相互作用具有点共生、间歇共生、连续共生和一体化共生四种作用形式，它们分别形成四种共生组织维度类型，激发了程度不同的监察对象应讯动机。

第一，监察对象应讯动机点共生。点共生是指监察对象在讯问压力的迫使下，在情感、事实或证据的某个点上做出是否认同监察人员的观点后，立基其上展开对话，并产生初始的监察对象应讯动机的作用形式。点共生通常发生在讯问初期，由于此时整个讯问形势不明朗，监察人员只是依据相关纪法条规履行程式般地向监察对象提出讯问要求，监察对象在缺乏证据信息的判断基础上只能依凭自己以往的应讯知识来直觉行事，通常会否认涉嫌事实并拒绝与监察人员展开实质性合作，仅仅出于讯问压力而不得不维持有限的交流与形式上对话，这种讯问压力下的直觉会受脱罪免责的本能驱使而产生拒绝服从监察人员的行动倾向，此即谓点共生下监察对象初始应讯动机。这种初始应讯动机实际上是一种故意与监察人员拉开心理距离的回避性动机。这种监察对象应讯动机产生的根本机理是讯问压力与监察对象个体因素之间具有共生界面形成的随机性、介质的单一性、界面的不稳定性与共生的非专一性。

关于共生界面形成的随机性：在讯问之前，监察对象一般都不会拥有对监察人员足够的信息，这会导致其应讯决策的随机性和本能性。当其在应讯之初准备做出应讯的第一个决策时，便会发现自己需要监察人员所透露的证据信息作为决策依据，而监察人员此时仅仅是为了完成履职程序而讲一些对任何一位监察对象都要讲的话，根本不会透露或出示证据，同时会以问题非常严重的套话向监察对象传导一种心理压力，这就使讯问压力与监察对象个体特性之间的共生界面不具有特定的指向性，以致形成了共生界面的随机性，这导致了点共生下的监察对象应讯动机的盲目性。

关于共生介质的单一性：在点共生状态中，由于讯问压力与监察对象个体特性共生时间较短，在相互作用过程中难以形成独立于讯问环境之外的共生介质，同时也由于共生过程比较简单，其相互之间只存在有限的信息交流，因而共生介质往往较少，这种介质单一性能够缩短这两个因素之间形成点共生过程的时间，也可以限制其相互之间点共生关系存在的寿命，故，这种点共生下监察对象应讯动机具有短暂性特点。

关于共生界面的不稳定性：这时的共生界面一般非常不稳定，经常会随着共生过程中的信息和能量交换的改变而变化，因此讯问压力与监察对象个体特性之间相互作用的程度较低，还因为由于监察对象没来得及展开应讯风险管理与应讯行为管理的深思熟虑而固定化，这就致使点共生下的监察对象应讯动机具有了可修正性特点。

关于共生的非专一性：在讯问之初，监察对象不一定只依赖讯问信息，还可以依据自身经验知识自谋其算，这就使这两个因素之间的共生具有了非专一性特点，从而在一般情况下使点共生下的监察对象应讯动机不具有持久性。

关于点共生的共进化特征：共进化是指共生单元之间相互作用而引起的双方性状和功能的进化。作为最低程度的共生，处于点共生状态的讯问压力与监察对象个体特性的共进化特征不是很明显，实际效果通常有限，只是在某些方面存在，在点共生状态中的监察对象应讯动机机会主义倾向比较明显，随着讯问交流的增加这种机会主义倾向一般会逐渐降低，而此时的点共生双方自然走向间歇共生。

第二，监察对象应讯动机间歇共生。间歇共生可以被视作多个点共生的集合。监察对象与监察人员因为各自的目的有时会展开松散的合作。从监察对象角度讲，其会在自认为需要的时候进行合作，而当自认为不需要时则会停止合作，这就是讯问实践中监察对象态度反复和行动摇摆的直接原因。在这样不连续的时空组合中，讯问压力与监察对象个体特性的共生关系是断断续续的，由于其共生对象具有特定的指向性和相当的稳定性，因而其又不同于点共生，实际上是一种新的共生状态，而不是点共生的简单积累。在间歇共生过程中，监察对象的有限合作也主要是基于讯问压迫，但这种讯问压力对监察对象来讲不具有完全的慑服力，监察对象会基于自己不同应讯阶段的应讯目的而进行选择性应对，在保持对监察人员的心理距离基础上表现出回避与趋近交替作用的倾向。而监察对象的摇摆不定在相应阶段均会产生与监察人员周旋的心理倾向，这就会产生阶段性的继发性应讯动机，这种监察对象应讯动机有的可能是对先前动机的维持与维护，也可能是对先前动机的修正和改变，具有维护或修改初始应讯动机的特征，一般与初始应讯动机保持一种产生过程上的贯穿性和连续性，这种继发性应讯动机的产生机理与点共生在界面生成、界面介质、界面稳定性和共生唯一性等方面都具有明显的不同。在界面生成上，这种继发性应讯动机虽然尚存在随机性生成的成分，但从整体上看已经具有某种必然性与选择性，也就是说，监察对象个体特性与讯问压力之间生成共生界面，已经不是主要依赖于接触的顺序，而是依赖于其两者之间的接触频率，这种间歇共生下的监察对象应讯动机具有选择性；在界面介质上，间歇共生通常包含多种共生介质，其共生界面是一种多介质界面，基本上实现了界面的分工与合作功能，同时使不同性质的信息和能量通过不同介质进行交流，进而使共生关系产生质的变化，这种间歇共生下的监察对象应讯动机具有功利性；在界面稳定性上，虽然出现不连续和间歇性的共生界面，但作用有限，同样没有得到固化；在共生的非专一性上，总体的共生唯一性水平比点共生要高，但由于其界面的间歇性，共生的唯一性水平不会随着时间变化而表现出明显增加趋势。关于其的共进化特征：此时监察对象个体特性与讯问压力之间的共进化特征已经存在，两者之间产生间歇式相互作用，并且两者都不仅具有自身的进化创新，而且会引起对方进化创新。由于两者关系密切，因而形成间歇共生比较便利，这降低了双方的机会主义倾向，使得双方都有保持共生关系的倾向，特别是监察对象在这种倾向主导下，会基于发展自己的需要将这种共生推向连续共生。

第三，监察对象应讯动机连续性共生。在连续共生状态下，意味着监察对象与监察人员之间的合作具有了比较具体的内容和程序，并在合作机制上得到了固化。监察对象个体特性与讯问压力之间发生不间断的相互作用，促使两者之间形成比较稳定的状态，形成了具有内在凝聚力的合作整体，从而使共生关系发生了质的变化。此时监察人员会针对监察对象先前的摇摆采取包括透露证据信息等在内的多种手段来综合治理监察对象的应讯态度，讯问压力呈现不断增强的态势。而监察对象则在心灵受到持续撞击的情势下，综合体验或体味所获取的讯问信息，经过较为全面的权衡利弊之后，产生了摈弃回避而选择趋近监察人员的心理倾向，并做出准备在行动上予以合作的冲动或姿态，此时先前的监察对象应讯动机得到修正，进一步形成尝试与监察人员合作的监察对象应讯动机，这时的监察对象应讯动机已经存在着主动的内容和连续保持的倾向。这种动机的产生原因是监察对象个体特性与讯问压力之间发生不间断的相互作用，在共生界面生成、界面介质、界面稳定和共生唯一性方面产生了新的特点。在界面生成上，监察对象个体特性与讯问压力连续共生的界面生成具有内在必然性，因为较为长期的彼此合作使得该合作关系具有了稳定性和连续性；同时这种相对长期的合作关系形成过程本身就是两者相互合作的选择过程，因此连续共生界面的生成具有较强的选择性。在界面介质和界面稳定性上，连续共生界面介质亦属于多重介质，不同介质具有互补功能，这既反映了界面稳定性的要求又为界面的高效性奠定了基础，因此，这种连续共生的界面比点共生和间歇共生更具稳定性，正是该种稳定性使连续共生得以存在和发展。在共生的非专一性上，两者的初始唯一性水平与间歇共生接近，但在总体上要高于间歇共生。关于其的共进化特征：连续共生反映了共生单元之间在一定时段内的稳定作用程度，该种作用程度能促进监察对象个体特性与讯问压力的共进化在较高水平上实现，连续共生比点共生、间歇共生更具明显的进化特征，这些进化特征有可能使连续共生进化为一体化共生。

第四，监察对象应讯动机一体化共生。一体化共生是指监察对象个体特性与讯问压力组成了共生体，各自不再存在独立性质和功能，亦即讯问压力中有合作动力，合作动力中有讯问压力，共生的程度发生了质的飞跃，此时监察对象对讯问压力具有了完全适应性并产生了趋近监察人员的心理倾向和行为趋向，进而滋生了主动配合的应讯动机。由于这种动机是对抗谈拒供初始应讯动机的完全颠覆，所以具有动机选择上的反动性，但对监察人员来讲具有利好性，这种监察对象应讯动机的产生是基于共生界面具有了新的特征。关于界面特征：在界面生成上，由于监察对象个体特性与讯问压力一体化的共生动力，界面生成已经完全具有内在必然性和方向性；在给定的条件下两者的共生界面具有唯一性，即主导界面，而在点共生、间歇共生与连续共生中的共生界面一般不具备主导共生界面；主导共生界面对共生的方向具有支配性，这意味着双方已经不具有任何机会主义倾向。在界面介质和界面稳定性上，共生介质的多样性和互补性更为明显，共生体特有的介质主导了两者的发展方向，介质与界面比连续共生更具稳定性和选择性。在共生的非专一性上，两者一体化共生的初始唯一性差异与其他共生程度相比通常不大，但总体的共生唯一性水平是相对最高的。关于其的共进化特征，处于一体化共生的监察对象个体因素与讯问压力具有最明显的共进化特征，主要表现为：第一，两者之间的分工形式由点共生和间歇共生的事后分工与连续共生的事中或事后分工发展到一体化共生的以事前分工为主要特征的全过程分工，该种分工形式既加深了其之间的分工程度又扩大了分工范围，并进一步优化了共生体功能，最终使其产生了更大的共生能量；第二，主导共生界面的形成使共生过程中的信息和能量交换更有效和更稳定，从而为其同步进化创造了良好的界面环境，主导共生界面具有吸引监察对象与监察人员之间的信息和能量全部投入的功能；第三，共生介质是确定共生体与环境边界的内生介质，在共生界面上具有支配作用，其既支配上述分工与合作的深度和广度，又确定监察对象与监察人员之间的信息和能量交流流程，既支配其他共生介质的地位与作用又成为共生界面上共生秩序建立的标准与依据，一体化共生下的监察对象应讯动机具有终极支配性特征。

前面我们探讨了监察对象个体因素与讯问环境的共生关系对监察对象应讯动机产生的影响，下面我们从共生认知心理学角度讨论认知调节对监察对象应讯动机产生的影响。

共生认知强调认知可以创生出环境，从而更有利于认知过程的完成；认知非一成不变的，因而也受到环境的建构。

监察对象对自身因素与讯问情境的认知可对监察对象应讯动机的产生具有调节作用。这种调节作用的具体表现：一是对监察对象自身因素与讯问情境的延展认知作用；二是在监察对象应讯动机产生过程中的嵌入作用。

关于延展认知，监察对象在谈话过程中思考如何应对讯问时，自觉地把对自身因素的认知跨越大脑而延展到讯问情境中，认为讯问情境可以为其所用从而部分地组成认知的过程。一方面，监察对象认为讯问情境主要是讯问压力是可以被利用的，而非与其绝对对立的，其在谈话过程中绝对摆脱不掉讯问压力，为达自己的应讯目标应该对讯问压力加以适度的利用；另一方面，自己对讯问态势的判断认知可以延展到讯问压力中，讯问压力可以成为自己认知的组成部分，这也符合讯问实际。在职务犯罪讯问中，监察对象不可能仅凭自己的经验知识来进行应讯决断，而是结合讯问压力来综合考虑自身特性和讯问压力两方面的因素以进行意图或行为倾向选择，对不利于自身的讯问压力企图拒绝或努力使讯问压力对自己的负面影响最小化是其应讯思虑的基本出发点，而其最小化努力的唯一方式就是适度利用讯问压力或改变讯问压力的强弱程度。此时监察对象遵循的思路是：既然摆脱不了讯问压力就把其纳入自己的认知过程中，其就应该成为自己认知过程的一部分；而当讯问压力参与了自己的认知加工，其也应当成为自己认知过程的组成部分，进而整个讯问情境理应成为自己认知过程的一部分。因此，自己不应该把认知过程局限于自身而应该将其拓展到整个讯问情境。这种思路实际上已经把认知过程不局限于自身头脑而是把认知延展到了讯问情境。

关于嵌入作用：在自身因素认知与讯问压力关系问题上，监察对象在前述思路的基础上寻找到了一种共生认知的解决方案，该方案的核心是认知受到监察对象思维以及思维所嵌入的讯问压力的共同彼此不停息的塑造。也就是说，监察对象时刻以应讯的具身技能与讯问压力打交道，其共生认知观不再把认知当作一种静态的发生起点，而是以伴随讯问压力变化而变化的具身行为技能实践着其自身的人性特征。监察对象的思维、认知与包括讯问压力在内的讯问情境在共同决定和生成中不断运动或改造着，这正符合瞬息万变的讯问现实场景，这是一种共同协变的实践观。这种共同协变的手段就是嵌入。所谓嵌入，是指监察对象完成认知任务过程中可以利用讯问情境有利部分减轻自身认知压力，但认知过程还是发生于监察对象大脑内。

以上是从理论上认识嵌入，下面把嵌入当作一种认知手段来使用。这种手段作用具体体现为：

首先，把讯问压力移入监察对象自身的体验体系。讯问压力无非就是事实施压和监察程序施压，事实施压包括情绪施压和证据施压，证据施压包括现实证据施压和虚拟证据施压，监察程序施压是指由留置升级而成的施压，例如由留置转为刑事拘留或逮捕等。讯问压力一般具有摧垮或慑服监察对象对抗讯问意志的目的性特点，方式通常是持续性的，对监察对象的思维和判断及意向或行为倾向选择具有程度不一的强迫性与逼迫性，意图把监察对象置入身不由己的绝境。而监察对象面临讯问压力的第一反应就是把其的目的性纳入自己的思考体系中，以及把其的强迫性纳入自己的体验体系中，在经过对双方的目的性或紧迫性比较后梳理出双方的对立点以及观点差异，并从心智上表现出相应的心理或情绪反应，监察对象对这些讯问压力的内心体验具有强度上的不同，通常表现为恐惧与担心、痛苦与折磨、坦然与困惑等，这些表现主要是由上述双方的对立点以及观点差异所导致。

其次，把寻求应对的意愿输出到讯问压力中。监察对象在出现上述心理反应后，在不得不面对的无奈情势下必然会同时产生适应与反抗的意识，这就需要监察对象把自己对讯问压力的体验和反应输出给讯问压力，以等待讯问压力的再次回应，意图通过讯问压力的有利结构卸载自己的认知压力。讯问压力在接受信息基础上修正自己的强度以后重新反馈给监察对象，监察对象经过上述体验和反应过程重新输出信息，讯问压力再次反馈，这就是监察对象个体因素与讯问情境的勾连过程。在这个过程中，监察对象的认知起到了对双方的调节作用。

再次，把嵌入的归化作用反复运用到往返流转的输入或输出过程。实践证明，讯问压力或反讯问压力通常具有强烈的目的性和目标性或强烈的针对性，无论是监察对象还是监察人员，一般情况下对在上述勾连过程中出现的对己不利部分都企图改变为对己有利部分，这就是嵌入的归化作用。从某种角度讲，职务犯罪讯问过程也是把监察谈话当事人双方的压力反应反复嵌入到双方的压力体验系统并重新评估和反馈的压力交流过程，这实际上就是认知调节在起作用。从监察对象角度讲，无论是认知过程依赖于讯问压力也好，还是认知过程主动利用讯问压力也好，都会在压力体验的输出或输入过程中产生一种意念上的被动性或挑战性冲动与行为选择倾向，这种冲动或倾向就是监察对象应讯动机。也就是说，监察对象在对讯问态势进行认知之后，在经过对其自身因素和讯问压力的调节过程中产生了监察对象应讯动机。

（3）以现象学态度去思考

通过上述解释或说明，我们也许会产生一种疑问，即滋生监察对象应讯动机的意向性究竟是什么，这需要以现象学态度去思考。这里的意向性不是指日常生活意义上的意图或倾向，而是指哲学意义上的产生监察对象应讯动机的意识构造或指向监察对象应讯动机的活动与能力。

在更为本原的维度上，现象学通过纯粹意识的一般结构来阐明体验的生成，而意向性是其中的核心概念。现象学意义上的意向性一是指所有意识活动均具有某个对象，二是指意向性本身具有构造的特征。

从现象学的视角来看，监察对象应讯动机是监察对象在承受并体验讯问压力基础上产生的，是监察对象的压力体验和讯问压力相互作用的结果，是监察对象意向作用与谈话中的压力感觉发生关系的结果。换句话说，监察对象的意向体验一方面来源于其在谈话过程中所感受到的压力感觉，另一方面来源于监察对象在谈话情境下所具备的意向作用方式，这两个条件对于监察对象应讯动机的生成缺一不可。如果我们将讯问压力体验作为监察对象进入讯问情境的必要条件，那么讯问情境的概念同样具有一种构造的意义。从现象学角度来考察，讯问情境不应当仅仅被视为共生体的组成部分。

首先，监察对象受到讯问压力必然进入讯问情境，感知与接受就能作为促使监察对象决定或改变自身意向方式的可能手段。换言之，如果监察对象在谈话中拒不接受讯问压力，那么在严格意义上讲其依然没有进入真正的讯问情境。

其次，讯问情境在主体间性的讯问活动中并不具有客观意义。因为讯问情境的存在从根本上讲是监察谈话当事人双方建构的结果，当监察对象以其应讯目的带给他的应讯意向作用方式去统握谈话压力的感觉时，就会产生与正常人际交流截然不同的谈话体验，所置身的讯问情境才能真正被称之为讯问情境。监察对象完整的承压体验表现为三个维度：知觉体验、意义体验和情感体验。知觉体验是指监察对象主要依凭感觉器官对讯问压力产生的强迫性等纯粹形式的体验，而较少涉及复杂的意识理解或仅仅对于讯问压力的感觉做出浅层解读；意义体验是指监察对象主体意识对讯问情境的深层次思考，此时意识力图透过形式去把握讯问情境背后蕴含的信息以及相对于监察对象的意义；情感体验是指监察对象在对讯问情境知觉和意义体验基础上为讯问压力所刺激或恐惧等而产生深层次的痛苦及困顿等情绪变化。这三种维度的体验以复合的方式共同融汇成完整的体验之流。

体验发生的基本方式是侧显，即当监察对象感觉到讯问压力时，无论讯问压力是以何种方式出现，监察对象感受到的始终是同一讯问压力，监察对象每次感受到的并不是讯问压力的全貌，而仅仅是讯问压力的某个侧面，但每次都会带来新的被体验内容，这些内容全部进入监察对象的意识流中并形成一种连续性，让监察对象能够确认每次感受到的讯问压力都是同一对象，从而保持意识的整体性。

这里还要引入一个现象学概念，即视域。讯问压力不是被孤立地感受到的，而是在由监察人员等其他客体组成的周围世界之内被知觉到的。视域揭示了体验形成的以下特点：监察对象在谈话中的承压总是有限的，但当下所感受到的讯问压力总是从相邻且边缘化的其他层面的讯问压力之中呈现出来，而讯问压力的其他层面始终保持着被感受到的可能性。

结合侧显和视域这两个概念，可以看出现象学中的意识或体验构造思想：监察对象的感受意识总是在不断获得新体验的基础上构造自身，并且在构造过程中会通过回忆、联想等意识行为为新体验在整体的体验流中做出定位；这些回忆和联想作为一种让既有体验显示出来的当下化行为，把对讯问压力的原初体验、当下体验带入近域或远域中。这就是体验的横向展开。下面我们讨论体验的纵向展开。因为所有横向展开的体验内容都不能以共时方式呈现，只有在一次次的体验中才能相继产生不同的体验内容，这就提醒我们要关注内时间意识问题。对内时间意识分析的核心思想在于其指出了监察对象的每一次体验都通过时间视域而被纳入体验流的连续性之中，并且可以被明见地把握到。

以上是从监察对象角度而言，下面切换成监察人员视角来谈这个问题。对监察人员来讲，对监察对象的承压反馈的有效体验显示出三个特征：一是倾听监察对象的承压体验并尊重其独特的解释语言，二是用叙事的语言描述监察对象的承压体验，三是监察人员自己必须放弃对立的态度而与监察对象建立某种亲密的存在关系。

关于倾听监察对象的承压体验并尊重其独特的解释语言：讯问施压的目的是把讯问压力整体迁移给监察对象，监察人员每一次实施压力转向都要考虑监察对象的真实体验，且不强迫监察对象使用专业术语强硬地概括自己的承压体验，而要让其以某种非概念化的语言自然流淌出来，类似个人生活经历的叙说则会成为触动监察对象内心深处的体验和反思的按钮，监察对象会由此进入某种自我催眠或麻醉状态，其个人体验也将会在不设防中悄然流出。在通常情况下监察对象的心理是提防或自行闭锁的，不会轻易对监察人员开放，但当监察人员改变讯问姿态，由监察人员或审视者的身份转换为倾听者时，监察对象一般会成为主讲者，这时监察对象也许会产生自己把自己从谈话工具角色中解放出来的感觉，这有利于监察谈话当事人双方拉近心理距离。

关于用叙事的语言描述监察对象的承压体验：这意味着监察人员要求监察对象不要去抽象地描述自己的承压体验以保持体验描述的真实性和完整性。因为自然的叙事语言更容易接近监察对象的承压体验。

关于监察人员必须放弃对立态度而与监察对象建立某种亲密的存在关系：监察人员由“我要认识你”的认识论讯问态度转向“我愿意和你在一起”的存在论讯问态度对有效推进讯问进程非常重要。依据现象学的观点去理解监察谈话当事人双方的关系的理由主要有两点：一是监察对象的真实体验是无法复制性言说的，每当监察对象讲出自己的承压体验，这种体验已经不是原初的真实体验；二是监察人员的复述也是无法言说的，在监察对象描述了自己的体验后，监察人员去再次复述这些体验时，这种复述离监察对象的原初体验更加遥远，更谈不上能够保证复述的真实性和完整性了。所谓“心中了了，指下难明”讲的就是这个意思。

以上是从整体方面解释监察对象应讯动机的产生机理，下面我们试从应激过程的防护、复原力、二元交互模式、应对与积极情绪四方面具体谈谈监察对象应讯动机的生成机理。

应激是监察对象在讯问情境作用下，由于其应对讯问的能力与讯问要求不平衡而产生的一种适应讯问环境的紧张反应状态，其最直接的表现就是精神紧张。应激的改变受监察对象多种心理因素的影响。具体讲，应激反应既与监察人员所施加的讯问压力的强度与时间有关，又受监察对象的个性、情绪、应对方式和社会支持度等心理因素的影响。心理应激亦称精神压力，当监察对象突遭留置时，由于受失去人身自由的强烈刺激，监察对象的激活水平很快改变，会引起情绪的高度应激化，此时的监察对象有的会积极应讯和保持思维清晰，有的则痛苦不堪而思维混沌和反应迟钝，这说明监察对象精神压力的大小会引发应激的激励作用或恐惧等心理反应；积极的或消极的讯问环境都有可能使监察对象出现应激，但监察对象适应应激的能力是有限的。适度的心理应激对监察对象的应讯功能发挥具有促进作用，这样监察对象充分权衡利弊后可能会做出正确的应讯行为选择。但超过监察对象应对能力的心理应激则会使监察对象感到不适与痛苦，对心理困扰或心理障碍造成易感倾向。应激过程的防护是指，监察对象根据自己的谈话体验能够预判监察人员即将采取的施压措施并提前对可能面临的讯问压力形成应对方案，以阻止或削弱讯问压力的影响。这种针对潜在性压力源的应对实际上就是一种面向未来的主动性应对，首先，这种主动性应对意味着监察对象首先受到了讯问环境的影响，是在讯问环境的刺激下才产生了主动性；其次意味着监察对象具有预期或发现潜在讯问压力和预先采取行动以阻止或抑制讯问压力的发生或产生影响的内部心理追求；再次意味着监察对象对以上两种情况的认知成为将其相连接的中介因素。这三方面因素的相互或综合作用共同塑造出监察对象争取避免压力或最小化压力的内部驱动力，这种驱动力会直接引致监察对象自觉地把心理追求落实为行动，这实际上意味着监察对象应讯动机的产生。

复原力亦称心理弹性，是监察对象面对被动接受讯问的逆境、创伤或威胁等重大压力后的良好适应过程，也就是对困难经历的反弹能力。影响监察对象复原力的因素有危险性因素和保护性因素两种类型。所谓危险性因素指那些增加监察对象不期望的消极结果可能性的相关变量，它可能是由监察对象所处的讯问情境造成的，也可能是直接受到讯问威胁造成的。所谓保护性因素，是能减轻处境不利的监察对象所受的消极影响从而促进处境改变的相关因素。保护性因素具有广义和狭义之分：所谓的广义的保护因素是指那些能够帮助监察对象适应讯问环境并提升应讯能力的各方面的因素，其与积极的结果直接联系；所谓的狭义的保护因素是指那些具有压力缓冲效应作用的因素，其可以通过与危险因素的交互作用，调节其与消极结果的关系。保护性因素通常被分为个体保护性因素和环境保护性因素两种类型。个体保护性因素包括监察对象维护自尊和实现自我控制等的应讯计划能力、帮助监察对象克服危险性因素的积极经历、对危险性因素的认知和对其赋予的意义等；环境保护性因素包括讯问情境、当事人双方的人际关系以及监察对象的个体因素等。危险性因素所带来的心理应激通常会导致监察对象处于身心紧张状态，这成为监察对象心理困扰和适应不良的原因。此时，监察对象为了减弱由心理应激强度和持续时间给其带来的超高耐受限度，必然会产生将其最小化或最短化的内在心理倾向，进而生成自救性的应讯动机或恢复不承压状态的恢复性应讯动机。积极性因素可以帮助监察对象缓冲心理应激给其带来的心理困惑或心理折磨的痛苦程度，使监察对象有可能带着能力感去面对讯问压力并进一步增强监察对象的心理反弹能力。监察对象为了相对准确评价自己的应讯计划的可行性，面对这种可能性通常会产生积极适应讯问压力并尽量提升自己应讯能力的内在心理倾向，进而生成攻击性应讯动机。

二元交互是指监察谈话当事人双方在讯问过程中的认知、行为与情绪上的动态交流与传感。这种交互作用表现为认知与情绪的交互作用和行为的交互作用。在此我们仅探讨认知与情绪的交互作用。受传统心理学理论的影响，人们在很长时期内认为监察对象的认知与情绪是分离的系统和加工过程，但实际上两者不但彼此交互而且共同构成了应讯行为的活动基础，这种更新的观点具体表现为：认知与情绪在功能水平上存在相互作用；认知与情绪的交互作用和功能整合是推进讯问进程的必要基础；认知与情绪影响着讯问情境的各个方面。关于认知与情绪在功能水平的交互作用：监察对象的情绪分为三个维度，即愉悦度（监察对象对情绪属性的自我评估）、激活度（监察对象的神经生理激活水平和心理警觉状态）和优势度（表示监察对象对讯问环境和监察人员的控制状态，即是处于优势状态还是处于顺从状态），认知与这三个情绪维度存在密切的交互作用。下面我们从监察对象的角度讨论情绪在认知过程中的作用。情绪影响行为绩效的观点已经被广为接受，因此情绪可以被视为监察对象注意或决策等行为非理性或者偏差的来源。监察对象的情绪能够提供关于好与坏价值判断的具体信息，监察对象的情绪体验能够通过这种方式支配其应讯态度和思考风格。另外，情绪激活和对情绪属性的自我评估都会影响监察对象的高度知觉，而且恐惧情绪还可以导致对这种高度的过度估计，这会加快监察对象去和监察人员竞争有限的知觉加工与行为控制资源的步伐，其中的视觉注意会被自动地导向具有显著情绪意义的刺激，这种情绪意义以刺激驱动和状态依赖两种方式影响讯问信息加工过程，在这两种情况下都会发生竞争。情绪刺激驱动执行控制的原因是：监察对象被强化的知觉表征引起增强的视觉反应，从而受到注意的优先加工，监察对象情绪信息可能被直接传递到调节执行控制的神经结构，但与刺激驱动的方式不同，状态依赖的方式需要包括与鼓励相关的动机加工过程参与。再者，情绪的侵扰会误导监察对象诸如理性和决策之类的高级认知功能，因为监察对象在能够获悉所有相关信息时可以确定并做出对己最有利的选择，但这并不意味着监察对象的最优选项行为不会出错，出错的原因是：监察对象不能精确地预测备选项中哪个选项会产生更好的体验，监察对象不能基于预测选择正确的选项，上述两种情况会同时出现。总之，监察对象选择错误的一般原因是：监察对象不能充分地认识到其当前预测的状态与将来体验到的状态之间的差别，因此导致了预测偏差的发生；因为监察对象不能达到冲动性与自我控制的最优平衡，这使得监察对象不能遵循自己的预测。此外，监察对象面临前景不确定性的困扰。当需要处理不确定性的情景时，这个决策过程不仅涉及情绪也涉及推理，而且在不确定情境非常模糊时，监察对象通常会认为其所采取的每一行动均可能导致最坏结果的发生，这就会增加决策时的犹豫性和不果断性。最后，情绪与监察对象的道德判断有着重要的关系，在讯问中，道德判断之后监察对象总是伴随着某种情绪，而且这个情绪状态在驱动与道德相关的行为中起着主要作用。以上这些因素会导致监察对象在对情绪属性的自我评估的基础上，激活心理警觉并争取处于优势状态的内部心理趋向并生成监察对象应讯动机。我们接着谈认知在情绪中的作用。一般认为认知与情绪的功能作用是双向的，无论是作为自变量还是作为因变量，情绪都是监察对象和监察人员对讯问情境相对于自身的意义的评估，都是对认知活动的反应，双方认知过程的目的就是实现这一意义。

认知是情绪的充分必要条件，理由是：第一，监察对象的注意等认知加工影响情绪。监察对象的情绪状态会影响其注意加工，其注意又会反过来影响其情绪体验；注意选择的效率可以预测随后的情绪反应或可以影响随后对视觉刺激的情绪评价；注意加工对监察对象情绪的影响甚至可以迁移到从未看到过的同类刺激。第二，语言影响情绪知觉。语义信息是监察对象情绪知觉的必要的背景线索，而且语言本身可以影响监察对象如何理解监察人员行为中包含的情绪。第三，情绪的认知控制。情绪调节能力是监察对象适应讯问环境的重要认知功能，而且调节情绪的努力程度在很大程度上决定了负面情绪属性评价对监察对象心智的影响。

在职务犯罪讯问中，监察对象一般采取以下方式调节情绪：以倾向于回避讯问压力的方式来调节情绪，即情境选择；以问题为焦点的处理或基本控制，即情境修正；以选择讯问情境中自己所关注的那些方面来注意调配；以从自己所关注的方面涉及的多个可能含义中做出选择的方式来达到认知变化；以激发情绪的方式来试图影响情绪反应倾向的努力，即反应调节。前四种是在监察对象情绪反应发生之前采用的聚焦策略，而第五种则是针对情绪反应的策略。监察对象认知对情绪的作用可以被认为是为了达致对监察人员情绪控制的目的，监察对象为了实现这种控制必然会产生一种心理欲望和行为倾向，这种欲望和倾向就是监察对象应讯动机。

情绪的产生总是随监察对象相应的躯体反应以及心境与态度的改变而改变。进化论的观点认为，积极情绪可解决个人成长和发展问题，即积极情绪具有更长远利益上的适应意义。积极情绪不仅使监察对象获得智力资源、心理资源等一系列资源，而且具有开拓监察对象的注意、认知和行为或开阔知觉与思维在脑中反应倾向的功能；不仅使处于积极情绪状态的监察对象因思维开阔或心态积极而放松，而且使监察对象更容易发现事件的积极意义；不仅促使监察对象产生探求更为广泛事物的想法和行动，而且使监察对象收获积极的情绪反应。

2. 内省性描述意义上的形成机理

外界性描述意义上的形成机理具有抽象性和概括性的特点，强调监察对象应讯动机形成机理的共生性。内省性描述意义上的形成机理不同于应激过程防护的紧张、复原力的心理反弹、二元交互模式的动态交流与传感和积极情绪的事件积极意义发现，而是深入研究监察对象应讯动机形成机理的个体意识层面。监察对象在接受讯问过程中，会通过自我观察和自我体验的内省方法凭借非感官的知觉审视其自身的某些状态和活动以认识自己，并最终形成内省性描述意义上的监察对象应讯动机。内省方法着重研究监察对象应讯动机在个体意识层面上的形成机制和功能结构等问题，是从内在向度描述监察对象应讯动机具有的独立性和明晰性。

监察对象应讯动机的形成与监察对象个性心理特征紧密相连。面对讯问施压，监察对象会相应形成或紧张或默然或无所谓的精神状态以及产生或配合或沉默或拒供的行为，监察对象会自觉审视以上这些精神和行为反应，衡量对讯问的外状认知、情绪反应和意志状态，综合其个人对监察人员讯问语言现象的知晓、理解和把握，对纪法规范和应讯行为的情感、评价和态度，对讯问状况的意愿、要求和期待，形成一种特殊的个体意识、主观心理感受及认知状况把握，这种感受和把握是对讯问状态和监察对象自身反映的理性、情感、意志和信念等心理要素的有机综合体，是监察对象应讯动机生成的主观把握方式。

在动态意义上，这种主观把握是以对讯问反映为意向相关项的特定意识活动，实质是对所把握内容的情感体验、理性反思和价值判断。从静态意义上说，这种把握是与讯问言行发生构成同构关系的特定意识内容。这种把握的特点在于其既是一种意识能力又是监察对象自身借助意识以反思的方式构成监察谈话现象的一个组成部分。就这种把握的内在结构而言，包括监察对象主观把握角度的横向结构，涵及其主观把握的知识、理想、情感、意志、评价、信仰六个层面；还包括监察对象意识的深层和表层角度的纵向结构，涵及其纵深把握的心态、观念、意识形态三个层次。

总起来说，这种把握在结构上可以概括为情感、观念和思维三个要素。所谓情感是监察对象基于一定的纪法认知而对应讯反应现象的直观感受，以喜好或厌恶的形式表现为一种心理态度。所谓观念是介于感性和理性阶段之间的一种特有自身审视的意识反映阶段，既包括监察对象零散的、偶然的、感性的认识，又包括某些系统的、必然的、理性的认识。所谓思维是监察对象按照纪法逻辑和利害关系衡量来观察、分析、解决应讯问题的典型思维方式。这种把握内容上的情感、观念和思维三个层面是逐级递进形成的“三位一体”结构，是一个从低级到高级、从感性到理性的发展过程。这种把握的意向性内容主要包括对纪法文本和形势政策的理解、对讯问直观的外在行为分析、对利害关系的衡量等三方面的意识，并由这些意识现象形成情感、观念和思维的意识定式，终由这种意识定式形成特定化、具体化的应讯意向性的需要决意，这种决意升华为应讯欲望，最后形成监察对象应讯动机。这是一个监察对象自我认识的初始过程。

自我认知是监察对象对上述思维、感受和行为模式相对准确的自我知觉以及对讯问人怎样理解这些模式的觉知，主要通过监察对象内省途径来完成。监察对象进行自我认识首先是想理性认知自己正在做什么，其次是想理性认知自己应该做什么，再次是想理性认知自己做得怎么样，最后是想理性认知自己怎样才能做得更好。监察对象通过对自己的应讯情况进行回顾总结来培养自己对应讯过程的自我监控能力，在讯问实践中，这类情况主要表现为监察对象通过指导自己对某项讯问话题的应对反思、对应某种应对讯问的方法回顾、对讯问话轮和某段话题的“扫描”以总结自己的应对情况，显现出让自己知道自己正在做什么。由此监察对象需要从自己实际的应讯情况总结中来设计应讯的奋斗目标，包括指导自己正确地认识自己的应讯能力、制定自认为合理的应讯计划、对自己最为敏感的问题设计反讯问的具体方案，意图让自己知道自己应该做什么。在此基础上，监察对象会培养在一定讯问环境下对自己应讯情况做出自认为正确的评价能力，包括指导自己对应讯态度的评价、对这种态度生成的基础的评价、对应讯策略运用情况的评价、对自己应讯心态的评价、对自己应讯习惯的评价、对与监察人员关系的评价、对应讯效果的评价等，意图理性地让自己知道自己做得怎么样。

经过以上评估，监察对象会依据评价结果及时调整应对讯问的心态或行为，努力使自己的应讯状态达至最佳，包括监察对象指导自己矫正自认为不妥的应讯习惯、排除自认为应该摈弃的心理障碍、通过调整完善以形成自认为妥当有效的应讯方法和目标、确定讯问中扬长避短的方法等，意图使自己明白自己怎样才能做得更好，这些都是监察对象自我知识的组成部分。监察对象自我知识由内省知识和外在知识两部分内容组成。内省知识是监察对象“向内看”获得的，外部知识是监察对象“向外看”捕获的。内省知识是由对外部事物不同认知而获得的知识，外部知识是捕捉和加工监察人员信息所得的知识。

3. 认知调节中介意义上的形成机理

情感是监察对象寓身于监察谈话情境，对自身与环境关系进行认知而建构的产物。认知对情感所涉及的身体、心理、气氛三个层面进行连接、平衡和综合，最终建构出具有有序性特征的监察对象应讯动机。

认知并非先验地蕴含情感，而是引导情感成为所期望的模式。认知的建构决定着情感的有序化、结构化和动态性，使具有依赖性的情感结构内嵌在认知结构中。认知是情感的背景和前提，系统化的情感图景是滋生监察对象应讯动机的基础，认知阶段性地排列情感并在建构情感时就会产生监察对象应讯动机，情感伴随认知的发展而更新和变化，认知引导并实施着监察对象应讯动机由无序向有序转变。也就是说，情感是基于认知的唤醒和评价才能诱发监察对象应讯动机，监察对象应讯动机的产生有赖于认知对情感现象的环境解释。监察对象描述情感体验因对自身感觉的不同而不同，情感的种类差异决定了监察对象应讯动机的指向性也不同。监察对象具有的是模糊的身体感觉基础上的概念化的情感，认知则能解释和分析这些模糊的概念化情感，而认知对当下的对象或监察讯问环境进行解释并进而完成对情感的命名，实质就是滋生监察对象应讯动机的过程。监察对象判断某些感觉中包含了对感觉的推理和认同，由此决定了模糊的身体感觉渐趋明朗化的过程就是监察对象应讯动机被建构的过程，认知使监察对象应讯动机变得清晰。由此可说，监察对象只要认可己之体验到的情感就会诱发监察对象应讯动机，认知对监察对象解释身体感觉并归因情感建构的过程就是监察对象应讯动机产生的过程。认知对监察对象生理唤醒的归因实则是原始反应成为真正意义上情感并诱发监察对象应讯动机的关键因素，认知归因是监察对象有意识的过程，赋予了监察对象内部的生理唤醒以具体含义和内容，这些含义和内容以监察对象对监察谈话情境的认知为基础，依赖于认知对监察对象所处谈话气氛线索的分析能力，此时的情感是监察对象认知依据己之所有情感范畴对生理唤醒所对应的情境进行解释的结果，而根据认知对生理唤醒所对应的监察谈话情境的解读就是监察对象应讯动机。虽然生理唤醒对情感的发生是必要的，但监察对象对生理唤醒的解释才是情感被命名为监察对象应讯动机的关键，监察对象对谈话气氛和情境的分析和理解是情感生成的关键因素。监察对象只有在生理唤醒线索和起因的指引下才能判定己之体验到何种情感，才能由此确定自己采取何种监察对象应讯动机，而认知对监察谈话情境的解释才是情感和监察对象应讯动机生成的关键。

监察对象应讯动机产生经过两个阶段，首先是谈话刺激输入产生了生理唤醒状态，接着是认知依据输入刺激特征解释唤醒状态，并在解释生理唤醒状态基础上将由此产生的情感命名为监察对象应讯动机。监察对象特定的情感事件既能产生唤醒状态又能为认知解释提供输入，生理唤醒是应讯情感建构的前提。只有监察对象意识到己之身体发生的变化才能解释生理唤醒，认知为监察对象体验到的生理唤醒提供了起因并赋予该唤醒以应讯意义，具体即是认知通过过滤、甄别、分析监察对象自己的每一个情感细节，在自己的记忆系统审查、登记、计算、匹配、评估情感信息，并比对监察对象自己和监察人员讯问语言范围内的情感概念和范畴，通过分类与情感相关的系列事件或谈话情境生成应讯情感，通过对情感相关的系列事件或谈话情境归因产生监察对象应讯动机。

（三）研究监察人员讯问动机与监察对象应讯动机对于监察讯问的意义

1. 监察人员讯问动机与监察讯问

监察人员讯问动机的强弱决定着讯问效果的好坏。具有较强讯问动机的监察人员进取心和事业心亦强，能够自觉运用调查思维来开展讯问工作，并力图取得较好的讯问效果。

（1）具有较强讯问动机的监察人员运用直觉思维的具体讯问方法

一是进行可能性分析，即研判监察对象的人生观痕迹、气质痕迹、性格痕迹、兴趣痕迹、爱好痕迹等，尽可能对监察对象的个性特征进行相对准确的预测，勾勒出对监察对象的整体印象。

二是进行归类性或归罪性分析，即研究监察对象的违纪违法和职务犯罪动机痕迹、违纪违法和职务犯罪需要痕迹、违纪违法和职务犯罪目的痕迹等，推断违纪违法和职务犯罪意识和决意的形成过程，判断违纪违法和职务犯罪的成因、特点。

三是进行拓展性分析，即研判监察对象的能力痕迹，预测监察对象的拒谈能力，研判监察对象的心理防御机制，推断监察对象的心理容量，分析其心理容量有无被拓展的可能。

对监察人员作以上分析的目的：

一是通过对监察对象的印象画像，选择并确定监察人员讯问方式，即是选用“软讯问法”，还是选用“硬讯问法”。

二是通过判断违纪违法和职务犯罪的成因、特点，有针对性地提出讯问对策，选择并确定讯问基调，决定对监察对象的心理强制程度。

三是通过推断监察对象心理容量，提出拓展心理容量的具体办法，消解监察对象拒供的消极存量，增加监察对象供述的积极存量。

（2）具有较强讯问动机的监察人员运用理性思维的具体讯问方法

首先，评估违纪违法和职务犯罪调查直觉思维的可能性分析，主要是修补对监察对象的印象判断。具体方法是：第一，理性研判监察对象的人生观痕迹、气质痕迹、性格痕迹、兴趣痕迹、爱好痕迹等，如果发现先前预判错误，要用以后发现的因素作依据以重新定位对监察对象的印象。第二，从监察对象被立案或被留置的现实情境中寻找其行为无序背后的有序心理。

其次，评估违纪违法和职务犯罪调查直觉思维的归类性或归罪性分析，主要是研判对违纪违法和职务犯罪的成因和特点的判断是否准确。具体做法是：第一，解析监察对象“欲望人”人性，占领讯问的道德制高点。第二，完成对监察对象的心理画像。

再次，评估监察对象的心理容量如何拓展的问题，具体做法是：第一，研判违纪违法和职务犯罪心理以及反调查心理的实质。第二，重点研判监察对象的反调查动机心理。第三，理性分析不同性格的监察对象心理特点和性格特点，预选有针对性的讯问方法。第四，理性思考如何与监察对象建立良好的心理相容关系。具体方法是：监察人员抓住监察对象的兴趣点、注意点和同情点，谈监察对象的爱好和兴趣，谈监察对象的优点，谈监察对象注意的事情，也就是从监察对象的情感弱点谈起，以消除或减弱监察对象的防范和对立，使被监察人员更加接受讯问人，增加监察对象的心理认同感，产生同体观，缩小监察人员与监察对象的心理距离。

（2）研究监察人员讯问动机的意义

监察人员讯问动机决定讯问成败。监察人员讯问动机对讯问成败具有积极和消极两方面的决定作用。所谓积极的决定作用，是指监察人员讯问动机可以促使监察人员增强对监察对象的认知、理解和控制敏感度，充分发挥监察人员讯问动机的有效功能，增加讯问成功的可能性；所谓消极的决定作用，是指监察人员讯问动机可以促使监察人员产生强烈的征服欲望，以致逆生不同程度的消极心理反应，这会降低监察人员讯问动机功能，影响讯问效率，甚至导致讯问失败。

监察人员讯问动机积极的决定作用：监察对象在被立案或被采取留置措施以后，会自动生成高度的防卫心理，但由于怯于纪律责任和刑罚的威慑而难掩恐慌和害怕，会在讯问过程中不由自主地表现出某些情绪与行为倾向。在此过程中，讯问动机会使监察人员自觉保持对监察对象的高度认知敏感性，去主动分析和研究监察对象是因为担心有责证据或罪证已被掌握而高度焦虑，还是因为畏惧自己违纪违法犯罪后果的严重性及相应纪律处罚或刑罚而极度恐慌，还是因为得意作案手段和反讯问手段高明而庆幸，还是因为被检举揭发而愤怒，等等。这些监察对象自然或不经意表露的信息，对具有讯问敏感性的监察人员来讲是极具价值的信号，会成为其分析反讯问动机的重要切入点和参考点，敏感地捕捉和把握这些细节往往是讯问发生转机的关键。

讯问动机可以使监察人员有意识地加深对监察对象的理解。可使监察人员先从整体上把控监察对象防卫心理策略的内容和存在的特征，查控监察对象的防御机制；再从具体层面剖析监察对象在有意识防卫心理作用下的反讯问动机与在无意识防卫心理作用下的反讯问动机特点，用以指导监察人员在讯问中因类施策，使讯问活动更具针对性。

讯问动机可使监察人员有目的地调控监察对象的认知和行为。所有被留置的监察对象在讯问阶段都会经受认知不协调，在应对讯问上通常表现为不愿主动供述、说谎和态度嚣张三种行为。监察人员讯问动机中的征服欲望会促使监察人员想方设法消除监察对象的认知不协调，说服监察对象改变抗谈拒供的原始认知，迫使监察对象主动供述或供认。

监察人员讯问动机消极的决定作用：讯问是一项原则性、纪法性和政策性极强的调查工作，在讯问实践中，由于受监察人员讯问动机中的消极因素的影响，在一定情况下会导致讯问失败。这些消极因素首先来自监察人员的讯问动机。因为监察人员认识案件既有客观性又有主观性，会不同程度地存在消极认知，这些消极认知包括偏见性、从众性、急躁性和挫折性认知。所谓偏见性认知，是指监察人员往往会从经验出发，囿于成见而用孤立、静止和片面的观点看待监察对象，陷入主观的漩涡。所谓从众性认知，是指监察人员缺乏独立思考和科学分析判断，盲目采用与多数人一致的意见，以求保险可靠和不出差错，具体有三种表现：一是将多数人错误的分析当成正确的判断而遵从，二是对自己的判断没有把握而遵从别人的分析意见，三是明知自己的判断是正确的，因屈从上级压力或不愿意标新立异而放弃自己的分析意见，以顺从而求相安无事。以上从众动机往往会造成讯问失误，因贻误战机而陷入被动。所谓急躁性认知，是指监察人员面对困难所产生的焦急和烦躁反应，一是在麻痹轻敌而出师不利的情况下，没有经过充分准备就轻率上阵，因急于求成而碰壁失败，二是在富有刺激性或冲突性的对立气氛中，监察人员易于头脑发热和感情冲动，因失去理智与冷静而表现出异常的急躁或粗暴，尤其是在监察对象无理狡辩或蓄意挑衅时表现得尤为明显，在这种不良的急躁反应支配下，有的监察人员经常会做出一些非理智或为纪律和法律所不容的言行，导致讯问失败。所谓挫折性认知，是指监察人员遇到了无法克服的障碍或干扰，致使积极的讯问动机不能实现，征服欲望得不到满足时便易于产生消极的情绪状态，这种反应非常容易导致讯问方向、监察人员讯问方式和讯问方法的严重失误，出现久讯不果的僵局，甚至导致讯问失败。

（3）监察对象应讯动机与监察讯问

监察对象应讯动机决定讯问的质量。监察对象应讯动机是监察对象灵魂的核心体现，决定了监察讯问不仅需要形象地再现监察对象是怎样实施违纪违法和犯罪行为的，更应对监察对象的内心予以精细的打量。违纪违法和职务犯罪仅是世界现象的表象，更重要的是隐藏其后且引起违纪违法犯罪行为或反讯问行为发生的内在起因。监察对象应讯动机在监察谈话方面扮演着重要的角色，属于不可或缺的要素。

讯问是在监察对象较受压抑的环境下进行的，会引起监察对象的情绪注意正相发生或情绪注意偏向。正性的情绪对监察对象心理旋转起着正向作用，此时发生的监察对象应讯动机是正面的和积极的，监察对象通常能够主动、如实、彻底讲清违纪违法和职务犯罪问题；负性的情绪注意偏向则对监察对象心理旋转起着负向作用，此时发生的监察对象应讯动机是负面的和消极的，监察对象通常不供、谎供、漏供违纪违法和职务犯罪问题。

在正性的监察对象应讯动机驱动下，监察对象不仅能够主动、如实、彻底讲清违纪违法和职务犯罪行为为及其动机，还能主动、如实、彻底讲清其他对定性求责或定罪量刑具有完全影响的动机，其不仅能使监察机关和公诉机关对违纪违法和职务犯罪准确定性，而且便于审判机关顺利且正确地定罪量刑，使案件的质量得到全方位的保证。在负性的监察对象应讯动机驱动下，监察对象则相反，一定会出现违纪违法犯罪事实不清和无法定性裁量纪法责任的情况，对案件质量产生负面影响。

第二节　监察人员讯问动机与监察对象应讯动机的情绪维度

一、监察人员讯问动机的情绪维度

一般来讲，情绪是因主观因素、环境因素、神经活动及内分泌过程相互作用而产生的主观体验。也就是说，情绪与个体的生理唤醒、神经过程和内分泌活动相关，亦与外界事件的刺激、主观认知活动、外界行为和表情表达等具有直接或间接的联系。

20 世纪 80 年代以来，多数心理学家都认为情绪在需要满足、目标定向、威胁消除以及行为维持过程中发挥着重要作用。情绪的最初词义是激动、唤醒或移动，表明个体从一种状态变化为另一种状态，其作为个体独立的心理过程具有信号功能、适应功能、组织与动机功能。其中，动机功能是指情绪本身对行为具有动力作用，能够激励个体的活动，促使个体从事某种行为并提高活动效率，其对于生理内驱力具有放大信号的作用，成为驱使个体行为的强大动力，适度的紧张和焦虑能够促进个体积极而主动地思考和解决问题，适度的情绪兴奋亦能使个体身心处于活动的最佳状态，能够有效地推动个体完成指向任务。对于情绪的动机功能和动力性质，心理学中突出的代表是动机－分化理论。该理论以情绪为中心，以人格结构为基础，来研究情绪的性质和功能：情绪系统与体内平衡系统、内驱力系统、知觉系统、认知系统和动作系统一起组织成人格；情绪由神经生理、表情行为和情感体验三个子系统组成，它们既相互联系又相互作用，且与认知、行为等人格子系统建立联系，实现情绪与其他系统的相互作用；情绪的动机功能通过生物基因—神经内分泌激活过程—感觉反馈激活过程—情感激活过程—认知激活过程来完成对行为的激活或调节。由此可以看出，情绪既与动机关系密切又是动机结构的有机维度，即存在于动机系统中。实际上，动机的生理、认知、习得性因素、成分等与动机的情绪因素和成分是紧密结合的，因为情绪本身即是生理因素、认知因素与习得因素共同作用的结果。

关于监察人员讯问动机与追求满足：情绪是监察人员讯问动机结构维度之一，与生理性维度、习得性维度和认知性维度共同完整地构成了监察人员讯问动机结构，是监察人员讯问动机研究中以主观体验为主要指向的因素、成分与机制探讨的方面，与其他维度既密切联系又相互作用。这种监察人员讯问动机的情绪性动力不仅指向结果性体验或结果预期的体验对讯问行为的激起或维持力量，而且也指向讯问行为及过程本身的过程性体验或结果预期体验所具有的动力作用。监察人员的“七情六欲”不仅代表了其对讯问目标的向往与追求还代表了其在讯问中的情绪反应，这正是监察人员基本情绪或欲求的体现。监察人员的所有情绪都会在讯问动力的或增或减方面表现出两极性特征，其类别和状态都能在监察人员讯问动机中体现出来。虽然不同的情绪类别及强度水平对不同的监察人员而言所具有的实际讯问动力方式与强度不同，但讯问活动过程的超价体验及追求性预期对讯问行为亦具有持续性的驱使力量或吸引力。从情绪的本质讲，监察人员讯问动机积极追求的是征服后的快感或完成任务后的满足，这种满足说明尽管讯问过程或阶段可能是痛苦的，但其最后的结果可能是快乐的或预期快乐的；监察人员讯问动机力求避免的是慑服不能的痛苦或讯问挫败的折磨，这说明监察人员讯问动机求与免的倾向既来源于监察人员人性的本能动力，也在后天的讯问环境反馈中得到修正，使其作用的方式更为复杂化或更富有掩蔽性。而且监察人员讯问动机的追求倾向或避免倾向贯穿于讯问活动全过程，体现在与其相联系的各层次的需要中：生存性讯问动机、安全性讯问动机、归属性讯问动机、自尊性讯问动机、认知性讯问动机及自我实现讯问动机中均可能指向满足性追求，或者指向避免痛苦，抑或指向两者的结合体。下面我们分层次讨论这个问题。

首先，我们讨论监察人员讯问动机与追求满足之间的关系。根据生物进化论与习性学的理论，人类活动的基本出发点和归宿是追求快乐，但具体到监察人员讯问动机，我们认为这种所谓理论上的快乐在讯问实践中体现为追求满足感。这种满足感是一种趋向讯问目标的合理结果，是一种典型的讯问目标一致性条件下的积极情绪，其对于讯问行为的动力作用是与监察人员的行为激活系统的活跃和行为抑制系统的相对不活跃联系在一起。对这种满足感的追求是一种适应性行为，其使监察人员更具有适应讯问环境的能力，换言之，监察人员追求这种满足的愿望具有基因基础，在其习得与认知方面，通过对监察对象的慑服与对制定讯问计划等应对方式的学习来满足自身。需要指出的是，如果这种满足追求违背了纪法规范，则可能变为违纪违法犯罪的动力，例如讯问中的刑讯逼供。这种满足追求首先体现为监察人员对讯问团队和调查机关的归属感，该感觉是一种监察人员与同事或搭档建立的充满情感关系的积极体验，是归属需要的具体体现，当监察人员缺乏这种归属感时则会感到被孤立或被抛弃的痛苦。讯问行为使监察人员意识到自己与纪法规范的融合，使其能够比较容易找到合适的讯问地位与讯问角色，这便使讯问成员之间或监察人员与被监察人员之间形成某种程度上的相互依赖与相互认同。

其次，我们探讨监察人员讯问动机与自尊感之间的关系。自尊心是监察人员基于自我评价产生和形成的自重、自爱和自我尊重，并要求得到同事或组织尊重的情感，是监察人员自尊需要和欲望的主观反映。具有适度自尊心的监察人员会因为对自我价值的自我承认而接纳自己。内在自尊是监察人员希望自己能够获得尊敬的心理，是对讯问实力与优势、讯问成就与胜任、讯问自信、名誉或威信等的欲望，或对于地位、支配、公认、声望以及重要性等的追求。自尊感的水平与类型是监察人员讯问动机的情绪维度，自尊感具有两极性，低自尊或高自尊都会导致监察人员心理受挫的机会增加并可能产生心理失衡，进而以敏感而极端的非理性方式解决讯问难题。其中的高自尊在监察人员讯问动机方面的表现倾向于自我价值维护，其对监察人员讯问动机的引发更具复杂性与潜在性。

再次，我们探讨监察人员讯问动机与理智感之间的关系。理智感是监察人员在认知需要的作用下进行讯问规律探讨和认知以及探讨活动中所体现的理性控制能力的体验，亦即监察人员具有辨别是非和利害关系以及控制自己行为能力的体验，是监察人员对自我认知能力的主观体验。在监察人员讯问动机结构维度中，情绪的作用主要体现在理智感对监察人员讯问动机水平的影响力方面。低理智感的监察人员判断力和理解力较差，在讯问中易于导致高情绪性认知风格、低成就感及高受挫机会，促使其较容易采取刑讯逼供、侮辱性讯问等极端方式处理讯问难题，从而使讯问具有了动力性。可以讲，低理智力及低理智感的讯问动力集中体现在传统讯问模式中，亦即容易在讯问中对监察对象动粗。有些眼高手低的监察人员，虽然向往较高的讯问目标，也具有较高的动机水平，但其因目标难以实现而体验到不断累加的挫败感，也较为容易在讯问中冲动行事。还有些高理智感的监察人员并不特别注重讯问的利益目标，而是沉浸于高强度的讯问对抗性体验中，对这类人来讲，对讯问过程的风险体验与对抗性体验是其讯问动机的主导力量。也有高理智感的监察人员希望通过讯问计划的周密严谨性和有效对抗性来展示或证明自己的讯问智慧，欲从讯问的实施中体验“技高者胆大”的成就感，这也可能演化为特定的讯问动机。以上这些讯问动机可能会驱使监察人员进行持续性的讯问活动，以不断地证明自己智慧水平的增长与创造性。

最后，我们探讨监察人员讯问动机与自我价值感之间的关系。自我价值感是监察人员觉得自己的才能和人格受到组织的重视并在单位中享有一定地位、声誉与良好评价时所具有的积极性情感体验，通常表现为自信、自尊、自立和自强。根据人本主义心理学的潜能理论和自我实现理论，监察人员具有自发地积极进取的发展力量，一般从低层次需要向高层次需要的满足方向发展。在这个过程中，其必然要求各种外部条件的支持，越是高层次需要的满足越是需要复杂且丰富的外部资源的支持，然而监察人员在追求自我价值目标时并不具备同样的基础和条件，有些必然会遇上挫折与阻碍，其自我价值感就不可能如期实现，这样的话多数的监察人员则是该自我价值感实现过程受到阻碍的副产品，虽然自我目标受阻，但他们获得自我价值感的愿望并没有随之降低或消失，这反而会成为强有力的追求目标。当监察人员通过多次努力也不能实现讯问动机时必然会产生挫折感和失落感。随着压力的增加，监察人员满足自我价值感的动力就会越来越强，这便很容易在外界积极诱因的作用下尝试性地以积极投入讯问的方式去实现自我的价值目标。需要讲明一点，监察人员的价值目标感的满足通常不会以外界赞许的目标或方向为指引，亦不会完全遵循需要层次由低到高的标准顺序，经常只注重较低层次需要的某些方面，例如物质精神奖励、地位和名誉等。因此，有的监察人员会通过讯问成功来博取虚荣的光环、地位或名誉，会以这些因素为自我权力或身份象征而获得自我满足感。也就是说，有些监察人员若实现了其追求目标的某些方面，其自我价值感往往就能得到满足。由于多数的监察人员追求的自我价值目标趋向于低层次需要的目标，这些目标本身具有不断增加与周期性增长的特点，所以监察人员的自我价值感在经过一段时间后重新确立更大的目标对象才能得到进一步满足，这就是监察人员讯问动机持续性的自我价值感基础。在特定情况下，有些监察人员可能具有过度的自我价值感，自以为是，盲目自大，以自我为中心力图在讯问中实现自我价值感，例如有些所谓的讯问高手自恃讯问手段高明，盲目信任自己的讯问能力，通过不自觉地实施危害讯问活动的方式来实现自我价值目标或自我价值感。还有极少数监察人员在偏激的认知模式作用下，面对监察对象抗谈拒供的拙劣表现，以片面的正义感为指引，通过所谓的“黑暗公正”的违纪违法犯罪方式对监察对象实施刑讯逼供，依靠暴力手段来实现其自我价值感，虽然其讯问动机具有一定的道德感，但其行为的社会危害性同样明显，这是对法治规范的有意识破坏。另外，还存在着超价性价值感追求的监察人员讯问动机，例如偏执信念所导致的讯问动力，误认原不存在违纪违法犯罪事实者具有违纪违法犯罪行为等。由此可见，自我价值感是一种内心对自我价值的认同，在多数情况下是由监察人员的自我中心主义价值观的驱使所产生的积极性体验，这种主观体验实质是高位追求满足与自我肯定的讯问动机成分，在监察人员的精神层面从根本上制约、调节归属感、自尊感、理智感等作为讯问动机的力量，并与其他积极性讯问体验相互结合与渗透，共同控制讯问性情绪或情感体验的强度和方向。

关于监察人员讯问动机与避免痛苦之间的关系。避免痛苦是与追求满足相联系或者相对独立的情绪倾向，监察人员在追求满足目标过程的同时也竭力避免痛苦的过程，或者说其讯问行为就是为了避免痛苦。痛苦是阻碍讯问目标达成的情绪，一般而言是因厌恶性事件而产生的消极体验。目标不一致情绪的种类较目标一致情绪更多，主要包括愤怒、焦虑、害怕、内疚、自卑、悲伤、嫉妒和厌恶等。紧张是这些消极情绪具有的相同或相似的基本前提状态，是这些消极情绪的共同特征，这些消极情绪是紧张在不同对象面前的表现形式。紧张在自动引起生理防御与心理应对准备的同时，也会导致监察人员讯问动机的选择与调整，监察人员讯问动机便可能成为监察人员面对紧张而选择应对方式解除或减弱紧张的努力方向。

下面我们探讨监察人员讯问动机与避免痛苦之间的内在动力关系。根据一般紧张理论的基本观点，紧张是监察人员在与他人的关系中不能得到其所想要对待的压力性体验，实质是监察人员处在与他人的消极关系中。这种消极关系能够产生三种紧张类型：一是讯问目标受到阻碍的紧张，这种阻碍包括讯问期望与监察人员追求目标的差异、讯问期望与实际结果的差异、主观公正感与实际效果的差异；二是撤除或威胁撤除讯问积极性或有价值刺激的紧张，通常为消极性事件所导致的紧张，例如监察人员因讯问不利面临被撤换的威胁或搭档已经被撤换等；三是消极刺激的出现引致的紧张，例如曾历经讯问失败的监察人员面临该种情况时可能再次出现情况所致的标签式紧张。以上这些紧张状态均可能导致消极性情绪或情感体验，而这些消极性情绪或情感体验是导致监察人员讯问动机的真正动力。这是因为当以上这些消极性情绪或情感体验发展到强烈程度而又无消解或释放途径时，只有义无反顾地投入讯问才能打通释放以上紧张能量的唯一通道，这时以上紧张情绪可能转变为监察人员讯问动机，这些紧张情绪此时非常容易体现为生存危机感、安全危机感、焦虑感和愤怒感等。下面我们逐一探讨。

首先，我们讨论监察人员讯问动机与生存危机感之间的关系。前已有述，此谓生存危机感是指监察人员因讯问机会或单位地位和名誉受到相对剥夺的紧张体验，这是监察人员的生理及物质精神需要受到限制而导致的消极性体验。这种感觉所生成的监察人员讯问动机包括真实的生存危机感和虚假的生存危机感两种，集中体现在预想生存危机感中。众所周知，目前调查机关已经存在行政分层现象，讯问机会并非人人均享，一般是由单位领导指派讯问人，但讯问工作又是引发职级提拔或物质精神奖励的集源地，这就无形间形成竞争局面，人人都有担心落选的忧虑。从事调查业务的人员在单位提拔较慢已经是不争的事实，调查人员意图通过讯问途径积极向上争取，也是为了满足低层次的业内生存需要，这种基本需要具有强大的动力倾向，因为人人都想把讯问工作干好，这种状况在事实上激发了监察人员讯问动机。对于那些有幸被选中的监察人员，既有脱颖而出的侥幸，又有万一被撤换的担心，自古华山一条路，只有抱着破釜沉舟的决心搞好讯问才是唯一出路，这同样也会激发强烈的讯问动机。所谓预想的生存危机感，是指监察人员客观上并不存在生存压力而主观上体验到危机感，或者监察人员以高标准的生存需要为判断而体验到生存危机感，其实质是虚假的生存危机。前者多数与监察人员的人格特质有关，例如焦虑性、紧张性、思虑性和幻想性等人格特质水平较高的监察人员较容易在单位条件突变或讯问转段时期的压力条件下诱发预想的生存危机感，并且通常在特定情境中的人际冲突或突发讯问变故等都会催生不可预测的监察人员讯问动机；后者往往是由监察人员自身优越感引致的，虽然其并不存在生存危机，但为了自我预想的或被其人为拔高的讯问标准而时刻感到危机，这时监察人员会拼命地提升自己的讯问能力和水平，这样便极有可能在此压迫性动力下滋生更加强烈的讯问动机。

其次，我们探讨监察人员讯问动机与安全威胁感之间的关系。安全威胁感亦称恐惧感，在此特指监察人员对自身安全需要受到威胁时的情绪体验，主要指讯问中的人际关系安全威胁感和职业安全威胁感等。正如人本主义心理学所强调的那样，安全感与稳定性是人类的基本需要和动力。在讯问中，获得安全感或避免恐惧感也是监察人员的主要愿望之一，是监察人员讯问动机的重要动力。实践证明，并非所有的安全威胁感都必然引发对抗动机。比如讯问成员之间或其与业务领导之间的工作摩擦或细节矛盾以及监察人员与监察对象之间的关系紧张等都只会引起监察人员的不适、不安或担心，而不会产生受到威胁的感觉。但当这种矛盾或摩擦的强度和烈度上升到对抗状态时则会给监察人员造成威胁冲击，形成安全威胁感的个体体验，这时监察人员会试图采取对策以消除威胁状态。当常规对策无效或不足以对抗威胁时，非常规或极端方式则可能成为对抗策略。常规的策略是监察人员主动与人修好以挽救颓势，非常规的方式则可能是监察人员对他人置之不理并在讯问中单打独斗，更加用心地投入到讯问中去，并且此时会伴随强烈的挫败恐惧感，监察人员企图依靠一己之力完成讯问任务以对抗或报复他人，从而更容易激发出更加强烈的讯问动机。需要强调的是：并不存在统一的和客观的安全威胁水平评判标准，安全威胁主要来自监察人员的判断或主观体验，其个体差异性较大。有时监察人员自我感知的或过敏性的安全威胁感可能引发非常规的监察人员讯问动机。也就是说，监察人员过于敏感而引致的妄想安全威胁感实际上是一种心理病态反应。

再次，我们谈谈监察人员讯问动机与焦虑感之间的关系。焦虑感是监察人员预料到会有某种不良后果或模糊性威胁出现时所产生的不愉快的情绪体验，主要特点是监察人员感到紧张不安或忧虑烦恼以及恐惧时可能伴随着一定的植物性神经功能的生理症状，一般划分为特质焦虑感和状态焦虑感。焦虑感类似于恐惧感，一般而言，焦虑感由模糊的且不明确的刺激引起，而恐惧感的刺激则更为具体和明确。根据新精神分析学派的观点可以推知：焦虑感来自监察人员在讯问工作中缺乏领导或同事们的温暖与感情，如果监察人员在讯问期间与单位领导或同事处于一种相互敌对的状态中，其对单位的依赖感或依恋感就会被剥夺或被相对剥夺，其先天的潜能与安全感就受到阻碍与威胁，从而产生孤立无援的消极体验，这就可以被称为基本焦虑感。这种基本焦虑感是监察人员在讯问中适应人际环境及发挥讯问积极性的重大阻力，也是监察人员产生报复他人心理的潜在力量。根据行为主义的理论可以推知：焦虑感为出现在实际威胁之后的不适感，具体由对自尊的挑战、工作和交往中的压力以及各种冲突和挫折情境引起，或者说其是对先前刺激的消极反应，是通过结果的强化得以维持的弥漫性消极体验。如果这种体验处于适度位置上，那么其便可以反向激发监察人员的讯问斗志，其实际上是一种逆反心理反应，领导或同事不是不认同我吗？你们越说我不行，我就越以实际的讯问行动证明我行，这种逆反心理一般会唤醒监察人员对他人的警觉，在消极心理体验基础上产生积极的监察人员讯问动机；如果这种体验过于强烈，则可能影响监察人员的正确判断，在讯问中要么会惊慌失措，要么会反应过度，其便成为提升监察人员讯问动机实施效果的阻却力量；如果这种体验达到临床症状水平，即以紧迫的灾难性恐惧体验为中心的情绪障碍，则可能产生过度对抗的防卫性讯问动机或情绪性讯问动机。因此，焦虑感是监察人员相对持久而弥漫性的消极情绪体验，只有当其具有高焦虑水平时才可能演化为监察人员讯问动机的情绪成分，而且在作用发挥上讯问动机的作用机制具有相对间接性与潜在隐蔽性。

最后，我们探讨监察人员讯问动机与愤怒感之间的关系。愤怒感是一种原始的消极情绪，是监察人员在遭受打击、威胁或羞辱等强烈刺激下感到愿望受到压抑、行动受到挫折或自尊心受到伤害时所表现出的情绪反应和体验。作为监察人员讯问动机的情绪成分，我们在此重点探讨愤怒对于讯问中的攻击性倾向发生的作用力。根据经典的挫折－攻击理论可以推知：讯问挫折所引起的愤怒情绪是引起攻击与侵犯的原因。因为讯问挫折状态所引致的极端愤怒是一种原始性的攻击或侵犯的表达状态，这种侵犯唤醒或侵犯激起最为直接的要求是监察人员立刻反击挫折源，以维护自身的生存和利益。在讯问中，监察人员出于生物本能所做出的自我保护反应同样具有反击的力量，这种攻击反应类型包括直接的攻击行为、间接的攻击行为和替代攻击行为，这几种攻击的倾向与力量投入是非常确定的。相应地，对于讯问中的人身侮辱或刑讯逼供而言，愤怒感是这些攻击行为最为重要的情绪性讯问动机，其中的重要原因就是愤怒感增加了监察人员的受伤害感，而原始的情绪降低了监察人员自身对讯问行为的约束力，从而增加了监察人员报复的欲望和力量。由此可见，愤怒感可能是引起侵犯或攻击的必要条件。愤怒感是否会引发攻击行为既受监察人员个性特征的制约，其攻击程度又受到愤怒的频率、挫折量大小、挫折源的主观性以及情境干扰和交互作用等因素的影响，亦即环境诱因、监察人员内在情绪状态及主观认知状态的交互作用联合决定了愤怒感的实际攻击行为。同时，高度愤怒感引起的攻击行为通常是持续性的。

至此我们可以做一小结：情绪作为监察人员讯问动机的力量，集中体现为监察人员对讯问行为及讯问过程的满足追求、痛苦避免及情绪宣泄动力。追求满足是为了获得希望与安慰，具体表现为归属感、自尊感、自我价值感等；避免痛苦是对消极情绪的回避与对抗，具体表现为生存威胁感、安全威胁感、焦虑感和愤怒感等消极情绪或紧张力量对讯问行为的推动力。在特殊条件下，监察人员的这些本能会以自我冲突或相互矛盾的方式纠缠在一起。追求满足和避免痛苦是情绪体验对监察人员讯问动机进行调控的两个方面。在多数情况下，情绪成分是与监察人员讯问动机的认知、生理、习得成分相互渗透与影响发挥动力作用的；其发挥作用的机制更多地是由进化习得的生理唤醒、自然体验在认知或环境力量的参与或激活与强化中发生的，监察人员讯问动机的情绪机制主要是潜意识或低意识性的。

二、监察对象应讯动机的情绪维度

职务犯罪讯问是监察人员与监察对象之间对抗的过程，只要监察人员讯问动机存在则监察对象应讯动机就必然存在。作为与监察人员讯问动机相对应的概念，监察对象应讯动机不是一个纯粹的法学术语，其只是一个约定俗成的讯问用语而已，但这并不影响其具有自己特定的内涵。只有真正探索到监察对象应讯动机的情绪维度，我们才有可能把握监察对象的本质，因为应讯动机是洞察监察对象应讯行为内在驱动力的窗口，解答监察对象为什么要实施应讯行为的核心要素就是应讯动机。

与监察人员讯问动机相同，监察对象应讯动机的生成也是有规律可循的。监察对象应讯动机作为推动监察对象实施应讯行为的努力或行为的直接心理起因是怎样形成和发展的？其经历过哪些发展阶段呢？传统的观点偏重于从动机角度予以解析，一般把监察对象应讯动机的形成机理分为五种情况：第一种情况认为监察对象应讯动机由监察对象的应讯需要直接转化而来，监察对象把应讯需要转化为应讯动机以通过应讯行为来满足应讯需要；第二种情况认为监察对象应讯动机既可以由监察对象的应讯需要引起，也可以由进行应讯行为当时的外部刺激（情境因素）所激发；第三种情况认为监察对象应讯动机是在一定应讯需要的基础上受外部诱因的刺激而产生的，监察对象应讯动机是监察对象的应讯需要与外部诱因相结合而共同发挥作用的结果；第四种情况认为谈话挫折会引发一种促使监察对象实现一定应讯目标的内在倾向，并进而引起谈话中的攻击行为，实际上这是一种具有生物本能性的行为动机，监察对象遇到挫折时首先产生攻击性应讯动机，进而产生攻击性应讯行为；第五种情况认为过度补偿即是监察对象期望用超常的成就克服自卑的心理倾向和相应的行为，当过度补偿机制使用不当时极可能会把监察对象的心理和生理活动引向危害监察程序进程的行为，使过度补偿的倾向转化为监察对象应讯动机，导致监察对象应讯动机的发生。总结以上五种情况，可以看出监察对象之所以产生应讯动机的原因无外乎两个方面：一是内在条件，即应讯需要，二是外在条件，即外部诱因。也就是说，监察对象应讯动机的形成途径一般有三种：一是应讯需要促使形成监察对象应讯动机；二是外部诱因引起监察对象应讯动机；三是应讯需要和外部诱因共同作用形成监察对象应讯动机。

且不论上述理论是否科学或是否具有缺陷，我们现在转换思路思考一个问题，即如果从应讯角度探究监察对象应讯动机的形成机理会是一种什么结果？若欲得出科学的结论，必须从应对因素与动机因素相结合的视角予以研究，亦即不仅应考虑到监察对象的因素、讯问情境的因素以及其相互之间的交互作用对应对的影响，又应注重认知评价作用，还应考虑到应对所导致的短期和长期结果反过来会影响监察对象的认知评价。

应对研究本身是动态的，包括应激过程的防护、二元交互模式的应对、应对与积极情绪等。

关于应激过程的防护，就是监察对象提前适应来阻止或削弱潜在压力源事件的影响。首先谈谈面向未来的主动应对问题。这些针对潜在压力源的应对一般被称为主动性应对，这是一个监察对象预期或发现潜在压力与预先采取行动阻止潜在压力源发生或抑制潜在压力源影响的过程，主要应对步骤为：第一，建立一个可用来阻止或补偿即将遭受损失的资源储备；第二，识别潜在压力源；第三，初步评估潜在压力源；第四，初步尝试去适应潜在压力源；第五，参考使用那些通过努力并获取成功的案例以及反馈。应激过程的防护一般分为预见性应对和预防性应对。所谓预见性应对是指付出努力去处理一个必然发生或相对来讲必然发生的事件；所谓预防性应对是指预示一个在遥远未来可能会发生的不确定性威胁。其次探讨复原力问题。复原力亦称心理弹性，当前学界对何为复原力尚无定义上的统一说法，只是在对其进行概念界定时强调三种取向，即能力、结果和过程取向。其中，从能力取向角度讲，心理复原力为个体在面临压力或困境时能够有效应对的能力；从结果视角而言，心理复原力为个体面对困境仍能保持健康的身心功能；从过程取向角度说，心理复原力为相对静止的状态和动态的过程，是成功应对困境的过程。心理复原力与个体应对相互作用。

复原力产生于危机情境，是个体在和环境交互作用的应对过程中所具有的能力、潜能或特质。复原力无论是稳定或变化，无论是作为调节或应对过程的结果都是处于高度动态中的。复原力通常和极端的创伤或克服不寻常的逆境有关。面向未来的应对的概念扩大了应对研究的范围，能够帮助监察对象在谈话过程中更好地处理压力。日常应激复原力假说可以提醒监察对象怎样做到使应激作为因子来诱导自己的调控能力，时刻保持“多少压力是合适的”以及“什么指标可以帮助我评估和预测结果”之类的疑问，以便于确定动态的相互作用的生理和行为反应以及其对修复的影响。

关于二元交互模式的应对，强调具有密切牵连关系的谈话当事人双方在应对过程中的认知、行为与情绪等方面的动态交互性，主要探讨该交互性对谈话当事人个体应对有何影响以及如何使个体更好地应对压力。二元交互模式的应对不但注重双向一致还注重情感效力，这为监察谈话当事人双方给予了有益的启示：监察谈话当事人双方共同处理压力比双方各自处理压力效果更好。这说明监察对象的认知评价和应对能力对监察人员的影响也很重要，其为监察对象更好地应对压力提供了方法。

关于应对与积极情绪：积极情绪与消极情绪共存于应对过程中，即便在最可怕的压力情境下或沮丧显著增加时期。首先我们重点探讨应激应对的积极情绪。应激和应对强调了应对结果的或好或坏两种类型，当结果是不利的时候整个应对过程将重现，进而产生慢性应激的条件。当情况不能得到顺利解决时，监察对象为了能更好地完成应对，会滋生意义为重点的应对和正面情绪，亦即一个失败的决议之后需要重新启动意义为重点的应对，意义为重点的应对反过来能够产生积极情绪及其基本评价，这些积极情绪及其评价通过恢复应对资源和提供维持长期的以问题为重点的应对所需要的动力来影响应激过程。另外，监察对象积极的情绪能够减轻痛苦。在应对严重应激时监察对象的核心任务是整合所面对的压力以及对环境与自我的信念。与积极的情绪有关的应对过程的共同主题是把其与个体的价值观、信念和目标联系在一起。有效的以问题为重点的应对是与情绪的掌握和把控相关的。其次我们探讨积极情绪与意义为重点的应对。意义为重点的应对本质是以评价为基础的应对，监察对象利用自己的信念、价值观和生存目标在困难时期激发和保持应对。意义为重点的应对一般包括五个类别，即，利益的发现、利益的提醒、适应性目标的进程、重新安排优先事项和为普通事件注入积极的意义。积极和消极情绪共生对于监察人员研究应对及其策略具有重要意义。一方面，如果监察对象积极情绪与消极情绪只是单纯的对立，那么监察人员就要采取减少消极情绪同时增加积极情绪的应对办法，反之亦然。另一方面，需要监察人员在讯问中认真区别监察对象积极情绪与消极情绪出现的频率、强度和持续时间等，注意辨别急性和慢性应激过程中与监察对象积极情绪相关的应对过程。

总之，鉴于监察对象应讯动机与监察人员讯问动机的思维针对性和行为对抗性，监察对象应讯动机与监察人员讯问动机具有相同的生成机理形式，即都在动机结构上具有生物性、意向性、认知性和情绪性，相应地都可以从生理、环境、个体、社会或潜意识水平、讯问性或应讯性倾向以及攻击性倾向等不同情绪角度予以分析。但是，笔者认为监察对象应讯动机与监察人员讯问动机相比情绪维度更为复杂。

第三节　监察对象应讯动机的破解

综上，监察对象应讯动机的生成机制是谈话环境、身体内省和认知中介的互动。只要存在监察讯问则必然引发监察对象应讯动机，监察对象应讯动机不可被消灭，只可被破解。破解监察对象应讯动机的总体要求是尽量祛除应讯动机功能或弱化应讯动机的功能实现。由上可知，由情感、观念和思维组成的应讯意识“三位一体”结构具有生物性、情感性、意向性、认知性特点，其中生物性和情感性对应应讯意识的情感因素，意向性对应应讯意识的观念因素，认知性对应应讯意识的思维因素；而破解的方法只能根据这些特点并因循监察对象应讯动机生成进路从情感调节、观念矫正、思维塑造三方面着手展开：

一、情感调节法

在监察对象应讯动机生成机制中，谈话环境是刺激输入性的外因条件，身体内省是依据性解释唤醒的内因基础，认知调节是情感生成和应讯动机产生的中介。由于在监察对象应讯动机生成过程中，监察对象的内心情感变化主要表现在情感变化上，致使监察对象的情感变化以情感载体形式成为应讯动机的观念、思维可被感知的唯一路径，因此破解监察对象应讯动机的进路亦只能选择在对监察对象情感的认知调节上。监察对象的情感变化一般会经过三个历程：首先是被留置之初的情感迷茫期，其次是被留置期间的情感变化期，再就是被留置期间的情绪稳定期。因此，我们只能根据监察对象应讯动机的生成机制特点导引其的消极动机向积极动机转化，只有导引和实现该积极转化，才能消弭或弱化监察对象应讯动机的功能实现。

1. 以凝重感实现监察对象的生理唤醒

留置之初的监察对象心情通常较为沉重，即使事前再有思想准备，被留置后也会变得懵懂，此时的情感表现就是觉得自己一辈子的前途即将被彻底毁掉，痛苦和郁闷充斥脑海，大多数情况下产生应讯动机的原因仅是本能上的被动防御，认知也较为单纯，思想上只是认为违纪违法犯罪行为暴露了，但还不会理性衡量暴露了多少，只是被动应对，面对监察人员的提问只是潦草应付。这对监察人员来说是一次极为珍贵的突破机会，此时的监察人员要珍惜战机，充分利用监察对象的负面情感，表情自然地采取敲打战术。所谓“敲”，就是高度重视第一次讯问，在留置决定书宣读完毕后接着主动地发问诸如“你住在哪里”“你家有几套房子”“你家有几辆车”“你家的财产都是哪来的”等事关家庭财产之类的问题，通过这种向监察对象发送三种信息的形式启动监察对象的生理唤醒：一是其问题性质是贪污贿赂等职务犯罪，二是其职务犯罪行为已被监察机关掌握，三是监察机关就是根据已经掌握的职务犯罪问题对其采取的留置措施。如果监察对象恰巧有收受房屋和车辆等问题或存在赃款去向涉及房屋和车辆等情况，这就无疑打中了监察对象的七寸，能够促使监察对象在情感懵懂的状态下不自觉地交代职务违纪违法犯罪事实。这样做的好处就是不用做思想政治教育即可短期取效。即使监察对象没有当场交代职务违纪违法犯罪事实，也能给监察对象闷头一击，或促其更加慌乱和苦闷，或促其将思绪很快集中于供述与否或是否交代的焦点问题上，瞬间提升其思想压力，增加其情感痛苦度，此时如果遇上精神脆弱的监察对象就有可能实现短期突破。所谓“打”，就是在宣读留置决定书时，一定要利用严肃的语气向其宣告留置期间法定权利义务，以此举动制造讯问环境的凝重感和庄严感，震慑其灵魂，肃杀其侥幸，促其滋生若不主动交代则后果严重的想法。要放弃通常“放”“晾”“晒”监察对象的习惯做法，高度重视第一次讯问。尤其是一定要告知监察对象：其职务犯罪问题很严重，已经超越了道德谴责范围；监察机关就是依据所掌握的违规或犯罪事实对其决定留置；如果不主动、如实、彻底交代问题则会受到更严厉的惩罚。这样做的目的是以搅动监察对象情感的方式，让监察对象知道东窗事发为何因、争取前途的话该怎么做。在强调以上三点后，要围绕这三个主题展开论说，给监察对象留下一个“病树必被拔”的深刻印象，强化其情感上的凝重感，促其尽快进入依靠组织寻找出路状态。展开论说不是根本目的，根本目的是以要点总结方式输送组织掌握其哪方面事实的信息。比如一个监察对象长期在一个单位工作，履历较为单一，再加上初核期间发现其朋友圈较小，仅与有业务交往的有限人短期来往，这样就可以用“点少、面窄、时短”来喻指其职务犯罪特点，在论说其他内容中间不经意地抛送给监察对象，给监察对象以情感震慑，让监察对象自己琢磨断定监察机关确实已经掌握其职务违纪违法犯罪事实，迫使其主动、如实交代。这样就能起到不刻意做长期思想政治教育而能短期突破案件的作用。比如一个监察对象工作履历复杂，经常变换工作单位，且与有业务关系的多人有长期交往，这样就可以用“点多、面广、时长”来喻指监察对象的违纪违法和职务犯罪特点，同样能够达致搅动监察对象情感而迫其尽快主动交代的效果。如果监察人员这样做了，即使监察对象短时间内没做交代，也能加重监察对象的思想负重感，使其能在较短时间内进入供述与否或交代与否的痛苦纠结中，为下一步进入思想政治教育阶段做好铺垫。这样做的实质其实是“往监察对象伤口上撒盐”，监察对象情感上挺不过去就能主动交代，就算其不主动交代，至少也能加重监察对象的思想负担和精神负重。

2. *以罪责感使监察对象解释生理唤醒*

被留置期间的情感变化期，是监察对象经过上述话轮的考验后所处的情感期间。这段时间内的监察对象要么是交代部分问题后处于止步状态，要么是挺过前述话轮的考验而处于交代与否的纠结中，要么是打定主意抗谈拒供，监察对象情感上通常存在负面情感占主要位置和情感唤起不灵敏等情感障碍。所谓负面情感占主要位置，是指监察对象在以往的工作生活中早已习惯了别人对自己的谦恭口吻，当面对监察人员语气较重的强烈问话方式时，容易产生愤怒和抵触情感，一般采用沉默或冷言相对等消极对抗方式；所谓情感唤起不灵敏，是指监察对象虽然具有内心渴望自由和获得从宽处理的高级情感，但在面临重大利害关系抉择时则会审时度势，轻易不外露内心情感，此时监察对象的心态通常表现为害怕受到纪法追究、害怕监察机关继续追查其他违纪违法犯罪行为、保护家人和其他人不受牵连等，破解的招数就是针对这些情感采取适当的方式去消解监察对象的顾虑。重点是克服监察对象通常存在的选择偏向和幻想不切实际的情感障碍和认知障碍，打破监察对象情感意识的平衡，引导其消极因素转化为积极因素。所谓选择偏向，是指监察对象在信息相对封闭的环境中，仅有的信息来源就是监察人员传递的信息，出于趋利避害的本能和自我辩护的目的，其往往会把注意力放在自认为对其有利的信息方面，而忽略或故意回避对其不利的信息，造成决策依据的选择具有偏向性。所谓幻想不切实际，是指监察对象的处境差异会引发其强烈的恐惧感和焦虑感，为了摆脱这两种感觉，监察对象会极力否认监察人员进行的事实指控和逻辑推理。破解这种监察对象应讯动机的具体做法，就是打消监察对象希望隐瞒违纪违法犯罪事实的念头，或祛除监察对象只要自己不说监察机关就搞不清自己的问题的想法，或破灭监察对象认为不交代才能出去的幻想。

3. 以感召力使监察对象命名积极配合的应讯情感

在监察对象被留置期间的情绪稳定期，一些阅历丰富的监察对象会将其一生甚至整个家庭或家族的兴衰成败寄托在案件的最终处理上，具有坚定的对抗决心，无论监察人员怎样进行劝说或情感感化，就是不予合作，或沉默，或粗暴应对。还有一些监察对象侥幸心理较重，在是否主动供述上左右摇摆，迟迟不下主动供述的决心，此时监察对象的心态是反正不能说、爱怎样就怎样，破解之道就是综合施压、合理疏导，恩威并用，软化监察对象拒供意志，克服监察对象供述的意志障碍，使监察对象在将阻碍供述的负面情感转化为促进供述的正面情感时，通过情感调节和认知平衡，在根据输入刺激的特征解释唤醒状态的过程中，自觉地克服己之供述的认知障碍，将诚恳接受调查和积极配合审查的应讯情感命名为应讯动机。同时，摈弃或自觉排除消极情感，并不将此纳入情感的动机命名中。

二、观念矫正法

人性观念因其影响着纪法条规以及纪法程序的产生和价值而具有可塑性，人性观念的塑造体现为纪法条规以及法律程序价值的实现，同时对纪法观念形成具有重要影响，监察对象应讯动机矫正也是人性上的应讯观念矫正。监察对象的人性观念通过其应讯动机表现出来，总会有正确善良和错误丑恶两个方面且并非固定不变，而是永远处于监察对象自我制作中，它存在于监察对象不断变换的应讯的人性观念中，而监察对象的人性观念是在监察人员帮助下进行自我矫正的过程。在监察讯问中，监察人员对公平正义等纪法规范的实体价值和程序价值的追求从来没有停止过。监察对象的人性具有自然和社会双重属性，社会属性内在地包含了人性的精神属性，而人格则是人性的精神属性的典型体现。人性正义观念得到满足的程度越高则越有利于人格塑造，人格塑造和升华是观念矫正的重要方式，而思想政治教育是塑造和升华人格并实现观念矫正极为重要的方法。赵乐际同志在十九届中央纪委三次会议上要求自觉把思想政治工作贯穿纪检监察工作全过程，我们必须充分认识在审查调查中做好思想政治教育的重要意义，不断增强深化运用思想政治教育的思想自觉。因为思想政治教育是党性、人性、事理、情理的综合性说服工作，进行说服教育和引导本身就是执纪审查工作的重要组成部分和有效方式，精准恰当和熟练运用能够有效转变监察对象应讯动机，快速突破其心理防线，大大提高执纪审查工作效率，有效提升政治和社会效果。

1. 以规范属性为监察对象生理唤醒树立价值标准

纪检监察机关是政治机关和党的纪律部队，决定了纪检监察机关监督、调查、处置工作具有高度的规范属性。

监察讯问的规范属性是指监察讯问在把政治建设摆在首位的新时代语境下，要求监察人员遵循不断增强“四个意识”、坚定“四个自信”、做到“两个维护”的政治要求，明确谈话内容要紧密结合“以人为本”与“和谐共生”的关系思维，及时推进习近平新时代中国特色社会主义思想的有效传递，促使监察对象的应讯观念和行为与监察人员所秉持的政治观念相一致，最终指向规训、规范、导引监察对象现实的思想观念。监察讯问除了要遵循一般性的调查思路以外，还应具有高度的政治理念属性：一是坚持讲政治，坚决做到“两个维护”，要通过讯问自觉担负起“两个维护”的政治责任，坚决贯彻党中央的决策部署；二是坚持依规依纪依法，增强纪律意识、法律意识、程序意识、专业化能力，规范设置讯问话题和话轮，完善“纪法贯通、纪法衔接”机制；三是坚持“稳中求进”工作总基调，也就是在讯问中要做到“稳”，因为“稳”即是要保持政治定力，就是更加自觉地做好“两个维护”，也就是在讯问中保持“进”，因为“进”即是要以讯问的改革创新激发内生动力，即是要提高监察讯问的精准性和高质量发展；四是坚持纪法贯通、纪严于法，纪律是高标准，适用于全体党员，监察法是底线，适用于所有行使国家公权力的国家公职人员，纪委监委纪法双施双守，一般按照涉嫌违纪违法和职务犯罪三个层面一体式讯问；五是坚持运用“四种形态”，注重教育挽救，要向监察对象讲清楚宽严相济政策，强化坚持一体推进不敢腐、不能腐、不想腐理念，要在讯问中坚持无禁区、全覆盖、零容忍的理念，坚持重遏制、强高压、长震慑的理念，用正反案例进行人性唤醒和人格改造，以事实宣讲和形势教育切实加强思想政治教育工作。

2. 以政治属性使监察对象正向解释生理唤醒

众所周知，我们党的政治属性是党性的集中体现，政治功能是党的首要功能，这个结论在马克思主义政治学和党建理论中一向是旗帜鲜明的。中国共产党视政治为生命。党的十八大以来，以习近平同志为核心的党中央正本清源，在众多问题上都从讲政治的高度去观察去把握，重申党的第一属性是政治属性，第一功能是政治功能，形成鲜明的政治导向。当前，各级纪检监察机关都在认真落实新时代党的组织路线，不断强化党的政治属性和政治功能，党的建设是党的根本建设，决定党的建设方向和效果，旗帜鲜明讲政治是纪检监察机关的优良传统和显著优势，特别是在新时代，纪检监察机关要切实提高讲政治的能力，把讲政治贯彻到纪检监察工作的各方面和全过程，尤其要在树牢政治理想、锤炼政治担当、严明政治规矩方面率先垂范。为什么要强调监察讯问的政治属性？这是因为监察讯问作为纪检监察工作的重要组成部分，体现着纪检监察机关如何讲政治的重大价值关切。不但纪检监察机关要高度讲政治，还要教育监察对象在接受谈话调查期间要高度讲政治。强调监察讯问的政治属性使监察对象在“刺激输入产生了生理唤醒状态”下正向解释生理唤醒的实质，就是要通过深入细致的思想政治教育工作使监察对象深刻理解到马克思关于人的本质观决定了监察讯问的政治属性，使监察对象深刻体悟到监察讯问的过程决定了监察讯问具有政治属性，使监察对象深刻认识到监察人员对其的讯问方法决定了监察讯问的政治属性，使监察对象深刻体会到监察讯问的话语权性质决定了监察讯问的政治属性，使监察对象牢固树立起主动、如实、彻底交代问题本身就是高度讲政治的表现的观念意识，在解释生理唤醒时主动摈弃所有与高度讲政治不符的错误观念，而从骨髓深处评价自己违纪违法犯罪行为的人性丑陋和滋生交代救赎以图被教育挽救的冲动，产生主动放弃不切实际幻想和决定不再绕弯顽抗的意愿与欲望，将已之生理唤醒线索聚焦到如何尽早交代方面，而不再唤醒不灵和解释不正。

3. 以政策属性使监察对象正相命名应讯情感

在“认知根据输入刺激的特征解释唤醒状态”中，凡是被监察对象正相命名的应讯情感都是对促进主动交代有利的正相解释和动机命名，反之都是阻碍主动交代的负相解释和动机命名，因此要突出监察讯问的政策属性，帮助监察对象树立正向分析和解释生理唤醒的价值观。主要做法是要高站位地讯问：把政治建设摆在首位，不断增强“四个意识”，坚定“四个自信”，做到“两个维护”，是我们在监察讯问中要求监察对象对标对表找不足的唯一根据，是我们在监察讯问中必须大讲特讲的重要话题，这为我们做好监察讯问指引了方向，提供了谈话指南。我们在监察讯问中要从高度讲政治的角度，要求监察对象对标对表，认真检讨自己在思想上政治上行动上与党中央是否保持统一，是否绝对忠诚于党，是否“党叫做什么就坚决干，党不允许什么就坚决不干”，是否坚持党性，在工作中是否“坚持党性原则第一、党的事业第一、人民利益第一，在党言党、在党忧党、在党为党，把爱党、忧党、兴党、护党落实到工作各个环节”，是否超越红线拿政治纪律和政治规矩当儿戏，出现“纪纲一废，何事不生”的现象，是否“自觉学习党章、遵守党章、贯彻党章、维护党章，自觉加强党性修养，增强党的意识、宗旨意识、执政意识、大局意识、责任意识，切实做到为党分忧、为国尽责、为民奉献”等。要用领袖意见唤醒监察对象的党性觉悟和规矩意识，要用纪法贯通让监察对象明白自己违纪违法犯罪行为的严重危害性，要用党的规矩让监察对象做出触及灵魂的忏悔，要用纪法权威让监察对象滋生悔罪改过的欲望。对于这些内容，监察人员不但要严肃认真地讲说，还要生活化地言事，更要遵照接受规律讯问和帮助监察对象树立正确的利益观，更要与监察对象建立心理相容的人际关系。

三、思维塑造法

1. 需要思维导引法

反讯问需要思维是将讯问中的负性情感注意优先或更多地分配给情感刺激现象的注意偏向。所谓负性情感是指监察对象在谈话中在很长一段时间内固执逃避纪法追究的情绪偏好；所谓注意优先是指监察对象抛弃真诚接受审查的心理规劝而执念以对抗来达到逃避审查的目的和以逃避来满足脱罪免责的需要；所谓注意偏向是指监察对象同时具有对抗与合作两种情绪倾向，但在其情绪选择上对抗的成分比例大于合作倾向。在一般情况下，监察对象的应讯活动在应讯动机激励下指向目的，其通过一定的应讯活动实现了应讯目的也就等于满足了其应讯需要，由此可以讲动机相关性是引起对情绪刺激注意偏向的关键因素。

根据情绪的动机理论，应讯动机是介于应讯需要和应讯目的之间的中间环节，因而具有双重性。一定水平的应讯需要产生应讯动机，应讯动机又成为推动监察对象去寻求满足需要的应讯活动的内驱力，监察对象的情绪从根本上被组织在欲求和厌恶的动机选择系统周围，这种组织的目标是通过允许监察对象快速检测并高效地处理与其生存相关的任一事件以促进其的生存。所谓欲求是指监察对象阶段性并存的求免、求轻、求生三种欲望；所谓厌恶是指监察对象因不愿主动配合组织审查而自觉拒斥供述的欲望。在讯问实践中，监察对象的抗拒动机首先表现为幻想脱罪免责，脱罪免责不成又幻想获得从轻或减轻处罚，求轻不成再滋生保全生命的幻想，这些情绪倾向以冲动形式被凝聚在动机选择系统周围，监察对象长时间处于选择的纠结中，在情绪倾向上表现为欲求或厌恶，并在一定程度上刺激选择的强度，使监察对象形成与需要相对应的应讯动机，并推动或阻止其选择的内驱力和引导需要选择的情绪倾向。

根据情绪的相关性评价理论，存在一个不管刺激的效价如何并对刺激与监察对象的目标、需要和幸福的相关性进行快速评价的一般性机制。也就是说，应讯情绪与动机选择的冲动和应讯目的的实现因具有牵连关系而呈现变动不居状态，应讯情绪是随时可以变化的，其正负相变化决定了需要的满足度，需要的满足度又决定着监察对象幸福感的强弱。所谓的快速评价实际上是指应讯情绪的变化特性，监察对象的情绪变化、需要满足和动机选择具有机动性，虽然呈现着机会主义的摇摆，但在选择上却能在较短时间内完成，也就是说监察对象的需要具有可塑性，监察人员可以用需要思维导引方式根据讯问目的来塑造监察对象的需要。塑造方法就是通过扎实的政治思想教育改变监察对象的思维，通过思维更新正相形塑监察对象的情绪倾向，变监察对象拒谈的主导性需要为配合的主导性需要，变监察对象拒供的反讯问优势动机为供述的优势动机。例如，被留置的监察对象最迫切的应讯需要就是逃避纪法惩处或至少得到从轻、从宽处理的安全需要，这其间蕴含着监察对象的多种思维指向，监察对象为逃避纪法惩处可能选择极端对抗或其他烈度不同的对抗，为得到从轻或从宽处理可能选择主动彻底供述、谎供、少供等，此时就需要监察人员根据监察对象由安全需要引致的对抗动机有针对性地进行教育转化工作，从需要思维上做思想政治教育，引导监察对象渐次降低对抗的强度，乃至最终完全消除以对抗寻求安全的需要及其引致的拒供动机。

2. 过程思维塑造法

从生物意义角度讲，监察对象的情感与其在讯问过程中的感悟和发展有着紧密的联系，而负性情感内容往往会获得更多的注意资源，乃至对讯问的顺利进行造成干扰，这就要求监察人员要采取过程思维塑造法进行谈话来纠正监察对象的负性情感。所谓过程思维塑造法，是指监察讯问具有自身固有的内在规定性，要把监察讯问放在一个过程实践的逻辑支点上来进行考察，这个过程包括相互连接的若干环节，即监察人员发出规训、规范和导引信息，监察对象认同、接纳、内化这些信息并将此具化为监察对象应讯动机，以形成习惯和品质，监察讯问的各要素就是在这一过程中的各个环节得以现实展开的。根据马克思主义过程论，我们首先要客观对待讯问人与监察对象之间的辩证关系并且要妥善处理好两者之间的关系。要意识到两者之间具有普遍矛盾中蕴含着可能“转化”的特殊性，而利用马克思主义的思想武器和思维方法来解决这个特殊矛盾是唯一的方式；其次要意识到监察讯问过程本身就是一个追求真理的历史探究过程，我们所要实现的最终效果是用习近平新时代中国特色社会主义思想来归化监察对象，把因违规犯罪而偏离社会主义意识形态的监察对象矫正为具有社会主义核心价值观并能够以此自觉评价和批判自己违纪违法犯罪行为的“社会人”。监察人员必须认真、全面、辩证分析自己与监察对象的主客体关系，力争通过过程塑造把监察对象的对立情感内容转化为不再具有偏颇性和破坏性的因素。监察对象的应讯过程是层次性与系统性的统一，是阶段性与连续性的统一，是秩序性与弹动性的统一，是稳定性与变动性的统一，是现实性与可能性的统一，具有动态性、时间历史性、层次性、次序性与周期性的特征，这是监察人员做监察对象政治思想教育的基础。具体的做法就是从监察对象的角度出发，于监察对象思维过程的层面，对应讯错误的错因进行分类，然后针对错因进行诊断，最后根据诊断做出具有建设性和可操作性的纠正方案。

具体到讯问实践，监察对象的应讯行为起始自对抗并终于主动供述，即应讯过程两端表现为对抗动机的思维取向及配合动机的思维取向，中间蕴含着由对峙动机经由观望动机、试探摸底动机、动摇反复动机到主动配合动机的动机转化过程，监察对象在该过程中的动机表现和选择是监察人员进行过程思维塑造的目标。在监察对象供述前的讯问阶段中，监察人员与监察对象之间的需要是矛盾对立的，职务犯罪讯问的根本目的就是弱化或清除这种对立而达致合作上的一致，监察人员若想达致劝说监察对象主动配合审查的目的就必须说服监察对象改变主导需要和形成配合与合作的优势动机，这个说服过程和规劝机制镶嵌在监察讯问以人为本的监督、调查、处置实践活动中。出于对监察对象应讯过程的需要关注，我们要全面把握马克思关于人的本质理论，利用马克思人的本质观基本原理，在监察讯问中着重于探究监察对象全部应讯意愿及其内外表现，并注重寓教于谈，尊重并尽量满足和引导监察对象的应讯需要，从而有效地开展思想政治教育工作。例如，当监察对象为了满足脱罪免责的主导需要，在侥幸心理驱使下形成强烈对抗的优势动机，企图采取盲目对抗以图侥幸过关而满足其安全的主导需要时，监察人员就要耐心地向监察对象讲纪法条规和形势政策，讲纪法后果和情理后果，制止监察对象主导需要的满足，并加剧监察对象原有心理状态的失衡。

3. *方法思维形塑法*

积极情感是包含监察对象愉悦体验、面部（身体）表情、认知评价，特别是行为趋向和监察对象应讯动机等多种成分的有意识的心理活动过程，监察讯问要坚持马克思主义方法论指导，坚持对监察对象进行有针对性教育的特殊方法。在监察讯问中运用和坚持马克思主义世界观和方法论，要坚持对监察对象进行全面分析的方法，把监察对象的思维活动视为一个动态运行的完整系统，力争透过现象揭示监察对象应对讯问的现实形态；要坚持对监察对象进行历史的、逻辑的分析，注意区分监察对象在被审查前后不同的思维状况，注意通过现象思维到理论应对，从而把握监察对象的应讯方式。要坚持思想政治教育的灌输论，在不同条件下的灌输中，站在不同的立场与角度来解读监察对象，针对监察对象产生的不同思维观点灵活采用不同灌输方式，劝导监察对象接受教育并产生认同。必须依据矛盾分析方法来确定监察对象与讯问人之间的独特矛盾，承认对监察对象进行思想政治教育与对普通刑事犯罪者进行思想政治教育不同，并学会从这些不同中抽象出较为稳定的共性讯问方法。这个共性的方法就是全程贯穿形势政策和纪法教育，特别是形势政策教育，既要宏观展开，又要微观进行，立足于监察对象情感的效价维度，分析其对认知范围的影响，帮助监察对象在过程思维中把积极情感拓宽至偏向整体，把消极情感压缩到微小或偏向局部，使监察对象在情感上趋近监察人员，进而生成配合审查的监察对象应讯动机。

第二章
监察人员讯问心理与监察对象应讯心理

研究监察人员讯问心理及监察对象应讯心理的任务：一是描述监察人员和监察对象在讯问中的心理事实，帮助我们从心理学角度对监察人员和监察对象在讯问中的各种心理现象进行科学界定，以建立把控当事人双方心理现象全貌的体系，这有助于监察讯问控局和解困。二是揭示监察人员和监察对象的心理规律：一方面其有助于监察人员研究监察对象各节点心理现象的发生、发展，洞察监察对象应讯言行与心理活动之间的联系，揭示这种联系所表现出的特性和作用；另一方面其有助于监察人员研究监察对象心理现象所涉及的言行组合成分之间的相互关系的变化。三是指导讯问中的心理学实践运用，帮助监察人员在讯问中了解、预测、调控监察对象心理。

第一节　监察人员讯问心理与监察对象应讯心理概述

一、监察人员讯问心理概述

监察人员讯问心理是一种专业心理现象，是纪律、法律知识、监察讯问知识和社会知识的集成，主要包括两方面的内容：一是监察人员的气质、能力、性格等个性心理特征和职业兴趣、信念、动机、态度、需要等个性心理倾向；二是监察人员在讯问中表现出来的思维、注意、情绪、意志等心理过程。这种专业心理素质结构的基本品质包括：高尚的品德和正确的职业观；宽广敏捷的思维品质；顽强的意志、稳定的情绪、较强的心理自我调控能力和健康的情绪；清晰而深刻的纪法意识和证据运用意识。衡量监察人员是否具有强健的讯问心理的指标是：面对监察对象始终不卑不亢；能够看穿监察对象的表演和圈套；

能够控制自己的情绪；在讯问僵局面前能够在较短时间内恢复理智，并坚守自己的信念不动摇；胸怀宽广，不患得患失；能理性地分析监察讯问局势，客观看待决定讯问成败的利害因素；对自己的讯问专长和监察对象短处有相对准确的认识，无论出现什么样的讯问结局都宠辱不惊。

（一）监察人员讯问心理的概念

监察人员讯问心理是监察人员由讯问动机而产生的对讯问活动的认识、情绪体验和意志力保持过程的集合现象。对讯问活动的认识主要是指监察人员对监察对象的印象认知、使用何种言行的自觉、沟通方式的选择、讯问方法的选取、对怎样培育监察对象自愿交代条件的把控及最终达到获取供述目的的措施安排等的综合思虑；情绪体验是指监察人员对在讯问过程中因采取进取态势或退缩措施及因体味讯问成败所带来的喜怒哀乐等感情体会；意志力保持是指监察人员在讯问过程中不因暂时的挫折而灰心、不因局部的成功而自喜，顽强地保持对监察对象的思维牵引和言行主导的韧性。

监察人员讯问心理不仅包括上述正向面相，还包括监察人员讯问心理障碍，主要包括：

焦虑心理：这是一种因信心缺乏、自尊心损伤、成功欲望丧失、失败感与愧疚感交织而成的紧张不安、焦急、忧虑、恐惧等情绪状态。

挫折心理：这是监察人员因讯问行为遭受阻碍或延缓而不能顺利实现监察讯问目的所出现的心理反应，一般会表现为情绪激动、烦躁、苦闷、沮丧等，还会伴随挫折攻击反应，在行动上则会表现为悲观失望、意志消沉、非难和抱怨监察对象，将愤怒情绪发泄到监察对象身上，更为可怕的后果是，这种心理印记具有牢固性和反复性，如果受挫情景持续存在或反复出现，原有的挫折体验会形成一种无形的压力，使监察人员对其后相同或类似的情景产生特殊的警惕和本能的条件反射，进而导致监察人员丧失自尊自信，增加失败感和失落感，最后极易形成紧张、烦躁、恐惧等更为复杂的感受，这种交织形成的心理状态将会严重影响监察人员的讯问思维和行动。

思维定式心理：指监察人员因讯问经验积累而以习惯处置新近出现的讯问情况，这是一种以固化的准备状态导引问题解决的倾向，其正面效应是使监察人员能够对监察对象的行为方式、处事风格、个性特征、应讯心理和犯罪规律依照经验快速把脉定位，其负面效应是容易导致监察人员讯问思路单一，如果陷入讯问僵局易束手无策。

失衡心理：指监察人员因技不如人而在名利获取或地位升迁上与同事相比具有差距后所产生的一种失望、失落、情绪低沉的心理状态，表现在讯问中就是动摇职业信心和监察讯问成功信念，往往与监察对象泛泛而谈，话语不具有针对性和进取性，甚至对监察对象冷言冷语，导致双方言行对立，出现高强度的抵触后极易使讯问陷入胶着状态。

（二）监察人员讯问心理的特征

1. 探索性

相对于监察人员，监察对象就像一个封闭的自我系统，内中充满着种种待解之谜。监察对象究竟有没有违纪违法犯罪事实以及为什么不愿供述等通常是最困惑监察人员的问题，至于“监察对象到底在想什么”等更是在各讯问阶段充盈于监察人员脑间，形成萦绕于心的大量相互关联的不确定变量，这些变量的整体组合与可能出现的监察对象应讯态度之间的关系很难在短时间内判明，这些未解之谜容易给监察人员心理造成组合式爆炸冲击，激起监察人员的探索欲望。

2. 主观性

在职务犯罪讯问过程中，监察人员奉行的是有过或有罪推定原则，是在心理上把监察对象视为有过或有罪之人前提下展开讯问工作的，带有强烈的主观归责归罪倾向。其在监察对象应讯动机推断和应讯行为倾向的判断上也带有非常浓厚的臆测色彩，在对监察对象应讯态度的总体把握上虽然经过了理性思考，但非理性的直觉分析却起着相当重要的作用，特别是在关于监察对象应讯表现的临场判断上更是直觉至上，在对当前讯问态势及其与将来可能发生的局势变化之间的关联上更是主观臆断的成分居多，在对监察对象实施的说服教育方面也是依据自己的主观判断来施以言辞或抛示证据。

3. 对抗性

监察人员从心理上认为讯问的本质是对抗，其以获取口供为赢，监察对象以避免被追究或被追诉为赢，如果自己赢了就意味监察对象输了，于是监察人员为了争赢无时无刻不在揣测和想办法牵制监察对象，在走每一步之前除了考虑当前的讯问态势还要预测监察对象下一步可能会采取的行动。在与监察对象的关系问题上，监察人员根本没有平等观念，其仅仅把监察对象视为欲被征服的工具和被管理的对象，而不是与其人格平等的个体，把监察对象首先当作竞争对手，然后才是具有合作可能的伙伴；在讯问方法上，监察人员更多考虑的是如何施压以迫使监察对象就范，绝少考虑给予监察对象真诚的人文关怀；在对讯问结果的预期上，监察人员乐于体验获取口供的愉悦，而很少对监察对象恐惧违纪违法的纪法处罚和犯罪的刑罚的痛苦施以同情。

4. 慑服性

监察人员职业心理惯性非常强，在考虑征服监察对象的手段时，通常具有两种心理倾向，一是说理明教，二是证据慑服。在说理时除了意图明面上张扬情绪渲染力外，还充分发挥各种心理技巧想出很多暗中传输威胁的方法，希望能对监察对象造成心灵撞击；在证据抛示方面，如果缺少现实证据或现实证据不足以震慑监察对象时，监察人员还会利用调查直觉思维和调查理性思维估测可能存在的潜在证据并有针对性地讲给监察对象听，意图给监察对象造成已被调查机关掌握证据的假象，以慑服监察对象。

5. 自强性

自强是监察人员不断提升自我，充分发挥自身潜能，努力进取并克服讯问难题的一种人格动力特质。监察人员通常具有自强这种较为复杂的自我动机，尤其是在讯问受挫之时，监察人员会被激发起自强意识，表现出愈挫愈勇的自强心态，会在讯问僵局面前呈现出顽强的耐性，经常会与顽固拒谈的监察对象谈话到最后一分钟。自强一般兼具自我提升与自我改善两种动机的特点，还与监察人员较为客观的讯问态势认知有关，不仅涉及控制监察对象的需要，还涉及成就自己的需要，不仅关注自我的积极一面，还关注自我的消极方面，并能采取建设性的自我批评，对讯问成败进行正确的认知归因。

6. 攻击性

监察人员在《监察法》中法定地位的优越性导致其心理通常具有攻击惯性，监察人员总是不自觉地想运用居高临下的说理明教或证据展示方法或明或暗地打击监察对象，即使在被要求要以理服人的情况下，也不忘记巧输威胁性信息的念头，对监察对象的人格批评更是不留情面，在指出问题严重时更是想摆出一副“不主动则严惩不贷”的架势。总之，监察人员意在达致讯问目的时，在交流过程中总是具有向监察对象施加刺激以图对其造成心理伤害的想法，意图灭除监察对象的对抗心态。

7. 特殊性

监察人员讯问心理是否具有研究价值，关键看讯问行为是不是具有共同的特征。因为讯问行为反映监察人员讯问心理，监察人员讯问心理支配讯问行为，唯有讯问行为具有较为独立的特征方可说明监察人员讯问心理有规律可循，我们可以从以下几方面透视讯问行为：第一，监察人员作为社会化过程已经基本完成的稳固职业群体，具有较为丰富的社会经验，具备系统且完整的认知与情绪图式，心理层面比较成熟；第二，监察人员讯问心理较为偏重未雨绸缪，这是因为监察人员基于自己的讯问经验拥有较强的解决问题能力，对讯问风险具有基本的判断力，故监察人员讯问心理的谋划性和计划性比较强；第三，监察人员的心理调控能力比较强，丰富的讯问经验赋予监察人员判断讯问态势的基本能力，在监察人员讯问方式选择上会力避风险而选择较为合理的手段；第四，监察人员心理承受能力普遍较强，善于利用合法资源与手段掩盖讯问目的；第五，监察人员的认知和情绪经验图式较为稳定，要改变监察人员讯问心理必须强化对监察人员讯问心理的否定性评价在监察人员认知图式中的比重。通过上述独特性考察可知，监察人员讯问心理虽然复杂但有其独特的确定性。

8. 相对稳定性

这种相对的稳定性表现为：第一，监察人员基于自己的心理成熟水平，会充分评估讯问风险及其后果，有时会逆势而行，选择风险较大但讯问成功率也大的途径实施讯问，但同时由于恐惧讯问失败和渴求更大的讯问回报率，使其在评估讯问风险时会偏离理性目标，仅注意其中的部分维度；第二，监察人员认定的最优选择如果取得成功，则会强化类似的心理倾向和行为模式；第三，监察人员社会关系稳定，具有较明显的职业气质和接触人员群体倾向，擅长一定的讯问技能，容易形成在讯问中扬长避短的职业习惯，善于在讯问中把其熟悉的专业和领域知识作用发挥到极致，由此形成较有规律的讯问风格；第四，监察人员讯问心理惯性突出，有章可循，可以为讯问方向提供明确的心理指向。但是，监察人员讯问心理的稳定性特征往往不能覆盖其可能的变动性，监察人员讯问心理亦具有非常强的变动性，即使监察人员讯问心理具有一定的稳定性和可预测性，监察人员也不会孤注一掷地固守初原，也会因为监察人员经验预警所致的心理选择经常跟随讯问情境的变化而变化，时刻变动的讯问情境会增强监察人员讯问心理的可变动性。因此，监察人员讯问心理的稳定性特征是相对的。

9. 可调控性

情绪是监察人员个体心理适应讯问状态的表现，监察人员拥有比较稳定的情绪表达方式和非常强的情绪调节能力，在选择监察人员讯问方式时能够对冲动性情绪作理性处理，故其监察人员讯问心理表现出典型的自控性，受其主观能动性影响较为深远。主要表现为：一是监察人员讯问心理形成过程中的预谋性与计划性远高于冲动性；二是监察人员讯问心理因监察人员拥有较高的情绪控制水平而能够降低冲动行事的概率；三是监察人员讯问心理也存在认知范围狭窄和注意资源被缩减的问题，这种问题会引致讯问中监察讯问人员情绪的反常释放。

10. 可阻断性

监察人员讯问心理外化具有可阻断性特征。监察人员讯问心理外化的关键环节在于自我认知与调控因素和认知、情绪图式的比较与选择以及讯问所需的情境符合度。所谓外化是指这样一个过程：首先，监察人员体验并感知到自身的讯问需求；其次，监察人员综合考虑其个体倾向性心理因素和讯问情境因素，以此来评估自身的讯问需求；再次，监察人员在诱因和讯问情境的推动下，会促使自身强化监察人员讯问动机外化过程以形成监察人员讯问心理；最后，以监察人员讯问动机为内在动力，监察人员讯问心理为现实诱惑，监察人员最终会把监察人员讯问心理外化为讯问行为并通过实施讯问行为满足自身讯问需求。因为监察人员在讯问中的自我意识调控是可以被调整的，所以监察人员讯问心理外化过程是可以被阻断的。

（三）监察人员讯问心理的功能

1. 监察人员讯问心理的积极功能

（1）内助功能。指监察人员讯问心理对整个讯问活动的措施安排在监察人员的思维深处起着预测、谋划、统筹等基础性作用。这种基础性作用，着重研究监察对象的认知水平、人格特征、行为取向、人际关系处置办法、社会关系关联度等方面，从监察人员心理角度来度量监察对象的个体行为与心理机制，尝试解释监察对象个体心理在讯问中的角色定位和应讯反应，自觉剖析监察人员的导入作用对监察对象心态的关联度和影响度，从而影响监察人员的思维取向和行为决策，对讯问成败产生打桩立基的作用。具体讲，这种基础性作用体

把控；为实现抗谈拒供目的的措施安排；等等。情绪体验是指监察对象在讯问过程中因采取进取态势或退缩措施及因体味应讯措施成败而带来的喜怒哀乐等感情体会。意志保持力是指监察对象在讯问过程中不因暂时的挫折而灰心、不因局部的成功而自喜，顽强地保持拒绝监察讯问人员思维牵引和言行主导的韧性。

监察对象应讯心理是一种与监察人员讯问心理针锋相对的复杂心理现象，通常指为实现抗谈拒供目的而产生的特殊心理现象，也包括两方面的内容：一是监察对象的气质、能力、性格等个性心理特征和兴趣、信念、动机、态度、需要等个性心理倾向；二是监察对象在讯问中表现出来的思维、注意、情绪、意志等心理过程。这种特殊心理素质结构的基本品质包括：自我保护的本能品性和抗谈拒供的目的观；与监察人员对应性的思维品质；顽强的意志、相对稳定的情绪、人为强化的心理自我调控能力和不健康的情绪；混沌或明晰的法律意识；等等。

（二）监察对象应讯心理的特征

1. 封闭性

同监察对象违纪违法和职务犯罪的隐蔽性一样，监察对象被留置后的心理也同样具有隐秘性和封闭性，基于不愿罪责暴露或不愿主动交代的心理，监察对象在接受谈话审查期间会竭力隐瞒自己的违纪违法和职务犯罪事实，始终不愿向监察人员敞开心扉，痛快地进行情感交流或交代问题，而且在讯问之初会以撒谎来回避问题，即使监察对象在交代态度最好的时刻也不会完全开启自己情感的大门，总会对监察人员隐瞒些什么，这就决定了监察对象的监察对象应讯心理具有封闭性特征。

2. 主观性

相对于监察人员的主观归责或归罪，监察对象则会在讯问谈话中采取强烈的主观免责脱罪心理，甚至有些违纪违法和职务犯罪行为特别严重的监察对象在讯问中的无责辩护、无罪辩词和免责脱罪谎言都带有强烈的主观意味，在对抗讯问上无论是非理性的直觉否认还是理性的拒绝承认都带有浓厚的一厢情愿性，主观意味浓烈。

3. 对抗性

意欲获取供述与刻意拒绝供述本身即是一对矛盾体。监察人员全部的讯问工作都是为此，而监察对象所有的反讯问行为都是基于对抗的心理而琢磨监察人员心思，在拿不准讯问意图时通常采用沉默或否认的形式软对抗，在品准讯问意图后则经常采用否认甚至攻击监察人员的形式硬对抗，即使经过监察人员艰苦的思想政治教育最后交代自己的违纪违法犯罪行为时也不愿放弃任何的辩解机会，仍然会存在讯问与反讯问的对抗形式。这一点在讯问中制作讯问笔录时表现特别明显，即使监察对象交代了违纪违法犯罪事实，但当监察人员要求其按照责任构成要件交代问题时，监察对象通常会在主观故意等方面抱有自我辩解或自我解脱的心理，这实际上也是一种软对抗。

4. 攻击性

当监察人员在态度上采取强硬时，面对监察人员的攻势，监察对象会出于掩饰内心的虚弱或借机发泄不满的目的而滋生强词夺理的逆向攻击心理，进而在言行上与监察人员针锋相对。即使在监察人员采用“软谈话”方式进行明理说教时，有些监察对象也会自我拔高理论和政治素养，摆出一副“我什么都懂，但无问题可交代”的架势，这实际上是监察对象没有放弃隐性攻击心理的缘由。总之，监察对象意在达致反讯问目的时，在交流过程中总是具有时不时向监察人员施加刺激以图对其造成心理伤害的想法，意图打压监察人员的谈话锐气。

5. 复杂性

在监察讯问实践中，监察对象或沉默、或谎供、或少供、或漏供、或不供、或真假参半式供述是常态，无论监察对象采取哪种应讯形式，无论监察对象表态如何鲜明，其通常都会言行不一，不愿轻易暴露与交流内心全部的真实情感，会导致监察人员一时摸不准头脑，无奈之下只好“摸着石头过河”进行程式化谈话。在这种情况下，讯问话题未必符合监察对象真实的心愿，讯问效果通常会大打折扣，多数的监察对象不经过数十天的交锋一般不会轻易交代，其内在心理成分经常在讯问最终结束也不会被问清楚，具有明显的变幻莫测式的复杂性。

6. 可调控性

虽然监察对象应讯心理具有特质性和顽固性，但总体而言是可以人为调控的，即使监察人员在不明就里的情况下也可以发挥法定地位优势相对合理设置讯问话题和相对科学设计讯问话论，紧紧围绕监察讯问任务要求以共性的“程式化”谈话方式以不变应万变，只要不出现明显的话题漏洞，一般都能把监察对象的监察对象应讯心理拴在“必须如实交代”的话桩上，同时又能搅动监察对象的心绪，使其始终处于心绪不宁的心理状态。因为监察对象与监察人员地位上的不对等，及其确实存在职务犯罪问题，即使在“程式化讯问”模式下，也会“心中有病而自知”，畏惧因错失主动而最后更加被动，一方面其在心理上会进行自我折磨，另一方面其也要承受讯问攻势的凌厉痛击，在精神负重不堪的情况下，心理亦会发生自我变化，这种变化实质是被讯问话题牵动下的心理内容变动。

7. 可阻断性

监察对象应讯心理外化与监察人员讯问心理外化同样具有可阻断性特征。监察对象应讯心理外化的关键环节除在于自我认知与调控因素和认知、情绪图式的比较与选择以及讯问所需的情境符合度以外，还在于积极情绪对监察对象心理旋转的影响，即，趋紧动机的调节效应。心理旋转是以心理表象为基础的将想象中的自我进行旋转表征的能力，是对表象的旋转操作，是从感知到思维的过渡环节，是介于较低级的注意和记忆与较高级的思维过程之间的认知加工过程。监察对象如果处于积极情绪支配下，其对情绪内容的关注会造成注意范围的缩小，其会将情绪焦点聚集在考虑是否配合或如何配合上，其心理上的阻却交代的负性情绪会经过心理旋转转化为积极情绪，从而阻断负性情绪在应讯上的消极作用。

（三）监察对象应讯心理的功能

1. 妨碍功能

监察讯问是法定程序，只有监察人员和监察对象之间配合顺利才能保证讯问程序的完成。在监察讯问实践中，负性情绪会长时间占据监察对象心理空间，监察对象缺乏自愿配合的动机，拒绝交代的心理阻碍了监察讯问顺利完成，消极的监察对象应讯心理妨碍了监察讯问程序的顺利完成。

2. 阻却功能

负性的监察对象应讯心理直接妨碍监察讯问程序的顺利完成，最终会阻却讯问目的的实现。讯问以获取监察对象完整的口供来达致“事实清楚，证据充分”的纪法标准为目的，而负性的监察对象应讯心理必然会导致监察对象供述残缺，进而造成证据收集不完整的窘况，阻却纪法标准的生成与完善。

3. 脱罪功能

在目前监察对象供述仍是“证据之王”的背景下，监察对象会因负性的监察对象应讯心理作祟而不能讲清说透违纪违法犯罪事实，这会使违纪违法或职务犯罪案件调查形成较为被动的局面，极易导致监察对象不讲而调查机关不知或监察对象供述模糊而调查机关收集不到完整证据的状况，这种状况最终有可能使监察对象部分脱罪免责或全部免刑。

4. 完罪定责功能

在对留置案件的办理依然主要依赖于监察对象口供的情况下，如果监察对象抱有正性的监察对象应讯心理，主动和彻底地供述自己的违纪违法犯罪行为，调查机关就会非常完整容易地获取违纪违法或职务犯罪案件证据，公诉机关就会较为准确地予以定性，审判机关也会正确地予以定罪量刑，这也就真正实现了正性监察对象应讯心理的完罪定责功能。

第二节　监察人员讯问心理与监察对象应讯心理的生成机理

监察人员讯问心理与监察对象应讯心理的生成机理牵涉监察人员讯问心理与监察对象应讯心理的本质、心理动力系统与心理学的目的论原则、信息与心理内容等问题。

一、监察人员讯问心理与监察对象应讯心理的性质

监察人员讯问心理与监察对象应讯心理不是实体存在而是一种主观精神现象，有其特定的本质，而觉知则是监察人员和监察对象一切心理现象都具有的基本性质。为什么这样讲？首先，觉知是从感觉到思维、意志等一切心理现象所共有的心性，自身存在的同时知道自己的存在是精神心理现象的突出特征，而觉知是心理现象的存在方式，这种方式是“在中有知”和“以知为在”，不会有无觉知的心理现象存在。其次，凡是有觉知者必定是心理的东西，凡是没有觉知或不知自身存在的东西必定不是心理或精神的东西，把毫无觉知之物视作精神心理的东西是一种悖论，我们举不出有这样的东西存在。最后，情绪和意志亦由觉知而起，它们伴随觉知而表现，是觉知的效应。具体到监察人员讯问动机和监察对象应讯动机，双方互相慑服的冲动时刻处在觉知的状态与活动

中，因此，我们可以讲监察人员讯问心理和监察对象应讯心理的本质是觉知。觉知是监察人员或监察对象心理现象的一种动态反映，是对自身思维和思想的一种认知，实际上是一种意识活动。觉知发生在与监察人员讯问动机或监察对象应讯动机传输任务相关的输入和输出信息的语境中。

二、监察人员讯问心理与监察对象应讯心理的生发机理

监察人员讯问动机和监察对象应讯动机是激发和维持监察人员或监察对象心理活动并导致该心理活动朝意定目标发展的倾向或动力，监察人员讯问动机或监察对象应讯动机产生后通过内容迁移变换成监察人员讯问心理和监察对象应讯心理。

1. 冲动引起知觉

监察人员讯问动机和监察对象应讯动机实质上是监察人员和监察对象的一种心理冲动，是监察人员与监察对象相互发生心理冲突的结果。这种心理冲动是在监察人员讯问刺激和监察对象应讯刺激的条件下产生的，是对监察人员讯问刺激或监察对象应讯刺激的态度反映。根据心理学理论，监察人员和监察对象存在两种态度成分，一是内隐态度，二是外显态度，对监察人员讯问动机和监察对象应讯动机同时存在两种不同的评价，内隐态度是原有的、无意识的、自动激活的，而外显态度则需运用较多的心理能量进行检索。监察人员或监察对象的态度通过内隐决策和外显决策产生影响作用：监察人员或监察对象在认知资源充足且欲望强烈时会进行精细的内部信息加工，此时外显态度决定讯问行为倾向；反之则进行自动化行为反应，此时内隐态度会发挥更大的作用，亦即作为精细信息加工结果的外显态度对于在意识状态下的受控制冲动行为具有重要的预测作用，而作为自动化信息加工结果的内隐态度则能够预测不受意识控制下发生的冲动行为。这种预测能够被监察人员或监察对象心理所感觉，并进而形成一种对冲动的知觉。

监察人员或监察对象的感觉反映的是直接作用于感觉器官的冲动的个别属性。感觉的内容一般分为欲望和感知，监察人员或监察对象的欲望包括心理欲和行为欲两部分，监察人员或监察对象的感知包括产生感觉和产生知觉两部分。

监察人员或监察对象的知觉是组织并解释冲动产生的感觉信息的加工过程，是各种冲动感觉的结合，这种结合形成了监察人员或监察对象对冲动的整体认识。需要指出的是，知觉虽然达到了对冲动的整体性认识，比只能认识冲动个别属性的感觉更加高级，但其来源于感觉，二者都反映冲动的外部现象，均属于对冲的感性认识，其与感觉具有不可分割的联系。监察人员或监察对象的知觉反映的是冲动的意义，其目的是解释作用于监察人员或监察对象感官的冲动是什么并尝试用词来标志它，这是一个对冲动进行解释的过程。监察人员或监察对象的知觉是对感觉属性的概括，是对不同感觉通道的信息进行综合加工的结果，是一种对冲动进行概括的过程。监察人员或监察对象的知觉包含思维的因素，其根据感觉信息和监察人员或监察对象主观状态所提供的补充经验来决定反映的结果，因而其是监察人员或监察对象主动地加工、推论和理解感觉信息的过程。可以讲，监察人员或监察对象的感觉是知觉的基础，监察人员或监察对象的知觉是感觉的深化。

2. 知觉引起注意

当监察人员或监察对象的心理认知发展到认识到冲动存在的阶段时便明确地表现为知觉。此时的监察人员或监察对象知觉不仅能感知到对冲动的感觉、表象和感受，同时也能知觉到自己的内心正在体验冲动。也就是说，监察人员或监察对象心理认知系统此时的首要任务是在完成冲动信息登入和传递后对感觉传入发生反应，这种反应不是对冲动的感觉元素的简单综合，而是必须经过一定的信息选择、组织、加工和解释的整体作用的过程。这时的知觉承担着选择、组织有关冲动的外界信息和解释感觉材料的任务，监察人员或监察对象不仅能够通达自己心理的注意中心以及当前的对冲动的感觉和情绪，而且还能够通达评价冲动以及准备行动的计划，甚至还可以把冲动抽象为观念或理念。此时监察人员或监察对象不但能对讯问情境与自身心理状态进行初级的非概念性的知觉，而且还能在直觉经验基础上建立次级的非概念性的类似知觉，即产生有条理的表征活动，为自己的思维和行为设想服务。这种内感觉属于高级感觉经验，经常与高层思维相联系，而且与讯问信念组成的过程相关。这种内感觉意味着冲动已经进入了监察人员或监察对象的心理注意中心。

注意是监察人员或监察对象心理活动对冲动的指向和集中。所谓指向性是指监察人员或监察对象心理活动有选择地反映冲动现象而离开其余对象；所谓集中性是指监察人员或监察对象心理活动停留在冲动上的强度。此谓注意通常是指选择注意，即有选择地加工冲动刺激而忽视其他刺激的倾向，是监察人员或监察对象的感觉和知觉同时对冲动的选择指向和集中。在与监察人员或监察对象意识有关的所有认知过程中，注意被认为是最具体的，与知觉的关系最为密切。知觉能够通过情绪性刺激调制注意的警觉、定向和执行控制网络系统。监察人员或监察对象的这套心理系统能够把关于冲动的有限心理资源聚焦在需要关注的信息上，以便对其进行保持和延展，这套心理系统不仅受冲动延展任务目标的指引，还受情绪性刺激的调节。因为冲动本身即是监察人员或监察对象的一种情绪反应，所以情绪信息会对注意产生特殊影响，有关冲动的情绪性刺激会使监察人员或监察对象具有获得更多注意资源并进行优先加工的能力，其在此能力的驱动下产生了对冲动增强的情绪性注意。警觉是注意功能的最基本成分，可使监察人员或监察对象获得和保持一种对冲动较高的内部唤醒状态，进而对将要出现的冲动性情绪刺激做好反应准备。定向是指从多种感觉刺激中选择冲动作为注意对象进行加工。执行控制可以表征监察人员或监察对象当前的冲动延展任务目标信息，并将此信息传递到大脑感知皮层等实时加工脑区，同时监控和解决冲动延展的具体实施。在情绪性刺激是冲动延展任务目标的情况下，该任务就会演变为一个有关冲动延展情绪加工的执行控制过程。

3. 注意引致记忆

注意是监察人员或监察对象在心理上对冲动进行连续思维过程中的一种占有，其本质是冲动意识的聚焦和集中，这种聚焦和集中也就是对冲动的识记和保持，实际上形成了监察人员或监察对象心理过程的记忆，代表着监察人员或监察对象心理对冲动的感受和印象积累。所谓的记忆指监察人员或监察对象在执行认知任务过程中暂时储存和加工冲动信息的能量有限的系统，本质上是一种容量有限的注意控制系统，是监察人员或监察对象加工高级认知活动的基础。

4. 记忆导致描述

当对监察人员讯问动机或监察对象应讯动机的记忆过程被描述时，感知信息会持续不断地与讯问或应讯刺激发生交互作用，进而影响该认知进程。该交互活动离不开监察人员或监察对象身体对讯问或应讯刺激的感知活动，故身体感知成为监察人员或监察对象大脑内部运行与应讯刺激之间的中介，觉知也被进一步扩展为大脑、身体与应讯刺激之间不断交互的过程。总之，觉知的神经结构和组织过程是在不断被激活的运动过程中得到的一种自组织机制，是意识经验产生的内部环境。也就是说，觉知是监察人员对监察人员讯问动机相互认知操作运行领域中的关键因素，只有当监察人员或监察对象分别体验到各自动机的时候，认知才指向了监察人员讯问动机或监察对象应讯动机。觉知的元素是由计算监察人员讯问动机或监察对象应讯动机的信息和过程所投射的，具体包括三个层次：一是作为意向形式的感觉，二是作为概念形式的表征，三是作为类思想的意识。这三个层次具有顺序性，监察人员或监察对象先体验到的是意向性的监察人员讯问动机或监察对象应讯动机，进而体验到的是概念化了的监察人员讯问动机或监察对象应讯动机，最后体验到的是类思想性的监察人员讯问动机或监察对象应讯动机。监察人员讯问动机或监察对象应讯动机经过这种顺序性传输，最终经监察人员或监察对象大脑中的语境通道被表征为监察人员讯问心理或监察对象应讯心理。这里需要强调的是：此谓的传输不是旧貌不改的完整性递传，而是带有对监察人员讯问动机或监察对象应讯动机感知内容认知进行自动加工功能的顺序传递。这种传递提示了监察人员或监察对象大脑内活动具体展开的基本过程，显现了注意、无意识及意识加工之间的关系。由于注意是一种既能加工信息又能在大脑区间传递信息的认识机制，且具有因受人脑所具的有限能量及皮层计算神经活动的高能量消耗所致的有限的信息加工能力，所以注意机制能使监察人员或监察对象把有限的资源用于处理最重要的信息。

注意机制的警觉系统能使监察人员或监察对象大脑处于能够更好处理信息的准备状态。注意机制的朝向选择系统能使监察人员或监察对象把对各自动机感知的注意转向感兴趣的空间，这需要分三个步骤来完成：一是解除监察人员或监察对象当前对各自动机感知的注意，二是把该注意定向到新的感兴趣区域，三是于感兴趣区域读取相关信息。注意机制的执行调节系统能使监察人员或监察对象决定所选目标信息的加工方式、加工速度及其准确度，甚至可决定能否在晚些时候回忆起该信息。也就是说，监察人员或监察对象大脑能根据先前的经验来评估对监察人员讯问动机或监察对象应讯动机的感觉输入，把评估结论从高级加工皮层区域传送到低级加工区域，并形成自上而下且带有对低水平神经活动的预测的信号，接着分析该信号与自下而上的输入信号之间的关系以降低该两种信号之间的失匹配，最后把分析后的代表不可预测成分的信号从低级感觉加工区域传递到高级加工区域，以获得关于监察人员讯问动机或监察对象应讯动机的最终知觉，把监察人员讯问动机或监察对象应讯动机固化为监察人员讯问心理或监察对象应讯心理。可以说，注意是一种具有某些认知目的和信息选择性的能力，注意的这种选择性受监察人员或监察对象的情绪、动机、执行控制力等因素的影响。

注意可以被区分为自下而上的外显注意与自上而下的内隐注意。外显注意指的是对感觉监察人员讯问动机或监察对象应讯动机的信息加工的选择与调节，通常以感觉模式特异的方式进行表征，带有空间位置与时间节点的情景标签：这种注意能够直接影响相关感觉信息加工皮层的活动情况，选择和调节监察人员或监察对象感觉通道的信息加工。空间注意能够在易化被注意空间位置加工的同时抑制其他位置信息的加工，优先加工作为刺激源位置的对监察人员讯问动机或监察对象应讯动机的感知信息；时间注意指的是在选择和限制某些时间阶段上其他信息的同时，把注意力集中在特定时间点上的刺激；特征注意指的是注意力除了单独指向感觉通道信息和时空信息外，还能够指向同时具有上述特征的对监察人员讯问动机或监察对象应讯动机的感知信息和信息加工本身。内隐注意是指对监察人员或监察对象大脑内部产生的信息进行选择与调节，包括任务场景及反应选择、长时记忆、工作记忆、认知控制成分等。反应与任务选择是在资源有限条件下需要抑制和竞争参与的监察人员或监察对象大脑内部加工过程，监察人员或监察对象自身具有的知识储备以及所处的讯问准备状态等内部加工能够影响反应和任务选择；监察人员或监察对象的大脑不能编码或记住其所注意的所有信息，但却能够决定哪些信息可以进入长时记忆以及进入后怎样被提取，尤为重要的是，在监察人员讯问动机或监察对象应讯动机刺激呈现前的大脑活动能够预测以后对该刺激的记忆情况，即注意能够影响进入长时记忆的编码，进入长时记忆的那些内容则会相互竞争以得到提取。在通常情况下，对某个刺激的提取必会导致对另一些刺激的遗忘，这种遗忘并不意味着该信息在大脑中丢失，只是说明暂时的提取失败。容量有限的工作记忆包含一个中央控制系统，该系统允许在没有外部感觉输入的情况下对感知监察人员讯问动机或监察对象应讯动机所得的信息进行保持与认知操作，其中，知觉选择作为过滤器决定哪些信息记入工作记忆。

注意的不同投射方向决定了监察人员或监察对象脑内神经元活动统一系统的不同状态：当注意资源外投时，大脑活动内容是对外部即时环境刺激的心理表征；当注意资源内投时，大脑活动内容是对与外部即时环境刺激无关的过去信息的表征以及立基于此的对这些信息演变的预测和想象等过程的心理表征。

对即时环境刺激的心理表征我们称之为脑内神经元活动的亚稳态；对注意资源内投的心理表征我们称之为脑内神经元活动的稳态。由注意转换所致的亚稳态与稳态之间的变换过程就是监察人员讯问动机或监察对象应讯动机迁延成监察人员讯问心理或监察对象应讯心理的基本过程，我们可以将此表述为一个由“意识—无意识—意识”三元结构组成的过程：（1）因最初感知监察人员讯问动机或监察对象应讯动机所致的对脑内神经元的即时刺激激发的包含有传递要求的神经元活动任务的有意识问题分配阶段；（2）脑内神经元在仅具有有限能力的无意识目标语境指引下，对感知监察人员讯问动机或监察对象应讯动机进行无意识表征和运算的阶段；（3）脑内神经元有意识地展示对监察人员讯问动机或监察对象应讯动机的最终感知结果，并将该结果内容表征为监察人员讯问心理或监察对象应讯心理阶段。该三阶段的运行原理是：当监察人员或监察对象大脑面临传递对监察人员讯问动机或监察对象应讯动机的感知信息问题时，会把有关这个问题的意识事件理解为一个目标，脑内的神经元系统会召集一个目标语境和一系列的专门处理器来自发地解决问题，由此产生的解决方法会再次变得有意识。该三元组模式在运用时会被扩展为一系列的三元组并成为子目标的组成要件，因为语境之间层层嵌套，一个语境不但存在于先在目标的更高层级的语境之中，而且其自身也是由许多嵌套的子目标构成的，当表征对监察人员讯问动机或监察对象应讯动机的感知意向变得有意识时，其会吸收解决该问题的处理器和子目标，如果顺利的话就会运算出该问题的解决方案，如果其中的某子目标无法实现，该子目标则又会成为一个目标语境，会召集子目标的目标意向去传递这个障碍，动员子目标处理器去解决这个子难题，以此类推，直至最初的目标最终得到解决。

该三元组的第一个阶段发生在外显注意时刻，其余阶段发生于内隐注意时刻。外显注意其实是一种自主注意，能够有意识地控制监察人员或监察对象的意识通道，对将要注意对监察人员讯问动机或监察对象应讯动机的感知是有意识的，对感知监察人员讯问动机或监察对象应讯动机的传输内容将要成为意识之物是有意识的，这种注意建立在对监察人员讯问动机或监察对象应讯动机进行感知的元认知基础上，如同能够显示各自下一步内容的电脑程序中的文件目录或菜单，使监察人员或监察对象大脑中形成了随时可用的心灵目录，不但使监察人员脑内神经系统做好激活哪些神经元来传递对监察人员讯问动机或监察对象应讯动机的感知的准备，而且使被获取的选择语境更加便利地显示潜在意识内容的选项，在使优位目标等级中的不同目标支持不同的选项基础上产生竞争，促使神经元组成的各种专门处理器联合体向一个或另一个选项发出支持信号，最终获胜的选择则会通过意念运动控制激发适当的处理器和子目标。内隐注意其实是一种自发注意，对意识通道的控制是无意识的，在对即将成为意识之物对监察人员讯问动机或监察对象应讯动机的感知开始没有意识，仅当这些感知出现并凸显出来，在以激活优位目标等级中的高层级目标方式控制了意识通道且拥有了意识通道的优先权时，才会中断对其他意识内容的目标语境的支持，然后传递作为刺激物对监察人员讯问动机或监察对象应讯动机的感知内容的目标意向，召集一个能够解释和支持该目标意向的系列新语境，并使对监察人员讯问动机或监察对象应讯动机的感知进入监察人员的意识中。监察人员或监察对象的上述两种心灵现象能被语境认知模型化，亦即对监察人员讯问动机或监察对象应讯动机的感知可以被神经元全局传递，任何与此有关的目标意向均可以激发相关专门处理器，既可以召集和引起能够执行与该目标意向一致的行为的无意识目标系统和处理器，又能够引起与该目标意向相抵消的意识目标意向及其处理器，在这两种目标意向及其处理器相互竞争中的胜出者可以被自动地执行。倘若抵消的意识目标发现原来对监察人员讯问动机或监察对象应讯动机感知信息的传输目标意向存在错误，则会自动修改和纠正该目标意向，甚至可能会将其从意识中祛除，这就是监察人员或监察对象大脑内神经元的自主控制过程，因为任何神经元系统均可能存在与目标意向潜在的竞争，故被真正执行的意识目标必然会默许被其他相关神经元系统修改，因此我们可以说这种自主行为其实是在被执行前默许其他意识成分被修改的行为，这存在着一个适应性问题。

适应性指的是从表征某些输入信息到理解这些输入信息乃至该信息最终成为自动并可预测的过程，其具体包括建立语境、适应和冗余效应三个阶段：建立语境所解决的是对监察人员讯问动机或监察对象应讯动机的感知内容进行界定，即在面临这些感知内容的新刺激时，神经元需要建立一个理解该感知内容的工作语境，通常表征为在对监察人员讯问动机或监察对象应讯动机产生元认知基础上建立传输这些感知信息的前馈控制机制，此时监察人员或监察对象虽然对输入信息具有暂时的意识理解，或产生某些有意识的判断，或对传输的某个阶段有了意识，但对所拟传输的内容本身是没有意识的，这是由于监察人员或监察对象的外显注意所导致的；适应阶段是指监察人员或监察对象脑内神经元在建立相当稳定的理解输入信息的语境后接着在信息接受处理器和语境过程中减少某些不确定性，这些不确定性主要是指在因感知监察人员讯问动机或监察对象应讯动机所获信息的刺激下所产生的目标语境会就该刺激物产生几个不同的心灵表征，其通过接受处理器与输入信息间的单向反馈和接受处理器与意识经验间的双向反馈会因适应反馈过程而不断减少，特别是通过帮助监察人员或监察对象脑内神经元在几个心灵表征中作出选择后形成最后的语境，并通过该最后语境对所输入信息形成习惯性的预测；在冗余效应的产生阶段，被适应的重复性输入信息由于前述反馈循环而从意识中消失，此间进行反馈的接受处理器伴随着适应反馈过程的发展会越来越少，直至最后仅剩下一个适应处理器，此时由于对监察人员讯问动机或监察对象应讯动机的感知已经成为被重复输入的信息而不再需要意识的介入，于是监察人员或监察对象脑内神经元便针对这些与感知监察人员讯问动机或监察对象应讯动机有关的被重复输入的信息形成了常规的无意识处理器，最后该无意识处理器会在传输目标语境的导引下把经过运算所形成的习惯性预测以对监察人员讯问动机或监察对象应讯动机的最后感知形式表征出来，即把对监察人员讯问动机或监察对象应讯动机的最后感知描述并固化为监察人员讯问心理或监察对象应讯心理。此时，对监察人员讯问动机或监察对象应讯动机的最后感知依然是无意识处理器自动加工的结果，而对该结果的描述方法会变得有意识，并最终使监察人员讯问心理或监察对象应讯心理成为监察人员或监察对象的意识内容，这是由于监察人员或监察对象的内隐注意所引致的。这种激发作用综合表现为监察人员讯问动机或监察对象应讯动机对生成监察人员讯问心理或监察对象应讯心理的内部推力作用、外部推力作用和促进监察人员或监察对象认知调节的中介作用。

三、研究监察人员讯问心理与监察对象应讯心理生成机理的意义

（一）研究监察人员讯问心理生成机理的意义

1. 有助于监察人员克服认知偏差，合理维持讯问压力

每个监察人员都有自己的认知风格、自我感觉机制、个体动机和情绪情感，在讯问中容易受到有限理性、自我认知的局限以及特定情境下的信息加工策略的影响而产生认知偏差，导致在讯问决策判断上出现与客观事实本来面目相差

别的情形，进而可能导致决策判断过程中的重大失误。从发生机制上说，常见的决策判断偏差主要有心理物理性偏差、关联性偏差和策略性偏差。我们知道，监察人员一般从发现真实、构造事实和信息驱动三个视角来分析监察人员讯问心理及监察对象应讯心理，但由于受这些常见决策判断偏差的局限，通常不能科学地识别和获取零散且相互关联的讯问信息，不能通过正确的解释和理解将这些讯问信息转化为讯问知识，不能合理地整合与再现这些讯问信息，最终形成现实可用性不强的自我认知，致使不能正确把握自己的监察人员讯问心理，更品不透监察对象的监察对象应讯心理，不能将讯问压力维持在可持续发展的程度，在某一讯问阶段甚至讯问全程出现认知失调。常见的讯问压力不协调包括：一是监察人员较高的自我评价意识与监察谈话状况之间的不协调，二是监察人员个体驱动与所施高压现状之间的不协调。而如果监察人员对自己的监察人员讯问心理保持健康把握，则会有效避免上述认知不协调，在讯问信息收集、分析、整合过程中做到准确检索、合理推理，科学判断决策，合理整理、解释、分析、研判和保持讯问压力，就会避免讯问挫折和失败。

2. 有助于监察人员在监察讯问中培养科学的调查思维，克服消极讯问心理

欲做好监察讯问工作，科学分析监察人员讯问心理类型并针对可能存在的消极监察人员讯问心理提出相应的解决方法尤为重要，这就要求监察人员在科学把控监察人员讯问心理基础上紧紧保持科学的调查思维，牢固树立正确的办案价值观。一方面要摈弃所有被留置的监察对象都是有罪的泛罪观、监察对象所有的辩解都是狡辩的免责脱罪观和不能理性看待有责有罪或重责重罪供述的盲信观，以及讯问中注意力分散等认识方面的消极心理；另一方面，要摈弃讯问中急躁、畏难和抵触等情绪方面的消极心理，以及自制力、自信力和主动性不足等意志方面的消极心理，克服偏见心理，调适注意力分散心理，在讯问中培养耐心，积极树立客观公正的信心，善于处理抵触心理，培养独立思考的能力和习惯，合理约束自身言行。

3. 有助于监察人员在监察讯问中有的放矢地做好思想政治教育工作

纪检监察机关是政治机关，监察讯问工作具有明显的政治属性和思想政治教育特色，具有权利价值、效益价值和执法价值。所谓的权利价值，是指思想政治教育有利于保障供述的自愿性和监察对象人权；所谓的效益价值，是指思

想政治教育有利于说服监察对象消除对立抵触和供述障碍；所谓的执法价值，是指思想政治教育有利于节约调查成本，提升讯问效率，做好“纪法衔接、法法衔接”。要做好“纪法衔接、法法衔接”，既需要明确党内法规与国家法律功能不同，还需要保持党内法规与国家法律的合理区分和有效衔接。合理区分指的是区分党内法规和国家法律的不同界限、不同领域和不同标准；有效衔接指的是实现党内法规与国家法律目标指向、规制对象以及内容实体的有效衔接。从此角度讲，“纪法衔接”突出的是“纪法共治”的政治属性，“法法衔接”强调的是“纪法共治”的法律属性，两者都是做好“纪法衔接、法法衔接”的逻辑基础。这种逻辑基础是思想政治教育以体系性思维全面解读这种政治属性和法律属性的基始点。

（二）研究监察对象应讯心理生成机理的意义

研究监察对象应讯心理生成机理，可以帮助我们搞清监察对象应讯心理产生的原因，有助于我们在弄清原因基础上循因施策。

监察对象应讯心理与监察人员讯问心理的产生机理相同，但在内容上具有相异于监察人员讯问心理的独特方面。

一是无意识心理导致消极监察对象应讯心理产生。有监察人员讯问心理必然对应产生监察对象应讯心理，但有一部分监察对象的应讯心理受本能驱使的成分较多。大家知道，人的心理过程主要是无意识的，而且伴随着自我保护的愿望冲动，无意识操纵和支配人的思想和行为。在讯问实践中，我们遇到过相当一部分监察对象，面对监察人员的讯问，他们不是有意识地去刻意对抗，只是在自我保护的本能驱使下，陷入了无意识状态，面对自己被监察立案或被采取留置措施的现实不知道该怎么办，任凭监察人员怎么劝说，就是不去正面回应，一味地被动谈话，长时间陷入被动等待调查结果的消极状态。这时监察对象就会出现静止心态，既不主动交代违纪违法犯罪行为，也不否认违纪违法犯罪行为，无视监察人员的发问和要求，固守自己设定的话题支撑点兜圈打转，使讯问无法取得进展。这时的监察对象不是态度不好，而是没有有意识地考虑自己应该怎么办，严格地讲他不知道自己应该怎么办。从讯问态势上讲，这时的监察对象心理处于被动状态。

二是自我意识心理导致积极监察对象应讯心理产生。自我意识是监察对象在讯问活动中对自己言行的觉察，具有能动性、意识性、社会性特点。关于能动性，表现在监察对象根据监察人员对其的评价、态度和根据自己临场感受所得的信息形成自己的见解，并用来调控自己的心理和言行；关于意识性，表现在监察对象对自己和自己与监察人员的关系有着清晰、明确的理解；关于社会性，表现在监察对象意识到自己在讯问活动中的角色，意识到自己在与监察人员人际关系中的地位和作用。总起来讲，具有自我意识的监察对象比较关注自己的心理特征以及与监察人员的关系。一般来讲，监察对象会从自我认知、自我体验、自我调控三个方面来表现自我意识。关于自我认知，是自我调控的心理基础，包括监察对象在讯问中的自我感觉、自我观察、自我分析和自我评价，是对自己是否适应讯问攻势的自身状况反思；关于自我体验，是监察对象在讯问中对自己自尊心是否受损和自信心是否受挫的评价与体验，是监察对象对自己在讯问中攻守是否得当的评价以及对自己应讯得失的体验；关于自我调控，是监察对象对自己应讯言行和态度的调控，表现在自我检查、自我监督、自我控制等方面。自我检查是监察对象在头脑中把自己的应讯言行结果与预期目的加以比较和对照的过程；自我监督是监察对象以其内在的行为准则对自己的应讯言行实行监督的过程；自我控制是监察对象自我意识直接作用于应讯言行的环节。自我控制具体表现为：启动或制止应讯言行；监察对象应讯心理的活动转移；监察对象应讯心理过程的加速或减速；应讯积极性的加强或减弱；监察对象应讯动机的协调；依据所拟定的应讯计划检查监督应讯言行；保持计划与言行的协调一致。

自我意识的具体内容：（1）得失意识：在讯问过程中，监察对象首先考虑的是得失问题，往往在解决了利害关系问题之后才考虑是否如实交代违纪违法犯罪行为或选择交代哪些违纪违法犯罪行为。（2）竞争意识：监察对象在谈话时，企图拒绝监察人员的说教，争取说服监察人员接受或同意他的观点，这时会出现说教与反说教的矛盾和认罪服法与抗谈拒供的对抗，存在究竟谁最后取得主导地位的竞争。（3）危机意识：是指监察对象认识到被留置或被采取留置措施所面临的巨大压力，以及面临即将受到刑事处罚的严峻形势，这时监察对象会产生危机感。（4）自主意识：自信心强的监察对象往往会养成对自己的依赖感，在讯问中经常表现为相信自己而不相信监察人员，认为交代与否或怎么交代由我自己做主，轻易不会按照监察人员的要求去做。（5）利害选择意识：这是监察对象最典型的应讯心态，监察对象往往认准对自己有利时才会做出交代与否的决定，对即将出现或可能出现的对己不利的事情，监察对象通常感到害怕或回避，进而根据趋利避害的本能权衡监察人员的要求，在想不通或弄不明白时，监察对象往往不会主动交代违纪违法犯罪行为。

在监察讯问实践中，负性的监察对象应讯心理是讯问成功的直接障碍，对监察人员来讲不是一件好事情。一般人认为消极的监察对象应讯心理是讯问成功的最大阻碍，其实不然，抗谈拒供的积极应讯心理实质是一种负性应讯心理，意味着对抗强度的增加，意味着说服和教育的难度，而正性的监察对象应讯心理则意味着对抗性的弱化。这里我们着重讲负性的监察对象应讯心理。

负性的监察对象应讯心理欲实现的愿望是与监察人员讨价还价，以争取自己利益的最大化。监察对象培育这种心理的根本目的，是准确地认识监察人员的心理，意欲在品准监察人员心理后有针对性地进行反讯问活动。有此心态的监察对象通常会采取这样的措施：（1）力争正确的自我认知。（2）客观地评价监察人员，比较相互的对抗优势，衡量彼此的长处与不足，冷静地看待攻守措施的得失，默默地寻找监察人员的弱点。（3）积极地进行自我提升：提升自我效能感是监察对象在特定的讯问环境下对实现抗谈拒供目的的期望与预期，当监察对象期望自己成功时，便会尽最大努力去应对挑战，表现出一定强度的坚持力，最大化地增加成功的可能性；同时，监察对象还会尽量克服自我障碍，即尽量消除因体验应讯中出现的焦虑所带来的不安全感，努力不断地尝试寻找新的应讯支撑点。（4）关注自己的优势积累：在讯问中，监察对象会不断地进行自我反思、自我监控，努力地把控自己，暗暗地培育自己的优势，非常关注自己的优势积累，因为监察对象知道这是战胜监察讯问人员的关键。

衡量监察对象是否具有积极应讯心理的方法：（1）观察监察对象的应答水平，如果监察对象应答流畅，思维活跃，逻辑严密，而且以反驳类言行居多，表明监察对象对讯问具有自己的价值观取向，背后的心理支撑一般来讲就是积极的应讯态度。（2）在讯问过程中，监察对象是否经常试探摸底，表明监察对象具有明显的认知监察人员倾向。（3）在讯问过程中，监察对象情绪外泄是否明显，如果喜怒哀乐经常溢于言表，表明监察对象内心经常处于对监察人员的认知体验中。（4）在讯问过程中，当监察对象突然被置于被动时，观察监察对象是否能够很快恢复镇定，或者很快发起反击，如若这样，表明监察对象没有放弃对自己应讯言行的监控，具有调节自己言行的基本能力。（5）通过综合观察监察对象的应讯言行，判断监察对象在各个监察讯问节点是否具有明显的预定目标，如果有，说明监察对象具有积极监察对象应讯心理。（6）观察监察对象是否进行表演和给监察人员设置圈套，如果出现这种情况，说明监察对象具有积极监察对象应讯心理。（7）观察监察对象面对监察人员的态度，是否不卑不亢，宠辱不惊，如果确是这样，表明监察对象开口难度较大。（8）观察监察对象言行是否针对监察人员弱点而来，或能够避开讯问锋芒，或能够克服讯问锋芒，如果确是这样，表明监察对象个性顽固，拒谈能力较强，具有直接的挑战心态。

第三节 破解监察对象应讯心理的方法

欲破解监察对象应讯心理，须首先明白供述心理障碍及讯问原则。通过研究形成供述心理障碍的原因，可以帮助监察人员制定相应的讯问对策，选择和运用正确的策略方法，以获取真实且完全的供述。

一、供述心理障碍及讯问原则

影响监察对象做出真实和完全供述的心理活动即是供述心理障碍，主要表现为拒供心理。被讯问的监察对象在讯问中的矛盾心理的派生内容主要是抗拒心理，抗拒心理是监察对象矛盾心理中对抗动机占主导地位的监察对象应讯心理，是促使监察对象拒供的主要内因。概括起来讲，这种拒供心理产生的一般原因主要有内外两方面。内在的主观原因包括：一是惧怕纪法责任或刑罚处罚。监察对象如果被证实具有违纪违法犯罪行为，必然会受到相应的纪法处罚，领受与其责任相一致的处罚，这对监察对象来讲无疑是一件非常痛苦的事，这通常会导致监察对象滋生畏责心理。而畏责心理实质是由于惧怕纪法处罚而产生的一种监察对象应讯心理，并通常伴随着恐惧情绪，这使监察对象不敢正视被讯问的现实而心理极度紧张，精神压力很大，在讯问中往往表现为因缺乏自控能力而常常语无伦次，吞吞吐吐，极力否认自己的违纪违法犯罪行为。二是悲观绝望，思想负担沉重。某些监察对象被讯问后认为自己责任重大且前途渺茫，丧失了重新再来的勇气和信心，对当前的一切均感麻木冷漠，严重的甚至失去了生存的欲望，表现为强烈的绝望心理。绝望心理实质是因担心违纪违法犯罪行为被揭露且必受严惩而对目前处境和前途丧失信心、产生绝望感的监察对象应讯心理，是最严重的一种消极的供述心理障碍，常见于初犯和重犯中，在被讯问中表现为心理极不稳定，思想负担异常沉重，生理和心理极端反常，在被讯问中有的迟钝和冷漠，有的忧愁和沉默，有的暴躁和烦闷，有的坐卧不安或歇斯底里，有的怀疑和仇视一切、听不进任何劝告和警告，有的自暴自弃或顽固拒谈，有的回答问题毫无逻辑甚至胡乱回答，有的甚至做出极端行为，有的能赖则赖、死不认账。三是自信能够逃脱纪法制裁，滋生侥幸心理。侥幸心理实质是企图凭借某些条件或偶然因素自认为可以脱罪的自信心理，如果监察对象以此为支撑并将此作为维持供述心理障碍的认识基础的话，则通常会实施试探、狡辩、抵赖、隐瞒、翻供等反讯问伎俩，不但会伪装无辜或喊冤叫屈，甚至会颠倒是非或隐瞒违纪违法犯罪事实，表现为在被讯问中要么否认事实，要么只谈现行避谈以往，要么不主动供述自认为没有暴露的违纪违法犯罪事实，要么谎供和乱供，把蓄谋动机讲成临时起意，或把责任推给他人，等等，这一类的监察对象通常意志脆弱且疑心较重，对证据是否暴露异常敏感。外在的客观原因主要是监察人员在讯问中存在的不足：在讯问中，与外隔绝的监察对象只能通过分析从监察人员处得到的信息作出是否有利于己的判断，如果监察人员自信心不足、急于获供而态度急切、不注重思想政治教育或宣示案情、适用证据不当的话，则通常会强化监察对象的拒供心理。那么，怎样解决这个问题呢？笔者认为要用总体部署与具体策略相结合的原则予以应对，吃透案情，未谈先谋，论情论理，消除对立，重复讯问，固定矛盾，虚实结合，巧施证据，在有把握的情况下一举打掉监察对象的供述心理障碍。同时，还要遵循以下原则：一是严守纪律法律政策底线，保障监察对象人权；二是正视客观矛盾，厘清不同监察对象应讯心理特征；三是建立双方之间的可沟通人际关系；四是强调心理要素的重要性，提升讯问专业化水平，提高监察人员的职业素养。

二、破解监察对象应讯心理的方法

讯问是否成功取决于监察对象是否产生主动供述的动机这个基本条件，讯问的难点在于调查人员在不掌握充分证据的情况下怎么做到“空手套白狼”。讯问一般是在这样的情况下开始的：监察对象选择不合作方式，不主动供述自己的违纪违法犯罪事实，先以抵赖、狡辩、编造、推卸、缄默等方式面对讯问。在这种情况下，讯问的主要工作首先是调节监察对象的情绪，促使监察对象转变态度，产生合作的主动意向。在监察讯问实践中，情绪调控法、态度改变法和顺序清障法是监察对象应讯心理的主要破解方法。

（一）情绪调控法

情绪是监察对象对讯问的多种感觉、思想和行为进行综合而产生的心理状态，这种心理状态伴随着监察对象的个体需要，具有能被后天控制的特点，这使监察人员对监察对象的情绪进行调控成为可能。

1. 情绪调控的中心任务

情绪调控的中心任务，就是按照讯问目的，重新塑造监察对象的情绪评估能力、情绪调节能力、情绪管理能力与情绪运用能力。也就是说，围绕让监察对象放弃原有的情绪智力结构，有意识地维持监察对象积极情绪和消极情绪之间的平衡，让监察对象认知并接受监察人员的劝说，唤醒监察对象如实供述的冲动。

情绪调控的步骤：

（1）调节监察对象的情绪知觉能力：向监察对象提出要主动如实供述的具体要求，并给出要求其这样做的具体理由，让监察对象对此要求具有明确的认知后，能够知道监察人员的情绪并开始承认这种情绪化要求对其产生思维影响。

（2）调节监察对象的情绪整合能力：让监察对象把监察人员的要求作为注意信号嵌入其情绪认知系统，把思维聚焦在注意监察人员的情绪及向监察对象灌输的信息上来，增加监察对象情绪对思维的促进能力。

（3）调节监察对象的情绪理解能力：让监察对象理解与讯问有关的各种信息，并允许监察对象结合其内部心理活动和自己暂时的隐性想法一起来考虑。

（4）调节监察对象的情绪管理能力：尽量调动监察对象的思维，让监察对象的情绪对监察人员呈现开放状态，自觉主动思考监察人员的理由，逐步修正自己的想法，并对这种思考呈现坦然态度，不致因不愿意放弃原有想法而带来选择痛苦，甚至出现非理性情绪。

（5）调节监察对象的情绪运用能力：劝说监察对象在实施应讯计划方面保持灵活性，不要固执己见，学会接受性思维，改变监察对象的注意力方向，增大监察对象形成供述动机的可能性。

情绪调控的着力点有以下几个方面：

（1）改变监察对象的情绪辨别能力。劝说监察对象在从自己的情绪状态和思维中辨别情绪时，要有最基本的是非标准，对自己的言行要有最基本的对错辨别。

（2）改变监察对象的情绪涵义辨别能力。劝说监察对象通过言行向监察人员传递明了的信号，在每个讯问节点都要表明自己清晰的态度，通过监察对象的这种情绪表态，便于监察人员对监察对象的态度进行把控。同时，监察人员也要通过言行向监察对象亮明要求其主动供述的态度，力争讲清给出这样要求的全部理由，便于监察对象选择思考切入点，明确思考重点。总之，要让监察对象知晓监察人员言行所体现的情绪化要求，围绕怎么让监察对象明白监察人员要求正当且理由充分去做帮教工作。

（3）提升监察对象准确表达情绪及与情绪相关需要的能力。宗旨是让监察对象把自己的谈话体验和顾虑准确表达出来，把自己最担心的方面坦然相告，把自己所想达到的目的尽可能地表示出来，不要藏于内心，掩饰不表，这样便于增强讯问工作的针对性。

（4）帮助监察对象区分情绪表达时的准确性和真实性。有的监察对象在表达自己无责无罪时或假话真说或真话假说，对自己给出的理由或夸大情节或掩饰情节，一时让监察人员真假难辨。为避免这种情况，就要着意帮助监察对象区分情绪表达时的准确性和真实性，即使监察对象一时做不到直言不讳，监察人员也能通过帮教过程估测监察对象的内心想法，进而采取心理导引措施，引导监察对象最终讲出实话。

（5）观察监察对象情绪促进思维导向注意重要信息的能力。相当一部分监察对象在讯问前期，处于不知怎么办的心态或试探摸底心态，头脑陷入迷茫或保持狭隘的清醒，面对讯问攻势，要么茫然混沌不知所措，要么闭门锁关油盐不进，根本听不进监察人员的说服和帮教，直接忽略监察人员抛出的导引或提醒性的重要信息，这时就需要考察监察对象注意重要信息的能力，观察监察对象的能力强弱，区分究竟是不具能力还是另有企图故意所致。对不具能力或能力较弱的，要及时进行思维钳制，引导监察对象把思维集中在讯问话题上，先把监察对象情绪调节在中性状态，再转化为正面情绪，防止陷入负面情绪陷阱，建立谈话的共同点后，寻找进一步纠正的机会；对另有所图者，要先给他留足脸面，采取搭梯子扶上去的办法，唤醒其关注重要信息的自觉性，让其思维回归到思虑讯问话题并跟上讯问节奏的状态，进而再有针对性地去做思想教育工作。

（6）观察监察对象产生有效而合宜情绪的能力。有效而合宜情绪是指监察对象因监察人员施加恰当的心理压力所产生的适度心境。有效而合宜情绪对监察对象情绪判断和情绪记忆起促进作用。产生有效而合宜情绪的前提是监察人员对监察对象心理控制强度适当，也就是说，监察人员所施加的压力既要使监察对象供述自己的违纪违法犯罪行为又不能迫使无罪者供述其有罪，既要促使监察对象承认有罪又不能强制监察对象承认自己有罪。培育监察对象产生有效而合宜情绪的能力，要采用软硬兼施的方法。下面我们讲讲软施压：通常来说，监察对象拒供或说谎的目的是避免因讲实话所带来的不利后果，这种不利后果包括丢官罢职和被判刑等客观后果与感到羞愧和耻辱等主观后果，这成为监察对象如实主动供述的主要心理障碍，而软施压的功能就是减轻监察对象对以上不利后果的感知程度。首先，监察人员在态度上对监察对象要软，要用友善、理解乃至同情博取监察对象的信任；其次，监察人员在谈及违纪违法犯罪行为时要使用软语言，如使用“不该拿的拿了，不该得的得了，不该用的用了，不该收的收了”等语言；再次，对犯罪后果的描述要软，不要上来就吓唬监察对象“罪该重判和罪该当死”，人为增大监察对象交代的心理阻力；最后，要使用合法且正当的手段来减轻监察对象对不利后果的顾虑，比如，在向监察对象宣讲纪法条规的后果后，指明如果监察对象具备法定或酌定的从宽情节时可以得到从宽处理，让监察对象感觉将来的处境还是可以接受的。我们再讲讲硬施压。硬施压就是对监察对象实行高强度的心理限制。首先，要进行心理钳制，抑制监察对象的发散思维，将其心思集中在考虑是否应该主动交代、何时交代或怎么交代上，采用法条压人、案例树人和情理感人的方法，不停地向监察对象讲解纪法规定，有针对性地列举案例，反复地进行情绪刺激，使监察对象在感觉上没有轻松的余地，特别是善于利用揭穿矛盾和揭露谎言的方式，把监察对象逼入无法为自己寻求开脱理由的境地，渐次加大监察对象的心理压力；其次，进行心理导引，利用案例教育法，运用原型唤醒原理，针对预测的监察对象心理，通过讲别人违纪违法犯罪动机和反讯问心理，深刻剖析别人的应讯心理结构，使监察对象产生对号入座的心理导引，甚至促其形成违纪违法犯罪事实已被掌握的误判，或即将被查清的错觉，利用监察对象“早讲比晚讲好”的心理弱点，无形中强迫监察对象思维在主动交代与不主动交代之间流连忘返，所产生的最好的效果是调动监察对象的联想心理，通过讲解他人的作案手法，促使监察对象心理产生扩散的刺激作用，使其心理受到高强度的唤醒，最终导致其心理防线崩溃，从而选择主动交代；再次，利用语言设定监察对象的思维范围和方向，对监察对象供述范围进行心理限制；最后，通过培养监察对象特质情绪施加压力，迅速把监察对象的情绪智力分解为内部关联维度、经验关联维度和外部关联维度。具体来讲，内部关联是促使监察对象把自身的违纪违法犯罪事实在较短时间内串联起来，避免监察对象因恐惧处罚而产生不愿往事重提的心理阻力；经验关联是促使监察对象通过感受案例把自身问题严重性与是否争取主动以获取从宽的欲望关联起来，避免监察对象因心存侥幸而产生不去争取主动的心理障碍；外部关联是促使监察对象统筹自己与监察人员、同案者、亲朋好友之间的关系，减弱或消除监察对象对外部因素的依赖程度，自觉生成主动自救的冲动。

（7）观察监察对象心境起伏状况，看监察对象情绪总体上是否从悲观向乐观转化，看是否帮助监察对象形成了从多角度考虑问题的能力。这是判断监察讯问是否具有阶段性效果的衡量标尺。如果监察对象没有摆脱悲观情绪，在利害关系衡量上思路单一，此时监察人员就要适时调整自己的谈话强度，适当调整自己的话题方向，恰当调整自己的话题内容，有针对性地对监察对象施加态度影响。首先，挑明监察对象的心态；其次，综合分析监察对象心态产生的原因；再次，指明监察对象改变心态的利害关系；最后，指明改变心态的具体办法，给监察对象创造改变心态的条件。

（8）培养监察对象在不同情绪状态中正向产生解决特殊问题方法的促进能力。人的情绪一般分为积极情绪和消极情绪，绝大多数监察人员认为积极情绪有利于监察对象交代心理的形成，而消极情绪则相反，这是对监察对象在特定环境下情绪功能的误判。大家知道，监察对象会把当前的谈话心境作为信息线索，这些信息线索决定了监察对象的特定情绪影响效果，而这些影响效果取决于监察对象情绪体验所处的具体背景，这些背景能帮助监察对象定义应讯的总体目标，并决定情绪信息的含义与重要性。如果把监察对象情绪调整得过度积极，监察对象就会刻意享受轻松的积极情绪，顿失谈话压力，他就不会主动地去修复受压迫的心境，也不会刻意地去改变自己主张的不供心态，甚至会产生鄙视和瞧不起监察人员的心理，表现在行动上就是给监察人员设圈套；而消极情绪会强迫监察对象对已有的应讯体验进行更深入细致的加工和体味，更倾向于不断更新和修正原有的感受和经验，有可能不会再被单凭感觉所产生的错误想法和推断轻易指引，更容易把注意力集中到相对细节的水平。随着监察人员对实现讯问目的的欲望越来越强烈，对监察对象心理限制的强度越来越大，监察对象为了舒缓越来越大的心理压力，极有可能产生主动供述的念头。这就要求监察讯问人员把监察对象的情绪调整到中性偏上即可。

（9）观察监察对象认识言行与情绪本身关系的能力。讯问与反讯问之间的言行较量，实际上是竞争性较量。这要求监察人员和监察对象都需具备以下能力：了解对方言行所体现的心理想法、了解自己言行所体现的内心想法、了解双方言行冲突的矛盾点以及冲突原因。特别是监察对象，其情绪外显直接反映了内心的行事动机，监察人员的外部驱策可以激发监察对象的竞争动机。这种竞争是双方当事人彼此之间为争取战胜对方而努力显示其潜能的过程。当面临竞争时，监察人员和监察对象会对不同行为方式的后果做出预期，并根据自身愿望和价值取向以及由此产生的情绪、意志等心理体验来调节自身对信息的认知和加工过程，进而采取不同的应对之策。当监察人员保持竞争意识时，可能有助于其将问题知觉为某种挑战，极大地激发其成就动机，进而加强应对的积极性，树立一种积极的心理准备状态，调动一切力量去促使监察对象主动如实供述，而且时间愈紧迫，任务愈复杂，内心愈焦虑，监察人员对讯问工作就会越投入，从而越有可能产生创造性的讯问方法，这种竞争感使监察人员更有可能主动采取行动，在体验讯问中的参与、选择、自主等内心感受的同时，越能体验更强的成就感和自我效能感，并将其牵引到往后的讯问工作中，从而产生讯问的良性进展，因为在竞争条件下，监察人员的自尊需要和自我实现需要在讯问中表现得更为强烈。当监察对象保持竞争意识时，则会出现某些抑制性心理，促使监察对象把竞争情境知觉为某种威胁，持续地体验到不安全感，进而增加回避问题的可能性，从而丧失比较利害关系自觉性，甚至选择抗谈拒供的简单应对办法。对此的应对办法：首先，改变监察对象的词语联想和概念整合能力，坚持以正面教育为主，负面揭露为辅；其次，帮助监察对象培育正确的认知和动机，防止监察对象产生负面的动机或行为意向；最后，以案例作为原型启发的材料，分类解决监察对象的负向情绪和不良动机。

（10）理解监察对象以情绪表达意义的能力。监察对象的应讯心理一般要经过盲目变化、选择和保留三个心理过程。盲目变化是谈话的最初心理过程，这时的监察对象心态表现为想法过多、变幻无常或根本没有想法，被动应讯，实际上是还没拿定主意，在这个阶段监察对象不会去考虑他的心理是否适应应讯实际及由此而生的言行对其应讯目的是否具有现实意义；选择过程是监察对象谈话中间阶段的心理活动过程，在这个过程中，监察对象为了回应监察人员的说教，或主动或被动过滤原有的全部想法，对在盲目变化阶段产生的各种想法进行比较和选择，主要是进行利害关系比较，可能选择主动供述，也可能选择继续对抗；保留过程是监察对象把经过选择保留下来的想法保存起来，这些保留下来的想法，通常以正面因素居多，但也可能是负面想法。解决办法：首先，解决监察对象的认知问题，变其发散性思维为聚焦性思维，强化主动交代的现实利益概念；其次，消除监察对象的模糊认识，寻找双方共同感兴趣的交流话题，澄清监察对象抗谈拒供言行是无法实现的幻想，指明这样做性质恶劣，后果严重；最后，定点清除监察对象的顾虑，促其选择主动交代。

（11）查明监察对象产生复杂心情的原因。如果是由监察对象消极的思维定式所引起的，那就要想方设法祛除监察对象的消极认知，采取求同思维方式，让监察对象的思维内容、思维成果指向监察人员的思维要求；如果是由监察对象抗谈拒供动机所引发的，那就要把谈话主调确定为改变监察对象的行为取向；如果是由监察对象的个性特征所决定的，那就要重新塑造监察对象的人格，弱化他的对抗意志力。

（12）观察监察对象认识情绪的转化能力。这样做的目的是帮助监察对象客观评价自己的能力，不要高估自己的反讯问能力；帮助监察对象维持正当的情绪自我认识意识，定位自己的何种情绪不会被监察人员接受；帮助监察对象准确表达自己思维情绪，避免监察对象采用破坏性的方式来维护自己的权利；帮助监察对象正向提高自我指导和自我控制能力，防止监察对象在思维和活动中产生情绪依赖；帮助监察对象正确理解自我实现，搞清哪些希望是纪律和法律禁止的，哪些行为是无法实现的，敦促监察对象尽早彻底放弃某些无法实现的幻想，回归依靠纪律法律和刑事政策来寻找出路的正确选择上来；帮助监察对象提高正确理解和评价监察人员情绪的能力，促其形成自觉接受说教的潜意识；帮助监察对象树立合作意识，明白自己应尽的纪律和法律义务，促其与监察人员建立和保持相互满意的能力；帮助监察对象积极、正面地应对讯问压力，避免蛮不讲理或满不在乎的强烈情绪；帮助监察对象建立祛除产生反讯问冲动的能力；帮助监察对象提高适应讯问情势、调节谈话情绪与从思维和行动上接受讯问要求的自觉性。

（13）观察监察对象对愉快或不愉快的情绪保持开放心情的能力。因为如果监察对象持开放心态，就一般不会形成油盐不进的心理定式，从而增大接受说服和劝导的可能性，这样可使监察人员集中精力正面施压，不再另分心思去应对可能出现的讯问僵局，加大讯问成功的可能性。

（14）考察监察对象根据对信息的判断和利用，浸入或远离某种情绪的能力。这种能力强的监察对象对监察人员情绪的感知和体验具有高度敏感性，加大了监察人员有针对性地进行外部情绪信息输入的机会，使监察对象心理在最初的信息加工阶段就朝有利于交代心态形成的方向发展。在此基础上形成的正向的情绪表达和评价，加大了监察对象被说服的概率，有利于监察人员把控监察对象的监察对象应讯心理。

（15）观察监察对象成熟觉察自己和监察人员相关情绪的能力。这种能力包括：感知和体验双方情绪的能力；表达和评价双方情绪的能力；调节和控制双方情绪的能力。这样做的目的是判断双方情绪的积极性或消极性，确定不同情绪的调控环境和言行，以采取对应性措施，便于监察人员把监察对象情绪调控在有利于自己需要的适应范围，帮助监察对象把情绪维持在能够接受监察人员要求的对应水平。

情绪调节法的具体运用：

（1）情绪接纳法

情绪接纳法是利用监察对象对亲朋好友等社会关系的感情依赖和渴望安全的内心需求，对监察对象进行情绪刺激，迫使监察对象在情绪层面接受现实，放弃自我肯定，选择主动供述以实现自我解脱。适用这种方法的前提是双方建立了良好的信任关系，具有进行平和交流的平台。使用这种方法，可以从以下几方面展开：

首先，监察人员应换位思考，尽可能站在监察对象角度，对监察对象的违纪违法犯罪行为给予合理化解释，以舒缓监察对象的罪责感压力。说白了，就是给监察对象寻找客观原因，以认知疗法抚慰监察对象沉重的心理，以同情的方式博得监察对象的好感，促其减少抵触。比如，可以强调监察对象的违纪违法犯罪行为虽为纪法所不容，但事出有因，从道义上讲可以得到理解；可以强调其不是一个合格的国家工作人员，但仍然是一个好父亲或好丈夫；可以强调其出事的主因是制度性缺陷，其违纪违法犯罪不是个人问题，而是社会现象；等等。这是站在监察对象角度讲话，容易被监察对象所接受，能够迅速拉近双方之间的心理距离，便于由浅至深，快速进入监察对象心灵深处，洞察监察对象心理。

其次，递减监察对象负面情绪，减轻监察对象对社会排斥的焦虑。一般来讲，监察对象被监察立案或被采取留置措施后，首先背负的心理负担是担心受到刑事处罚，其次担心被社会耻笑并遭到社会排斥，进而产生悲观心理。此时监察人员要做的工作是与监察对象谈亲情和责任感，向其灌输其不会因犯罪而遭到亲朋好友抛弃和亲情的可贵，鼓励其要勇于承担责任，争取从宽以尽快回到社会，激活监察对象的家庭责任感和社会责任感，奠定监察对象情绪转变和心态转化的基础。

（2）认知重构法

针对监察对象对承担纪律与法律风险的本能恐惧和试图逃避的主观愿望，采用信息隔绝、情绪隔绝和前景难测等情境条件，利用风险提示、榜样提示和收益提示的信息输出，对监察对象施加心理压力，促其产生紧张、焦虑和认知与动机冲突，敦促其出于趋利避害的本能自觉改变原有认知体系，为实现心理平衡和获得安全感而选择主动交代。一般做法是：

行为分析法。客观分析监察对象的行为性质和社会危害性，如实描述纪法后果，帮助监察对象提前做好接受纪法制裁的心理准备。因为对将来结果的无法掌控心理是监察对象的焦虑源，也是监察对象产生不愿意如实供述动机的直接动因。此时需要监察人员通过客观分析违纪违法犯罪行为的纪律、法律、社会、个体结果的方式，将可能的最坏结果提前呈现给监察对象，帮助监察对象敢于面对现实，接纳现实环境，适应目前角色，接受对将来的预期，产生面对现实的自我救赎动力，同时逐步消除对可能结果的恐惧和焦虑，放弃对抗和抵触，依靠监察对象认知的自我调整，重新构筑与当前环境协调的现实关系，最终激发其争取主动的激情或冲动。

痛苦递减法。改变监察对象对惩罚强度的认识，降低监察对象对纪律处分或刑罚处罚的痛苦指数认知，减少监察对象对纪律处分或刑罚的抵触。要对监察对象讲清楚相关纪法条文及具体的处罚规定，重点讲解其态度不仅对定责或量刑具有决定性意义，而且对免责或减刑也起决定性作用，而态度好的前提就是要具备主动如实交代等现实条件；要重点列举案例，有针对性地从正反两方面讲解违纪违法犯罪数额和情节大体相同但因态度不同而受到不同宽严程度处罚的实例，坚定监察对象必须主动交代的信念。

2. 适应性非理性培养法

情绪调节法是许多监察人员自觉运用的一种常用讯问办法，其特点是由表及里,先安抚情绪,再调整态度,最后把工作做到监察对象心坎里,促其主动交代。下面再介绍一种由里及表的方法，即适应性非理性培养法，其特点是直击其心，先端正其态度，再调整其情绪。这是对付对抗性应讯心理的最佳方法。对抗性应讯心理的最大特点是监察对象太有理智，思维和行动均具有理性，这无疑增加了讯问难度。此时，弱化监察对象的理性成为讯问成功的希望。怎么弱化?这就要求监察人员运用逆向思维，培养监察对象的非理性，让监察对象的非理性比例大于理性成分，利用监察对象的非理性培育其心理冲动，使其在理智性不强的情况下，突生主动交代的激情，按照监察人员的思路不自觉地讲出自己的行为。俗话说“万事开头难”，只要开了口，监察对象就会把自己逼入死角，一般情况下不会倒退，形成“开弓没有回头箭”的效果。那么，什么是适应性非理性培养法？所谓适应性，是指监察对象随外界环境的改变而改变自身的特性、思维及行动方式的能力；所谓适应性非理性，是指监察对象在讯问进程中生成的非理性，是监察对象基于环境适应的非理性；所谓适应性非理性培养法就是在讯问过程中培育监察对象催生更多非理性并同时弱化理性能力的讯问方法。

下面讲讲使用适应性非理性培养法的基本原理。首先需要强调的是这种方法是监察人员的思维逆反。正常的讯问思维是说服监察对象理性从事，权衡利弊后选择主动交代。而适应性非理性培养法则是反其道而行之，这既是一种讯问技巧，也是一种险中取胜的方法。其基本原理就是利用监察对象的职务犯罪心理在讯问中的延续，以其人之身反制其人之道。大家知道，职务犯罪心理的形成是非理性战胜理性的结果，而负性的监察对象应讯心理的形成是理性战胜非理性的结果。适应性非理性培养法就是培养监察对象扭转理性和非理性比例能力的方法，目的是让监察对象在应讯中的非理性战胜理性，进而冲动行事，在不经意之间主动交代。从职务犯罪心理学角度讲，理性与非理性的较量导致了违纪违法犯罪与否，也导致了反讯问与否的心态产生。监察对象在本质上是理性与非理性的综合体，理性能够让监察对象考虑和愿意考虑违纪违法犯罪行为后果，而非理性让监察对象不能或不愿考虑违纪违法犯罪行为后果，表现在违纪违法犯罪防控能力上就是自控与自毁的较量。

自控提醒监察对象要具有行为自觉性，要求监察对象在冷静的情况下先经过认真思考和谨慎筹划再进行行为选择，行为结果是早在预料中的设想，这意味着较少的行为盲目性和较少的情绪因素干扰；自毁则使监察对象对自己的行为欠缺自我约束和自我控制的能力，可能会使监察对象在情绪的支配下不恰当地安排自己的行为，采取非理性的行动。从监察对象行为选择的意识活动角度讲，自控意味着监察对象在行为前或行为时自觉考虑行为后果，依据趋利避害的理性原则做出行为选择，或自觉依据行为手段的合乎目的性来考虑行为后果；而自毁则相反。需要说明的是，这里所说的后果是指违纪违法犯罪行为对监察对象所带来的对自身长远利益的损害。在行为选择时对行为将要带来的短期利益和长远利益的考量失衡是监察对象选择违纪违法犯罪的根本原因。正常情况下，理性人在行为选择时会同时考虑长短期利益，当两种利益发生冲突时会优先考虑长期利益，而非理性的监察对象则相反。此处所讲的短期利益是指行为给监察对象提供的即刻的欲望满足，也就是说，监察对象忽略或放弃了对被捕受惩可能性的考虑；而长远利益是指免受长期痛苦的威胁。监察对象之所以选择违纪违法犯罪行为，是为了满足当前的欲望，而不顾及可能案发的危害，这时监察对象被“此时此刻”的思维支配，较少进行前景思考，更不考虑被捕的可能性，无法预计得更远。这种心理具有反复性特点，会被监察对象带进谈话阶段，成为反监察人员讯问心理的组成因素。

利用适应性非理性培养法的任务就是继续扩张监察对象的思维非理性，鼓励监察对象的行为非理性，抑制监察对象的思维理性，压制监察对象的行为理性，使监察对象激情从事，冲动交代。从监察对象心理形成的过程及其规律来看，其非理性不外乎是其主观因素与客观因素相互作用的结果。从常态心理而论，应讯中的非理性更多受到被留置的后天因素的影响，是环境适应的产物，这种非理性是适应性的非理性。违纪违法和职务犯罪非理性主要由两大因素造成的，一是违纪违法犯罪行为的不确定报应后果，二是追名逐利的不良社会风气。违纪违法犯罪行为的不确定报应后果是指对其行为的惩处不力造成案发概率小，很可能作案后不被发现，从而能够逃避纪法惩处；追名逐利的不良社会风气容易使监察对象在自认为不会被发现的心态驱使下形成放纵自己做出违纪违法和职务犯罪行为的自我安慰心理。违纪违法和职务犯罪案发率高与较大的违规得逞可能性和较小的报应可能性相关。这是违纪违法和职务犯罪的心理原因分析。这种违纪违法和职务犯罪心理在应讯阶段依然会存在，且会因为监察对象被留置的外部环境改变而转变存在形态，即以反监察人员讯问心理组成因素出现。监察对象应讯心理的主导要素依然是理性与非理性较量后的选择结果，这就为我们使用适应性非理性培养法提供了可能。那么怎么培育监察对象的非理性呢？可以在跟进、追踪监察对象心理的基础上，采取鼓励监察对象自毁和减弱监察对象自控两种办法实现讯问目的。

鼓励监察对象自毁，要弱化监察对象的理性。具体方法就是要培养监察对象不良的自我意识，不让监察对象形成正确的自我认识、自我体验、自我监控心理意识，使监察对象缺乏完整的自我珍惜和自我负责精神，断裂监察对象对短期利益和长远利益的考量，阻断监察对象考虑长远利益的思路，促其把注意力集中在短期利益的满足上，引导监察对象非理性行事。非理性行事的具体表现就是冲动行事，也叫激情从事，冲动的发生总是基于特定诱因的刺激，常常显示出偶然性，但这种偶然性背后隐藏着必然性。冲动的监察对象的心理具有高激惹性、缺乏敬畏意识、非平和性倾向等个性特征，这些特征决定了监察对象在遇到特定刺激时实施激情供述的必然性，因此，我们要把引导监察对象的非思辨理性、培养监察对象的非敬畏意识、助长监察对象的非平和性倾向作为讯问的主攻方向。关键是怎么断定监察对象的短期利益和如何进行诱因刺激。这需要现场捕捉和临场把握。一般来讲，要根据监察对象的个性特征和心理倾向捕捉其临场的短期利益并行诱因刺激。常用的方法有品格否定法、道德刺激法、情绪刺激法、法条施压法、政策诱导法、利益诱导法等。所谓品格否定法，是指否定监察对象的品格，根据监察对象现场配合不主动的情状，指出监察对象品格有问题，拉大监察对象与正常人的人品差距，加大监察对象被社会排斥的焦虑感，激发监察对象的心理趋齐激情，诱使监察对象冲动行事；所谓道德刺激法，是指把监察对象的现场表现归因于道德缺陷，冲击其良心，震惊其灵魂，动摇其心理静止，助推其心理波澜，打翻其临场的心理平静，促其情绪化行事；所谓情绪刺激法，是指通过指出监察对象对家庭的歉疚、对社会的负罪、对组织的背叛，对自己的辜负等，刺激监察对象的神经，加大监察对象的负疚感，使其心情沉重，思维单一，唤醒其弥补冲动，激发其现场表现欲，促其激情从事；所谓法条施压法，是指通过宣讲纪法后果的不可避免性，增加其心理负担，利用其恐惧感，激发其慌乱行事；所谓政策诱导法，是指通过宣传形势政策与刑事法律的关系，渲染政策对法律的可调节性，灌输调适结果的可选择性，激发其从轻的欲望，促其本能从事；所谓利益诱导法，是指通过否定监察对象圈定的利益目标，激发其心理逆反，促其功利从事。使用以上方法，要以正话反说的方式为主，要注意不能把话讲过头，把监察对象贬低得一无是处，防止监察对象破罐子破摔。

减弱监察对象自控，要强化监察对象的非理性。监察人员要在貌似真诚的前提下，正话反说，正事反办，利用监察对象的个性特点去设立谈话支点，想法把监察对象的心理调整到能够在短暂的时间内突发情绪化的状态。首先要使监察对象暂时抛却保护自己的名誉和地位的利欲动机，单纯地受表达和发泄的强烈的情绪动机所支配，激发其在对话中的表达欲，使其在不经意间暴露自己的问题。其次，要注意为监察对象创造冲动突发的条件，要打乱监察对象的应讯计划，不断抛出话题节点，促使监察对象临时起意，瞬间激情勃发，冲动交代。最后，要利用监察对象具有高激惹性的个性特点，触动监察对象的尊严，因为同样被留置的外部环境诱因刺激在不同的监察对象身上所产生的心理反应是不同的。在很多情况下，监察人员认为是重大的刺激，但监察对象未必这样认为，有时候监察人员认为是微不足道的刺激却在监察对象眼里构成重大刺激，在这其中起关键作用的是监察对象的激惹性高低。所谓激惹性，是指监察对象在遇到环境刺激时的反应倾向，感受性、承受力、理解力构成激惹性心理的三要素，监察对象激惹性高低取决于这三要素的组合和表现程度。一般说来，高激惹性的监察对象感受性高，理解力差，承受力低，往往表现出过度敏感，监察人员的微小刺激即会引发其心理上的挫折反应，容易激发冲动的情绪化表现，更易产生表达和发泄强烈情绪的冲动状态，这就隐藏着激情交代的极大可能性。

（二）态度改变法

态度是被讯问的监察对象对讯问中的人、事、物的综合性评价，这种评价综合了监察对象的个人认知、情绪情感、行为倾向三大要素，其中个人认知是情绪情感、行为倾向的基础和依据，情绪情感是行为倾向的心理动力，行为倾向是个人认知、情绪情感的综合选择，这三点构成了监察对象的态度体系。其中的薄弱点主要存在于认知基础和情绪情感中，三者构成了具有一致性、协调性且相互影响、相互强化和相互巩固的监察对象现有态度体系。如果按照监察对象是否具有理性来区分，监察对象可被分为基于理性的监察对象和基于非理性的监察对象两种。基于这两种监察对象不同的监察对象应讯心理特征，对基于理性的监察对象应采用最大化策略的方式侧重适用改变个人认知的方法，对基于非理性的监察对象则应采用最小化策略方式侧重适用影响情感的方法，或者轮番、交织适用这两种方法，即以最大化策略影响监察对象的个人认知并击溃其监察对象应讯心理防线后，以最小化策略帮助监察对象寻求违纪违法犯罪行为合理化解释，降低监察对象的负责感或罪责感，给监察对象营造一种虚假的安全感和归属感。

在认知体系和影响策略之间的关系中，认知点作为认知体系网络上的一个网结，被认知逻辑串联成为网线，监察对象的认知点决定了其个人认知的性质，监察对象的认知逻辑决定了其认知的走向，若欲改变或影响监察对象的个人认知体系，就需要根据监察讯问实践从认知点和认知逻辑两处着手。被讯问中的监察对象的个人认知主要指监察对象对案情及其走向的认知，影响监察对象供述或辩解的认知点包括但不限于对监察人员已经掌握证据及其可能掌握证据状况的判断，监察对象对法律政策规定及可能领受的法律惩罚的认知，以及监察对象对同案人员的信任程度及对供述后果的预判。被讯问的监察对象在通常情况下，总是会坚持符合其认知逻辑的且其自己认为是正确的应讯观点和应讯行为，尽管这样的认知可能并不符合一般的道德原则和法律政策规定。监察对象对可能存在的不合作态度的逻辑认知主要是：自己作案计划周密，只要自己不供述，监察人员在没有充分证据的情况下就没办法定案；只要自己坚守攻守同盟都不供述，监察人员就无法掌握案件事实；如若供述则弊大于利，自己供述了一定会受到党纪国法的惩罚，不供述则有可能侥幸推责脱罪；只要自己在监察人员面前拖延时间不供述或编造不实事实乱供和谎供，就能达到扰乱和转移讯问视线并熬过留置时限的目的。被讯问的监察对象这样的认知体系是一个不断变化与调整的思维观念结构，尤其对基于理性的监察对象来说，其供述与否都取决于权衡利弊或价值衡量的结果，监察人员的讯问目标是影响被讯问的监察对象的个人认知体系，使被讯问的监察对象形成在供述上利大于弊的正确认知。

影响认知的主要步骤是：在基础讯问阶段，监察人员要针对监察对象基于自身的法律政策知识、道德情感和社会经验建立起来的状况特点，有效确定讯问目标，一是在讯问开局之初尽量视情建立一种非对抗的双方关系，二是采用调查思维或逆向思维促使对抗的监察对象开口陈述，常见且有效的讯问做法是通过拉家常方式询问其个人及其关联人的学习经历、社会阅历、生活状况、夫妻关系、个人爱好以及对外交往情况，以关心的姿态出现在监察对象面前，而不是以泛罪清算者的面目展开讯问。或者向监察对象阐明法律政策观点和自己的讯问意见，表示自己希望监察对象能够获得从轻、减轻或免除处罚，此时可以提出几个符合既定讯问需要的建议让监察对象选择，这样做即使不会立马获取供述，也有助于缓和双方的紧张对立关系。在切入阶段，监察人员要找准被讯问的监察对象如何看待讯问的认知关键点。一般情况下，监察人员会采用心理介入的方法先进行心理接触，围绕监察对象可能的认知点进行问题设计，这样不但可以通过回答了解监察对象的认知情况，而且可以通过密切关注监察对象的情绪情感、行为倾向等反应估测影响监察对象供述或辩解的关键认知点。需要注意的是，这种谈话方式应当以采用开放式问话句式为主，以便附随监察对象的认知特点，问题不但应当简短，做到含义明确，而且还要让监察对象易于理解，譬如可以这样讲："违纪违法犯罪事实不是关键，关键是你的态度，做错了就认错认账，错误都是人犯的，改正了就能达到组织挽救目的啊"，还可以使用附加问话句式，例如"你听明白了吗""对吗"这样的短句，以便监察人员确认监察对象是否能够听懂或入心监察人员的问话。在展开阶段，监察人员一定要清楚这是攻克监察对象认知障碍和重新形塑监察对象认知体系的攻坚阶段，对监察人员自己的问题编排技巧和策略用证能力具有较高的质量要求，做好了有利于监察讯问的顺利推进，做不好有可能把监察讯问局面搞砸，甚至会形成讯问僵局。

要注意三点：第一，对认知关键点进行分析和根据认知点影响程度的不同进行问题编排时，一般情况下应当先涉及弱关联问题，然后再涉及强关联问题，这样由外至内的顺序更加符合监察对象一般的认知规律和回忆习惯，更可以使监察对象避免产生不必要的对抗。第二，要注意与被讯问的监察对象心理结构的动态顺应，和对监察对象年龄和社会地位等因素的顺应；对监察对象知识层次和价值观念等因素的顺应；对监察对象性格、情绪情感、目的动机等心理因素的顺应。监察人员的推演应当站在监察对象角度以合乎其思维方式的形式进行，当出现言不对问且监察对象没有正确理解监察人员意图的情况时，监察人员应当及时调整自己的语言形式，做出进一步解释，或变换一种表述和表达方式。第三，应当有目的和有计划地使用证据。讯问实践表明，有目的和有计划地使用证据可以有效甄别谎言并打破监察对象的防御体系，一般要在中后期使用证据，过早的话会让监察对象了解讯问意图并强化反监察人员讯问心理，最佳的证据使用时间是在监察对象由于焦虑水平较高而达到供述临界点时或由于放松警惕而防御能力较弱时，因此在讯问中故意推迟证据的出示时间较为重要。另外，还要注意渐进地使用证据，不宜一次性整体性抛出，而应先以模糊证据引导监察对象做出解释，然后根据监察对象的情绪和心理变化逐步将证据清晰化，同时要求监察对象再次解释，此时监察对象若是出现谎供情况则会不攻自破。

在情绪情感与影响策略的关系上，当监察对象基于其认知基础而对监察人员产生距离感、信任感，或对法纪政策惩罚持有畏惧、焦虑、悲观情绪，或开始产生对己对家人等的愧疚感和后悔感等并形成各种情绪情感体验时，监察对象的心理需求就会与这些情绪情感交织在一起并密不可分。此时，监察人员必须想方设法获取监察对象的心理需要内容，或尽量让监察对象侃侃而谈，或必要时加以鼓励和附和，同时自己保持清醒的头脑，随时研析监察对象的心理需要并拟定恰当的讯问计划和策略。

具体的落实步骤是：在构建非冲突性和非评价性讯问关系的基础讯问阶段，监察人员要扮演同情者、理解者或帮助者，改变监察对象态度的有效方法就是放弃容易产生距离感的空洞说教方式，在此基础上有效展开讯问策略，利用心理介入的方法敦促监察对象消除戒备和心理对抗，尽量让监察对象感到监察人员是切实在为自己考虑，力争以此促使监察对象软化其抗拒态度。在切入阶段，监察人员应该首先了解监察对象的心理需求与情感弱点，选取较为薄弱的环节进行突破，如果监察对象畏责感较强，就从降低违纪违法犯罪后果和罪责感的角度切入；如果侥幸心理突出，则应评估监察对象的违纪违法犯罪事实暴露状况，必要时使用情感打动法突破监察对象的情感弱点，譬如可以强调监察对象与家人的感情深浅，强调监察对象如果因态度不好受到严惩对不起家人等，以感情牌加重监察对象对家人的愧疚感，激发其以如实供述获取从宽处理来补偿家人的冲动。在想办法使监察对象从感情上接纳监察人员的展开阶段，监察人员可以利用监察对象家人、朋友等社会关系的规劝来支持监察对象心理上的道德感和责任感，以此在增加其内心焦虑的同时为监察对象指明出路，敦促监察对象勇于面对客观现实而不一味自我否定。监察人员还可以为监察对象的违纪违法犯罪行为寻找合理的解释，帮助监察对象转换认知态度，或者将违纪违法犯罪归因于外部诱惑、他人过错、制度缺陷等，以此最大限度地减少监察对象的负性情绪。在此需要强调的是，对监察对象的负性情绪并非要一律避免，如果监察人员运用得当，有计划有步骤地激发和利用监察对象的罪责感，特别是在监察对象出现心理动摇时使用，更有利于彻底转变监察对象的拒供态度。

在已经解决供述障碍且监察对象的供述动机已经形成的引导陈述阶段，监察人员应当扮演倾听者角色，主要起引导和连接作用。此阶段的关键是设计好问题序列并以符合监察对象的认知特点形式提出，根据讯问实践经验，通常从发散性思考和紧缩式提问两方面推进。所谓发散性思考，实际上是指在讯问双方享有相对平等话语权的基础上，不带偏见地收集与案件相关的一切证据信息，逐一排除无罪的可能性后留下唯一的有罪结论。所谓紧缩式提问法就是应当把每一个可能性解释作为一个谈话主题，以简明疑问句形式提出，同时注意根据逻辑主线串联多个疑问句，这里的逻辑主线可以是时间主线，可以是空间主线，也可以是地理方位主线，如此可以保证讯问的连贯性，亦便于事后查证是不是遗漏重要的可能性解释。在采用指向性较强且提问范围较窄的正反问句和选择问句进行排除无罪的信息确认以及逻辑串联时，一定要注意正反问句和选择问句中的信息应是监察对象之前陈述过的旧信息，切忌根据己之观点人为地添加所谓的新信息，这样就很容易让审理和公诉部门认为存在指供和诱供嫌疑。

以上内容是根据监察对象不供、拒供、谎供、乱供等情况提出的，那么还有另外一种情况需要注意，那就是在监察对象愿意供述的前提下，由于监察对象出于遗忘、紧张、认知水平等原因导致错供，致使供述与现有证据体系出现矛盾的状态，这时监察人员应该怎么办呢？根据讯问实践经验，一般采用认知询问法和系统提问法予以解决。所谓认知询问法，就是在让监察对象报告所能记忆起来的事件基础上，监察人员以变换时间顺序、变换记忆问题视角、重建记忆背景的方式，提醒监察对象通过多维度的变换进行记忆的检索和提取，以降低心理紧张等情境因素对回忆的准确性或全面性的干扰，促使监察对象提高供述质量。所谓系统提问法实际上就是监察人员根据多条叙述主线有序进行系统的提问。大家知道，证据是相互印证和环环相扣的，由于上述原因监察对象在一条叙述脉络上对于案情的回忆可能出现不完整或不准确的情况，而监察人员让监察对象进行多脉络叙述就可以有效弥补单线叙述的不足，进而发现叙述中的事实错误或逻辑错误。叙述主线可以人物为序，可以时间先后或地理空间为序，也可以包括犯罪构成要件在内的违规构成要件为序，但要注意保证和维持监察对象的叙述自由与持续，对同一事实的不同叙述应在监察对象陈述完毕后再具体发问，而不应频频打断监察对象的回忆过程。

（三）顺序清障法

所谓顺序清障法就是针对监察对象不同监察对象应讯心理的供述障碍因点施策并秩序性地予以定点清除的方法。根据职务犯罪讯问实践经验可知，监察对象在抗谈拒供阶段一般具有侥幸过关心理、畏惧责罚心理、慌乱对抗心理、定式戒备心理等供述心理障碍，在动摇犹豫阶段通常具有顾虑心理、悔恨心理、矛盾心理、反复心理、试探心理、逃避心理和推脱心理等供述心理障碍，在供述阶段经常会出现少供心理、翻供心理和谎供心理等供述心理障碍，顺序清障法即是通过有秩序地展开讯问的方式，针对监察对象不同的心理特性，在思想政治教育的统领下，按照讯问的一般规律有针对性和有秩序性地施以“追打”“回拉”“解惑”“感化”的讯问措施，来逐一定点清除影响监察对象主动、如实、彻底供述的心理障碍。

为什么以思想政治教育为统领？因为思想政治教育是一种特殊的教育活动，所传授的道理不但包括习近平新时代中国特色社会主义思想的基本理论，还将党和国家大政方针、政策和其他形式的行动纲领囊括在内，不但含有对监察对象道德底线的要求和意义之上的人伦准则与人格修养，还含有各种先进的标注与各种积极的理想信念，不但包含具有指导意义的“三观”教导，还有对监察对象改造自身的方法论的规引。思想政治教育的目标是帮助监察对象明辨是非，使其树立正确的政治立场以及帮助监察对象立基于上构建应讯思维模式和行为方式，正因为思想政治教育将做人道理与监察对象的具体实际相结合，所以监察讯问才以思想政治教育作统领。思想政治工作是我们党的政治优势与优良传统，是开展执纪审查的基本方法和思想武器。习近平总书记多次强调，要在纪律审查过程中做好思想政治工作。新形势下，纪检监察机关必须充分认识到加强思想政治工作的重要性，用好用足这个教育挽救干部的重要“传家宝”，实现执纪审查政治效果、纪法效果和社会效果的有机统一。关于思想政治工作融入执纪审查的必要性，赵乐际同志在十九届中央纪委三次全会上指出，实现高质量发展是纪检监察工作的努力方向，要持续深化“三转”，在坚持思想政治引领上下功夫，带头坚定信仰、带头对党忠诚、带头担当尽责，自觉把思想政治工作贯穿纪检监察工作全过程。必须充分认识在执纪审查中做好思想政治工作的重要意义，不断增强深化运用的思想自觉。思想政治工作的着眼点从根本上讲是校正人的认知，统一人的意志，把思想和行动统一到党和人民的立场上来。执纪审查不仅是执纪护法的技术性工作，也是严肃的政治工作，因此我们既要有纪法思维，更要有政治思维。我们党是靠思想政治工作起家的，在近百年的历史上始终依靠强大的思想政治工作，不断统一全党的思想和意志，与人民群众同心同德，向着伟大的目标前进，取得了一个又一个伟大胜利。在当前新形势下，如何把这一优良传统运用到执纪审查工作中是一个更为现实和紧迫的课题。监察体制改革后用“留置”取代“两规”，办案期限大幅缩减（一般为3个月，扣除审理室和检察机关介入时间，实际办案期限只有2个月，甚至不到2个月），取证标准大幅提高，工作强度和难度空前加大。在这种情况下，案件能否高效办理，很大程度上取决于审查对象的配合程度，只有做通其思想工作，解开思想疙瘩，使其从内心接受进而主动配合，才能有效降低工作难度，取得事半功倍的效果。

思想政治工作是巩固党执政基础的人心工程。政治是用以调整人心向背的。人心是最大的政治，执纪审查的过程就是争取人心的过程。思想政治工作做到家、做到位了，就能化消极因素为积极因素，使更多的人拥护我们党，团结在党的旗帜下，沿着党指引的道路前进。就审查对象来说，被审查调查不是组织找碴、领导找别扭，而是要让违纪违法的党员干部、公职人员真正认识到是自己错了，而由怨天尤人转为知错悔过，真正和党一条心。就群众来说，如果忽视思想政治工作，没有最大限度化解审查对象及其亲友的心结，极有可能把他们推到党的对立面，进而影响到更多的人，这显然与我们全面从严治党、凝聚党心民心的初衷相背离。思想政治工作是实现“四种形态”良性转化的根本动力。监督执纪“四种形态”体现了纪严于法、纪在法前的理念，其要义在于改变“要么是好同志，要么是阶下囚”状况，引导处理方式由恶性向良性的转化，这是我们党惩前毖后、治病救人方针的深化和发展，是教育挽救干部的治本之策。良性转化的前提是审查对象主动向组织认错悔错，从表象看是被审查人态度发生积极变化，变对抗为配合，变被动为主动，其实是思想工作的外因通过被审查人思想认识转变这个内因来实现的。因此，在被审查人态度转化过程中思想政治工作起到了重要的催化裂变作用，是推动审查对象实现自我转化的根本方式。

思想政治工作是实现执纪审查高质量发展的重要保证。我们党始终与消极腐败现象作坚决的斗争。党的十八大以来各级纪检监察机关坚持全面从严治党，执纪审查工作卓有成效，为夺取反腐败斗争压倒性胜利做出重大贡献。站在新的历史起点上，要实现纪检监察工作高质量发展，执纪审查工作必须与时俱进、探索创新。从执纪审查效率看，能否在短时间内让审查对象彻底转变态度，主动如实供述，直接影响甚至决定着执纪审查工作的质效。案件调查取证是一个由无到有、由少到多的过程，初核阶段掌握的证据毕竟有限，而审查对象大都社会阅历丰富，反调查能力较强，又大都存有畏罪、侥幸心理，单纯依靠已有证据施压很难突破心理防线。特别在现阶段实际办案期限只有大概两个月的情况下，如果一周至半月内未实现谈话重大突破，案件便极易陷入拉锯胶着、交代问题极易呈“挤牙膏”状态。只有综合运用政策、纪法、案例、证据、研判信息，做通思想政治工作，取得审查对象的充分信任，才能促使其转变态度，由被动应对变为主动配合。比如，在办理某市原副市长、市公安局局长聂某某案件时，最初他不愿面对突如其来的现实，深感前途迷茫、不知所措，一味否认，拒不交代问题，并运用长期从事侦查工作所形成的思维来对待组织审查，我们没有选择以硬碰硬，而是充分尊重他的人格，与他一起回忆为党做贡献的过程，耐心细致地讲政策、讲纪法、讲案例，使其明形势、懂事理，在短时间内转变了他的态度，实现了重大突破。从执纪审查效果看，审判阶段能否认罪服法、认罪悔罪，是衡量案件政治和社会效果的一项重要标志。如果一些有重大影响的案件，特别是社会关注度较高的涉及领导干部的案件，出现当庭翻供、拒不认罪现象，必然引发公众对纪检监察机关依纪依法办案能力、监察体制改革效果等产生怀疑，造成不良政治和社会影响。只有通过细致到位的思想政治工作，让审查对象心服口服，才能有效避免此类情况发生。一方面，我们要在留置期间特别是移送前的一段时间，有针对性地预先做好提起公诉阶段认罪服法工作；另一方面，在移送审查起诉后，与检察机关协作配合，鼓励家属协助做工作，设身处地为他们解决家庭困难，坚决防止移交后一推了之、不闻不问、放任自流的做法，而是要“一跟到底”，继续做好后半期的思想政治工作。

在当前的监察讯问中，有一部分同志忽视思想政治工作，主要表现为：

一是存在“思想政治工作是假大空”的观点，没有把执纪审查与巩固党的执政地位紧密联系起来，“政治站位不高”的问题没有得到解决。一些同志包括一些长期从事办案工作的同志，感到办案是个“实在活儿”，来不得半点虚的，被审查对象特别是被留置人员，基本都是“老油条”，社会阅历丰富，心理素质过硬，应对能力极强，要让其认错悔错、认罪服法关键要靠大量客观证据，得拿出“干货”，怎能只凭思想政治工作就能让其主动交代？再者，办案就是办案，有什么事说什么事，办谁的事就让谁讲清楚，没必要上纲上线，扯到巩固党的执政基础上。这些想法是片面的，陷入了单纯的“事务主义”之中，既囿于长期形成的思维定式，又没有站在应有的政治高度上，从政治上观察和处理问题。

二是存在“办案就是拿证据”的观点，把执纪审查与思想政治工作割裂开来，“没位置”的现象突出。有的同志认为，执纪审查从根本上讲就是挖线索、查事实、取证据，如果“撬不开嘴、拿不到证据”，一切都免谈。现阶段案件线索存量大、增量多，而且时间紧、标准高，在办的案子都压得喘不过气来，哪有时间去做思想政治工作？正因为存在这样的想法，有的同志急于“撬嘴取证”，缺少摆事实、讲道理的耐心说服和教育，缺少关心人、爱护人的温情，谈话时严词相逼、恶语相加，甚至逼供诱供，即便拿下证据，也伤了人心。存在这样的片面认识和过激做法，主要缘于没有认清执纪审查的根本目的是教育人、挽救人，没有看到思想政治工作是有关党性、人性、事理、情理的综合性说服工作，进行说服、教育、引导本身就是执纪审查工作的重要组成部分和有效方式，精准、恰当、熟练运用能够有效转变审查对象态度，快速突破其心理防线，大大提高执纪审查工作效率，有效提升政治和社会效果。

三是存在“被审查对象都是有错、有罪之人”的观点，感到在他们身上下功夫做教育挽救工作不值得，“不必要”的想法明显。有的同志认为，查清违纪违法事实，严惩腐败、以儆效尤，是执纪审查工作的应有之义，腐败分子被严惩是他们无视党纪国法的结果，是咎由自取，对他们不必同情，也不值得做思想政治工作。这些想法貌似有道理，但没有意识到“干部犯错误、组织有责任”这一客观因素。应该看到，纪检监察机关的审查对象不同于一般刑事犯罪监察对象，他们都曾经为党和人民做过有益工作甚至出过大力、立过大功，许多人受党教育多年，具有较高的政治素养，对党有很深的感情。犯了错误不可救药的只是极少数，真正与党和人民为敌的更是极个别的，大多数违纪人员是可以通过强有力的思想政治工作转化过来，改错纠偏，继续为党工作的。即使犯了严重错误的，包括将要开除党籍、移送司法机关的，在审查期间也是党内同志。组织的审查，并不是对他们的抛弃，而是进行教育矫正，使他们即便不能做个好党员，将来也可以做个好公民。这样看问题，我们的视野就会更开阔，责任感也将更重大。

四是存在“一副药方治百病”的观点，没有针对被审查对象的思想、情绪对症下药，工作方法教条古板。有的同志不管审查对象思想疙瘩千差万别的实际，把思想政治工作理解为千篇一律讲理想信念、讲党性觉悟、讲政策纪法、讲正反案例，甚至认为只要面对党旗举拳宣誓、抄写党章、回忆激情燃烧的岁月，就一切都可以了。因此，他们在工作中一个药方治百病，一把钥匙破千锁，没有从实际出发区分审查对象的思想特点，不了解审查对象的成长经历和形成其性格习惯的文化背景，不关注审查对象心理情绪和微表情的变化，不掌握其最关心、最担心和最顾虑的问题，结果要么切入点单一或不准确，要么内容与被审查对象想法不“兼容”、不接地气，要么方式过于生硬或软弱，针对性和实效性不强，书生气十足，被审查对象从内心看轻，从而失去对谈话、取证的把控。

五是存在“只要办案结果不问办案过程”的管理观念，对执纪审查各环节思想政治工作的汇报、总结、考核、评判缺失，“不管不问”现象普遍。当前，对执纪审查工作考核主要关注案件线索管理流程和办案数量、查处领导干部级别、涉案金额、违纪违法类型、追缴赃款赃物、办案安全、办案期限等硬性指标，对审查对象思想转化和认错悔过情况、公诉和审判阶段的表现等，却很少涉及，没有从顶层设计上确立科学的考核评价机制，这在客观上弱化了思想政治工作。这些都是在监察讯问中具有严重危害性的不好表现。

党的十八大以来，纪检监察机关准确把握政治机关定位和执纪审查工作政治属性，将思想政治工作运用到执纪审查工作各个阶段，探索出一些好经验好做法。尤其是党的十九大后，思想政治工作进一步强化，教育人、挽救人、转化人的目的更加清晰，惩前毖后、治病救人方针运用得更加具体化、个性化。2018 年山东省纪委机关移送司法机关的 10 人中没有一人拒不认错、对组织审查不满。省人大常委会原委员、某市市委原书记刘某某，省人大常委会原委员、省政法委原常务副书记、某市原市长张某某，在被移送检察机关之前，给省委、省纪委主要领导写信，表示不上诉、不翻供、不放弃党员标准，用不上诉的实际行动为党和国家节省司法资源。但也要看到，加强执纪审查工作过程中的思想政治工作有着很强的政治性、政策性、针对性，对运用综合知识的能力要求很高；一些纪检监察干部对为什么运用、怎样运用，认识不到位、方法不得当；思想政治工作在实践中很难做到运用程序化、考核数量化；等等。这些因素导致有的地方和同志对思想政治工作重视不够，甚至觉得有无皆可、用与不用都能办案，这就影响了执纪审查工作的质量和效率。事实证明，将思想政治教育工作融入执纪审查具有重大现实意义。

思想政治工作的实现路径：

一是提高政治站位，转变理念思路，把思想政治工作融入执纪审查工作全过程。深入学习习近平新时代中国特色社会主义思想，切实增强“四个意识”，从践行“两个维护”、巩固党的执政根基的角度，认清思想政治工作是党章和监察法规定的执纪审查工作重要内容，也是党的政治工作重要组成部分，要自觉将思想政治工作放在突出位置做实做细。在初核阶段，要深度了解审查对象的性格特点、成长经历、文化背景、兴趣爱好、主要社会关系、违纪违法证据等，为开展思想政治工作提供有力信息支撑。在初次谈话时，要以其易于接受的方式为前提，讲明道理、讲清利弊得失，让他懂得讲比不讲好、早讲比晚讲好、全讲比藏着掖着好的道理，从而使其端正态度、正确面对。在谈话突破和拓展阶段，需要讲清形势和政策，结合大量案例做好引导，灵活运用已有证据施压，做到既有力度又有温度，让审查对象充分认识到态度是首要的，问题性质和涉案金额的大小是次要的，对组织忠诚老实、主动交代问题才是唯一出路。同时要将党性教育与亲情教育结合起来，做好引导和缓压工作，让审查对象看到希望，消除其绝望心理，让其意识到组织是在真心实意地挽救和帮助他，唤醒其党性和良知。在制作监察笔录环节，坚持查教、查改相结合，帮助审查对象细化问题，教育其反思错误，深挖思想根源，增强其自责感和愧疚感，为其悔过自新和认罪服法打好基础。在审查调查中后期，通过学习《中国共产党章程》《廉洁自律准则》《党纪处分条例》《入党申请书》等，使其理清是非曲直，恢复党性觉悟，做到迷途知返。同时结合人文关怀和亲情感化工作，引导撰写深刻的忏悔书，涤荡心灵，使其真正悔错改错。在移送审查起诉阶段，要案走情随，思想政治工作跟进看守所，跟到开庭服刑，让党的阳光照耀其今后人生道路。

二是坚持治病救人，以“同志情义”“平等心态”对待审查对象，唤醒其共产党人的觉悟。党内互称同志是党章的规定，执纪审查本质上是党内审查，在审查期间，审查对象与办案人员在党内地位和人格上是平等的，必须以同志相称。审查人员与审查对象互称同志，能拉近距离，传递组织温暖，形成党内人讲自家话、谈自家事的亲切氛围。和审查对象一起学习党章，重温入党誓词，有利于唤醒党员意识，重拾初心，重建对党组织的忠诚。在审查过程中，只要拿出同志和亲人的“亲切劲儿”，人格上给予尊重，情感上给予理解，在证据取舍和把握审查对象心理活动上下足功夫，火候到了，自然水到渠成、顺理成章。从审查对象心理角度看，他们背负着对组织、社会，尤其是对家人沉重的罪责感，还面临着党纪、法律的惩处，内心是冰冷和阴暗的，特别需要同情、理解和释压。开展“同志式”“帮助式”审查调查，能够让党的光辉照到他们内心深处，在他们心灵最黑暗的地方打开“天窗”，让他们感到组织的关怀和温暖，有助于快速突破其心理防线。

三是适应审查对象思想和情感，因人施教，水到渠成化解审查对象的心结。审查对象在接受审查调查之初，内心都是不安和抵触的，拒不供述、虚假供述、部分供述都属正常现象，改变该状况的唯一途径就是通过谈心谈话打开心结。谈话的目的不是唬住对方，“打碎”其心结，而是促使其转变态度，“解开”其心结。这种转化应该是主动的、发自内心的转变，而不应是被动或被迫的转变。解开心结就需要提高思想政治工作的针对性和实效性。一方面，结合审查对象的成长经历、犯错误的原因、所担心和关心的问题等因素，找准思想政治工作的切入点和着力点，做到知己知彼，因人施策。对党性觉悟丧失、纪法观念淡薄的审查对象，重点用理想信念宗旨、党章党规党纪、宪法法律法规以及大量案例进行教育，唤醒其党性觉悟和纪法意识，做到知错认错；对人品本质上还不差的审查对象，应充分保障其人身权利，从精神、生活、健康等方面给予关心关爱，用组织的温暖感化他们；对家庭观念较重的审查对象，要让他意识到个人行为对家庭的危害，感受到组织为挽救其本人和亲友所做的努力，用亲情融化他们；对畏责心理较重、承压能力较弱的审查对象，注重开导和缓压，为其指出一条从轻减轻处罚的道路，引导他们看到光明、重树信心，走好人生路。另一方面，深入分析研究案情，掌握审查对象违纪违法手段、时间、特点等，根据审查调查的不同阶段的实际情况，相应调整思想政治工作的方式、内容和角度，强化细节意识，明确每次谈话目的、内容、步骤，有针对性制定谈话方案，做到“一把钥匙开一把锁”。某市政府原党组成员、副市长徐某某被“留置”后，在将近一个月的时间里不讲问题，我们及时调整思路，抓住他从村支书开始一步步成长为副市长这一独特的成长经历，分析他的思维方式、文化观念，与他拉家常，讲兄弟情谊，讲利益得失，通过对症的思想工作使他解开心结，交代了涉案金额3000余万的严重违纪违法问题。

四是树立服务理念，尊重审查对象权利，让其切身感受到党组织的温暖。被审查对象不同于普通刑事犯，他们在党内生活多年，受党教育多年，大都有较高的政治素养，对党也是有感情的，因此理应善待他们，出于爱心，教育挽救他们。这是纪检监察机关贯彻以人民为中心的发展理念的需要，也是做好思想政治工作的关键。办案人员与审查对象之间沟通交流是执纪审查的主线，在此过程中，如果及时了解被审查人身体、家庭等实际困难，做到有难相助，解除其后顾之忧，对于营造良好的沟通氛围，促使审查对象主动交代问题、巩固认罪服法态度具有重要作用。例如，在年节和移交检察机关之前，我们都会请审查对象吃顿饭，中秋节会送给他们一份月饼，让他们感受到组织的不离不弃，感受到与办案人员的同志关系。在受到组织真情帮助后，他们大都被感动得痛哭流涕，以此表达对党的感激之情。2018年8月接受审判的宋某某和徐某某，在法庭上都长篇表达对组织挽救的感激之情，深深感染了参加庭审的每一个人。这些成功的案例证明，真诚是可以感化人的，即使对犯了严重错误将要服刑的人，也要给其足够的诚心和尊重，组织在审查调查阶段所给予的关怀与帮助，会让其刻骨铭心、终生难忘。比如，在办理某学院原党委书记高某某案件时，他最关注的问题是如何抚养私生子。考虑到他的妻子患有精神疾病，办案人员做了大量工作将孩子交由他的妹妹抚养，并帮助孩子在济南落户，后来他的妻子自杀，孩子安然无恙，高某某因此对组织感激不尽。

五是转变思想观念，完善监管，把思想政治工作落到实处。一方面，要树立正确的政绩观，正确处理好以下几个关系：第一，要正确处理“治人”和“治病”的关系。当前执纪审查工作的目标是减少存量、遏制增量，因此必须强高压、长震慑、不松懈，但又要坚持惩前毖后、治病救人，正“歪树”使其茁壮成长，拔“烂树”着眼于救治整片森林。第二，要正确处理问责与问暖的关系。对踏红线、闯红灯、违法乱纪者追究责任，这是严肃党纪国法的必然要求，但这绝不意味着处理一个抛弃一个，应加强对他们的教育引导，做好后续关心关爱工作，让他们以新的姿态投入到工作或生活之中，成为党的事业的同路人，至少不能把他们推到党和人民的对立面。第三，要正确处理数量和质量的关系。衡量一个地方和单位执纪办案工作优劣，不仅要看数量，更要看质量。案子办得怎么样，不仅要看“二十四字”办案基本要求这类程序性规定执行的情况，还要看被审查对象的态度、思想转化情况，看综合的政治、纪法和社会效果，这甚至比前者更重要。因此必须进一步完善考核指标体系，把思想政治工作的运用作为重要衡量标准，提高各级纪检监察机关对思想政治工作的重视程度。

2018 年 12 月 28 日，中共中央办公厅印发了《中国共产党纪律检查机关监督执纪工作规则》，在总则中明确要求“坚持惩前毖后、治病救人，把纪律挺在前面，精准有效运用监督执纪‘四种形态’，把思想政治工作贯穿监督执纪全过程，严管和厚爱结合，激励和约束并重，注重教育转化，促使党员自觉防止和纠正违纪行为，惩治极少数，教育大多数，实现政治效果、纪法效果和社会效果相统一”。要认真落实规则要求，进一步把握做好思想政治工作的基本规律，创新方式方法，提升执纪审查工作质量和效率，推动实现纪检监察工作高质量发展。[1]

按照思想政治教育的疏导要求，监察讯问一般按照以下顺序展开：首先是以“寓理于事”的方式“有目的地追打”，其次是以“贯知于理”的方式“有条件地回拉”，再次是以“境理同构”的方式“有根据地解惑”，最后是以“利理统一、理化为行”的方式“有感情地感化”。

所谓“寓理于事”的“理”是指做人做事的道理；所谓“寓理于事”的“事”是指监察对象自身存在的问题；所谓的“寓理于事”是指把监察对象应该如何做人做事的道理融入监察对象存在的问题语境中，让所谓的道理贴近监察对象、贴近监察对象的违纪违法犯罪事实，从监察对象存在的问题中提炼出普遍适用的大道理的基本原则，在此基础上以批判的眼光看待监察对象；所谓以“寓理于事”的方式“追打”，是指在以监察对象存在严重问题为讯问切入主题的前

[1] 该段内容参考了山东省纪委副书记、省监委副主任刘凤岐同志的工作讲话

提下，在明确要求监察对象主动、如实、彻底交代问题的过程中，有效利用监察对象自身存有严重问题的语境假设来揭示如何做人做事的具体内涵和外延，通过深入阐明如何做人做事的一般性方法和道理，来说明这些方法和道理对监察对象的普遍价值和普遍意义。这样做的目的就是用监察人员所指明的且与监察对象息息相关的违规或犯罪事实来对如何做人做事的道理进行说明，以监察对象自身的事例来进行一般性阐述，以便监察对象接受，以利于减少把思想政治教育的内容内化为监察对象的一种基本素质的阻力。监察对象通常是在被组织掌握部分违纪违法犯罪事实和证据基础上被留置的，在监察谈话的初始阶段一般都具有抗谈拒供的供述心理障碍，这时采用直言其存在严重问题的语境预设是放大初核事实与证据的直接结果，符合一般的监察讯问实际。俗言道“非威何畏，非德何怀，不畏不怀，何以成霸”，只有用能够撞击其灵魂和震撼其心灵的语境预设，才能使监察对象感到畏惧，从而激起其不主动如实彻底交代则会领受严惩的遐想，消磨其抗谈拒供意志，甚至清除其在抗谈拒供状态下的所有供述心理障碍。

以“寓理于事”的方式“追打”的具体方式是示之以据、明之以法和慑之以威。“示之以据”之“据”并非仅指监察机关已经掌握的违纪违法犯罪事实和证据，更多的是在放大现实证据基础上的虚拟证据，例如监察对象仅被掌握收受张三一个人的钱的证据，而监察人员在此基础上放大为监察对象具有收受他人财物的行为，监察对象仅被掌握收受李四 100 万元的证据，而监察人员将此放大为监察对象收受他人巨额财物，监察对象仅被掌握犯受贿违纪违法犯罪行为的证据，而监察人员将此放大为监察对象具有严重违纪违法犯罪行为等。监察人员采取这种方式要具有针对性，在昭示证据之前对要达到什么目的、针对的是监察对象什么心理、欲破除监察对象什么拒供心理障碍等要做到心中有数。在昭示证据过程中，监察人员要依据昭示证据目的和监察对象心理状况有的放矢地进行虚拟证据展示；在昭示证据以后，要根据监察对象的态度并结合昭示证据目的及时跟上去做艰苦细致的政治思想教育工作。昭示虚拟证据要有问题严重性语境预设的可靠性，要符合监察对象的职务便利条件和可能存在问题的确实性，切不可捕风捉影式地胡编乱造。昭示虚拟证据要有隐蔽性，既不能暴露昭示证据的目的，更不能轻易出示已经掌握的有限证据。昭示虚拟证据要具有悬念性，要能给监察对象留下挂念，并尽量做到所昭示的虚拟证据与监察对象的心理事实产生联想，能使监察对象的挂念在联想中不断被扩大、补充和完善，以期起到抛砖引玉的作用。

明之以法是指监察人员以向监察对象宣讲纪法条规和政策规定及其相关理论方式进行思想政治教育工作，以使监察对象知道纪法条规、政策规定和适用原则方法，并让监察对象在明白自身问题严重性“何是”基础上懂得“是何”，便于监察对象在是否主动、如实、彻底交代问题与澄清错误观念，打消在交代问题上的各种思想顾虑。明之以法要具有针对性、适时性、原则性、灵活性，具体方法有：一是直接阐明，即直接向监察对象宣讲纪法条规和政策规定及其相关理论；二是间接阐明，即，通过言他来说明纪法条规和政策规定及其相关理论；三是分析阐明，即监察人员根据纪法条规和政策规定分析监察对象违纪违法犯罪行为在不同情况下所出现的不同社会危害性和纪法后果，阐明在何种情况下出现的纪法后果对监察对象有利，便于监察对象在是否主动交代上进行利益衡量。

慑之以威即通过昭示证据和明之以法向监察对象强调组织调查威力、纪法条规以及政策规定威严，敦促监察对象在被清算或被宽大的选择上迫于组织威严或感于组织关怀而在利益衡量上选择主动交代。这样做的根本目的是监察人员企图以此造成组织上已经掌握监察对象很多违纪违法犯罪事实和证据的假象，形成对监察对象的巨大心理冲击，迫使监察对象尽早消除抗谈拒供心理障碍并尽快主动如实做出供述。直接目的是开好讯问首局，把控好谈话局面，以利于监察讯问的顺利进行和有效展开。

在有效控局的前提下，监察人员不能一味地以批判性眼光看待监察对象，还要以“贯知于理”的方式“回拉”。所谓“贯知于理”之“知”是监察人员通过“寓理于事”帮助监察对象获得的有关讯问的事实和信息；所谓“贯知于理”是监察人员把“寓理于事”所产生的知识包含在做人做事的道理中进行表述和阐明的方法，这种方法以知识和道理的相互渗透为目的，在“传道、授业、解惑”的行动中将做人做事的道理讲通透，对监察对象进行以知论理，也就是帮助监察对象以对如何配合组织审查的正确认知为依据，以人类优秀文化基因为依托，将思想政治教育理论和实践投放于讯问事实和信息等知识中，实现思想政治教育与监察对象的临场实际的无缝对接，以实现监察对象对有限的讯问知识的无限利用，将有限的讯问知识的正向功能最大化，帮助监察对象将做人做事的道理来源与选择是否配合或如何配合组织审查的最终目标结合起来，以利于监察对象增强对做人做事道理的感染力和可信度。这样可避免讲道理上的可能空泛性和明理说教时缺乏理论支撑的缺陷性，使监察对象觉得监察人员的说服教育道理丰满和内涵厚重，并在此基础上增强可靠度和可信度，以便于监察对象逐步打消供述心理障碍。

如果监察人员在监察讯问中“只讲理而不传知”或“只见事而不见知”，则会导致思想政治教育说理效果大打折扣。所谓“回拉”的方法，一是动之以情，二是晓之以理，三是许之以利，四是消之以虑。所谓动之以情，是指监察人员针对监察对象的感情执着点、情感弱点，向监察对象输入某种符合其心理需求和心理满足的情感，以刺激监察对象的感情或情感，使监察对象在此基础上产生感谢组织关怀的激情，从而逐步打消影响其主动交代的供述心理障碍。动之以情是通过消除监察对象在讯问中的消极因素和激发讯问中的积极因素来引发供述动机以实现讯问目的。动之以情的重要作用：一是有助于消除监察对象讯问中的对立情绪和化解可能出现的讯问僵局；二是有助于监察对象扫除影响供述的心理障碍；三是帮助监察对象沟通与监察人员的感情以增进对监察人员的充分信任感；四是有助于监察对象激发正相情感和唤起悔过悔罪欲求，促其尽快做出主动交代的抉择。适用动之以情在情感切入上要针对监察对象的情感执着点和情感弱点，在情感涉入上要把握能引发或激起监察对象情感信息的最佳切入时机，例如，在监察对象感情痛苦时，或心理压力较大时，或意志出现动摇时等；在情感涉入时要把握情感涉入的适度性，一般遵循恰到好处原则即可。适用情感涉入的方法：一是行为涉入法，即，监察人员以自己的言传身教感化监察对象或帮助监察对象排忧解难或关心监察对象的生活、身体等；二是语言涉入，即，监察人员向监察对象涉入关心、理解、同情、肯定的语言以引发监察对象的情感，比如设身处地看待监察对象的违纪违法犯罪行为、对监察对象的处境表示同情、对监察对象走上违纪违法犯罪道路的客观原因表示理解、帮助监察对象解脱思想和心理压力、直接肯定监察对象想配合组织审查的态度等。

所谓晓之以理是指监察人员在讯问中综合运用政治的、法律的、政策的、道德的、伦理的、信仰的道理教育监察对象，使监察对象在知晓道理基础上产生认错认罪心理的谈话方法。晓之以理的“理”要针对监察对象的心理状态和心理活动，做到“理”之有据，符合谈话实际，能被普遍公认。晓之以理的根

第三章
监察人员讯问语言与监察对象应讯语言

本章主要探讨讯问语言和应讯语言的概念、特征、分类及运用，并从语用角度对监察笔录制作及其证据效力展开了讨论。

第一节　监察人员讯问语言

一、监察人员讯问语言概述

（一）监察人员讯问语言的概念

讯问是监察人员与监察对象进行的一种语言交际活动。监察人员讯问语言建立在与监察对象心理联系的基础上，是监察人员在讯问时为了准确表达讯问意图和实现讯问目的，对监察对象传递信息和施加影响的载体与工具，其能建构起双方沟通的桥梁和渠道，承载着双方博弈的全部信息。

（二）监察人员讯问语言的特点

1. 直接对抗性

其主要通过讯问活动的表现形式和内容体现出来。在讯问过程中，监察人员处于主动、自由的强势地位，监察对象则处于被采取留置措施的劣势地位；监察人员大多接受过专业技能培训，对监察对象的反应一般能够做出较为准确的判断，从而得以提前采取讯问措施予以应对，而监察对象则相反。从讯问活动形式上看，双方直接处于一种对抗和僵持的状态中，监察人员想获取更多的关于案件真相的相关信息，而多数监察对象则会极力掩饰自己的违纪违法犯罪行为，除少数监察对象外，多数监察对象都会不同程度地拒供。要想撬开监察对象的嘴，监察人员所采取的讯问措施必须借助监察对象应讯语言来具体实施。

2. 灵活性

在讯问过程中，监察人员要针对监察对象的个性特征来选择所要运用的监察对象应讯语言。在选择监察对象应讯语言时，要考虑监察对象的理解能力、接受能力、反思能力、表达能力，要灵活地采用不同类型的语言，注意语言所承载的强调事项，尽量选用准确的语言，以正确传递信息，防止被监察对象绕进去。

（三）监察人员讯问语言的类型

1. 进攻性语言

具体包括震慑性语言、感召性语言等。这类语言的特点是具有冲击性，用以对监察对象进行提问、驳斥、批判、警告等，配合加重语气，可以形成凌厉之势，所欲取得的效果就是增加监察对象的心理压力。

2. 防守性语言

这类语言具有谨慎、委婉、模糊的特点，适用于监察人员掌握证据不多或摸不清监察对象心理底细的情况，一般在监察对象试探摸底时使用。

3. 混合性语言

这类语言是上述两类语言的混合体，一般用于监察人员攻守兼顾时。使用这种语言，监察人员可以对有把握的问题猛烈进攻，在软肋处采取防守策略。

二、不同语境下的监察人员讯问语言

下面陈述在讯问不同阶段的语言运用。关于讯问的阶段划分，传统的职务犯罪讯问理论把讯问活动划分为试探摸底、相持对抗、反复动摇、供述交代四个阶段，凡是有过讯问经历的人都会对此产生困惑，即四阶段的划分界限不清，不易让人把握和区分；这四阶段实际上是被监察人员在整个讯问过程中的应讯表现，作为阶段划分不科学；这四种表现在每个讯问时段都会产生，贯穿整个讯问过程；这四种表现实质是监察对象内隐的心理活动，作为行为外现的讯问时段划分不符合讯问实际。因此，有必要对讯问阶段重新进行划分。大家都知道，讯问的实质是当事人双方达成合约，讯问人欲取供述，监察对象愿意供述，整个历程要经过“发出要约—进行谈判—签订合约”这样的基本过程。根据刑诉法规定，我们在初次讯问时必须告知监察对象权利义务，其中就有对提问要如实回答，这实际上就是向监察对象发出欲取口供的要约，如果监察对象不同意，为了达到取供目的就必须对监察对象进行说服教育，这实际上就是一个谈判的过程，如果监察对象被说服了，愿意供述，这就达到了监察人员的目的，相当于双方签订了一个合约。就整个讯问过程来讲，第一次讯问实际上是向监察对象提出交代要求，表明自己与监察对象接触的目的；之后双方的交流沟通，实际上是一个说服与反说服的阶段，这是讯问的最主要阶段；最后监察对象如果接受了监察人员的教育，同意按照监察人员的要求去做，监察人员获取有过或有罪供述后就意味着讯问的结束，如果监察对象拒不交代，监察人员获取监察对象无罪或无责表白后也意味着讯问的结束。至此，我们可以按照讯问的自然进程，把讯问划分为提出要求、自主交涉、获取供述三个阶段。必须要说明的是：传统的讯问四阶段划分是从监察对象角度来界定讯问时段的，而上述讯问三阶段划分是从监察人员角度来界定讯问时段的。因为心理不易掌握，而行为容易识别，所以这样划分的好处是监察人员能够直观把握讯问时段，明了各个阶段的讯问任务。

1. 提出要求阶段的监察人员讯问语言

提出要求阶段是讯问的初始阶段，特别是第一次讯问，更多地表现为程序性讯问，在履行必要的法律程序时，一般使用平实语言，这种语言的特点是表达直接准确、思路清晰，言语无须修饰，平铺直叙即可，不求华丽，只求实在，使监察对象不仅体验到庄重严肃的法律气氛，还要知晓自己的法定权利义务，特别是要精确地告知其主动供述可以根据纪法规定获得从轻处理。履行完程序后，要问监察对象是否有违纪违法犯罪事实，如果监察对象回答有，则以指示性语言要求其自己陈述，直至监察对象说没问题可交代了，这时要以坚定的语言告诉监察对象，其不仅有问题，而且还有更严重的问题没有供述，要求其必须尽快主动讲清，以具备法定的从宽情节，争取依法获得从宽处理，这是其认错悔过态度好的直接表现，对今后的处理起决定性作用。如果监察对象回答没有问题可交代，则以警告式语言直接告知监察对象，根据监察机关掌握的证据，其存在的问题很严重，积极、主动、如实供述是法定的唯一出路，如若不在法律框架内寻找出路，其不但逃脱不了纪律和法律惩罚，而且会受到严惩。这两种情况，都是明确地向监察对象提出主动供述的要求。

特别要注意：在这个阶段，使用语言要有顺序性。具体做法是：先以讲解式语言向监察对象解读相关程序性规定和纪法规定后，询问监察对象是否听明白了，如果监察对象回答听明白了，接着以平实性语言讯问监察对象是否有违纪违法犯罪事实，在得到监察对象肯定性回答后，以指示性语言要求监察对象主动陈述违纪违法犯罪事实，如若得到否认性回答，则以警告性语言进行纪律、法律、政策宣传，继而以精确语言向监察对象提出主动供述的要求，最后以诚恳式语言向监察对象表达监察人员的善良愿望，即希望监察对象能以特别好的态度，最终获得从宽处理。

在这个阶段，不要使用谋略性语言，要尽量用平实语言给监察对象留下实在和诚恳的初步印象，便于下一步的交流和沟通。如果使用谋略性语言露出破绽，就会给监察对象留下不可相信的坏印象，这就丧失了让监察对象进一步接纳的基础，开局开不好，就会在无形中增加讯问难度。

在这个阶段，一定不要使用选择疑问的提问语言，有人认为这种语言符合实事求是地认识事物的精神，符合会话原则的自然法则要求，但是需要提醒大家的是，讯问的基本要旨是有错推定或有罪推定，如果把无错推定或无罪推定作为指导思想，那么讯问就无进行的必要了。

在这个阶段，一定要使用更规范用语，例如，不要把“如实回答”变换成“老实交代”，不要把“主动供述”替换成“主动交代”。因为“如实”词性中性，是指按照客观事实来陈述，而“老实”在词性上则具有强烈的感情态度色彩，具有较为强烈的控制性和强迫性；“供述”没有对监察对象的答话进行限制，讯问人对监察对象是否供述及怎样供述不具有主观上的限制，而“交代”的言下之意则是必须承认违纪违法犯罪行为。如果过分使用变换后的言语，就会在讯问一开始形成过于强势的语境，不容易让监察对象接受，给监察对象留下盛气凌人和拒人于千里的不良感觉，使监察对象在无形中形成心理隔墙和心理裂痕，对监察人员形成厌恶感，丧失下一步交流的心理基础。

2. 自主交涉阶段的监察人员讯问语言

自主交涉阶段是讯问的实质性阶段，是一个说服与反说服的较量过程，也是一个信息传送和信息接收的双向沟通的会话过程。在这个过程中，要综合使用进攻性语言、防守性语言和混合性语言。从监察人员角度讲，每一个讯问成功的案件都包括接入、交锋、突破、善后四个阶段；从监察对象角度讲，监察对象在自主交涉阶段大体会历经防守、退却以及最后交代三个阶段。下面根据这个自然进程，讲讲如何针对监察对象的行为表现具体使用监察对象应讯语言。

监察对象在防守时使用的语言：这时的监察对象要么交代部分违纪违法犯

罪事实后表白自己没有问题可交代了，要么否认全部违纪违法犯罪事实，坚持讲自己没有违纪违法犯罪，没有问题可交代，不管是部分否认，还是全部否认，都向监察人员传递了一个明确的信号，即不情愿主动供述，但其又对被监察立案或被采取留置措施无可奈何，于是就采取守势，以否认违纪违法犯罪行为作为挡箭牌，这时监察人员就要主动发起话语攻击，使用进攻性语言。应首先使用权威性语言指出其问题很严重，接着以批评式语言给出其问题严重的理由。下面以几年前笔者讯问一位领导干部的谈话为例，详细说明进攻性语言的应用。

为什么对你采取立案措施？是因为你自身出了问题。这些问题，从宏观层面讲，既有违反党纪的，也有违反法律的；从微观层面讲，既有与他人相关联的，也有你个人原因造成的，既有你被动所为的，也有你主动实施的，既有年份跨度较长的，也有时间较接近的。这些问题，具有一个共同特征，那就是在性质上都是国家法律所不容的。你被采取强制措施的最主要依据，是你的行为已经严重触犯了国家法律所规定的某些禁止性条款，其中不乏严重触犯国家法律的行为，这些错误事实，既不是未经查证的群众举报，也不是捕风捉影的道听途说，既不是某些人的不实之词，也不是所谓的栽赃陷害，而是监察机关依据调查所得证据所掌握的违法违纪问题。你是党的高级领导干部，对哪些行为是国家法律所禁止的，应当基本掌握，对自己的问题，应该有一个起码的是非认识。你应该清楚自身问题的严重性，我们经过充分调查获取的大量证据表明，你犯有严重错误，你长期身居领导岗位，利用职务上的便利和影响，做了不少违法违纪的事情，其中包括为自己、为家人、为他人，包括为女朋友，利用多种方式和手段，谋取了不正当利益，问题相当严重。既然采用建设性谈话方式，我们本着对你负责的态度，可以很负责地告诉你，你的问题，从发生地域上讲，决不仅在某一地区，所涉及的人员，也决不仅是在某一地区的人。有的是机关干部，行政人员，有的从事商业经营等职业，关系有远有近。就你们的关系而言，有的较为公开，有的较为隐秘，是你自认为“绝对小圈子”里的人，也是直到现在你认为不会被组织发现的那些人。这些人，无论与你关系疏密，都是有求于你的人，你对人家的回应，有的事情办成了，有的事情没办成，有的答应人家了，但答应得干脆，落实得迟缓，甚至有的没办，也有的觉得不好办，或者不愿办，或是囿于其他想法，拒绝了。在答应办的事情中，有的是你直接办的，有的是你安排其他人办的，在你直接办的事情中，有的作了批示，甚至有些批示得还很有艺术性，不直说，有的作了口头安排。从方式讲，有的较为直接，表现为典型的权钱交易，有的较为委婉，甚至糅进了人情的因素，貌似人情交往，有的故意披上所谓“合法”的外衣，以合法的形式达到非法的目的，手法巧妙，老练地道，不仔细研究，还真能欺骗调查人员的眼睛，如不认真深入调查，还真有可能被你忽悠过去。从金额上讲，有大有小，单笔有大的，累计总额很可观；从财物种类上讲，既有钱，又有物，还有卡，钱中不仅有人民币，还有其他币种，关于物，更是种类多多，今天暂且不研究你家财物现在何处，别的不讲，你自己说说，在你家财物中，从量上讲，是钱多，还是物多？哪来的？这些问题你回避不了，都是需要你自己讲清的问题，正因为如此，你更应该明白，如果监察机关没有掌握你的严重违法违纪问题，就断然不会对你采取立案措施。监察机关对你这一级的领导干部采取立案措施，是经过认真研究和慎重决策的，是囿于你的严重错误事实，不得已而为之。因为国家法律面前人人平等，国家法律决不允许特殊公民存在，超越了国家法律“红线”，就必须受到处理，这是我们党为了加强执政能力，纯洁干部队伍的一贯原则。一个拥有几千万名党员的执政党，这话不能作为口号空吆喝，违纪必究，违法必究，得落到实处。作为一级党委的主要领导，这话你以前对犯了错误的下级讲过，也曾在大会小会上告诫过别人，今天，你作为犯了严重错误的党员领导干部，同样不能在国家法律面前搞特殊。我们也得对你讲，对你采取留置措施，是国家法律的基本要求，是你自身存在严重问题的必然结果，我们可以很负责任地告诉你，你的问题确实很严重，让监察机关的同志感到震惊。这些问题，涉及面之广，持续时间之长，笔数之多，金额之大，超出了我们的想象。你的不检点，早已超越了道德红线，更是令人震惊，已经不能仅凭道德谴责来解决。

以上语言的特点是刚性充足，冲击力强，甚至具有很大的撞击力，那位被讯问的干部事后说，你当时简直是在拿着刀子割我的心。该讯问符合交往的礼貌原则，丝毫没有动粗的意思；既简约又规范，听起来明白易懂；概括性强，基本上覆盖了监察对象的全部问题；既义正词严又有理有据，让监察对象不易反驳；传输信息量大，易让监察对象产生错觉，认为问题已被组织掌握，至少能唤醒监察对象对不堪往事的回忆。正确地传输信息非常重要，关于上述谈话传递的信息，一是彰显了组织查处违法违纪犯罪分子的坚强决心，二是强调了组织查处违法违纪犯罪的原则，即以事实为根据，以纪法为准绳，实事求是，既不放纵也不手软，三是指出了监察对象问题的严重性，四是以言外之意提出了监察对象必须积极、主动、如实供述的要求。

以上谈话实质上是在“画大圈”，这是监察人员在讯问初期经常采取的方式，但采用这种方式必须具备四个条件，一是要注意对平时的讯问经验总结，熟悉违纪违法和职务犯罪案件规律和特点；二是要采用直觉思维，对监察对象可能存在的问题具有相对准确的预测能力，通过讯问前的准备和分析，能大体预判出监察对象可能存在的问题；三是要使用关联性和概括性语言，相对准确地描述出问题范围；四是要注意描述的针对性，如果没有针对性，就会使监察对象认为监察人员是在瞎编，起不到撞击作用。也就是说“画大圈”不能随意画，讲话也要有所指，并尽量指得具体一些，这样才能对下一步的讯问谈话起到促进作用，否则，还不如不使用。

监察对象处于退却态势时使用的语言：退却有真退却和假退却之分，下面先讲假退却。经过较量，监察对象在理论上讲不过监察人员但又不甘心束手就擒时，通常会不自觉地变换抗谈拒供手法，以直接对抗改变为软磨方式，从表面态度上看是退却了，实际上是以退为攻，行为表现是等待监察人员抛证据，并抱着这样的心理：你得有证据，你问什么我才说什么，能狡辩就狡辩，不行就否认，甚至抵赖，反正我不主动讲，轻易不认账。这就是预审理论上通常所讲的对峙僵持阶段。这时候我们应该怎么办，使用什么语言来应对呢？笔者认为，在没有证据可抛的情况下，应以警告式语言指出其对法律调查回应上的不足，继续采取攻势。下面继续以上述谈话稿为例予以探讨。

面对监察机关的审查，你怎么办的问题没有解决好，错上加错。

错上加错表现之一，是你对监察机关要求的回应，仅仅停留在口头表态上，缺少彻底向监察机关交心、讲清问题、依靠监察机关解决问题的冲动和行动。

你没有谈到对自身问题严重性的认识，实际上是你目前不愿正视自身问题，不理解监察机关要求你主动承认错误以降低甚至消除影响的良苦用心，不明白对你来讲主动讲清问题意义，已经超越了错误事实本身。从点破的角度讲，我们昨天已经跟你提到过，只要你转变思维，简单从事，按规矩办事，学会走到哪个山头唱哪首歌，抓住机会，积极配合，不心存侥幸，不有任何不切实际的幻想，尽快讲清自己的问题，监察机关会给你留出路的。特别有句话，请你千万别忘记，你有条件以特别好的态度，争取到最宽的处理结果。目前你的负面想法和顾虑太多，没有正面回应，想把事情搞复杂。

你要理解我们与你谈话的良苦用心。监察机关对你形式上提要求，实际上指缺点，是从关心的角度，指出了你目前心态和行动上的不足。要求你做的，希望你做的，恰恰是你目前没有做到的，至少是你还没有彻底下定决心去做的。对你要求的核心，是希望你尽快主动讲清自己全部的违法违纪问题，你也已经表示配合组织调查，如何配合？就是主动讲清、讲透、讲全自己的问题，每个犯错误的党员领导干部，都要这样做，这是国家法律的原则，做错了事情，要有勇气认账，要有勇气承担责任。在这一点上，对你的要求是，讲清，要触及灵魂，讲透，要不留尾巴，讲全，要说实话，你这样做了，就是抓住机会了，就是积极配合了，你做到了，就可以让组织相信你有一个真诚的态度，就能赢得组织的原谅和宽宥，就能最终获得最大限度的宽大处理，就能挽救自己和家庭。

错上加错表现之二，你低估了监察机关的调查能力。

我们今天还要向你强调：讲与不讲，主动讲，还是被动讲，这实际上是一种道路的选择问题，是每位犯下严重错误的党员领导干部都无法回避的现实问题。对道路的选择非常重要，主动讲了算坦白，别人讲了算检举，两种方向，两种结局，两种选择，两种后果，主动讲清楚了，等于获取了宽大政策，最终“轻得无法想象”，否则，难逃“重得无法承受”。即使走错方向再回来，也难免承受不必要的磨难，额外付出无谓的代价，具体到你，非但挽救不了自己，还会牵连家人。我们给你讲的荆某和陈某的案例，已经从正反两方面讲明了利害关系，他人的觉悟你应该具备，他人的教训你应该吸取，在处理结果上，要求轻避重，但在讲问题上，不能避重就轻，甚至矢口否认。否则，已经犯下的严重错误，非但得不到原谅，最终只能彻底走向组织的对立面，把自己永远钉在耻辱柱上，搞得人毁家破，毁掉自己，连累家人，牵连更多的人。这样的话，你就会想好不得好，输得更惨。

提到这个“输”字，我想提醒你一点，立案审查不是赌博，赌博存在碰运气，法律调查不存在这个。接受法律调查，选择配合调查的方式，不能带有赌一把的心态，不主动讲清自己全部问题，任何侥幸都会毁掉你。从监察机关的调查能力上讲，监察机关对案件的调查具有强大的政治优势、组织优势和法律措施优势，可以迅速有效地解决各类问题，调查的能力可以说是非常强大的，调查的范围可以说是无所不在的，这就是“深入调查”的两层含义。就像你自身的严重问题，持续时间很长，你以前没有主动讲过，为什么被监察机关掌握了？这就是监察机关调查能力的体现。从你本人的角度讲，在这种调查背景下，任何个人问题都是肤浅的、渺小的、无密可保的，任何对抗、抵挡的企图和行为都是幼稚的、脆弱的、无力的，在监察机关面前，“天知，地知，人不知”的所谓“隐私”，所谓时过境迁、天衣无缝的“合法外衣”，所谓好伙计、铁哥们的攻守同盟，所谓只有自己知道的家财数量和隐秘存放地点，都会在强大的法纪威慑下，不攻自破，暴露无遗。有人曾说：违法违纪的事情，要么别干，要么别让人发现，不干是对的，但干了想不被发现，那是自欺欺人，被发现了还不主动承认，那是自我粉碎，在法律调查面前，要横逞能，一能不能，自以为是，啥也不是！因为监察机关不掌握你充分的证据，绝不会对你采取措施，既然采取了措施，就绝对有把握有理有据地教育你，挽救你，根据你的表现处理你。在这一点上，你提高了多少认识，有了多大的转变，监察机关就会给你多宽的政策。最终的处理，完全根据你本人的表现，加重、从重，减轻、从轻，由你选择，监察机关不会乞求你，全凭你自己的觉悟。无论是领导，还是专案组的同志，让你主动讲清问题，首先是相信你还有政治觉悟和组织观念，还有法律观念，能够正确对待法律审查，还把自己定位为一名共产党员；其次是立足你能得到最大限度的从宽处理，关心你、爱护你，是通过让你主动讲清问题，来保全你的家庭，少牵连其他人，你的妻子也是党员领导干部，也收了别人的钱物，数量也不小，其中有的是因为你的职务原因收下的，还有你的儿子，父亲捞钱干什么？很大程度上是为了下一代，这是人性，监察机关不希望因为你不主动讲清问题，给你的家庭雪上加霜。监察机关挽救犯错误的干部，是要让每个家庭尽量圆满，不要破碎，但有一个前提条件，就是本人必须主动讲清问题，这既是领导同志的指示，也体现了监察机关的宽厚与大度，请你一定要珍惜这种宽厚，这种大度，认清形势，切实遵照执行。不能再犹豫了，应该现在就行动起来，充分利用监察机关给你的时间，集中精力，尽快讲清问题，早讲早安稳，相信组织，相信政策，相信法律，依靠监察机关和法律解决问题，不能再琢磨讲不讲、讲哪些，要真心悔错，放下包袱，实实在在，讲清问题，避免错上加错。

上述谈话用语的最大特点是软硬兼施，硬的方面就是着重强调组织调查能力，软的方面就是其中加了情感内容，利用其家人的前途命运软中带硬地要挟他，还有就是强化主动供述的要求，进一步强调早讲比晚讲好。以上用语的效果，就是消除监察对象的认知不协调心理。

认知不协调是指同时持有不一致的认知时所产生的心理紧张状态。当监察对象同时持有在心理上不一致的思想或态度时就会产生这种情形。由于这种心理带给监察对象的是内心的折磨和选择的痛苦，因此监察对象就会尽量采取对策去减少或消除这种心理。要想减少或消除认知的不协调，就要改变其中的一个认知或同时改变两个认知，使它们相互协调一致，这就为监察人员改变监察对象的认知提供了可能。具体讲，这一阶段的监察对象总是处于主动供述还是不主动供述的内心挣扎中，这种认知上的不协调带给监察对象的心理压力是巨大的，同时难免给监察对象带来选择上的痛苦。监察对象自己也有减少或消除这种痛苦和折磨的欲望，只是由于此时监察对象不主动供述的动机暂时处于主导性地位，监察对象还没下定这样的决心。这时我们使用上述进攻性语言，相当于给了监察对象重锤一击，会推动监察对象减少不主动供述的自我阻碍，增加主动供述倾向的可能性。

下面叙述监察对象真退却的语言运用。真退却的表现形式是监察对象比较关注相关纪法条规和形势政策的具体规定，并主动向监察人员请教有关纪法条规和形势政策的相关问题，请监察人员解答其对有关纪法条规和形势政策的疑惑，同时在语言上伴随这样的条件式发问：我要主动交代了，最后能判多少年？我要主动交代了，能不能不处理我的家人或朋友？我要主动交代了，能不能别把我包养情人的事情告诉我家人？我要主动交代了，能不能别在社会上宣传我的事情？等等。这些提条件的行为，标示着监察对象的心理防线已经开始动摇，开始朝监察人员预设的目标行进。在这种态势下，监察人员要采取“推一把”的策略，在能够准确预测并判定该阶段到来的情况下，抢占讯问主导权，把握监察对象的心理纵深，采取针对性讯问策略，摧垮监察对象的攻守防线，在关键时刻有效地添加动力，促使监察对象主动供述。这时候要注意监察对象应讯语言的去情绪化，不要不恰当地呵斥监察对象，以防监察对象滑向抗拒道路。这时要针对监察对象期望从宽和趋利避害权衡心理，使用平实语言，全面解读“两利相权从其重，两害相衡趋其轻”的道理，弱化监察对象拒供意志；要针对监察对象悔过自责和负罪遣责心理，使用精确语言，帮助监察对象渡过选择痛苦和煎熬，促使监察对象转变拒供认识；针对监察对象需要归属感的心理，使用平实和精确语言，帮助监察对象祛除自卑感和失落感，利用情感打动、感化监察对象，促使监察对象转变拒供情感。

防守性语言：以上我们讲述了监察对象的认知不协调与进攻性语言的应用，下面我们变换角度陈述监察对象的认知不协调与防守性语言的应用。

有一个问题需要大家思考，那就是如果使用上述进攻性语言没有达到预期的讯问效果怎么办？大家知道，认知不协调与监察对象的反讯问意识密切相关。所谓反讯问意识是指与现行纪法准则或刑事法律制度相背离、与正常讯问活动相对立、以损害国家法律利益满足监察对象私利的价值取向为核心的各种错误观念的总称。反讯问意识具体表现为错误的应讯态度、监察对象应讯动机和对法律规范的否定和蔑视，是监察对象实施反讯问行为的精神支柱，对监察对象不良欲求起着定向作用，对反监察人员讯问动机起着促进和加固作用，对反讯问行为起着支配作用。反讯问意识与反监察人员讯问动机和行为发生作用的机制、监察对象的认知不协调有着密切联系。在应讯态度方面，监察对象总是以其阴暗的敌视心理看待被纪法审查的社会环境，对纪法准则缺乏应有的责任感、义务感，甚至还会出现游戏纪法准则的潜意识。在这种应讯态度的影响下，监察对象不仅难以适应被留置的环境，而且难以与监察人员沟通和协调。而且，反讯问意识的产生与监察对象的认知不协调也有紧密联系。监察对象在应讯受挫时，在监察人员的言语攻击下，往往会去分析应讯受挫的原因，此时监察对象会将此归结为监察人员的施压，认知不协调就产生了。监察对象会认为监察人员是在找碴，他就会不自觉地把行为矛头对准监察人员，此时反讯问意识就产生了，监察对象会为其抗谈拒供的决定和行为寻求合理的理由，以自我辩护的方式图得心理安慰，监察对象的这种努力根本目的也是减少或消除认知不协调，只不过对监察人员来讲，这是一种负向的努力。当监察对象为了达到这种目的，就会直接或间接地向监察人员发起进攻，此时监察人员不得不采取守势，尽量以防守性语言应对。但这是一种积极的防守语言。

一般情况下，多数监察人员通常会使用模糊语言、含蓄语言来应对，笔者不反对这样的处理方式，因为在某些特定情形下这样做很有必要，但还是要尽量使用精确语言和平实语言。因为这时的监察对象行为实际上是在摸底试探监察人员到底掌握了他多少证据，并想尽一切办法努力使监察人员接受他的观点，希望监察人员相信他是无错或无罪的。如果监察人员一味使用模糊语言、含蓄语言来应对，就可能会使监察对象认为监察人员以前所讲的刚性语言是用来吓唬他的，监察机关实际上并没有掌握他的违纪违法犯罪事实证据，这样会助长监察对象抗谈拒供的嚣张气焰，但如果使用精确语言和平实语言效果可能就不是这样。例如，在讯问中大家经常会遇到这样的情形，监察对象会讲“你说我有罪，拿出证据来”，有的监察人员面对监察对象的公然挑衅会变得不知所措，不晓得如何应对，有的监察人员直接呵斥监察对象态度不好，有的监察人员回答“你给我要证据？你没这个资格”，以上都不是正确的应对方法，正确的应对是以自信的口气先反问监察对象“没证据能对你采取留置措施？这点你应该很明白”。接着以平实语言直接告诉监察对象“会将证据展示给你的，但不是现在，将来法庭审判时我们会展示全部证据，这些证据的唯一作用就是证实你认罪态度不好，如果受到法律严惩你千万别后悔”。这样的讲话平实却不失刚性，既直面问题的尖锐，又借故反击了监察对象的挑衅，一举两得，效果肯定比一味呵斥或回避好。不仅如此，有经验的监察人员还会以此为由，抓住这个话题不放，以短促和强硬的监察人员讯问语言，针锋相对地展开回击。因为这是监察对象认为最直接难为监察人员的方式，如果监察人员不仅不回避话锋，而且借题发挥，以精确语言大讲证据的正反意义，借机指出监察对象的做法将来可以视频形式出示给法庭，正好成为指控其态度顽劣的证据，对监察对象有害无利，并继续重复以前所讲的刚性语言，对监察对象进行纪律、法律、政策教育，就会抢回讯问进程中的话语主导权，既能以此打击监察对象的气势，又能重新控制讯问局面，驾驭讯问进程。

还有的监察对象，特别是问题重大的监察对象，会在讯问中抓住一个话题口若悬河，大谈自己以往的工作成绩及对单位做出的贡献，企图以此证明他是无辜的，引诱监察人员偏离讯问方向，这时监察人员就要用精确语言当场予以纠正，告诉监察对象以往做出的成绩已经得到组织肯定，其之所以被提拔到现有位置正是这种肯定的结果。但监察对象辜负了组织肯定，也利用这种肯定做出了违纪违法犯罪行为，正如当初受到肯定一样，现在必须接受纪法制裁，若想得到纪法条规的从宽处理，只能主动把问题讲清楚，争取具备从宽处理的条件。这样就会把话题重新拉回讯问轨道，以控制讯问进程。还有的监察对象无端指责监察机关办案不公，不查问题比其严重的人，专门整治他。这时监察人员要使用精确语言，告诉监察对象这是一种无理的指责，监察机关一向公正执法，无论谁触犯法律都要进行追究，发现一个查处一个，现在你被发现了，就要接受监察机关调查，如果你掌握别人的违纪违法和职务犯罪线索，可以依法进行检举揭发，这样可以被认定为立功，能得到从轻处理。这样可以把攻击性话题反转给监察对象，让监察对象左右为难。

还有的监察对象指责监察机关冤枉他，没有问题硬逼着交代。这时监察人员要用回击性语言告诉监察对象：监察机关依法办案，靠的是证据，正因为监察机关掌握了你的违纪违法犯罪证据才对你采取了留置措施，至于掌握多少，那不是你能左右得了的事情，我们也不希望你问题严重，但监察机关掌握的事实并非你讲的那样。监察机关不强求你什么，是否主动全凭你选择，主动了，具备法定的从宽情节，能得到纪律和法律的从宽处理；被动了，则将来会得到你不希望的结果。可以负责任地告诉你，你的问题监察机关不一定全部掌握，可以说有的已经查证属实，有的正在调查，法律不管你是否嘴硬，只凭你的行为裁判，你不积极、主动、如实供述问题，监察机关照样会根据掌握的证据依法对你进行纪法处罚。对你来讲主动供述意义重大，别说现在你不愿意争取主动，即使主动了，遗漏一个问题也构不成自首，你照样不能得到从宽处理，纪律和法律是公正的，不会冤枉一个无辜的人，但也不会放纵一个有错或有罪的人，你不用担心监察机关会冤枉你。如果监察机关办错案，一样会被依法追究，因为我们都是平等的公民，谁不守法必受惩处，在这一点上你放心好了。这样使用平实语言，可使监察人员不丢失讯问话语权。

下面再叙述混合性语言：从严格意义上讲，混合性语言只是一种讯问理论上的分类，在讯问实践中，监察人员在大多数情况下使用的是混合性语言，下面我讲讲典型的混合性语言。还是以上述谈话为例。

你面临着形象危机，还浑然不觉。作为党的领导干部，无论何时何地，都应有一个良好的形象，作为一名党员领导干部，形象应该高于生命，在岗位干工作，要讲究从政的品格，用权的原则，在被审查的特殊时期，要讲究做人的品位，体现出党员的基本觉悟，你现在面临着形象危机，只是你满脑子不愿正视自身问题的严重性，把这个问题给忽略了。

你从 1987 年成为正局级领导干部，之后在几个地方担任过党政主官，2005 年成为副部级领导，在同龄人中出类拔萃，为什么会得到提拔？这与你本人的才干和努力是有关系，但根本原因是组织的培养和提拔。在你春风得意之时，忘记了这个，为官一任，本应用心工作，可你在干工作同时，把手中权力用歪了，成为谋取私利的工具，为什么讲你让领导和同志们震惊？为什么讲你具有“双面人生”？是根据你光鲜的正面形象背后，被监察机关揭露出来的另一形象。

你在用人上确实有谨慎的一面，但对给你好处的，你觉得看准不会出事的，也在工作安排或职级待遇上给予过关照，不仅仅是出事被审查的某些人；对你帮助过的人，你也主动伸过手，或暗示过，并且不是小数目，收钱不忘问钱是哪来的，可靠不可靠，会不会出事，根据现在所掌握的证据，不仅仅是金钱找你，你也主动找钱，不仅仅是女人对你投怀送抱，你也寻花问柳，甚至开花结果；还有你对别人有所求，不但按照正常途径，积极稳妥地办，在不具备条件时，你也创造条件，超常规地办过。诸如此类，我今天不一一列举，希望你举一反三，深刻反省。在这些问题上，你明知是包着糖衣的药丸，却故意吃下，已经输掉了正面形象，你忘记了党员领导干部应有的本分，人为地降低了要求，暴露出贪财恋色、胆大妄为的阴暗一面。在这些事情没有被揭露出来前，你在领导和同志们心目中，更多的是正面形象，人们大多称赞你的工作能力和热心肠，但事实暴露后，你留给他们的，是震惊，是愤怒，你辜负了培养你的党组织，辜负了关心你成长的领导，“万恶淫为首”，你践行了，还不止一两个，“人不能把钱带进棺材，钱却能把人带进坟墓”的道理，你忘记了，不该得的钱，得了，不该收的钱，收了，不该用的钱，用了，不该花的钱，花了，还不主动认账，廉洁奉公，正人君子的形象已不复存在，你还想给监察机关留下什么新形象？总不能等到监察机关把全部证据亮给你，给你下个结论，说你是“搂钱的耙子，装钱的箱子”？现在你是一脚门里，一脚门外，如果因为态度，留给监察机关一个负面的形象，后果是什么？你不后悔吗？现在监察机关给你政策，给你出路，你已经辜负过组织了，难道还要继续辜负监察机关吗？千万不要让党组织和监察机关一再失望，除此之外你还得面对我们谈话人员，你准备给我们一个什么印象和形象？我实事求是地告诉你，我们对你的处理没有决定权，但有绝对权威的建议权，你三思吧。

在以上用语中，进攻性用语居多，但不如谈话开始的话锋锐利，也糅进了一些防守性的情感话语。进攻性语言的表达技巧是：以理直气壮的气势、简洁鲜明的语言、急促有力的语句、宣泄激烈的语调，环环相扣，慷慨陈词，揭露监察对象的丑恶和虚假，直击监察对象心灵深处；在陈述纪法尊严时揭示人生真理，冲刷监察对象心灵的污泥，这种宣泄无遗的谈话方式力量集中，促使监察对象去深思，剥去了监察对象的伪装，动摇了监察对象的心理防线。防守性语言的表达技巧是：首先通过陈述监察对象的成长历程，唤起监察对象对往事的回忆，增加监察对象的思想负担，以言内之义指出监察对象作案的职务条件，然后通过剖析监察对象的双面人生，以言外之意告诉监察对象应该主动供述什么问题，以吸引监察对象的注意力，同时通过描述监察对象作案特点，引起监察对象对敏感问题的牵挂，加重监察对象的精神负担和心理压力，最后指出监察对象面临的形象危机，对监察对象实施心理打击。总之，笔者的防守基点是确保让监察对象相信监察机关已经掌握了他的经济问题，在此基础上实行在防御中进攻和在进攻中防御相结合的谈话方式，引导监察对象产生应该主动讲的思想意识，解决监察对象应该讲什么的问题。

3. 获取供述阶段的监察人员讯问语言

在这个阶段，要以平实语言和模糊语言相结合的方式与监察对象交流和沟通。具体做法：首先要尽量使用关心性语言，以稳定监察对象的情绪，便于监察对象集中精力和心思主动供述；其次要注意使用指示性语言引导监察对象保持主动供述的连续性；再次要使用精确语言要求监察对象把问题叙述完整；复次要使用模糊语言应对监察对象的提问，以防止监察对象供述中的摸底试探；最后要使用鼓励性语言肯定监察对象的主动供述行为。要注意一个问题：使用上述语言时，要注意给监察对象留出较大的答话余地，使问话保持合适的开放度。

三、讯问语境对语言使用的制约

我们大家平时常说“听话听音”，意思就是发话人在交际过程中如果离开具体的语境仅凭语言形式本身较难恰当表达和传递己之意图，受话人同时也很难准确领会发话人的真正意图，若想准确理解所发之话的真正含义和目的，还得联系说话的具体语境，这种字面意思的言外之意通常就是发话人所要表达的真实意图，讯问语境中的语言使用也是如此。例如监察人员讲“这个问题现在不用讨论了，等将来再说”，此时作为受话者的监察对象一般都会明白这是监察人员在委婉制止监察对象继续陈述当前话题。在监察讯问中，讯问当事人双方任何一个言语行为都会伴随一定的语境，这些因素除干预言语内容和形式外，还起着必不可少的补充作用，其中的语音、语意和句式三种因素对受讯问语境的制约和影响最大。

关于重音，在具体的监察讯问中，只要上下文的语境是客观存在的，这些语境均会对监察人员的逻辑重音的落点形成制约，这时监察人员在问话中对某些与案件相关或起关键作用的词句重读就显得意义重大，因为此举不但可以引起监察对象的注意，还可以威慑监察对象的受话心理。例如，监察人员在与某个受贿人的首次谈话中说："知道今天为什么对你采取留置措施吗？"那位受贿人加重语气说："我和个体老板王某某关系较好，平日里我给他帮过生意上的忙，他就借给我了100万元钱。"监察人员立即用重音发问："就因为王某某借给你钱？你们之间是借贷关系吗？"受贿人接着回答："他说感谢我帮忙才借钱给我。"监察人员重音发问："就因为感谢你？"受贿人无奈回答："我觉得给王某某帮忙了，就收下了他送给我的100万。"在这个案例中，被讯问的监察对象因为收受王某某贿赂而被采取留置措施，在被讯问过程中他避重就轻地说是王某某为感谢他的帮助而借给他100万元钱，监察人员则抓住其谈话的关键词用重音予以提示，迫使监察对象承认了受贿事实。

关于语调，是指现代汉语讲的降调、升调、平调和曲调四种句调，其贯穿于整个句子的始终，不同的句调表示不同的语气，会根据语境的不同来表达不同的含义。在讯问语境的制约下，若讯问双方当事人的语调稍有变化，则同样的话就会表达完全不同的含义，尤其是监察人员，如果其能够依据特定语境不断变换语调，一般会对监察对象的心理造成较大影响，使其受讯心理产生变化进而敦促监察对象转化拒供态度。比如，监察人员在监察讯问中通常用降调表示陈述、感叹和命令等，用升调表示询问、疑惑和反问等，用平调表示讽刺、冷漠和不耐烦等，用曲调表示讽刺和感慨等。

关于句式，监察讯问中最常用的是明确的语意表达，一般适用于以下四种情况：第一，在追问人物、时间、地点、作案动机、手段等案件一般情况时使用；第二，在监察对象愿意如实供述的情况下讯问其违纪违法犯罪的具体情况时使用；第三，在直接使用证据或揭露谎言时使用；第四，在运用纪法条规和形势政策对监察对象进行思想政治教育时使用。在监察人员对监察对象的违纪违法犯罪事实尚不清楚和证据还不确实的情况下，通常使用模糊的语意表达，另外还可以使用模糊语意表达暗示使用已掌握的证据。在监察讯问中，监察人员有时为了避免刺激监察对象通常会选择避开某些忌语而使用委婉语意表达，主要有以下三种情况：第一，在为了顾全监察对象的面子以示应有的尊重时，对那些自尊心强、情感脆弱并具有荣誉感、羞耻感和悔罪心理的监察对象采用委婉语意表达；第二，在为了适当缓解具有畏罪惧罚心理的监察对象的心理压力时采用委婉语意表达方式；第三，在对被讯问的监察对象表示同情和理解时采用委婉语意表达方式。下面以我讯问某正厅级党员领导干部的谈话提纲为例，说明语境对语言的制约作用。

某某，昨天我代表组织向你提出了三条要求：一要全面反思自己的职务违纪违法问题，深刻认识自己问题的严重性；二要端正态度、积极主动，如实彻底交代自己的问题；三要放下思想包袱，相信组织、依靠组织解决将来的出路问题。

这三条要求，既是党组织对你的考验，又是党组织对你的期望。

为什么说是考验？因为你现在的所作所为体现了你的悔改程度，你对这三条要求的具体回应，反映了你接受组织审查的基本态度，说明了你职务违纪违法的主观恶性程度，这种主观恶性程度决定了你还是不是一个值得组织挽救的人，决定了你将来能否得到从宽处理。这一切的根本点就是组织上要观察你能否知错改错，能否做到迷途知返。留置仅仅是一种组织审查措施，这种强制性虽然目前使你难以接受，但你作为一名存在严重违纪违法问题的党员领导干部必须接受，不但要接受，还要尽快适应留置环境，珍惜被留置这段时间。这句话也许令你难以接受，或许你有反驳的理由：我都没有人身自由了，还有啥可珍惜的。今天我把话给你挑明了：留置你就是给你时间，让你在指定的地点集中心思、聚精会神地反思过去、查找问题，以尽快讲清、讲透、讲全自身的问题。这对你来说，从心理上是一道坎。能否迈过去，全看你的表现，能否迈过去，对你的结局来讲可以说是冰火两重天：按组织要求做了，在处理结果上，或许轻得无法想象；如果不按照组织要求做，甚至对抗组织审查，搞侥幸过关那一套，则可能重得你无法承受。可以这么说，你在被留置期间的表现，直接决定你的态度，而态度又会直接影响将来的处理结果。组织上考察你在被留置期间的表现是全方位的，既会通过你能否主动交代问题考察你是否还有基本的政治觉悟，又会通过你能否全面交代问题考察你的人品和人格，关键是考察你的基本觉悟。因此，这三条要求是对你的考验。

为什么说是期望？我们党对犯了错误，哪怕是犯了严重错误的同志，在处理过程中一向坚持“惩前毖后，治病救人”的原则，不一棍子打死，而是视其态度做适当处理。违反了党纪国法，成为“烂树”，为了保护森林必须拔除，这是谁也不能违反的纪律原则。但具体到包括你在内的所有违法违纪分子，我们在拔除的手段上依然强调实事求是，以事实为根据、以法律为准绳，我们依然希望你能具备党纪条规和法律规定的从宽条件，将来在取得组织原谅的基础上，能够有一个罚当其则的处理结果。这种处理上的客观公正，不仅是你期望的，也是组织愿意给你的，这就是组织对你的期望，期望你尽快主动讲清问题，最大限度地获得组织肯定，在党纪国法许可的尺度内得到最大程度的从宽处理。在这一点上，组织上说到做到，但关键的前提条件是看你能否按照“三条要求”去做。组织上对你的期望，除了体现在惋惜你的既往行为偏离了党纪国法的规范渠道，触犯了党纪国法红线，更体现在组织对你的教育挽救诚心和主动给你出路的诚意。目前对你来讲，这就是最大的组织关心和照顾，希望你能体会到组织的良苦用心，只要你按照组织要求去做，组织上就给你出路，希望你切莫辜负了组织关怀，错过组织肯定的良机。

为了帮助你迅速提高思想认识，今天我着重讲讲为什么说你问题严重。从宏观上讲，你存在的问题主要有两大方面：一是违纪，二是违法。我想讲讲你的违纪问题。

最大的问题，也是首要的问题，就是你虽然从组织上入了党，但并没有从思想上入党，体现在行动上就是说一套做一套，实质上成为“两面人”。说你宗旨观念淡薄、理想信念丧失都是轻的，根据组织调查掌握的情况，你作为党员领导干部，既不认真学习党章，也没有做党章捍卫者的打算，无论从思想上、政治上还是行动上都没认真践行党章，你早已成为党章的破坏者。这不是给你扣帽子，是你的违法乱纪行为证明了这一点，你早已不是一名合格的共产党员了。

既然谈到这，我想问你一个问题：作为一名 1976 年 12 月入党的老党员，你知道新时期合格党员的标准吗？

2016 年初，中共中央办公厅印发了《关于在全体党员中开展“学党章党规、学系列讲话，做合格党员”学习教育方案》，文件中明确把合格党员的标准定义为“四讲四有”即党员在工作、生活中要努力做到：讲政治、有信念，讲规矩、有纪律，讲道德、有品行，讲奉献、有作为。

首先，文件说到“有信念”“有纪律”，要求党员把思想建设放在首位，认真学习党章党规和习近平总书记系列重要讲话，认真领会党规党纪和党中央的重大战略部署，坚定自身的理想信念，升华党性觉悟，做到心中有信念和有纪律。你扪心自问一下，你按照要求去做了吗？退休后你没做到，那么，你身在领导岗位时有没有真正把思想建设放在首要位置？退休前你已信念丧失、纪律废弛。据组织掌握的相关事实，你违纪违法的时间跨度比较长，足以说明你早已党性尽失。在你眼中，所谓的理想信念只是要求别人的口号，所谓的纪律要求只是让别人遵守的标尺，对你来讲根本不具有约束力。自你在很久之前迈出违纪第一步到你滑向违纪违法的这段时间里，你的纲纪废弛到什么程度，还用组织上给你罗列吗？

其次，有信念和有纪律是做合格党员的基础，是规范党员的指南，每位党员都要以此指导自身行为，慎独、反思、警醒、自律，努力做到有品行、有作为。对照一下你在岗、在位期间的所作所为，你弘扬和传播这样的正能量了吗？你还有共产党人的初心吗？这是从有品行上讲的，从有作为层面讲，你在履职尽责的时候，做了多少不应该做的事？秉公职而不谋私，你并没有做到啊！从你的问题存在的分类看，违纪违法双满贯，你歪曲了公权的用途，为了个人私欲、为了他人利益，你搞了多少利益输送？搞了多少不当利益攫取？作为一名共产党人，从政要讲品格，做企业要为国聚财，你在工作岗位期间做到了吗？公器私用、中饱私囊，以权谋私的事情你还做得少吗？该清醒一下了，你为党的事业有哪些作为？你为满足私欲又有哪些作为？这些事情，不是只有你知、天知、地知，组织上都给你记着账呢！看到你违纪违法的事实材料后，我们宁愿不相信这是真的，触目惊心啊！还挺隐蔽，你是变着法子以公为名行私欲，哪里还有共产党员大公无私的样子？可以说，共产党员的本来形象都被你的劣迹颠覆了，再不知错悔错，再不争取主动，而弄巧成拙、错上加错，你还有出路吗？你入党时间这么长，我们相信你存有基本的政治觉悟，我们相信你还具有基本的是非观念，做错了就要具有承担责任的勇气，我们不希望你因为不具有主动、如实、彻底交代的勇气而错上加错。你目前还是党组织的一分子，身处被审查的关键时刻，我们仍要求你以合格党员的标准来对标检讨自身问题的严重性，服从组织安排，以主动交代问题来洗涤自己的灵魂，重塑今后的人生。在这方面，你现在越主动，将来就越不会被动；你现在思想认识越深刻，将来获得组织肯定的概率就越大。如果你不希望我们放弃给你出路的话，就要做到不是组织让我讲，而是我要向组织讲，不仅要讲，还要讲清、讲透、讲全。也就是说，要重温党章，对标查问题；要触及灵魂，主动交代问题；要有壮士断腕的决心，彻底向组织交心。

最后，在“四讲”方面，你以前没有坚定正确的政治方向，没有做政治上的明白人，没有遵守党的政治纪律和政治规矩，没有践行社会主义核心价值观，没有坚守共产党人的精神高地，以致思想蜕变而行为失范。你的严重错误已非只用道德谴责的手段能解决。在这样的大是大非面前，你要明白：不讲政治，意味着你已经失去共产党人的先进性和代表性；不讲规矩，意味着你的行为已经严重败坏了党风，失去了共产党员的模范性；不讲道德，意味着你缺乏底线意识，丧失了共产党人的高风亮节，丧失了共产党员的带头作用；不讲奉献，表明你已经走向党组织的对立面，意味着背叛了入党誓词，说明你已经不是人民公仆，成为危及森林的“烂树”。你自我评判一下，你还是一名合格的共产党员吗？冰冻三尺非一日之寒，你思想上的蜕变和行动上的背叛亦非一日巨变。你的严重违纪违法事实，开始于手中有权力之时，贯穿于你工作岗位变换的各个时期，具有由放松到放纵、由滋生私欲到欲壑难填的清晰轨迹，从事情性质上讲有一个由轻到重的明显变化过程，这说明你对党组织离心离德也不是一天两天了。根本原因，就是你四不讲，即：不讲政治、不讲规矩、不讲道德、不讲奉献。这是你由违纪滑向违法的思想根源，从你的违纪违法事实看，则表现为典型的“四没有”即：没有信念、没有纪律、没有品行、没有作为。谈到没有作为，你可能不服气，可能强调你也曾经为党做了些有益的工作。这一点组织上不会否认，我们会辩证地来评价你。你所做的有益工作，组织上没有忘记，把你培养成为厅级干部就是一种肯定；而我们今天所讲的“没有作为”是从以下两个方面讲的：一是总体评价你在职期间的工作，这个不用细扯，你自我总结就能得出结论，综观你在领导岗位上的决策，是有益于党的事业的决策多？还是损害党的事业的决策多？有没有做过以公谋私的事情？有没有出卖公权的事情？有没有利益输送的事情？你的财产中，从来源上讲，有多少与职务职权有关联？这个不仅你清楚，你的家人和一些关联人也清楚，有些已被组织所掌握，成为留置审查你的主要事实依据，关于这个问题不辩自明，无须我多说，我想你会领悟到的。二是用加减法来计算你的工作成效。无论是在机关、还是在国有企业，作为领导人决策要有科学性和程序性，只有理性衡量，严循决策程序，才能保证少出纰漏。你自己在职期间全部照此决策了吗？有没有出现过危害国有资产安全的情况？你的贡献是功大于过，还是过大于功？这些都有客观事实来佐证，也是一个不难评价的事情。这是从具体业务角度上讲的。我们换个角度，从党的建设层面讲，你作为党员领导干部，在日常工作中没有对“从思想上建党、从政治上建党、从制度上建党”有所贡献，没有对全面从严治党有所推动，再结合你的严重违纪违法事实，就不难再用没有落实主体责任来轻飘飘地评价你了。你的严重违纪违法行为，严重败坏所在行业、所在单位的党风，破坏了所在行业、所在单位的政治生态，损害了党组织的光辉形象，带给广大干部职工的心痛，是无法用金钱和物质来弥补的，你的所作所为动摇了我们党的组织基础，带来了纲纪废弛的严重局面，对党的事业的危害是巨大的。从这个角度讲，说你是我党的罪人我看一点都不为过。关于合格党员的标准，鉴于各个历史时期党的中心工作的不同而有所侧重，但新时期合格党员的标准是最深刻的凝练和最全面的概括，也是衡量你在职期间是否合格的标准，组织上就是依据这把尺子来对标你的过去和现在，来评判你是否是合格党员。标准明确了，是非自然也就清楚了。你的行为已经证明你背叛了组织，接受调查也就成为必然。

这段话基于“三条要求”而展开，其中的谈话基点是被讯问的监察对象自身存在严重问题，话轮和话题都是围绕着存在问题、怎么解决问题侃侃而谈，最大限度地包含了“何故、何事、何人、何地、何时、何如”六种因素，具有合适性与共识性特点。所谓合适性是指预设与当时特定的语言环境相协调，能满足敦促监察对象主动如实交代的语境条件；所谓共识性是指谈话预设为谈话当事人双方所共同理解，话语揭示的信息能为被讯问的监察对象认同或理解，也就是监察对象能够听得懂，明白发话者的语言环境。其中的是非问句、正反问句、特指问句、选择问句集中在“三点要求”上，能够形成撞击监察对象心扉的焦点话语，而这些焦点话语正是发话人最想让监察对象注意的部分。

以上谈话语言思维逻辑正确，力求语言正确明晰地表达发话人的思维判断，表达出推理过程中判断之间的必然联系，具有较强的思想逻辑性；语言简洁，在表达上具有有效性、连贯性和凸显性，强化了讯问意图的传达，而这正是监察人员讯问语言冲撞力形成的形式原因。

以上谈话是基于被讯问的监察对象的思想状况预设的，即根据监察对象所提供的信息进行的预设，确保了所获信息的明晰性和预设的确定性，向监察对象表明，监察人员不仅向监察对象索取信息，而且也将监察人员的意图传递给了监察对象，形成了一个信息交互且将讯问环境和讯问过程联系在一起的相对封闭的信息系统，但着重强调了讯问意图部分的凸显，使讯问意图也成为信息焦点。这个焦点是要强调的话语内容的中心，这个中心与监察人员的信念、态度、意图密切相关，这样就有利于监察人员占据主动和保持进攻态势，能够在最大程度上令监察对象交代违纪违法犯罪事实，控制监察对象的心理并发挥威慑作用。

以上谈话的最大特色是通过嵌入政治语篇的资源，在讯问初始时就明示了纪检监察机构话语的特征，将监察对象定位于“如实供述”的身份角色，增加了监察讯问双方当事人之间的距离，突出了监察讯问的特殊语境，这种特殊语境表现为监察人员主宰讯问的进程和内容，被讯问的监察对象处于被控制的地位，答语空间受到严格的控制与支配。在讯问进程中，利用政治语篇资源的嵌入抓住了讯问的关键，减少了讯问话轮，切入了要害，控制了答话，对监察对象违纪违法性质做出了准确、快速认定，有利于强化监察对象的心理认同。此谈话内容给我们的启示是：将监察人员的谈话权力视作一个对语境敏感的现象，是监察人员可以使用的一组资源和行为，这组资源和行为能否被成功运用，依据监察人员的身份和所处的话语环境而定，因此话语中的权力体现在话轮和说话空间以及监察人员和被讯问的监察对象互动所达成的效果上。

尤其需要注意的是上述谈话中“希望”语的运用。从以上谈话内容中可以看出，在讯问实践中，讯问中的监察人员所使用的“希望”一词带有警示和威慑的含义，显示出一种实质上的不对应、不平等的关系。在导入违纪违法犯罪事实核心问答时，监察人员往往用这样的语句给被讯问的监察对象以心理威慑。在对待被讯问的监察对象时，往往直接使用警告语，以进一步体现监察讯问强制性的特征。

还要注意一点，即要合理使用谈话预设，一定要在谈话前的提纲拟制过程中事先考虑好谈话中的词组语境、句子语境、段落语境、语篇语境等，妥善处理所在句语境和前后句语境的自然语言间的制约关系。

第二节 监察对象应讯语言

监察对象应讯语言建立在与监察人员心理联系的基础上，是监察对象在讯问时为了实现反讯问目的，对监察人员传递信息和施加影响的载体与工具，同样承载着双方博弈的全部信息。

一、监察对象应讯语言概述

（一）监察对象应讯语言的概念

从监察对象角度讲，应讯是监察对象与监察人员进行的一种语言交际活动。监察对象应讯语言建立在监察对象与监察人员心理联系的基础上，是监察对象在应对讯问时为了准确表达自己意图和实现自己应对目的所讲的语言。

（二）监察对象应讯语言的特征

监察对象应讯语言除具有对抗性和灵活性的特点外，还具有自利性、目的性、辩护性特征。

（三）监察对象应讯语言的分类

监察对象基于趋利避害的本能，在整个讯问过程中始终保持一对相互矛盾的心理，即抗谈拒供心理和主动坦白心理，这两种心理外现在言行上，即形成了反映监察对象心理特征的应讯语言和反映监察对象行为特征的应讯语言。

1. 反映监察对象心理特征的应讯语言

（1）抗谈拒供语言

畏责语言：监察对象大多具有一定职务，一旦供述了自己的违纪违法犯罪事实，就会身败名裂，这是其当然意欲避免的。在此心理的驱使下，监察对象会竭力回避、歪曲和隐瞒事实真相，抗拒供述自己的违纪违法犯罪行为。畏责畏刑是监察对象在讯问过程中最基本和最普遍的心理特征，几乎贯穿于讯问各环节，直接阻碍监察对象供述的主动性，还派生出戒备、侥幸等各种心理和不良情绪，表现在言语上就是流露出害怕失去的恐惧感和前途尽丧的危机感。典型的语言有："我这下彻底玩完了""我奋斗了大半辈子，一下啥都没有了""我要被判刑了，还要连累家人"等。

侥幸语言：监察对象往往迷信案发前订立的攻守同盟或坚信自己不会被调

查机关抓住把柄，这实际上是一种对逃避纪律处分和法律制裁的自信心理和对违纪违法犯罪后果的心理认知状态，表现在语言上就是流露出具有很强片面性的主观臆断，比如，“某某领导对我很器重”“我在党委和政府各要害部门有很多知心朋友，他们不会不管我”“你说我有问题，拿出证据来，你们肯定没有掌握”等等。

戒备语言：监察对象出于本能的警惕和防御心理，往往害怕自己会得到不公正对待，表现在语言上就是会不自觉地搪塞推诿或摸底试探。

恐慌语言：当监察对象被突然监察立案或被采取留置措施时，通常会表情紧张或思维混乱，表现在语言上就是答非所问、语无伦次、自相矛盾、粗略狡辩。

抵触语言：抵触心理是监察对象对抗讯问和逃避制裁的内心反映，表现在语言上就是对监察人员的不满和对讯问工作的对抗，或态度蛮横、反诘顶撞、情绪冲动，或情绪低落、反应迟钝、漫不经心。

悲观语言：悲观心理是监察对象由于忧郁前途和惧于惩处而产生的信心丧失的心理，其从语言中透漏出的信息是消极冷漠，或自暴自弃，或狂躁不安，或顽抗剧烈。

（2）坦白供述语言

悔罪认错语言：监察对象经教育会对自己的违纪违法犯罪行为重新进行纪法和道德评价，逐渐认识到自己行为的社会危害性，从而愿意供述，从语言上表现为要求痛改前非，重新做人。

争取宽大语言：监察对象出于对现实紧迫性的考虑、前途命运的抉择及对纪法处罚和刑罚的畏惧，会产生争取宽大的愿望，从语言上表现为对早获自由的渴望及主动供述的积极性。

迫于无奈语言：监察对象在意识到隐瞒行不通、抵赖又徒劳时，会“挤牙膏”式地供述部分事实，表现在语言上就是缺乏主动供述的意愿，但又无可奈何。

释放压力语言：当监察对象的心理压力导致其身心疲惫和精神将要崩溃时，会选择和盘托出，从语言上表现为供述后的轻松感。

2. 反映监察对象行为特征的应讯语言

（1）试探语言

监察对象被留置后，在谈话过程中，尤其在讯问初始阶段，会苦思冥想为何案发及被掌握多少事实等问题，为了决定自己选择怎样的应讯态度和行为表现，多数情况下会采取各种摸底手段，企图摸清监察人员掌握的底线。常用的手法是：索要证据，借此试探监察人员的反应，进而判断监察机关掌握证据情况；编造与违纪违法犯罪事实关联的外围事实，刺探监察人员的反应，进而分析自己的暴露程度；提出会见律师等各种理由，通过试探监察人员的态度进而判断被掌握的过错大小或违纪违法犯罪行为的轻重程度。

（2）对抗语言

监察对象在对监察人员的性格特点和讯问意图具有一定了解后，自认为心中有数，便开始集中心思实施反讯问活动，往往会依凭自己的阅历、经验、文化和身份优势与监察人员周旋，表现在语言上就是针锋相对，话锋犀利。这类语言的特点是：东拉西扯，回避实质问题；坚称自己无过无罪，不知道监察机关为何审查他；态度傲慢、蛮不讲理，粗暴地否认自己有问题；百般推诿，狡辩喊冤；公然对抗，伺机反扑；等等。

（3）犹豫语言

当监察对象心理居于临界点时，会处于犹豫不定的煎熬中，供述了又担心责任太重，不供述又怕受到严惩，表现在语言上就是左右摇摆。

（4）供述语言

当监察对象在自觉无路可走的情势下，会产生坦白供述心理，在行动上愿意按照监察人员的要求供述自己的违纪违法犯罪行为，从语言上表现为两面性：一是彻底放弃对抗，积极、主动、如实供述；二是坦白供述的主导心理不稳定，缺乏供述的彻底性，甚至在不利的外界刺激下出现新的心理反复，实施翻供行为。主要表现为：供轻不供重；供远不供近；供现行不供前科；供事不供赃；编造谎言以否认违纪违法犯罪事实；编造谎言以缩小作案事实；编造事实以夸大违纪违法犯罪事实及揽过或揽罪；编造谎言以替他人受过；翻供、串供、避供、扰供。

二、监察对象应讯语言与合作度分析

监察对象在接受讯问过程所使用的防御性语言、进攻性语言和混合性语言均可分类为精确语言和模糊语言，在不同的讯问阶段监察对象选择使用何种类型的语言与其监察对象应讯心理和应讯认知有着密切的联系。精确语言通常被应用在监察对象明确否认存在违纪违法犯罪事实或肯定式地表示存在违纪违法犯罪事实或自愿如实供述阶段，模糊语言在自主交涉节点使用较多。

1. 抗拒语言及其心理与认知

在讯问过程中，我们常听到监察对象这样的话语：调查机关也是人，不是神；我平时没做过对不起他人的事情，别人也不会对不起我；你们没有证据，凭什么说我违纪违法犯罪？等等。“调查机关也是人，不是神”之类话的意思是：监察对象自认为作案手段高明，调查机关不可能掌握自己违纪违法犯罪事实，调查机关也没有能力收集到自己的违纪违法犯罪证据。“我平时没做过对不起他人的事情，别人也不会对不起我”的意思是：监察对象相信攻守同盟的牢固性，或认为自己与同案人员关系较铁，同案人员不可能出卖自己。“你们没有证据，凭什么说我违纪违法犯罪”的意思是：即使同案人员作了交代，只要自己不承认，就会形成证据“一对一”，调查机关就无法认定事实和做出处理。这些应讯言语折射出监察对象的严重的侥幸心理和自信性认知。

监察对象还可能这样说：我没有违纪违法犯罪，你们让我交代什么？别人说我有事那是诬陷，我堵不住别人的嘴，但能管住我自己的嘴，我不能红嘴白牙没事说有事！你们办案得靠证据，无供不录案，既然法律有规定，你们办我好了，别再问我有事没事！这是监察对象认为只要自己不供述，即使监察机关收集到充分确凿的证据但无其自己的口供，也无法认定自己存在违纪违法犯罪事实的一种心态，这些言语折射出监察对象的严重的侥幸心理和盲目性认知。

还有的监察对象这样说：我的事组织上都已经掌握了证据，你们说啥我都认账，听候组织处理！这些话语反映了监察对象有选择地在某些事实和情节上心存侥幸的心理状态，折射出监察对象的严重的侥幸心理和选择性认知。持这种心态的监察对象并非在全部问题上都心存侥幸，其认为既然监察机关对其采取了留置措施，就一定掌握其部分违纪违法犯罪事实和证据，自己一点也不交代抗不过去，但全部主动如实供述又心有不甘，因此就主动交代自认为已经暴露的问题，但对于那些其认为隐藏较深不会出问题的违纪违法犯罪事实还是保持隐瞒态度，目的是想蒙混过关，这也是一种典型的侥幸心理，体现的是监察对象的选择性认知。

还有部分拒不供述的监察对象会发狠说：有事没事我自己清楚，我没问题向你们交代啥？还有的会忧心忡忡地说：组织调查我，传出去我就会死定了，啥都没有了，我没问题可交代！还有的会在供述部分违纪违法犯罪事实后欲言又止：我就这些事了，都向组织说了真话实话，确实再没问题了！等等。这是监察对象在被采取留置措施后，害怕因受到党纪国法制裁而丢失一切的担心心理，实质是一种较为严重的畏责心理和害怕性认知。

还有的监察对象架不住凌厉的讯问攻势但又无可奈何，就在讯问中或情绪激动，动辄爆粗；或出言不逊，反诘顶撞；或矢口否认，极力狡辩；或喊冤叫屈，发泄不满；或一言不发，不理不睬；或借机挑弄事端，使讯问无法进行；等等。这些言行反映了监察对象的敌视心态和对抗性认知。

还有的监察对象在事实面前无理辩三分，说这也不是他干的，那也不是他做的，无论怎么证据确凿也拒不承认，说：既然你们认为证据充分，就定我罪好了，干吗还要我讲，我没啥可说的，你们爱怎么处理就怎么处理！其不但对事实不认账，甚至对监察机关查获的证据也不承认，说是有人陷害他，更有甚者被抓了现行也会抵赖到底。还有的面对讯问采取沉默，不应声，还有的以不听、不理、不显之毫无反应的僵硬模式来对付讯问。无论监察对象属于顽抗型、闭口型还是僵硬型，都是以强辩、硬抗或不开口讲话的固定方式对抗讯问，属于一种典型的对抗心态和定式性认知。

由于讯问当事人双方法定地位的不平等性，有的监察对象在被讯问过程中始终保持高度的警觉和防备，不相信监察人员的思想政治教育；有的监察对象因前科具有被谈话审查经历和体会，对监察人员的思想政治教育话题，尤其是对党“惩前毖后，治病救人”的政策有过深切体验，总是处于信以为真和信以为假的纠结中，并不会对监察人员立刻产生信任感；有的甚至事前串过供或订立过攻守同盟，或者受过所谓的“高手”指点，而对监察人员一直保持警戒状态。这些监察对象认为监察人员讲的都是骗人的假话，出示的证据都是蒙人的把戏，宣讲政策都是坑人的伎俩，监察人员一言一行都是在坑蒙拐骗，根本不能相信，进而始终把监察人员放置于对立位置。监察对象这些言行实质是对监察人员因具有警惕而加以防备的心理状态，是戒备心理的典型表现和防备性的认知体现。

有的监察对象因为经验不足而慌乱，当被问及“你慌乱什么，先耐心听我们说”时，会不由自主地讲：留置给我换了个世界，我一点思想准备都没有。有的因为自身心理素质差而慌乱，有的因为自感罪孽深重或责任重大而慌乱，老是着急地追问调查机关会怎么对待自己。在慌乱心态支配下，监察对象内生惊恐，思想混乱，这是典型的慌乱心理和惊恐性认知，这种心理和认知极有可能导致讯问陷入胶着状态。

从以上监察对象言行中可以看出，有的监察对象采取单纯的防守态势，有的在防御中进攻或在进攻中防御，有的采取精确语言，有的采取模糊语言，但更多的是采用综合性语言，没有经验的监察人员很难在临场时对监察对象的话语进行明确的类型划分。以表情达意为基本目的的语言是人类最重要的交际工具，人们为了达致交际目的通常尽量使自己的语言表达清楚，但在语言的实际运用中常常充满了模糊现象。具体到监察对象应讯语言，监察对象最常用的词语都带有模糊性，这种模糊性具有含蓄练达特征，可以向监察人员传达丰富的言内言外之意，在应对讯问上有时比精确语言更具表达功能。根据讯问经验可知，监察对象的模糊语言在多数时候表达的意义比较含混，对于监察对象来讲，其使用模糊语言与其监察对象应讯心理和应讯认知有着密切的联系，监察对象说话时往往受谈话当事人双方主观意愿的支配，出于避免公开冲突、隐瞒违纪违法犯罪事实、逃避纪法责任等原因，刻意将语言模糊化。在这里，监察人员说讲的话明确地输出了语义，想得到的应该是一个比较具体的回答，而监察对象的话语语义范围很大，没有提供监察人员想要获得的信息。监察对象在此处使用模糊语言，表明了其既惧怕不供述会受到严惩，又心有不甘不愿彻底坦白的矛盾心理，其认知还停留在侥幸阶段。

2. 动摇性话语及其心理和认知

经过多轮的讯问攻势，监察对象一般会在心理上产生动摇。当其抗拒的心理被打破，拒谈的防线被撕开口子，便会在思想上对继续拒供产生犹豫，徘徊在是继续拒供还是做出供述的十字路口。尽管如此，监察对象并不会就此做出交代，而是会围绕抗拒与坦白的纠结展开思想上的激烈斗争。

有些监察对象会说：我会主动交代问题，但能不能把我妻子和儿女撇开？我的问题不关其他人的事！有的监察对象还会主动追问党纪国法和政策规定的内容，讲我以后会不会被判得很重？有的监察对象说我若交代了，一切都完了！等等。这些言语反映出监察对象因担心交代违纪违法犯罪事实会导致自己或他人领受惩罚的心理状态，是现实中的顾虑心理和动摇性认知。

有的监察对象会说：我当初太绝情了，不应该这样！我当时太不冷静了，真不该违纪违法犯罪！我很后悔当初交友不慎沦落为组织对立面，我现在悔恨我当初的心怀侥幸毁掉了我的前途！我悔恨自己太爱情面，拉不下脸走上违纪违法犯罪道路！我这个人江湖义气太浓，不然的话不会违纪违法犯罪！我这个人就是个官迷，要不是官迷心窍也不会变成现在这样！我当初生活太不检点，被人家牵着鼻子走了！我现在很后悔不听组织警告和家人劝告，走上不归路后悔也来不及了！等等。这些话语说明监察对象对自己将要受到党纪国法惩处而感到不甘、不愿、不值、不该、不服，悔不当初，表现在应讯行为上，往往即便心不平静，表情痛苦，但还是会咬紧牙关不做交代。这些言行是监察对象心理后悔，悔恨自己不该当初的一种痛己心态，体现的是监察对象的悔恨性认知。

笔者曾经查办过一个副厅级党员领导干部受贿案。在讯问过程中，他突然问我：去年你们查办的某某单位的周某某我很熟悉，社会上传言是他的情妇先交代后他才交代的，是不是这样？当时我很愕然，没想到他会问这个问题。事后在谈心时我问他当初为何问周某某的事情，他如实向我讲了他当时的心态，他当时面临着监察机关强大的调查声势和凌厉的讯问攻势，在是否主动交代上产生了矛盾心理，感到有些左右为难，这才问我周某某的事情。他讲他当时害怕自己的情妇先讲了会置他于迟讲的尴尬境地，而自己如果先讲了又怕其情妇不会交代，这样他吃亏有些大，他还担心自己主动交代了显得他不够义气，对不起与他一起共同受贿的情妇，而不交代又怕情妇交代了自己会受到严惩。他非常诚恳地对我说，他当时还有个心理，如果交代了组织未掌握的证据显得不值得，而不交代又担心组织上已经掌握了证据，特别是在前途问题上，他非常担心即便交代了也得不到从宽处理，而不坦白又怕得到从严处理，这些心理使他左右为难，犹豫不决，无所适从，内心感到非常痛苦，把握不住究竟是交代好还是不交代好，处在两难的选择中。这位副厅级党员领导干部在交代与否的问题上处于一种左右为难的心理状态，体现的是监察对象的一种矛盾性认知。

我还查办过一位党员领导干部受贿案。在讯问中，他突然对我讲：我已经想清了，我没有违纪违法犯罪事实可交代。我劝他不要急于表态，让他再认真考虑一下再说，他沉默一阵子后，坚定地对我讲：我考虑好了，确实没有违纪违法犯罪事实，你叫我交代什么？我说：不是组织上让你主动交代，现在不是争论问题有没有的时候，而是你自己应该主动交代，以争取好态度的时候。他还是坚持如初，我问他：你家的房产、汽车是怎么来的？他讲：用我和妻子积攒的工资买的。我说：经过组织调查，有些款项是从别人银行卡中转来的，这是怎么回事？他讲：那是我表妹借给我的钱，我表妹是做铁矿粉国际海运生意的，很有钱。我说：你讲的这个人组织上已经调查清楚，并不是你什么表妹，只不过是你任职单位的一个业务关联人而已，你平时不是给她帮过很多忙吗？他说：她是我干表妹，法律上也认为我们的干亲关系合法，我没给她帮过忙。我说：不是你把她引进你单位业务中的吗？他讲：她与我单位发生业务时，我确实给相关人打过电话，那不是帮忙，我只是按照我们单位正常的业务程序办的。我说：你讲讲怎么帮她打的电话！他讲：我又回忆了一下，我没帮她打过业务上的电话，只是答应给她帮忙，但实际上什么也没替她做。我说：组织上没时间与你辩论，可相关人员并不这么说，这就是证据！他说：我也不想为我自己辩护什么，能不能让我抽支烟，上个厕所？……这个人最后态度还不错，主动如实交代了大部分组织尚未掌握的受贿事实。后来我问他当初为什么这样做，他说：我当初也想交代来着，但琢磨着不能轻易认账，几经反复后我决定以自己没有违纪违法犯罪事实来应对你们的谈话，你们抛出证据后，我就有点下不了台，但没办法，只能无理辩三分，最后实在有点支撑不住了，就借口抽烟上厕所来暂时逃避谈话。这实际上是监察对象形成供述动机以后思想发生变化而出现反复并以不供述来应对讯问的一种心态，体现的是监察对象的动摇反复性认知。

还有的监察对象内心确信监察机关已经掌握了其违纪违法犯罪事实和证据，但不知道掌握了多少以及掌握到何种程度，为了做到心中有数而不致吃亏就对监察人员试探摸底。这时候监察对象往往会公开索要证据或以乱供、谎供和供小不供大来投石探深浅。监察对象的这种言行是典型的摸底心态，体现的是监察对象的试探性认知。

3. 翻供语言及其心理和认知

监察对象在交代以后总会进行关于供述得失的思考，有的在思考中认为自己不应该交代，感觉如果自己不供述监察机关就会因没有证据或证据不充分而无法定性处罚或定罪量刑，于是就讲自己的供述是乱说的假事实，自己根本就没有实施违纪违法犯罪行为，以此来推翻既有的供述，这就是所谓的强行翻供。还有的监察对象寻找和捏造各种借口进行翻供，说先前是因为受到监察人员威胁和欺骗或指供和诱供而做出的供述，这就是所谓的借口翻供。监察对象的这种言行实质是企图推翻既有供述而作无罪或轻罪供述的一种心理状态，体现的是监察对象的供述动摇性认知。

三、监察对象应讯语言的破解

常用的办法就是利用上述心理学常识，依靠语言学知识，区分不同语境，有针对性地予以破解。关于破解办法，以上讲述了动机破解和心理破解的方法，但这只是对点攻击，从面上讲，还要从整体上对破解之道予以整理。监察对象应讯语言的破解贯穿整个讯问过程，实际上是基于对监察对象的动机、心理分析，具体实施讯问措施的过程，总的办法有两个，即会话沟通法和会话批评法。鉴于我们的主旨是使监察对象如实供述，下面将重点讲解会话沟通法。

1. 会话沟通法

会话沟通法实质是说服教育法。说服教育法是最基础的讯问方法，贯穿于讯问全过程，实际上是指监察人员通过进行刑事政策、法律、纪律、前途、形势、理想、道德等教育，促使监察对象转变思想，主动如实供述和辩解的调查方法。会话沟通法以降低监察人员问话话语的胁迫性和提升问话话语的协商性为主要手段，讲究真诚、平和，是利导式讯问策略的核心方法，这种方法强调会话的有效性，不会阻却监察对象通过语言来维护自身权利的正当性。进行这项工作，需要很强的思想性和政策性，要在监察人员的合理把控下才能促使监察对象理清是非界限、权衡利弊得失，从而使监察对象在思想上彻底转变认识、消除对立情绪，进而主动供述自己的违纪违法犯罪事实。在讯问过程中，监察对象大都对监察人员抱有怀疑和戒备心理，持不合作的对立态度，有效的说服教育可使监察对象加深对监察人员“可信、可畏、可敬”的心理印象，从而转变态度，消除对立情绪。说服教育法具体可分为以法条压人、以案例树人、以情理服人三个方面的内容，其具体实施起来要根据不同的语境，有针对性地钳制或反制监察对象。下面介绍一下说服教育法的具体运用。前面我们已经从监察人员角度，把讯问进程划分为接入、交锋、突破、善后四个阶段，下面将具体陈述在每个阶段如何反制监察对象应讯语言。

接入阶段：在核对完监察对象身份和履行完必要的告知程序后，就进入了实质性的接入阶段，标志是讯问监察对象是否有违纪违法犯罪事实。在这个阶段，监察对象的回答只能有两种，要么有，要么没有。不管是监察对象供述部分事实后说没有，还是开始就说没有，监察人员都得予以回应。怎么回应？是情绪化应对？还是平静对待？这里有一个方法问题。笔者主张平静对待监察对象，不能一上来就对监察对象进行呵斥，直接说监察对象态度不好。对供述部分违纪违法犯罪事实后说没有的，要先使用肯定式语言，准确地告诉监察对象其态度尚可，但还存有顾虑，明确要求其应尽早打消顾虑，积极、主动、如实供述其他问题，鼓励其善始善终；对开始就否认存在问题的监察对象，要用平实语言告诫其不要固执己见，要根据纪法要求尽早主动供述，以良好的态度争取最大限度的从宽处理，同时使用精确语言，要求其转变认识和行为取向，主动配合监察机关，尽早讲清自己的问题。在这个阶段，在反制监察对象时一定要不动声色，不能感情用事，以免向监察对象传递错误信号，让监察对象误判监察机关没有掌握其违纪违法犯罪事实并急于掌握其违纪违法犯罪证据，防止加剧监察对象对抗心理。总之，使用语言要平实，不温不火，精确易懂，直截了当，既要指出监察对象存在问题没供述，又要明确要求监察对象积极、主动、如实供述这些问题，达到这两个目的即可，以为转入交锋阶段奠定谈话基础。切忌使用模糊语言，在传达信息时模棱两可，让监察对象产生错觉，形成对形势的误判。

交锋阶段：在渡过接入阶段后，大多数监察对象会采取不配合的态度，在行为上表现为抗谈拒供，监察人员想获得供述，监察对象却不想供述，双方彼此都想说服对方，这就产生了说服与反说服的交锋，进入了交锋阶段。在总体上讲，监察人员要综合使用进攻性语言、防守性语言和混合性语言。但在具体方法上，首先要使用建构性语言，搭建起双方谈话的平台；之后使用进攻性语言，对监察对象进行整体式的纪法政策和道德教育，“划大圈”式地指出监察对象存在的问题范围，然后使用审视性语言，深刻剖析监察对象的违纪违法犯罪成因、特点，让监察对象逐渐相信证据已被掌握，要么急火攻心，要么温水煮青蛙，渐次揭剥监察对象的伪装，加重监察对象的心理负担和思想压力，把其逼入选择两难的境地，再使用引导式语言，导引和牵制监察对象的思维，使其沿着监察人员思路去思考问题，并让其尽量临场做出回应，最后使用理解式语言，有针对性地告诉监察对象我们理解他的心境，同情他的遭遇，也愿意帮助他尽早走出困境，但这种帮助具有条件，那就是必须本人积极、主动、如实讲清楚自己的全部问题，促使监察对象进行正向选择。在这期间可以穿插防守性语言和混合性语言，这是在交锋阶段的一般讯问顺序。但由于此阶段要谈的话题比较多，每一个话题都有可能使上述谈话顺序反复进行，因此，在该阶段要不断地建立谈话支点，如果监察人员在每一个谈话支点上都能够说服监察对象，那么由点及面，最后监察人员就会完胜监察对象，反之亦然。由于说服过程的轮回性，这就需要监察人员不断地分解话题，可以由表及里，也可以由里及表，既评析监察对象心理，又抨击监察对象行为，在多波次打击后再辅以情感刺激，这样可以逐步缩小监察对象拒供的心理空间，而帮助监察对象不断拓展交代的思维空间，促其尽早主动供述。总体的语序为，可以先使用进攻性语言，再综合使用混合性语言和防守性语言。但这不是一成不变的语序，监察人员可以根据不同的语境临场变换使用不同类型的语言。

下面陈述交锋阶段语言材料的选择与组合形式。首先讲讯问话题的选择与组合。讯问话题是讯问活动中一段对话的中心内容，通常由监察人员提起，也不排除由监察对象提起的现象。在监察人员提起的情况下，由于讯问语境的差异，有时需要监察人员迂回曲折，巧妙地转换语境，创设条件，引出话题。这一点不难理解，例如，平时当我们在陷入讯问僵局以后，会改变讯问策略，选派有经验的同志担任主谈，以关心的语气、体贴的方法，与监察对象谈思想、谈生活、谈前途、谈爱好等，巧妙地转换语境，创设条件、引出话题，促使监察对象作主动供述，这就是迂回曲折地引出话题。引出话题的途径有三：一是选择有利于监察人员讯问语言活动正常进行的话题，例如我们在从监察对象家里扣押多台高级摄像机后，针对监察对象酷爱摄像的特点，以此为话题展开讯问，从摄像机型号谈到摄像效果，最后切入正题，说监察对象家里的摄像机很符合他的爱好，这样一语惊醒梦中人，监察对象马上主动交代了摄像机系受贿所得，达到了讯问目的，由此可见，以监察对象感兴趣的事情为话题，既可以缓和气氛，又能激起监察对象兴趣，有利于监察人员讯问语言活动的开展；二是选择有利于诱发监察对象回答问题的话题，监察人员选择监察对象酷爱名人字画的话题，利用大谈不同历史时期的书画家作品特点的方法，诱发监察对象主动回忆问题，再根据特定语境自然地把话题过渡到有关案件上来，就是使用的这种办法；三是选择有利于尽快达到讯问目的的话题，例如，某国有单位出纳利用铁棍撬开自己保管的保险柜取走里面 20 万元公款并谎称失窃，监察人员为了尽快达到讯问目的，大谈盗窃的刑法含义这一话题，迫使监察对象供述了其瞒天过海的违纪违法犯罪行为。其次讲讯问词语的选择与组合。讯问词语是讯问活动最基本的构件材料，选用讯问词语时应注意三个问题：一是既要注意词语的正确性，又要注意词语的艺术性。要注意词义的轻重、大小，例如我们在讯问中故意回避“严重违纪违法犯罪行为”这个用语，而代之以“严重问题”，这样监察对象既能领会到自己的违纪违法犯罪行为，又能免受刺激，在心理上容易接受自己存在严重违纪违法犯罪行为的现实。二是既要注意词语的主要意义的锤炼，也要注重色彩意义的调配。词的意义包括词汇意义和色彩意义，选用词语，既要注意词汇意义的运用，又要注重词的形象色彩、感情色彩和语体色彩，这是准确和生动地选用讯问词语的重要方法，例如我们在讯问中常说“你认为这样可以逃避法律的制裁？你的这种想法太天真了”。此处天真就是褒词贬用，形成反语，增强了讯问效果。三是既要注重实词的选用，也要注重虚词的选用。虚词进入句子后通常会表达出细致或实在的意义，是实词无法代替的，有的同志在讯问中往往注重实词的选用，而忽略了虚词的这种作用，例如语气词，既能表示出特定的语气，又能传达细微的感情，在特定语境里含有“不可能有”的意思，“你非让我们把证据摊给你才肯供述？”该问句中的“非”字本义是“不”的意思，但这里由否定变成肯定，表达“一定”的意思，如果选用“一定”这个词，反而会在效果上让人觉得词义不足。最后讲讯问句式的选择与组合。具体有如下要求：一是多用短句，不用多重否定长句。短句具有简明干脆的特点，监察人员为了表明自己的观点，让监察对象准确理解，以免出现信息误差，或为了紧扣监察对象心理，以留下深刻的印象，经常使用短句。例如在讯问共同受贿案件中的监察对象时，有的同志经常问“有几个人收了钱”或“你收了几次钱”。这些短句针对性强，蕴含着不可辩驳的威力；多重否定句结构复杂，很容易造成逻辑上的混乱，甚至连讲话的人自己也很容易弄糊涂，很可能让监察对象理解为与本义相反的含义，故不常用。二是多用主动句，避免使用被动句。主动句是指陈述对象是行为施行者的句子，被动句是指陈述对象是行为承受者的句子，例如“监察机关发现了你受贿的事”是主动句，“你受贿的事被监察机关发现了”是被动句；在讯问实践中，监察人员为了阐述自己的观点，表达肯定的语气，常使用主动句，迫使监察对象如实回答。三是多用疑问句，这是监察人员的惯常做法，是由监察人员的职业特点决定的。四是多用直接陈述句。陈述句具有语气平稳、便于叙述和表明观点的特点，例如“你只有积极、主动、如实供述才是正确的出路”便是陈述句，陈述句在讯问中发挥着重要的交际作用，被监察人员广泛采用。

突破阶段：经过多轮的交锋，监察对象因承受不住沉重的心理压力或在纪法政策的感召下，会产生供与不供的最后选择，此时供述动机开始占上风。但由于监察对象还没有下定最后的决心，不供的心理障碍仍在发挥作用，于是在内心的纠结中，监察对象心理处于一种临界状态，这预示着讯问进入了突破阶段。在突破阶段经常使用的语言有：第一，预设语言。预设是指监察人员在发出言语之前假设监察对象有过有罪的事实状态，这是向监察对象直接施加精神和心理压力的前提。在突破阶段，要使用肯定语言，强化对监察对象存在严重问题的事实预设，持续地对监察对象进行心理威慑，特别是以问题的严重后果高强度地警示监察对象，激起监察对象的负过感或负罪感，为促使监察对象转变拒供认识奠定压力基础。第二，分析语言。帮助监察对象分析供述的利弊。第三，导向语言。要引导监察对象争取从宽的心理趋向。第四，推动语言。当判定临界心理出现时，要使用推动语言，抓住监察对象的心理，针对监察对象残存的心理障碍，及时做好心理良性转化工作。例如，当监察对象抱头痛哭时，可以这样劝说："不要哭了，事情已经成为过去，你要尊重客观事实，把问题主动讲清楚，争取从宽处理。"这样可以捕捉到好时机，强化监察对象临界供述心理，鼓励其悔错认错，敦促监察对象尽早下定交代的决心。第五，补强语言。紧抓促使监察对象产生临界供述心理的击发点，在其思想斗争的关键时刻，围绕该击发点添加动力，趁热打铁，反复做工作，采取心理补强措施，推进监察对象交代心理的滋长。最常用的方法就是情感刺激。第五，启发性语言。如果监察对象开始与监察人员讨价还价，就表明监察对象产生了交代动机，但还残存害怕重处心理，此时监察人员不能无原则地迁就和许诺，更不能不恰当地批评，正确的做法是使用启发语言，帮助监察对象提高思想觉悟，教育监察对象应当依法依理从事，告诫监察对象，如若真诚悔罪，就应当无条件地彻底坦白，而不能讨价还价，同时告诉监察对象，如果要求合理、正当，监察机关会根据具体情况，在法律政策允许的条件下予以满足。

善后阶段：善后阶段的主要任务是巩固口供，防止监察对象翻供。使用的语言有：指示语言，要求监察对象主动、如实供述全部违纪违法犯罪事实；追问语言，步步紧逼，问清违纪违法犯罪事实的具体情节；说服语言，监察人员应当设法消除监察对象残存的心理顾虑，并进行相应的说服工作，扫清监察对象全部心理障碍，促使监察对象彻底供述；鼓励语言，对监察对象主动供述的行为予以肯定，鼓励监察对象不要动摇，要按照法律的规定主动讲清、讲透、讲全自己的问题，这样一定会得到法律的从宽处理。

2. 会话批评法

会话批评法实质是证据征服法。按照通常做法，监察机关往往经过初核掌握监察对象一定的违纪违法犯罪事实和证据后，才对其监察立案并决定采取留置措施。但初核事实不一定是有罪事实，证据也不一定充分，需要通过讯问获得监察对象供述的印证后才能认定是否构成犯罪。此时的监察对象面对突如其来的变故一般会极力否认或拒绝回答，这时候若想取得讯问成功就要对监察对象进行会话批评，就是对监察对象采用证据征服法。所谓证据征服法，就是指利用证据制服监察对象，迫使监察对象供述的方法。使用证据征服法一般采取两种方式：一是就事论事法，二是夸大法。下面先讲就事论事法。

所谓就事论事法，就是利用初核掌握的证据，通过有针对性地讯问监察对象，迫使其供述的方法。这种方法是最常见的讯问方法，基层的同志常使用这种方法，因为这种方法简捷、有效，不用多费口舌就能获取部分供述，使初核所获事实很快得到印证。但这种方法也有缺陷，那就是监察对象从一般心理出发，监察人员抛出多少证据就会供出多少事实，轻易不会多供。

所谓夸大法，是指把初核事实当作基础材料，通过故意夸大监察对象犯罪性质、证据证明力和后果等，以放大监察对象的心理错觉，向监察对象施加压力，促使其供述的方法。该方法包含一定的欺骗因素，使用时须注意方式方法与合理界限，避免出现违法结果。具体的适用方式：（1）不直接阐述已经掌握的初核事实，而是根据初核事实特点进行同类放大。例如，我们在查办某集团原副总经理张某某贪污、受贿案时，根据初核掌握的其收受王某某 70 余万元财物事实，发现王某某与张某某两人除平时关系密切外，还具有业务关系，于是监察人员在讯问时由点及面，向张某某明确指出，除王某某外，张某某还收受其他具有这种关系的人员的财物，张某某很快就交代了其他部分受贿事实。实践证明，这种方法是行之有效的。使用该方法，监察人员首先要通过阐述使监察对象相信否认涉案毫无意义，试图抵抗亦是徒劳。监察人员要以有绝对把握的语气予以指出，向监察对象灌输调查所得的大量证据表明监察对象实施了违纪违法犯罪行为，即使没有掌握监察对象的违纪违法犯罪证据也不能使其有任何的察觉。如果监察对象对此予以否认，要坚决予以制止，比如，可以这样讲："现在不是争论有没有问题的时候，你我讲了都不算，一切全凭事实和证据说话，监察机关严格依法办案，既然向你指出来了，说明你存在大量这样的问题，你现在要做的是通过主动讲清楚问题来争取宽大处理，而不是与我们争论有与没有的问题。"（2）用精确语言放大监察对象的心理错觉。例如，针对受贿监察对象有记日记的习惯，我们可以这样讲：“你以为一对一的事情，你不讲就万无一失了？任何事情都会有客观痕迹的，人家也有记日记的习惯，该记的都记得清楚着呢！”（3）强调监察机关调查活动的法定性与严肃性。通过进一步阐述监察机关的法定职责，指出调查措施的采用必须以法定条件和证据标准为前提，打消监察对象的侥幸心理。（4）夸大继续否认的不利后果，强调是否主动供述的主观态度对处理结果的重要决定作用。这一招对初犯尤为有效。要向监察对象反复灌输：监察机关具有强大的调查能力，监察对象继续否认是不可能得逞的，其抗谈拒供的行为表现将会被视为欺骗的证据，会在定罪量刑上为其带来不利后果，而主动坦白会对其有利。在阐述不利后果时，则需根据监察对象的个人情况的不同选择不同的侧重点。一般通过说理与举例并行的方法，强调主观态度的重要性，促使监察对象转变态度。在使用案例时，案例的选择要具有对比性，如列举一些客观行为相同或近似，由于态度不同而导致处理结果不同的案例。（5）夸大调查手段，强调各级领导的重视程度和调查人员的办案信心。对监察对象的无理辩解，要使用重复提问或频繁打断的方式予以干扰，坚决驳回；对调查手段，要强调手段的先进性及侦破案件的能力性，警告监察对象要放弃幻想和侥幸。例如，省监委在查办某中级人民法院院长受贿案件时，着重强调了领导的重视程度，话是这样讲的：“你作为司法机关的领导干部，身为社会正义的最终裁判者，却利用职权做出如此令人不齿的事情，造成了十分恶劣的社会影响，领导对此非常震怒，知法犯法已经说明你主观恶性深，再不争取主动供述，恐怕要受到更为严厉的惩罚。”这段话取得了较为理想的讯问效果。（6）从宽强调法。侧重阐述从重或从轻的法定情节，一般采取“重罪轻说或轻罪重说”的方法，亦即，针对监察对象的个性特点，选择不同的讯问侧重点。对因悔过认错或畏罪悔罪感强而不敢主动供述的监察对象，要侧重讲解法定的从轻、减轻处罚的规定；对因自认为违纪违法犯罪行为不重而对处理结果无所谓或气焰嚣张的监察对象，要侧重讲解其行为性质严重的方面，指出该案与其他轻罪案件的不同，以端正监察对象的态度；在讲述从重或从轻规定时，要详细述说监察机关的自由裁量权，促使监察对象从心理上重视与监察人员的配合，为主动供述打下基础。（7）夸大共犯或特定关系人的作用，以加大监察对象的心理压力，话可以这样讲：“你以为你讲义气不说就可以逃避法律制裁？但你想想别人会跟你一样吗？人是自私的，关键时刻都会考虑自己的利益，有些人就很聪明，不像你一样，何去何从，你自己好好考虑吧！”

采用会话批评的证据征服法，在提问语言方式和策略选择上既要考虑讯问目的又要控制双方的目的关系。因为讯问语言的提问目的总是支撑讯问总目的的实现，监察对象是否采纳讯问目的进而形成一致的目的关系是可以通过监察对象的回答来预测和把控的。在提前明确监察对象应讯目的的情况下，讯问人员可以通过采取策略性语言对监察对象的认知加工和话语选择进行控制，使其话语选择与讯问目的保持一致或认为讯问人员目的与其目的是一致的，至少是利害冲突较小的，敦促监察对象进而产生合作意愿甚至直接合作。采用会话批评的证据征服法一定要注意所使用的讯问语言要具有关联性，即在提问语言中提供最佳关联刺激引起监察对象的注意，唤醒其能动性的认知推理并进一步敦促监察对象做出关联反应。如对监察对象谈到其生活作风问题时适时加上其情妇“真会落井下石”这句话，就会使监察对象马上联想到自己的违纪违法犯罪事实，做其情妇已经主动向组织作了交代并把责任推在他身上的联想，认为自己违纪违法犯罪行为已经暴露无法再隐瞒。因此，在使用会话批评的证据征服法时，讯问人员若想获得最大限度的关联，则要尽可能选择最合适的语言语境对假设进行加工。

在讯问中，监察对象与讯问环境相关的认知背景主要由违纪违法犯罪的准备阶段、实行阶段和实施终了阶段的行为细节、心理活动、物理环境等主客观痕迹以及监察对象思维与记忆中的认知痕迹组成，这些痕迹在讯问中处于监察对象意识的不同深度，在被留置后的不安、惧责畏罪的心理作用下不断进行自我强化，活跃程度也在讯问人员的刺激的作用下不断提高，更容易被激活和被调动进而会形成新的认知语言语境。此时讯问的语言语境与其的关联度越大越容易被激活。例如，讯问人员提到监察对象为其关联人帮忙时，“帮忙”这一刺激源处于监察对象的浅层意识中，容易被监察对象提取，关联性也大，故监察对象认知中关于受贿的情景记忆和心理认知就会被优先激活，同时以连锁反应的形式激活其他相关认知，比如纪法后果、同伙信义和反讯问经验等。所有被激活的认知经过各种方式发生连接和重组以形成新的认知语言语境，并会在此语言语境下进行意义理解、信息输出和对策选择。这种连接和重组是认知语言语境动态建构的核心机制，这种机制过程总是沿着关联期待的方向进行，亦即受监察对象目的的调控，越是接近目的前端的认知越容易被监察对象连接和重组。对监察人员来讲，根据前述的目的原则，提问话语的重点是如何使监察对象采纳问话目的，此处就提供了破坏对抗性认知的连接和重组、强化合作性认知的连接和重组，这就是监察人员要准确把握并合理运用关联原则的基本问话语言要求的原因。

第三节 监察笔录及其证据效力

下面将从法律语言视角叙述因非法谈话导致监察笔录丧失证据能力的情况，及监察笔录制作过程中语言转换的种种不规范现象。通过对非法谈话的语言形式的研究，能够更好地支撑和保障监察笔录的证据效力，防止诱供的出现和由此而来的非法证据排除，为司法程序的合法有效运行提供保障。监察笔录制作中的语言转换也可能对监察笔录的证据效力产生影响，其中监察笔录的语体变异、语言转换不规范和孪生监察笔录都可能对监察笔录的采信和认定产生影响。本节将从语言学角度探讨如何规范监察笔录制作中的语言转换等问题，为监察笔录作为刑事证据提供更强的证据效力以及更大程度的准确性、全面性、可靠性、可采性。本节分为三个部分：第一部分，监察笔录概述。主要讲监察笔录的内涵、作为证据的监察笔录、关于监察笔录的研究现状、现有监察笔录研究中四个方面的问题。第二部分，从内容制作角度考察监察笔录的证据效力。主要讲监察笔录制作过程中的非法讯问对监察笔录证据效力的影响；从语言角度审视监察笔录制作过程中的非法讯问，探讨诱供的概念及语用学意义、发问方式与诱供、几种典型的诱供、前提蕴含的判断方法、诱供存在的特殊语境、制度创新与完善等问题；对诱供的语言特点研究的意义。第三部分，从形式制作角度考察监察笔录的证据效力。主要探讨监察笔录制作的内涵；探讨语体转换与证据能力；探讨语言转换与证据能力；探讨孪生监察笔录的相关问题。

一、监察笔录概述

（一）监察笔录的内涵

在法律语言的视野下研究监察笔录语言，首先应明晰监察笔录的有关概念。监察笔录指监察程序中，在监察环节经由讯问产生的言词监察笔录。监察笔录因监察程序的开展而获得刑事法律上的性质，产生一定的刑事法律效力。此处的探讨既包括对监察笔录记录行为的规范，又包括对监察笔录内容的合法与否的考察。

（二）作为证据的监察笔录

下面从证据效力的角度出发，探讨诱供与监察笔录制作对监察笔录证据效力的影响。

1. 诱供与监察笔录证据效力

诱供是指因受引诱而供述，其因非法证据排除规则的确立与监察笔录的证据效力产生了关联。作为证据的监察笔录受非法证据排除规则的制约。由于非法证据排除规则的存在，监察笔录可能因为非法取供而被法庭排除。这就是所谓的监察笔录证据能力问题，即监察笔录证据能力的有无问题，或监察笔录能否作为刑事证据的资格问题。如果监察笔录的证据能力受到质疑，那么其将被剔除出证据链。因此，监察笔录的证据能力与非法证据排除规则息息相关。非法证据排除规则的基本思路是以非法方法获取的证据应当被排除，这是诱供可能影响监察笔录证据能力的原因所在。

2. 监察笔录制作与监察笔录证据效力

监察笔录制作因为监察笔录的传闻证据特性而与监察笔录证据效力相关联。作为刑事证据的监察笔录，其证据效力是由《监察法》《刑事诉讼法》等一系列法律规定的，这就决定了必须规范监察笔录制作。因为规范化的监察笔录制作可以减少记录过程中的信息流失和信息扭曲，从而减少监察笔录作为传闻证据的缺陷，增强其证据能力。监察笔录作为刑事证据的法律特性是研究的出发点所在，对监察笔录的法律语言研究应当围绕监察笔录作为证据的特性展开。

（三）现有监察笔录研究中的问题

监察笔录作为刑事证据，尤其是在我国目前刑事诉讼制度中，其作为“证据之王”可谓举足轻重。在此现状下，对监察笔录法律语言的研究，不能抛开监察笔录作为证据的这一法律属性，而单纯追求监察笔录作为司法文书的规范性和语体的庄重。研究的现状如前所述，怎样讯问得更有效果是研究的一个主要方面，也是目前大多数谈话语言研究所侧重的，而对怎么在符合监察法规定的前提下讯问得更有效果的研究，则是比较欠缺的，这是对“问”的研究的不足。而对“答”的研究的不足，表现在在规范记录与证据效力之间的关系时，规范记录到何种程度即可，超过了这个程度就可能因过于规范而丧失了监察笔录的真实性，从而影响监察笔录的证据效力，对这一真正影响司法实践问题的研究目前学界尚未有所见。

英美法系之所以存在传闻证据规则，是因为监察笔录这样的传闻证据可能存在着复述不准确或伪造的情况，可能因故意或过失导致传述错误或偏差。那么怎么保证证据的真实性和可采性，怎么在监察笔录制作中尽量保持监察笔录作为证言证据的真实性和直观性，即是对监察笔录证据效力的研究所关注的。遗憾的是，现有研究并没有从监察笔录的此天然缺陷出发，思考如何从监察笔录制作的内容和形式角度弥补监察笔录证据效力的天然瑕疵。总而言之，虽然法律语言对监察笔录的研究长期把谈话语言研究和监察笔录制作中的语言转换视为两个完全不同的领域，其实把两者结合在监察笔录证据效力的视角下进行统一研究，将更有助于对司法实践的回应。无论是对谈话语言的研究，还是对监察笔录制作中的语言转换研究，其研究目的都不仅仅是使讯问更有效，或使监察笔录制作的语言转换更规范，可以说这仅仅是法律语言对监察笔录研究的一个方面。统一起来，无论是对谈话语言的研究，还是对监察笔录制作的语言转换的研究，都应当有一个共同的目的，就是以监察笔录的证据效力为最终目标，统一在监察笔录作为证据的前提之下，增强其证据效力，尽可能避免因谈话或语言转换不当而影响证据效力。对谈话语言的研究同对监察笔录语言转换的研究可以统一在证据效力的范畴下进行，两者分别从内容的角度和形式的角度为监察笔录语言研究开辟了新领域。从研究现状看，在监察笔录语言转换的过程中如何规范地进行监察笔录制作，即如何规范地记录被讯问人所说的内容是研究的重心。但是规范记录的原则并没有被提及，规范记录与证据效力之间的关系仍有待挖掘，不规范的监察笔录形式制作怎么影响监察笔录的证据效力，目前对此的研究仍有很大的进步空间。无论从哪个角度，现阶段的法律语言研究成果仍鲜有从法学角度，把监察笔录纳入司法程序的动态进程中进行考察的。对监察笔录语言转换的研究主要还是基于监察笔录作为司法文书的规范性要求来展开，较少看到监察笔录作为证言证据对监察笔录语言的特殊要求，从而未能真正满足当下司法实践的需求。

二、从内容制作角度考察监察笔录的证据效力

（一）监察笔录制作过程中的非法讯问对监察笔录证据效力的影响

非法证据排除规则的大致内涵为：通过非法方法获取的证据在审判中不应

被采纳。此处的“非法方法”，根据《刑事诉讼法》第五十六条规定，是指“刑讯逼供等非法方法”以及“暴力、威胁等非法方法”。也就是说，根据法律规定，可以确定的是：通过刑讯逼供以及暴力、威胁等方式获取的言词证据应当被排除，然而诱供等谈话方式是否属于非法证据排除规则下的“非法方法”，法律并未指明。诱供、骗供是法律禁止的非法的方法，但是否属于适用非法证据排除规则的那类“非法方法”仍需要作进一步思考。从现有司法实践的情况来看，通过诱供、骗供获取的言词证据，并没有被明确为可以适用非法证据排除规则的几类证据，在“两个规定”以及《刑事诉讼法》中没有提及，这说明现阶段我国还不具备把诱供作为严格的非法证据排除的司法条件，这其中既存在如何确定诱供与否的问题，也存在确定之后如何适用非法证据排除规则的问题。如何判断诱供、骗供，为排除通过诱供等获取的非法言词证据设定一个合理的标准，使其既能规范谈话行为，遏制诱供等非法谈话方式，又不过分束缚正常的司法工作，这是司法实践的迫切诉求。这需要从法律语言角度，对诱供等非法谈话方式，总结出一定的原则和标准，这样即能从理论上确立对诱供的非法证据排除规则，进一步在实践中统一不同主体有所分歧的规定，有助于司法实践的开展。从现有法律来看，对诱供认定是从严的，这决定了对诱供形成的非法言词证据的认定也是从严的。但是，诱供作为《刑事诉讼法》明确禁止的谈话方式，通过其获取的监察笔录证据必然存在一定的效力瑕疵，这是不可否认的。因此，从言语角度考察诱供的语言形式或特点，需要遵循的原则是不能对谈话语言过分苛求，但同时也应当从语言角度对谈话的合法性寻找一个判断规律，为检察阶段和审判阶段的非法证据排除提供一个可资借鉴的原则，为调查阶段的规范谈话提供借鉴。面对监察笔录证据效力的问题，如何通过法律语言研究寻找到谈话合法与否的语言特点，是语言学和法学研究的一个新兴的领域。通过对谈话语言的语言特点进行研究，能够更好地支撑监察笔录的证据能力的效力，为司法程序的合法有效运行提供保障。

（二）从语言角度审视监察笔录制作过程中的非法讯问——以诱供为例

1. 诱供的概念及语用学意义

诱供指以引诱的方式获取监察对象的供述。引诱的方式具体表现为采取种种不正当方法引导监察对象按照自己的推想和假设做出供述。引诱包括行为的引诱、暗示或言语的诱导。从法律角度考察诱供，首先基于语用学的言语行为理论，而其中的“以言行事”是核心所在，这是对诱供进行考察的基础。正是由于诱供是“以言行事”，通过语义的、语法的和语用的具体分析，对谈话是否为诱供进行判断，进而在司法上将该行为归于诱供，由此产生可能排除该监察笔录的司法效果，这充分体现了“以言行事”的基本内涵。

2. 发问方式与诱供

诱供主要以发问的方式体现，不同的发问方式与诱供的相关性是不同的。我们对发问方式进行了梳理和思考，去探求哪些语言形式容易形成诱供，从而尽量避免容易形成诱供的监察人员讯问方式。基于此，下面对诱供和诱供是否违法进行语言上的梳理与分析。

（1）开放式与封闭式提问

a. 开放式与封闭式提问的判断

所谓开放式提问是指通常以“什么”“怎样”“为什么”等形式发问，不用一两个字作答并能引出一段解释、说明或补充资料的提问方式。所谓封闭式提问是指一般可以用“是”“否”等一两个字简短作答的提问且通常用“是不是”“要不要”“会不会”等形式提出的提问方式。对应到监察谈话中的两种提问方式，根据回答的内容还可以将问题分为“可用自由陈述方式回答的问题”与“要求明确具体回答的问题”两种。

关于疑问句的开放度问题，按由大到小的顺序排列为：特指问句、选择问句、正反问句、是非问句、附加问句。在监察实践中，特指问句用疑问代词“什么”“为什么”“怎么”等代替未知的部分进行提问，要求对方针对未知的部分做出回答。如何判断特指问句属于开放式提问还是封闭式提问，应当以特指问句是否存在语用预设为标准。语用预设是指听到话语之后根据语境可以推理出来的信息或者言语交际双方都已经知道的常识所做的设想，语用预设对话语交际起到制约和引导作用，是话语或篇章理解的先决条件和推导会话含义的基本依据，并不在话语的表面显示出来，而仅仅包含在话语之中。存在语用预设的特指问句，即问题的提出必然隐含着一个与定性求责或定罪量刑密切相关的事实，在听到话语之后根据语境可以推理出该信息的存在。譬如“什么原因让你多次为他提供帮助”“你是怎样把钱送过去的”“为什么不送他去银行取钱”，这三个问题分别以“什么”“怎样”“为什么”进行发问，但是都存在语用预设，如“为他提供帮助”“把钱送过去”“不送他去银行”，问题的回答受到语用预设的制约和引导，此类问题我们也把它看作是封闭式提问的一种。因为此类提问常常以预设的内容成立为条件，属于内容上的封闭，这一点不同于是非问句和选择问句在形式上的封闭。是非问句、选择问句和存在语用预设的特指问句三者同属封闭式提问的范畴。而开放式提问则是指那些可以自由陈述的，没有限定前提或预设的提问，譬如“说说你和他的关系”“谈谈这件事的经过”等。特指问句如果没有隐含与定罪量刑相关的前提事实，同样可以视作开放式提问，譬如“你怎么知道这件事的”，此类问题的开放度就比较大了。是非问句是要求监察对象回答“是”或“否”的问句，而选择问句是提出两种或两种以上的情况，让对方从中进行选择的疑问句。是非问句和选择问句属于形式上的封闭，因为仅仅根据问题的语法形式为是非问句或选择问句，就可以得出这是封闭式提问的结论。

b. 诱供与开放式或封闭式提问的关系

通过对开放式或封闭式提问的分类来考察监察人员诱供的语言特点，可以从中总结出几种容易产生诱供的提问形式，从而判断诱供的存在，封闭式提问较开放式提问更容易出现诱供的情况。判断问题的封闭度或开放度首先可以从形式上的封闭性入手，是非问句和选择问句就是形式上的封闭式提问。除此之外，还可以从内容上对封闭性进行判断：监察人员提问隐含的前置信息越多，则问题的封闭性越强；监察人员提问隐含的信息与定性求责或定罪量刑越相关，则问题出现诱供的可能性越大。这便是提问形式与诱供之间的一种或然性联系。监察人员采用封闭式的提问方式进行谈话更容易产生诱供，譬如监察人员封闭式提问或“要求明确具体回答的问题”更容易产生诱供的可能，因为在这种提问方式下，往往是监察人员提供一个或几个已知的答案，由监察对象选择，这种提供备选项的提问方式往往更容易发生诱供，诱供的诱导性就体现在备选项之中。而采取开放式的提问方式相对来说产生诱供的可能更小。这并不意味着封闭式提问必然会导致诱供，仅能说明监察人员的封闭式提问相对于开放式提问更容易产生诱供，因此需要监察人员在使用中格外谨慎和斟酌。另外，问题的形式或者前面的问题可能会显示出监察人员作为监察人员的这种渴望，但是监察人员应当考虑的最重要的情况是问题本身所包含的独特意思。当监察人员的问题描述了事件的详细经过之后，监察人员再问这件事是否发生了，很自然的推论就是监察人员想要得到一个肯定的答复。或者监察人员在选择性的问题中，有一个选项是具体的而另一个是含糊不清的，比如：他讲话的意思听起来像是向我要钱还是别的什么意思？这种用语表明第一个选项是希望得到的。监察人员的问题的形式并不必然代表着诱导式提问甚至诱供，因此需要综合考虑上下文、具体的语境以及监察对象的特点做出判断。下面以监察讯问实践中的案例说明封闭式提问与诱供的关系。

在监察讯问实践中，提问方式与诱供的关系可以根据下面的案例作进一步思考。有这么一份监察笔录，律师认为调查人员的提问“为什么在家里收钱”存在诱供的嫌疑，因此向法庭提出主张，要求根据非法证据排除规则，将这一谈话监察笔录作为非法证据排除。律师的这一主张恰恰与问题的封闭性有关，因为问题预设了“收”这一定罪量刑的关键信息。但是在该案中，法官最终没有采纳律师的辩护意见。由此可以看出，封闭式提问虽然容易导致诱供，但是仅仅根据存在封闭式提问就做出应当予以排除的判断是不可取的，对诱供的判断仍需回归案件本身做更细致的分析。讲述这一案例旨在说明虽然封闭式提问与诱供的关系更加密切，但监察人员的封闭式提问是否构成诱供是一个综合分析的结果。这就告诉监察人员，在调查阶段的讯问提问中，基于谈话效率的考虑可以适当运用封闭式提问，同时也需要在适用封闭式提问时更加谨慎，明确诱供与澄清事实的关系。封闭式提问往往能为律师质疑监察笔录的证据效力提供突破点，即使认定诱供需要严格的标准，动辄就认定诱供既不合理也不现实，但为了在面对律师的诱供质疑时不至于落入被动的地步，监察人员在运用封闭式提问时更加谨慎将有助于司法程序的顺利进行。

（2）发问形式与暗示性

研究发问形式与暗示性的方法就是将发问形式的语言学分类与问题的暗示性联系起来进行研究。暗示性在这里与问题的诱导性相关，是监察人员通过问题传达出的，会对监察对象的回答产生影响。监察人员的暗示性与诱供的关系体现在暗示性越强则越容易发生诱供。对发问形式和暗示性进行研究有助于监察人员把握谈话中的发问形式。具体到发问的形式与暗示性的强弱：疑问词问句经常以“什么时间”“什么地点”“有什么”进行发问；完全选言式问句经常以“是……还是其他的……”进行发问；不完全选言式问句经常以“是……还是……”进行发问；是否问句经常以“是不是”进行发问；肯定问句经常以“是……吗”进行发问；否定问句经常以“不是……吗”进行发问。根据职务犯罪调查讯问实践经验可知，对以上问题的暗示性，疑问词问句是暗示性最小的一种发问方式，因为这种提问包含无数种可能，而其他的发问方式都带有一定的暗示性，其中完全选言式问句的暗示性则又小于不完全选言式问句，是否问句和肯定问句都容易出现肯定的回答，而否定问句则容易出现否定的回答，最后一种提问则比较特殊，带有前提的提问容易受到前提正确与否的影响，如果前提错误就会导致错误的暗示。从诱供的角度出发，诱供的成立与否和暗示性的强弱有着很强的关联，因此，只要存在很强的暗示性，即使是正确的、符合真实情况的暗示，也可能会导致诱供的出现。

典型的诱供情况是指容易出现诱供的对话类型，通过对几种典型的诱供的研究，可以使监察人员更清晰地了解诱供的内涵和特征，从而避免诱供的出现。几种典型的诱供：

a. 求证式提问

求证式提问即监察人员提供自己对案件事实的了解情况，这一情况可能是已有证据支持的，也可能是仅仅通过推理得出的，监察人员在告知监察对象这些情况后，让监察对象对自己所描述的情况进行判断，即向监察对象进行求证，让监察对象判断自己所描述的情况是否属实，从而达到启发、引导监察对象的目的。求证式提问常常采用测度疑问句的形式，带有语气词“吧”或“吗”。例如：陈某要注册公司，为了帮他筹钱你就先从公司拿了350万给他，当时你还告诉财务科负责人和出纳说别告诉总公司那边，你马上就能还回来。其实你没想把钱还回去，是这样吧（吗）？答：大概是这样吧。以上面的谈话为例，在测度疑问句中，语气词“吧”和“吗”的使用效果也有细微的差异，使用语气词“吗”的提问更具开放性，而使用语气词“吧”的提问则更具断言性，更加不容置疑，也更容易让监察对象产生错觉，很容易让监察对象认为监察人员希望他按照监察人员所提供的内容叙述。这更像是一种有意的暗示。在监察讯问实践中，监察人员可能会通过提问刻意传达出一种意图诱供的讯息，监察对象往往处于相对的弱势，面对强势的调查人员，部分监察对象会产生顺从或讨好的心理，一旦他们捕捉到监察人员有意传达的诱供信息，可能会存在迎合心理，从而配合了诱供的实施。例如“是这样吧”“我说的对吧”，诸如此类的测度疑问句往往是实施诱供暗示的常见形式。

求证式提问存在着很大的诱供嫌疑，因此，谈话中应当严格限制此类容易造成诱供的提问方式，除非监察谈话策略确实需要。求证式谈话之所以更容易成为诱供，是因为在求证的过程中监察人员陈述的内容包含定性求责或定罪量刑的基本要素，譬如客观方面的行为、主观方面的违规或犯罪故意内容，表现在以上的谈话中，监察人员描述了犯罪的客观方面，即挪用国有公司的巨额款项，描述了犯罪的主观方面，即挪用的目的是非法占有，而非短期借用，挪用之后并无归还的意愿。不同的犯罪故意对应不同的罪名，如果并不想归还，则应构成贪污罪；如果挪用资金时还打算再还回来，则应构成挪用公款罪。犯罪的主观方面对定罪量刑起决定性的作用，然而本应由监察对象自己叙述关于犯罪的主观想法，却被谈话人员以求证式的方式说出，这不但不利于对监察对象定罪量刑，也比较容易存在翻供的可能。可见求证式提问更容易产生诱供的情况，因此在谈话中应当尽量避免。

b. 否定式问答

否定式问答是提问与回答的组合，提问本身可能并不存在诱供的可能，但是在对方回答之后，通过否定对方的回答，而达到诱供的目的。否定式问答的特点不在于监察人员提问本身而在于对监察对象答案的否定，监察人员常常否定监察对象之前的论述，通过对监察对象回答的否定，引导监察对象按照自己所预设的思路进行回答。此类提问常常是通过否定监察对象的供述，并步步引导，从而达到诱供的目的。下面就是一段典型的否定式提问：

问：某某家有几个房间？

答：不知道。

问：你很清楚，有两间。

答：是，是的，有两间。

问：那么，客厅里的沙发在什么地方？

答：不知道。

问：你明知是右边。

答：是的，是……

在以上的谈话中，监察人员的提问本身并没有欠妥之处，而对监察对象回答的否定则起到了很强的诱导效果。在监察谈话过程中，监察人员不应对监察对象的回答做出正确与否的判断，结合监察人员的特殊地位和话语力量，这样的否定是一种强有力的引导和暗示。在下面的案件中，监察对象在谈话过程中很配合，完全按照监察人员的提问进行了回答，并且其回答正是监察人员所希望的，但是法庭判决之后，该监察对象上诉时却完全不承认自己之前所说的一切。下面是谈话时的情况：

问：你给某某送了多少钱？

答：上百万吧。

问：你肯定说错了，你只给了他三十万。

答：是的，是这样。

以上的这一组否定式问答就造就了案件的错误，可见诱供是导致错案的重要原因。而此类案件之所以发生诱供，就因为监察对象所持的复杂心理。出于各种原因，监察对象可能会做出与事实不相符的陈述。这些原因可能有如下几种：监察对象希望表现良好能够获得从轻判决而无原则地附和监察人员，害怕刑讯逼供或畏于监察人员的权威。这些都可能导致错案和其后的翻供的发生。否定式问答可以有许多表现形式，可以仅仅表示否定，也可以在否定的同时提供答案引导监察对象的回答。

3. 法制教育与诱供的辨析

有观点认为监察人员会利用某些事例引导监察对象顺着自己的意图供述问题，如找些犯罪分子自首事例来教导监察对象承认违纪违法犯罪事实，这也是诱供的一种形式。可是很多情况下合法的法制教育也常常利用事例来教导监察对象承认违纪违法犯罪事实，那么在这种情况下就有必要将法制教育和诱供有所区分。找一些自首事例进行法制教育和诱供是存在明显区别的，应当将法制教育和诱供进行明确区分，二者混淆将不利于法制教育的开展。法制教育是指在谈话环节，监察人员注意发现并研究清楚监察对象的思想状态，逐步掌握监察对象的思想活动，有针对性地进行思想教育或法制教育并指明出路，同时遇到有监察对象顽固地抗拒讯问或处于犹豫不决的情况时可以适时提出证据以促其领责认罪，此时监察人员所提供的证据必须绝对可靠。法制教育的关键和核心在于从纪法角度向对方说明利害关系，从而让监察对象坦白交代事实真相，在很多时候说明利害关系需要提供一些证据，以促使监察对象认识到自己所处的情况已无法再继续隐瞒，或继续隐瞒已于己不利。在这种情况下，监察人员在讯问开始时只能提供总体的判断，不能提供证据的细节。

（1）前提蕴含的判断方法

诱供的具体表现为：监察人员把自己对案情的某些推想和假设强加于监察

对象，让监察对象依此交代；监察人员在讯问监察对象时，提出几种可能情况，以引导监察对象按照自己的推断去交代问题；监察人员在谈话时，极力否定监察对象所交代的问题，而必须承认自己推断的事实。这些具体行为如何与诱导性提问、唤醒式提问进行有效的区分，是区分合法的谈话技巧与诱供的一个必要问题。

在下面两组谈话中，为了最大可能地谈出案件事实，监察人员都透露了已掌握的信息，但是二者并不都是诱供。案件事实为赵某贪污后改名换姓为王某并逃逸多年，调查人员了解到此人可能是多年前的赵某，为了让其如实供述案情，在第一次调查中分别采取以下的讯问方式：

谈话一：

问：你不姓赵以后和以前的亲戚还有联系吗？

谈话二：

问：你作案后将姓名从赵某改为王某是否属实？

两种谈话的提问方式都是为了让其供述多年前从赵某改名为王某的事实，但是前一种提问方式将改名的事实作为前提，着重发问的是另一问题，而后一种着重发问的是改名的事实。前一种方式并非诱供，因为将真实意图隐藏为前提命题进行发问，可以通过观察监察对象是否顺利地接收问题并作答，判断前提命题在监察对象意识中的真假。如果前提为假，回答者第一反应便是觉得问题无从回答，如果王某并不是贪污并改名的赵某，面对谈话一的问题，他第一反应应该是很奇怪，无从回答。但是如果他正是当年贪污并改名的赵某，面对第一个问题，他的反应之一便是会很自然地关注问题本身，即很自然地关注是否和以前的熟人联系这一问题，而不会感到前提本身存在问题，因为对他来说，前提正是真实的事实。而后一问题在特定情况下就更容易被指责为诱供，无论问题本身所描述的情况是否查证属实，作案与改名这两项关键信息的透漏很容易将谈话引向诱供的境地。

根据以上分析，我们发现，是否透露一定的信息并不是判断构成诱供还是监察谈话技巧的唯一标准或核心标准。监察人员可以通过考察信息透露的原因是否是通过前提蕴含的隐藏方式对谈话技巧进行判断，从而明确哪一种提问虽然透露了一定信息但并不是诱供而是合法的谈话技巧。因为前提蕴含在信息的透露上更隐蔽，同时为监察对象的回答提供了更多的选择，其信息的透露并没有诱导回答，而是让监察对象通过对前提的判断自然做出了正确的回答。采取前提蕴含的方式提问不仅是一种谈话的策略，同时能够更好地避免诱供的嫌疑。这里采取“前提蕴含”这一概念，旨在借助蕴含的逻辑模式判断前提的运用是否恰当，如果不能够满足蕴含的要求，就很可能因为信息的透露而存在诱供的可能，因为如前所述，透露越多与定性求责或定罪量刑相关的信息可能越容易造成诱供。

（2）诱供存在的特殊语境

监察谈话技巧在日常会话中是一种可以利用的有效方式，但是诱供却往往很难应用于日常会话之中，原因在于日常会话的语境同谈话的语境大不相同，谈话中的监察人员往往处于强势地位、拥有特殊身份，且所处的地点共同造就了监察谈话中的语境势必与日常会话不同，其中威胁性、压迫性、侵犯性、主动性是留置中的讯问的语境特点，不得不承认的是只要公权力和个人在谈话的语境下交会，威胁性、压迫性、侵犯性就必然是监察谈话天然的特性，也是监察谈话必然存在的语境。

在这种情况下，将诱供与刑讯逼供等其他非法谈话方式紧密地连接在一起，这一说法的适用性究竟如何暂且不论，但一般认为诱供无法独立于刑讯而单独存在，这在某种程度上也是对诱供存在的特殊语境的思考，这一语境仍然是前面所述的存在一定的压迫性、威胁性和侵犯性的，无论事实上是伴随着刑讯逼供还是仅仅是气氛上的紧张或乃至被谈话者臆造的刑讯氛围，无论是什么原因导致的这一语境特点都会使诱供这种难以在日常会话中成功的会话方式在谈话中发挥作用。这也进一步解答了许多人对诱供在语言上的疑惑，认为诱供的语言研究将对谈话过多、过紧的束缚，之所以有这样的看法是因为其忽视了谈话的特殊语言环境和彼此之间强弱不同的语言态势，在一方明显强势的语境中，看似引导性不强的问题也容易走向诱供的结果，这是对诱供语言进行考察时所必须明确的。

（3）监察笔录制作制度的创新与完善

首先，纪检监察机关内部可以出台统一的谈话用语规范，以防范非法谈话的发生。我国监察机关可以与检察机关、审判机关就讯问时的规范用语和方式联合发文为讯问提供规范指引，同时还可以与法院共同推出一系列具有指导意义的典型案例用以指导调查人员办案。这其中尤其应当注重对非法谈话与合法谈话策略之间划分标准的确立，对诱供等非法谈话方式的考察在事实上严格了谈话人员的调查过程，为了避免对谈话的过分束缚，在禁止诱供的同时应当确立对合法谈话策略的肯定态度，只有这样才能在真正保障监察对象权利的同时，不违背司法效率和司法公正的追求。这是从制度角度规范谈话工作的一个值得探讨的尝试，而这一制度的真正确立就有待于对谈话语言合法与非法的判断进行研究。其次，可利用同步录音录像等科技手段，保存非法谈话的相关证据，为确立诱供的非法证据排除规则创造条件。最后，《监察法》视听录像制度的广泛应用将为确立诱供下的非法证据排除规则提供可能，因为将诱供纳入非法证据排除规则的障碍之一正是诱供行为的证据获取，视听录像制度的施行解决了诱供中的证据获取问题，从而使对诱供与否的判断成为诱供适用非法证据排除规则的关键所在。一旦解决了对诱供与否的判断，配合视听录像制度留存的谈话音像材料，就可以真正将诱供获取的监察笔录证据排除在法庭之外，为非法证据排除规则提供新的适用领域，从制度设计方面为刑事诉讼的实体价值保驾护航。

（4）对诱供的语言特点的研究意义

监察讯问实践常常将刑讯逼供行为视为高压线和违法的准界限，在监察讯问实践中，目前也仅仅存在对刑讯逼供获取的非法证据的排除，而未见有对诱供等非法证据的排除。究其原因，最根本的正是对诱供的判断仍存在疑虑，从语言学角度对诱供的认识正是基于此而做出的。

在法律上做出对非法谈话的语言特点的判断将对案件的审判产生直接的影响。对非法谈话与合法的谈话策略往往很难寻找到一条清晰的界限，但有一些标准是可以遵循的，正如上文所言，区分开放式、封闭式的谈话方式与诱供之间的关系是可行的，辨别求证式谈话和否定式问答也将有助于敏锐地发现谈话中的诱供倾向，寻找提问的语言形式与暗示性的关系同样有助于对诱供的诱导性进行判断。诸如此类的标准是可行的和可循的，但是在以往的研究中这些内容往往更多地和谈话技巧联系在一起，没有同监察笔录的证据能力相结合。事实上，诱供等非法谈话最直接的后果就是作为证据的监察笔录其证据效力将出现问题，诱供和监察笔录的最直接联系也就体现在对监察笔录证据效力的重大影响上。这也正是为何对诱供语言特点的研究应当同监察笔录的证据能力相结合。

作为职务犯罪调查人员，在对监察对象进行讯问时，首先必须明确合法的谈话策略与非法的诱供之间的区别，只有这样才能在保证谈话效率的基础上查清事实，保障监察程序公正有效的进行，真正实现监察程序中效率价值与公正价值的并举。在提倡依法治国、保障人权的现代中国，如果轻视程序，为查明案件“实情”而听任不合法的证据流入司法程序，司法的权威会被大大削弱，实体的正义也将无法保障。据此，很有必要对诱供的语言形式进行研究，为诱供的非法证据排除提供理论上的基础，为监察讯问实践中这一规则的适用提供指导，同时更长远地促进我国监察程序的有序进行，为更加注重保障人权、更加注重监察讯问程序的合法与规范化做出贡献。

三、 从形式制作角度考察监察笔录的证据效力

（一）监察笔录制作的内涵

监察笔录制作即形成监察笔录的过程与方式，具体包括将监察笔录从口头形式转化成书面形式的过程与结果、监察笔录呈现的方式、监察笔录记录语言的运用等一系列与监察笔录制作相关的内容。监察笔录制作与诱供对监察笔录证据效力的影响可以说是从形式与内容角度对监察笔录证据能力和证据效力的不同影响：诱供本身可能体现在监察笔录中，也可能不体现在监察笔录中。但是诱供之所以影响监察笔录的证据能力，归根结底是由于诱供的存在使得监察笔录记录的内容可能并非出自监察对象真实的意思，这就是为什么诱供是从内容角度对证据能力的影响。而监察笔录制作更多是从形式角度对监察笔录证据效力的影响，在监察笔录制作中即使内容出自监察对象的真实意思，但是由于记录和制作过程不尽规范使得监察笔录在准确性、全面性上产生问题，另外监察笔录制作中的内容失真也常常是由于制作的过程和方式存在问题而导致，所以说监察笔录制作的不规范很可能是从形式上对监察笔录作为语言证据的证据效力产生影响。

需要说明的是，此处的监察笔录制作应当与法律规定的监察笔录制作程序有所区分。根据《监察法》和《刑事诉讼法》的相关规定，监察讯问笔录应当交监察对象核对，对于没有阅读能力的，应当向他宣读，如果记载有遗漏或者差错，监察对象可以提出补充或者改正意见，监察对象认为监察笔录没有错误后，应当签名或者盖章，监察人员也应当在监察笔录上签名，监察对象请求自行书写供述的，应当准许，必要的时候，监察人员也可以要监察对象亲笔书写供词。

对已有法律做出规定的，违反相关规定的当然影响其证据效力，这是毋庸置疑的。因此，在此所述的可能影响监察笔录证据能力的监察笔录制作是指除法律已有规定的，监察笔录制作中的其他可能影响监察笔录证据能力的制作方式或方法。

（二）语体转换与证据能力

1. 监察笔录的语体特征

监察笔录制作中的一个主要内容就是将口语变成书面语言并展现于监察笔录之中。区分口语和书面语的标准是考察语体的特点。所谓口语即口头语言，是作为交际工具首先体现在听和说的语言行为之中的谈话体，而书面语言则是需要笔之于书的文章体，但必要时口语可由文字记录，书面语也可口头表达。监察笔录制作的目标应当是完全真实地记录口语。监察笔录制作的过程是将口语转化成书面记载的形式。各类监察笔录都是如实记录监察讯问活动的法律文书，由于它们是在职务犯罪案件调查阶段与口语同步生成的，所以在各类监察笔录的制作过程中，发生了口语和书面记录语言之间的转换，即便没有发生语体的根本转化，在有限的办案时间中，监察讯问也不可能一字一句地记录下监察对象的每一句话。因此，监察人员有必要在记录过程中进行适当的省略、加工和注释，在不影响原意的情况下对口语进行必要的加工。这一过程使得监察笔录中的内容又不完全是口语，而是为了适应书面记录而经过一定加工，融入监察人员自身理解、受监察人员个人因素影响的且有别于最初口语的书面承载的口语。这即是交叉语体的特点，虽然仍是口语的语体，却具备部分书面语的特征。

2. 过分转写对监察笔录证据能力的影响

语体和证据能力的关联在于是否有监察人员过度转写的情况存在，完全口语形式的监察笔录必然符合真实性的要求，但是由于种种原因，一字一句地记录在办案中仍无法实现，又由于监察人员个人因素的介入，所以监察笔录可能是口语和书面语的结合。但是这种结合应当以口语为主导，交叉语体的监察笔录一旦变成书面语，监察笔录的真实性就可能受到质疑。作为“谈话体”的口语具有自发性和随意性的特点，书面语则更慎重，风格庄重，创作过程仔细认真，要经过监察人员一定的思考和斟酌。一旦口语经过监察笔录制作变成了趋向于书面语的语体，那么我们就需要思考其中的原因，这可能是由于监察人员在监察笔录制作中加入了过多的自我理解和加工，使其过分省略或简洁，也可能是监察人员出于办案目的依照自身所希望的内容进行理解和记录。在这种情况下，本应是交叉语体的监察笔录却出现了书面语，这意味着人为加工的痕迹过多。由于非本人亲述，监察人员的扭曲或加工正是学界对传闻证据持否定态度的原因所在，而监察笔录一旦出现了书面语，无疑会使法庭对监察笔录的真实性产生疑惑，从而对监察笔录的证据能力产生影响。

可以总结这样一条规律：在监察人员转写过程中，出于真实性考虑，监察笔录记录应尽量避免书面语的使用，因为过多的书面语往往意味着监察人员可能进行了太多的转写。在监察对象没有使用书面语的情况下，应当禁止监察人员使用法言法语式的法律书面语，因为对此类书面语的使用很可能会被认为是监察人员对案件的预先判断在监察笔录中的体现，从而影响检察人员和法官对该份监察笔录的好感。此类书面语的范畴以相关的法律词典为标准。除法律书面语之外的书面语，则可以根据监察人员对案件的了解，结合具体情况，进行适当的转写。

3. 如实记录对监察笔录证据能力的影响

以上的例子表明监察人员在记录中应当尽可能记录原话、原意，这一点对调查阶段的监察笔录制作尤为重要，在审查起诉阶段由于公诉人对案件的掌握已经比较深入，因此其记录可以更加省略、简洁、准确，但是无论处于刑事诉讼的哪个阶段，从监察笔录制作角度保证监察笔录证据能力的基本原则仍然是尽可能记录原话、原意。越接近口语的监察笔录内容，法官就越可能对该监察笔录产生更多的真实感并赋予其更高的可信度。但是，也有例外的情况存在，如在某一起受贿案件的调查谈话中，监察对象的回答为“好像是收了（贿赂）”。由于监察对象在讯问时多次使用“好像”，该份监察笔录在之后的庭审中便由于这几句话的如实记录而受到了证据能力方面的质疑。法官认为“好像”作为模棱两可的词语，可以表示收了，也可以表示没收，因此该份证言证明监察对象收受贿赂的证据能力受到了质疑。当然在该案例中，最终公诉人提交了其他监察笔录或证据证明监察对象确实收受了贿赂，从而没有影响到该案的定罪量刑。法官对该份监察笔录的质疑值得思考，如前所述，监察笔录制作应当尽可能如实记录，忠实原意。但是也存在一些例外，譬如上面的例子，忠实于原意原话的记录反而成为监察笔录证据能力的软肋，受到法官的质疑。由于监察对象在日常生活中或被讯问过程中采取保守作答的习惯或态度，因此喜欢使用“好像”“大概”“可能”等词语，在上述语境中，这些词语的使用并不表达怀疑或不确定的语气，而是出于保守回答的考虑，甚至是基于说话习惯而加的修饰。明确了这一点，记录人员应当根据监察对象的说话特点等具体情况对这类词语多加甄别，保持必要的敏感性。遇到这种情况时，监察人员应当及时就该回答再次发问，获取明确的回答后再行记录。

（三）语言转换与证据能力

在语体转换的基础上，监察笔录制作还涉及更细致的问题，即语词转换的问题。具体包括场景语言的转换、社会方言和地区方言的转换、犯罪隐语的转换、复杂口语向精炼浓缩口语的转换、不规范语言向规范语言的转换等。语言转换与证据能力之间的关联性体现在不规范的语言转换会导致监察笔录的失真，或是由于作为记录者的监察人员刻意为之，或是由于监察人员粗心大意，或是监察人员缺乏记录技巧。无论是何种原因，由此导致的监察笔录失真可能会影响对案件事实的客观描述，这些都将影响监察笔录的真实性和全面性，从而影响监察笔录的证据能力。下面分别以不规范语言的转换、场景语言的转换为切入点，说明语词转换与监察笔录证据能力之间的关联。

1. 不规范语言的转换

所谓不规范语言向规范语言转换主要指监察人员对歧义语言、病语病句的转换。监察人员对歧义语言的转换和对病语病句的转换与证据能力之间有着不同的相关性。从证据能力的角度看，监察人员对病句的转换归根结底是为了避免歧义，增强监察笔录的准确性。

（1）对病句的转换

监察人员对病语病句的转换相对较少涉及对原意的损害问题，因为监察人员对病语病句的转换仅仅是将错误的用词改为正确的，一般不存在有两种含义或理解的可能。因此，监察人员在监察笔录制作中对病语病句的转换一般情况下并不会影响监察笔录的证据能力。但是也存在特例，多层定语语序不当的病句往往会造成理解的困难或多种可能的解释，其最终也会导致歧义。例如下面的句子就是由于多层定语语序不当而导致了理解上的困难：

病句一：总经理赵某、副总经理李某和其他公司负责人都知道我们做的这些事。

病句二：我们几个单位的财务人员都是这么做账的。

病句三：心里一直感激的老王的儿子，早就想找机会报答了。

以上三句话由于多层定语语序不当导致理解上存在困难：病句一中“其他公司负责人”可能指其他公司的负责人，也可能指本公司的其他负责人；病句二中“几个单位的财务人员”可能指多个单位的财务人员，也可能指一个单位中的多位财务人员；病句三中“心里一直感激的老王的儿子”可能指老王，也可能指老王的儿子。三句中病句处的信息都是对定责处罚或定罪量刑起到关键作用的信息，因此需要监察人员在语言转换中注意对此类病句的处理，不要轻易自行转换，而应采取再次询问的方式以确定其真实含义。

（2）歧义的转换

对歧义语的转换分为两种情况，一种是假性歧义句，即根据上下文能明显知晓歧义句的含义的，例如在一起受贿案中，监察对象在讯问中有这样一句话“我才收了他十万元”，这句话从字面意义上有两种意思：一种是监察对象仅仅收了他十万元而已，表示给得还不够多，另一种意思是行贿人因为某种原因给了监察对象十万元，在监察笔录中我们通过上下文理解，看到这句话前面的一句话是：“正是因为我承诺他事一定能办成”，这句话后面的“他才给了我十万元”只能是表达第二种意思了。对此类歧义句采取直接转换即可，这并不会影响监察笔录的真实性或可靠性。

但是，有些歧义是根据上下文仍然无法推知其真实含义的，在这种情况下，监察人员应当再次讯问监察对象真实的含义后再行记录。从语词的角度，监察对象在接受讯问时供述的具体词语可能在犯罪构成的角度代表多种可能，因此，此类歧义在记录中应当具体讯问监察对象的真实含义后再行记录。

2. 场景语言的转换

场景语言指讯问中除文字语言之外的其他语言。场景语言的转换是监察人员为了能更真实地记录监察笔录过程中的一切信息，将非语言的与讯问密切关联的场景转换为监察笔录语言，这其中包括对肢体语言的记录和对隐藏信息的记录。肢体语言是指人际沟通中的表情、姿态、动作等非符号的无声信息。场景语言的转换与以上几种语词转换的区别在于它的存在对监察笔录的准确性和全面性是正向的效果，存在越多的场景转换，监察笔录的准确性和全面性就会越高。在监察对象当庭受审的情况下，法官接收到的讯息不仅仅是监察对象的言语内容，更多的是监察对象在供述时的表情、动作、神态等身体态势语的表达。

因此，为了能够更真实地再现监察笔录中的情景，身体态势语的记录是监察笔录记录中不可或缺的。

实践中，在肢体语言记录的取舍上，可以通过建立相关规范，对表达某种固定情绪的态势语做出应当记录或选择记录的规范要求，例如对沉默不语、大哭做必须记录的要求等，而对其他隐藏信息的记录范围则比较宽泛，包括监察人员对监察对象的法制教育环节的简要记录，也包括监察对象对出示辨认或签字的文件名称的记录等，对监察对象辨认或签字的文件名称的记录是十分必要的，否则记录的内容仅仅是监察对象辨认了或签字了，但是搞不清楚具体辨认或签字的是哪一份文件，则会导致该段监察笔录在法庭调查中出现漏洞。

四、孪生监察笔录与证据能力

1. 关于孪生监察笔录

所谓孪生监察笔录是指同一监察对象前后所作的数次供述一字不差，甚至连标点符号都一模一样。孪生监察笔录是目前职务犯罪讯问实践中出现的一种监察笔录制作方式，由于讯问是多次进行的，其后的讯问与之前某次讯问的内容基本相同或相似，于是将前一次基本相同的监察笔录内容通过复制的方式形成本次的监察笔录，由此形成的监察笔录即为孪生监察笔录。

孪生监察笔录的出现是伴随着电子监察笔录的出现而出现的，随着监察笔录记录技术的发展，监察笔录不再以传统的纸质形式呈现，而是更多以电子的形式存储于电脑中，孪生监察笔录也是基于电子监察笔录的普及而出现的。

孪生监察笔录显然不是一种规范的监察笔录制作方式，因为每一次的讯问都应当制作监察笔录，通过复制前次监察笔录的方式代替监察笔录制作是不可取的。虽然在案件事实清楚、证据充分、各证据链条相互印证，同时可以排除合理怀疑的情况下，孪生监察笔录的证据能力并不会受到影响。但是，孪生监察笔录毕竟是一种不规范的监察笔录制作方式，从监察笔录制作的角度应当避免孪生监察笔录的出现，从证据能力的角度，孪生监察笔录的制作方式在一些特定情况下，可能会影响到重要证据的认定和采信，进而影响到监察笔录的证据能力。

2. 孪生监察笔录与重复言词证据

所谓重复言词证据意指对监察对象初次供述涉嫌采用刑讯逼供等非法手段获取后，又在合法的讯问程序下，监察对象再次做出的若干相同或相似的供述和陈述。重复言词证据和孪生监察笔录并不是相同的概念。二者的相同之处是都表示与其他监察笔录相同或相似。不同之处在于孪生监察笔录在一般情况下是复制的结果，因此孪生监察笔录必然与之前的监察笔录完全相同，而重复言词证据是在刑讯逼供情况下，与刑讯逼供获取的监察笔录相同或者相似的监察笔录。在刑讯逼供的情况下，对重复言词证据是否应当采信是目前职务犯罪调查实践中的难题所在。此时，孪生监察笔录作为重复言词证据的一种，其证据能力相较于其他重复言词证据将受到更大质疑。因为孪生监察笔录从形式上看基本与刑讯逼供获取的监察笔录内容完全一致，而其他重复言词证据仅仅是内容上的一致而非形式上的完全相同。这一点将使孪生监察笔录在非法证据排除规则下必然会与非法证据一同被排除。如果说对一般的重复言词证据是否排除还需要法庭的具体考量，那么对作为孪生监察笔录的重复言词证据肯定会被排除，不会再有考虑的余地。这是监察笔录的不规范制作方式对监察笔录证据能力的又一不利影响。

第四章
监察人员讯问方式与监察对象应讯方式

第一节　监察人员讯问方式

监察人员讯问方式是指讯问所采用的方法和样式，它不是指讯问过程本身，而是指讯问过程的形式，是解决案件具体问题的整体方案。这种方案具有不同方向的起点、方向、步骤和突破口，从中可以概括出硬讯问法、软讯问法、直接突破法、迂回包抄法、纵横阖闾法、循序渐进法、四面出击法与沟通交流法等方式。在每一种监察人员讯问方式中，还可据情细分，区分为更加具有鲜明特色的形式。例如，根据讯问起点与突破口的距离可分为中心突破法与外围突破法；根据接近案件要害的条件、途径、指向可分为正面突破法与侧面突破法；根据突破的扩散效果可分为全面突破法与局部突破法等。限于篇幅，本章仅从人权保障程度和突破路径来讨论讯问方式，从行为表现角度来探讨应讯方式及其破解。

一、硬讯问法与软讯问法

根据对监察对象人权保障的程度，讯问可分为硬讯问法与软讯问法。

1. 硬讯问法

所谓硬讯问法，是指讯问不关注监察对象的人权保障，不给予其最基本的人性尊严和辩护，也不肯定其法律主体地位，而使其成为受压迫的对象的讯问方式。具体表现为：一是监察人员对待监察对象的态度硬，没有友善的表现，更谈不上理解或同情；二是监察人员对监察对象使用的语言硬，例如使用“你以为你是个好人？贪污受贿的事情你干的还少吗？”“你要老实交代贪污受贿的违纪违法犯罪事实，不然法律饶不了你”。三是监察人员对犯罪后果的描述硬，例如使用“你现在有大麻烦啦，要被判处无期徒刑”。四是监察人员对待监察对象的方式硬，不给监察对象较好的待遇，单纯依靠精神和肉体折磨逼取口供。随着人权保护观念的深入人心，这种单纯把监察对象当作讯问客体的监察人员讯问方式已经被逐渐弃用，而代之为软讯问法。

2. 软讯问法

所谓软讯问法，就是监察人员在对监察对象心理特征和行为特点进行分析基础上，通过语言和相应的行为说服监察对象主动如实供述的讯问方式。其与硬讯问法的区别是不使用强迫的方法强逼监察对象供述，而是采用说服的方式让监察对象自愿供述。软讯问法的使用建基于对监察对象的本质分析之上。首先，监察对象是物质的人，具有物质的特征：其一表现为人的可知性，其二是人的物质变化性；其次，监察对象是生物的人，具有生命的基本功能：自我调节和选择性反应功能；再次，监察对象是思想的人，具有抽象思维能力，这种思维性表现为监察对象认识的三个关键成分：能动性、选择性和意志过程；最后，监察对象是社会的人，与他人具有关系性。下面谈谈基于监察对象本质分析的软讯问法的运用。

讯问中的说服规劝具有不同于我们通常所讲的教育劝诫的特点。这里所讲的“说服”是用理由充分的话动情晓理，使监察对象内心慑服；这里所讲的“规劝”是按照纪法的规定郑重劝告，使监察对象放弃对抗以主动坦白；这里所讲的“说服规劝”是针对监察对象的涉案心态，利用其个性心理在讯问中促进其心理过程向主动供述转化的手段，其特点不是立足于一味地强迫供述，而是糅进了监察人员的思想、谈话的策略及艺术、确定的纪法规定精神，通过影响监察对象的认知、情感、意志等心理过程，转变监察对象态度，敦促监察对象主动坦白供述。大家知道，所有的监察对象在讯问中，通常在讯问初期，总是处于主动与否和供述与否的激烈斗争中，使用证据征服法可以打碎监察对象的侥幸心理，而说服规劝则能改变监察对象逃避现实的负面心理。因为说服规劝是以建立信任为信息交流的媒介，这种信任是在心理接受说服规劝的催化剂。说服规劝法就是要在监察对象的心理信息结构中产生有助于消除对抗信念的影响力，在灌输监察对象问题严重以增加其内心焦虑的同时，运用说服规劝的技巧减少监察对象对主动供述后果的感知，从而选择主动供述以减轻焦虑，这就是说服规劝法中监察对象的心理机制。而在这种心理机制下则会产生对应的心理效应：一是产生权威效应，这是一种监察人员法定地位所具有的威严和威信作用于监察对象而产生的心理效应。一般情况下，因法律地位所产生的天然威严并不能征服监察对象，而监察人员因学识和能力等个人修养及品质所产生的人格魅力则可能打动监察对象，监察人员只有具备了优秀的人格魅力才可能对监察对象产生影响力。二是遵从效应，这是监察对象可能遵照或屈从于监察人员的一种心理反应。一般情况下有两种情况：监察对象在讯问对策的压力下，遵从于监察人员的说服规劝；监察对象面对合法讯问无力招架而屈从于监察人员。三是共同效应，这是指双方因找到了谈话交流共同点而产生心理共振现象。四是亲近效应，这是指谈话双方感情上的共鸣，一般情况下讯问双方之间会存在情感障碍，但如果监察人员使用情感接纳法效果好的话，在哀其不幸和怒其不争的状态下，恰如其分地鼓励监察对象，则可能收到这种效果。五是观众效应，指监察对象观望从众不愿承担责任的心态。总之，在讯问中，遵从与权威相近，亲近与共同相随，观众则存在于盲目的逃避中，我们要自觉地抓住这几个要素，恰当地运用它们以实现与监察对象的心理接触，创造心理攻势。说服规劝的内容一般包括法律与政策、形势与前途、伦理与家庭等话题，大家要注意一点，讯问话题的具体设置，要结合监察对象的涉案情况和心理状态临场决定，而不能将其程式化，要因应情势需要选取具体的谈话内容。

说服规劝的方式：一是论证疏导，论证的目的是指出监察对象问题的严重性，论证不能空泛，说话内容要实在，要有理有据，要有逻辑力量，要有说服力，要能赢得威信，要能产生权威效应；疏导不是固执己见，强加于人，而是要根据监察对象的思想实际因势利导，顺势疏通监察对象主动供述的障碍。二是案例示范，要择取性质相同且情节相近的正反案例作为例证，规劝监察对象要学习他人经验，吸取他人教训，鼓励监察对象走从宽之路，特别是利用案例的可比性，着重讲解因抗谈拒供而从严处理的案例和因主动供述而从宽处理的案例，以影响监察对象对供述后果的感知和预测，进而对监察对象的现实选择起示范作用；在为监察对象树立学习的榜样后，再择取与监察对象具有相同曲折认知和相近情感波动的典型案例，引导监察对象认真体味案例中的供述结局，以引起监察对象对自身状况的反思，启发监察对象通过主动供述寻求一个较好的结局。三是肯定激励，实事求是地评价监察对象的优缺点，以客观公正满足监察对象平等尊重的心理需要，博得监察对象的信任，在增强监察对象悔罪意识的同时，激发监察对象回归社会的信心，以减少监察对象对主动供述后果的不安。四是亲情规劝，动员了解监察对象生活经历、性格特点和思想状况的亲朋好友，包括认罪态度较好的特定关系人或同案犯，采取通信或视频方式，规劝监察对象主动供述，配合监察机关的工作，以达到攻心感化目的，敦促监察对象尽早产生主动供述动机。

说服规劝的一般步骤是：首先，缓解抵触，博得信任；其次，道德感化，唤醒良知；再次，把握时机，晓以利害；复次，情理交融，造成攻势；最后，指明出路，转变认识。说服规劝应注意的问题：一是要有的放矢，因人施策；二是要实事求是，注意分寸；三是要说服为本，配合用证。总之，说服规劝不是万能的，并非所有的监察对象都能被规劝成功，但离开说服规劝也是万万不能达到讯问目的的。

二、直接突破法与迂回包抄法

根据突破路径的不同，讯问可分为直接突破法与迂回包抄法。

1. 直接突破法

所谓直接突破法，是指以单刀直入形式直接追问监察对象违纪违法犯罪事实的突破方式。运用这种方式的一般步骤：首先，对监察对象进行印象判断，即根据初核掌握的监察对象履历、性格及能力情况，综合评估监察对象的监察对象应讯心理和反讯问能力。其次，接着根据监察对象职权和社会交往范围，利用调查思维预判监察对象可能存在的问题场域，并以精确语言告知监察对象，根据监察机关的调查，其有严重问题没有主动供述，向监察对象提出主动供述的明确要求。再次，针对监察对象没有问题可交代的回应，驳回监察对象的说辞，利用概括语言告知监察对象其存在哪方面的问题，警告监察对象纸里包不住火的道理，在交锋过程中，要注意打点攻击。什么是打点攻击？就是要抓住监察对象的辩白性话题或摆脱性话题，充分利用初核掌握的各种信息，在类型化后以讲案例的形式，向监察对象大讲关于案例中的违纪违法犯罪动机和反讯问动机，暗示监察对象对号入座，变相告诉监察对象别认为监察机关对你一无所知，你目前的心态我们不是不知道，逐点消除监察对象的负面想法。并根据监察对象的应讯反应，临场总结监察对象的应讯言行特点，摸清监察对象的应讯规律，临时调整或继续保持谈话风格，确定是以软碰硬，还是以硬击软，还是软硬兼施，总之要加强讯问的针对性。复次，临场研判监察对象的应讯能力，确定监察对象可能的监察对象应讯心理类型，预判监察对象的心理防御机制，即确定监察对象是属于理智型的，情绪型的，还是属于意志型的，为下一步的讯问基调打下基础。同时，根据初核及讯问中掌握的信息，分析监察对象当前的心理需要，临场把握监察对象拒供命脉。最后，根据临场确定的谈话基调，决定对监察对象采取的心理强制程度，并寻找监察对象的应讯弱点，在熟悉监察对象到案后心理变化的基础上，紧紧抓住监察对象趋利避害的心理共性，务必根据监察对象的个性特点和心理变化所处的阶段，释放不同的信息。释放什么信息？不外乎就是监察人员自己根据调查思维预判的监察对象应讯态度的思维取向和行为倾向、违规或犯罪意识和反调查意识的生成因素、反讯问动机和当前的心理需要、反讯问目的和反讯问决意的形成因素等，最好还是以案例形式讲，以间接灌输为主，以正面揭剥为辅，见招拆招，就势把脉，在品准监察对象心理的基础上，综合运用“以法条压人、以案例树人、以情理感人”的方法，推动监察对象产生主动供述的冲动，撬开监察对象的嘴巴。以上就是直接突破法的基本运用过程。这个过程，就是从“势、法、情、理、利”五方面进行说服教育的过程，具体来讲，就是以势攻心，营造强大压力，打消监察对象幻想；以法攻心，从刑罚制高点定位，促其摆正位置；以理攻心，强化其负罪心理，促其自我反思；以情攻心，消除其抵触情绪；以利攻心，鼓励其争取宽大政策。

不过在这里我们要强调几点：

第一，直接突破法的适用，建立在监察人员具有较强的调查思维能力基础上。也就是说，监察人员对职务犯罪规律和特点非常熟悉，能够依据监察对象的职权和职务范围预判出可能存在的问题区域。另外，要求监察人员要具有非常专业的讯问技术，至少要通晓职务犯罪心理学和预审学的基本知识，具有敢于正面揭剥监察对象的勇气和技巧。

第二，要正确理解讯问中的欺骗手法。欺骗一般是指虚构事实或隐瞒真相，欺骗式讯问主要是指监察人员在讯问过程中采用欺骗式方法获取口供的方式。直接突破法的适用，在很大程度上是建立于欺骗监察对象成功的基础上的。那么这种做法是否正当呢？我个人认为。欺骗式讯问既是一种讯问智慧，又是一种讯问谋略，采用欺骗式讯问是正当的。

第三，要注意“压力渐加”在讯问中的运用。

第四，要紧紧抓住并充分利用监察对象从宽期待性动机。

2. 迂回包抄法

所谓迂回包抄法，是指审案先审财和捉贼必捉赃的突破方法。在讯问的开局阶段，要把审查监察对象的全部财产（当然包括赃款赃物）作为首要任务，在查清全部资产的基础上，走出“由小到大”的习惯定式，交代问题要先大后小、以大压小，责令其根据财产状况，首先交代重大问题，在重大中又要突出交代最大的问题、顶尖问题。

为什么要把它放在讯问的开局阶段来实施呢?

第一，可以有效地避开监察对象就事论事的心理准备，出其不意。因为这是全局性、物质性、具体性的主动进攻，要高屋建瓴，宏观把握，它可以有效地避开监察对象谈点不谈局、抽象定调表态等迂回防守的心理准备。心理准备不足，就是薄弱环节，运用得好，可以一举摧毁其心理防线。要坚持把审财追赃作为谈话的“当头炮”，当成非常明确的主题，不管遇到暂时的困难、僵局还是长时间的抵抗，都要坚持充满信心地做下去，毫不动摇地挖下去，可以说，最终都能取得预期的效果。

第二，可以有效地打击监察对象避重就轻的侥幸心理，加快重大突破的实现。一般来说，大要案的突破，往往会经过由小到大、由表及里的发展过程，监察对象出于趋利避害的心理本能，在坦白交代问题时，必定会权衡再三，必定会选择时机，绝不可能在一开始就交代重大问题。你在考虑如何开局的时候，他已经在考虑后果、考虑结局，这是典型的心理矛盾冲突。作为预审员，接到任务后上手要快，突破要快，这是真本事。除了我们惯常所讲的要有过硬的心理素质、丰富灵活的讯问策略等必备条件外，讯问布局至关重要。如果只是一般地当作赃款赃物对待，在案中或案尾去做、去追，而把让其交代问题贯穿始终、全力以赴，其间不知磨了多少嘴皮，想了多少办法，费了多少时间，激战了多少回合，就算案子最终谈下来了，但是讯问的周期相当漫长，十分艰苦，特别是重大问题。

第三，可以清晰地预测案件的调查前景。及早问清监察对象的财产，追缴赃款赃物，就可以清楚地确定案件的大小、发展的方向，做到心中有数，合理地安排调查布局，积极地投入指挥精力和办案力量。在我们过去的某些案件中，之所以出现办不透甚至大案变小的问题，在很大程度上是由于没有查清财产底数，没有拿到全部的赃款赃物。还有许多案件仅仅就事论事，在调查阶段就将初核获取的证据做了证据转换，导致再也没有信心和办法扩大战果，也是基于这方面的原因。

第二节 监察对象应讯方式

除极少数监察对象的应讯作为外，应讯行为实际上是反讯问行为。在讯问实践中，监察对象有意识、有目的地实施反讯问行为是普遍现象。因为讯问结果直接关乎监察对象的前途命运，监察对象为了逃避纪法责任或减轻罪责，自然而然地以各种手段抗拒讯问，其行为一般表现为：拒供、少供、谎供、翻供、串供、避供。

一、拒供的行为表现及应对

1. 沉默

经验丰富的调查员基本都经历过这样的事情：在讯问中，尤其是在讯问的初始阶段，当与监察对象谈及无关案情的话题时，监察对象一般都能作答，甚至侃侃而谈，但当监察人员转变话题，触及监察对象自身存在的问题时，监察对象会立马表现出不耐烦或极度冷漠，三缄其口，守口如瓶，不管监察人员怎么引导或劝说均无济于事。有的监察对象甚至在整个讯问过程中都持这个态度。

这是监察对象在以守为攻，其心理机制是：从自己的社会阅历及处事经验出发，认为只要不开口供述，监察机关就拿自己没办法。这是一种典型的畏罪、侥幸、自信和抵触相结合的混合心理机制。

产生这种心理的原因不外乎有两条：一是初核事实不存在，当监察人员充满自信地抛出证据时，监察对象会感到无辜，进而产生委屈和抵触情绪，在行动上表现为消极应对，那就是沉默不语，实施无言的反抗，这是监察对象自认为最妥当、最强烈的反抗方式，所持的心态就是反正你也没掌握我什么问题，你愿意怎么折腾就怎么折腾，我就是不理你，看你怎么着；二是初核事实存在，监察对象想抵赖不承认，甚至还有继续隐瞒其他违纪违法犯罪事实的强烈愿望，但面对讯问攻势又无可奈何，只能本能地抵触应对，表现在行动上就是沉默不语，以静制动，此时监察对象可能有两种心态，衡量是否供述初核事实以及试探摸底纪检监察机关到底掌握他多少问题和证据，权衡是否配合、思考应对之策。

因此，此时的沉默并不是说监察对象真的无动于衷，而是表面静默，内心涌动，在权衡利弊的同时还在伺机反攻，监察人员不能对此掉以轻心。

应对方式有两种：一是以动制静，二是以静制静。所谓以动制静，是指监察人员为打破静默主动发起言语攻势，引导监察对象开口讲话并进行交流，在此基础上实施教育规劝，帮助监察对象产生主动供述的动机。这种引导并非央求监察对象开口讲话，一般情况下又区分为软硬两种方式，软的方式是可以先抛出与案件无关的话题，勾起监察对象的谈话兴趣，采用自由漫谈式交流，启发监察对象不要固执己见，也可以采用硬的方式，不管监察对象是否情愿，先对监察对象进行法律政策、形势前途教育，直击监察对象心坎，迫使监察对象改变应讯态度，先开口讲话并直面讯问压力，再经过反复拉锯交锋，最终制服监察对象，促使其主动供述。所谓以静制静，是指监察人员在营造严肃气氛的前提下，正面指出监察对象做法错误并告诫其在耽误自己争取主动的时间后，故意冷落监察对象，让监察对象自己反省，以冷场方式加剧监察对象的焦虑感，迫使监察对象为解脱内心的不安感觉而主动进行交流，在达到让监察对象开口讲话目的后再因势施策，说服规劝监察对象主动供述。

2. 对抗

如果说沉默并不代表监察对象真正下定决心硬抗，而对抗则是监察对象最高强度的不合作。当监察人员抛出证据讯问初核事实时，选择对抗的监察对象会仅从表面回应，对被讯问的问题或答非所问，或回避案件实际内容，或干脆直接拒绝回答，表现为简单否认、粗暴否认、百般推诿、狡辩喊冤、甚至公然顶撞等；当监察人员要求其主动供述其他问题时，选择对抗的监察对象会坚决否认存在任何违纪违法犯罪事实，或伺机反攻、质问监察人员为什么故意办错案，或公然向监察人员索要证据，或扬言准备控告办案人员等。这些都是监察对象对抗的直接表现。

这是监察对象在以攻为守，其心理机制是：以傲慢故意为自己强撑门面，以掩饰内心的恐惧；或以故意展示勇气的方式，试图制造假象，目的是企图让监察人员相信他是无罪的；或以肆意顶撞的方式，故意激怒监察人员，目的是转移自己难以接受的讯问方向，拖延讯问进程，以换取思考对策的宝贵时间；或诱使监察人员冲动行事，暴露讯问底数，以试探监察人员究竟掌握他多少违纪违法犯罪事实和证据；或以恐吓方式吓唬监察人员，这既是为了强化自己的虚弱心理，又是为了更大的侥幸，企图等待外界的解救等。

实质的应对方式有三种：一是动机纠正，二是心理治疗，三是行为整治。所谓动机纠正，是指彻底纠正监察对象抗谈拒供的不良动机，从原点上根本解决监察对象的行事初衷。所谓心理治疗，是指疏导监察对象躁动的情绪，使监察对象的心理由绝对动态扭转为相对静态，敦促监察对象冷静从事。所谓行为整治，是指规制监察对象的不当言行，对监察对象进行言行纠偏。

形式的应对方式也有三种：一是先声夺人，占领讯问的道德制高点；二是软硬结合，综合规制言行；三是剿抚并用，切入正题。

二、少供的行为表现及应对

少供是指监察对象避重就轻地供认部分违纪违法犯罪事实，而隐瞒、保留更加重大的违纪违法犯罪事实。

1. 供轻不供重

监察对象伪装悔过悔罪而主动供述一些真实但轻微的违纪违法犯罪事实，真正目的是掩盖更为严重的违纪违法犯罪事实，企图以表示改过悔错或认罪态度良好的假象，骗取监察人员的信任。

2. 供远不供近

只供述已过追溯时效的问题，或只供述时间久远的问题，或只供述发生于外地的问题，而不供述近期的、在本地实施的违纪违法犯罪事实，试图逃避惩处。

3. 供现行不供前科

只供述自认为监察机关已经掌握的违纪违法犯罪事实，而不供述从前已实施的违纪违法犯罪行为。

4. 供事不供赃

监察对象只供述违纪违法犯罪事实，却不供述赃款赃物和其他重要违纪违法犯罪证据的去向或下落，故意使依据所供述事实无法定案。

这是监察对象以攻为守的通行做法，其心理机制是：畏责和侥幸。

应对之策：一是动机纠正，二是心理治疗，三是行为整治。

三、谎供的行为表现及应对

谎供是指监察对象在讯问中编造谎言，故意做出与违纪违法犯罪事实不一致的供述。当拒供、少供不足以掩盖违纪违法犯罪行为时，有些监察对象通常会采取这种办法来骗取监察人员的信任。

1. 否认作案事实

这是由以沉默来拒供的心理发展而来的反讯问行为。当监察对象认为简单以沉默方式不足以证明其清白和无辜时，就转而采取捏造事实或编织谎言的方式来证明自己没有任何违纪违法犯罪事实。

2. 缩小违纪违法犯罪事实

这种反讯问行为与少供具有相似之处，不同之处是这种行为是通过编造事实的方式来实现的，监察对象通过在某些具体的违纪违法犯罪情节上作假，试图实现歪曲事实真相以减轻罪责的目的。例如，明明收受100万元贿赂，却坚称只收了50万元。

3. 夸大违纪违法犯罪事实及揽过揽罪

违纪违法和职务犯罪案件多具有窝案、串案特点，案发后往往有数个监察对象需要追究纪法责任或刑事责任，其中监察对象之间多具有上下级关系，作为上级的监察对象经常指定下属为其分担罪责，以减轻或被免于追究其罪责；作为下级的监察对象为了保证既得利益或出于某种特殊意图，有时候也会主动承担大部分甚至全部罪责，做出谎供行为以扩大其实际实施的或根本不是其实施的违纪违法犯罪行为，故意加重自己的罪责。例如，某私营建筑公司送给某国有单位工程管理部部长50万元，让其与该单位经理平分，两人平分后订立攻守同盟，如果案发，让该部长一人顶罪，数月后案发，该部长按照攻守同盟约定坚称50万元被其自己占有，没有分给经理一分钱。

谎供是监察对象心理防御机制的组成部分，其心理机制是：有的是为了达到欺骗目的，故意制造积极供述的假象以蒙蔽监察人员；有的是为了避免自己与监察人员之间的关系陷入明显对立而谎供，目的是保护自己免受监察人员的全部否定；有的是为了获得订立攻守同盟的利益或为了实现他人利益而谎供，这是以说谎为手段达到欺骗目的。

应对之策：直觉捕捉法；观察显疑法；刺激观察法；全息审查偏离法。

四、翻供的行为表现及应对

反讯问行为意义上的翻供是指那些推翻先前真实的有过或有罪供述转而重新供述无过无罪或错小罪轻的违纪违法犯罪事实的行为。

这是监察对象以攻为守的典型行为，心理机制是：自由的丧失、环境的刺激和罪责的压力容易使监察对象心绪紊乱，形成复杂的心理现象，特别是在讯问阶段，这种心理现象更加复杂和激化。由于害怕违纪违法犯罪行为败露受到惩处而身败名裂，或由于害怕连累同案犯、亲朋好友而出现逃避心态，导致监察对象在供述中避重就轻式地交代问题后，会非常自然地感受到这是决定自己前途命运的关键时刻，会在巨大的心理压力下不自觉或自觉地为逃避或减轻处罚而推翻原供。还有的监察对象，当适应被留置的环境后，对讯问有了一定的应对经验，或者经过串供打听了案情，在侥幸心理驱使下而翻供，开始把有错或有罪翻成无错或无罪、把重错或重罪翻成轻错或轻罪。除了上述内在原因外，还由于出现刑讯逼供、诱供、指供、家属通风报信、律师违规介入调查等外在原因，致使监察对象翻供。

应对之策：一是审查翻供内容，主要审查翻供内容是否有理有据、有情可查，特别是在监察对象指出具体的或可查证的人或事时，一定要注意甄别真伪，这对于鉴别翻供至关重要。二是注意审查判断监察人员讯问方式的合法性，一定要查清是否存在刑讯逼供和诱供的情况。三是判断监察对象翻供的逻辑证明力，如果监察对象供述了只有特定人才可能知晓的事实或情节则不可信。

五、串供的行为表现及应对

违纪违法和职务犯罪大多是共同犯，各监察对象基于对共同利益的追求，彼此之间经常进行串供来共同隐瞒案情。这种串供行为不仅可能发生在讯问之前，也经常发生在讯问期间，监察对象会利用各种便利条件逃避监听，互通案情，共同商议反讯问策略。

这也是监察对象典型的进攻性反讯问行为，其心理机制是：侥幸和自信。

应对之策：一是从共同犯罪的监察对象之间的相互关系入手，通过比较分析监察对象的陈述内容判断是否存在串供；二是抓住矛盾、揭露串供，先不急于制止监察对象按照串供进行的虚假供述，而是采取欲擒故纵的方式，耐心听其讲完，然后利用其陈述中暴露出的细节矛盾，进行逻辑严密的发问，使监察对象陷入不能自圆其说的被动中，从而揭穿其串供伎俩，迫使其如实供述；三是利用矛盾、各个击破、瓦解串供，充分利用监察对象之间的矛盾心理，选择违纪违法犯罪责任较轻的监察对象为突破口，进行纪法教育和政策教育，使其打消幻想，如实供述，然后再对其他监察对象进行讯问，各个击破，瓦解其串供同盟，使其如实供述。

六、避供的行为表现及应对

避供主要是监察对象从客观条件上寻求借口的行为，例如装病、伪装认知能力存有缺陷、伪装态度老实等，造成讯问活动无法正常进行，逃避交流沟通。

这是监察对象以退为攻的反讯问行为，其心理机制是畏罪和侥幸。

应对之策：先亲情感化，对其关心照顾；接着消除监察对象寻找理由的借口；最后正面进行教育。

第三节 逆向思维在监察讯问中的运用

凡是从事过讯问的人都会有一个共同的感受，那就是从你接受讯问任务开始，尤其当你坐在监察对象对面那一刻时，你脑海中会不自觉地产生一些想法：我对面的这个人正在想什么？有没有职务违法犯罪行为？有多少职务违法犯罪行为？存在哪些方面的职务违法犯罪行为？我要用什么方式把这些职务违法犯罪行为谈出来？我能用什么方法让我对面的这个人主动讲出来？可以说，这些想法会萦绕在讯问全过程，驱使你全身心投入讯问，成为你想法设法慑服监察对象的基本动力。这就涉及我们采取何种讯问思维方式以达到讯问目的的问题。大家知道，讯问实际上是一种心理攻防活动，“品心理、找对策”是维系讯问得以顺利完成的主要措施，监察人员的思维方式在“心理是否品准、对策是否得当”方面起着关键作用，在很大程度上决定着讯问的成败。

在讯问实践中，监察人员一般采用正向思维，即通常顺着监察对象的话茬接招，通过观察体现监察对象思维方向的言行，整理出监察对象的思想顾虑，进而“点对点”地做思想教育工作，通过“定点清除”方式破解监察对象先后暴露出来的各种思想顾虑，最后说服监察对象交代自己的职务违法犯罪行为。这是一种最传统的讯问方法。在这种讯问方法中，监察人员与监察对象思维同向，话题沿着监察对象的思维方向展开，监察人员主要是在顺势思维前提下有针对性地破解能够意识到的供述阻却因素。这意味着只有清除了监察对象的全部思想顾虑，才能有条件让监察对象开口供述。而要具备这个条件需要监察人员做艰苦细致的思想教育工作，首先要投入大量的精力，其次需要漫长的说服过程，没有耐力的监察人员可能会因承受不住沉重的讯问压力而败下阵来，这都是因为正向思维缺乏主动攻击的特性所造成的，从讯问进程来讲整体呈现为被动应对的消极思维特征。我们不能因此得出结论，说这种讯问方法不好，而是说在讲究调查效率的国家监察体制改革过程中，我们可否变换一下讯问思路，在使用正向思维以维系讯问过程顺利展开的前提下，尝试运用逆向思维以尽量缩短讯问进程和最大限度地节省调查资源，追求一种更富实效的监察人员讯问方式，也就是说，可尝试以最小的投入换取最大的效果，以较少的付出尽早拿到口供。许多审讯经验丰富的监察人员的实践做法已经证明这种想法是切实可行的。

所谓逆向思维，实际上就是反向思维，是指监察人员在讯问过程中对监察对象的言行时刻保持怀疑或警觉，总是逆着监察对象的思路去反向思虑问题，揣摩监察对象言行背后的原初动机和真实心态，反向思考监察对象的言行目的。逆向追问之所以这样的，是因为其是从监察对象言语指向的反方向做出临场反应的一种思维方式。逆向思维的本质是反其道而思之。逆向思维的目的是尽量促使监察对象的思维向对立面转向，为了控制讯问局势而牵引监察对象的思维，让监察对象的思维进入讯问人预设的审讯话题，以减少讯问中双方交锋的话轮，拉短说服规劝过程，甚至不经过说服规劝过程，把监察对象直接逼入准备供述或供述状态。通过讯问实践经验可知，讯问是正向思维与逆向思维交织而成的双向思维过程，正向思维仅仅是搭建监察谈话当事人双方交流平台的重要工具，逆向思维则是在讯问过程中起到快速推动监察对象思想转变或全程牵引监察对象思维的重要手段。逆向思维必须在正向思维的基础上适用，正向思维能够保证逆向思维的攻击角度。下面，将详细论述在讯问中如何具体运用逆向思维。

一、逆向思维的宏观运用

从讯问局面的宏观角度讲，讯问既是一项系统工程，也是一个破局过程，具体由识局、观局、稳局、控局、扭局、收局六个节点组成。这六个节点的划分根据，就是讯问人对应监察对象思维变化节点所作的逆向思维顺序，是从讯问人思维角度做出的单向划分。这种划分具有优化讯问效果的功能，可以改变不考虑扭转监察对象思维方向而一味被动接招的讯问模式。因为被动接招模式的缺陷是讯问人忽视了监察对象当前的思维现状，仅仅根据自己的兴趣点向监察对象生拉猛扯，向监察对象空洞灌输自己的是非观念和对错标准，希望监察对象能够接受自己的启发，按照自己的要求转变思想认识并主动交代职务违纪违法犯罪事实。这种讯问模式虽然谈话动机较好，但非常容易导致结果上的事与愿违，无法在短时间内拿到口供。究其原因，首先是这种模式的谈话基线是顺应监察对象的思维流程，在谈话形式上监察对象占据主动地位，讯问人只是被动接招，监察对象暴露出哪些思想认识问题讯问人就破解哪些问题，而监察对象为了达到掩饰或否认职务违纪违法犯罪问题的目的会穷尽一切招数，抛出一系列自证清白的“理由”，这就使讯问人的思维完全跟着监察对象的思路打转转，拉长讯问进程，导致讯问效率不高；其次是这种讯问模式无视监察对象的思维根本，没有意识到监察对象否认或辩解的思维起点是否认或掩饰自己违纪违法犯罪事实，一味被动地见招拆招，并不能从根本上抓住监察对象企图逃避责任的“牛鼻子”，实际上陷入了一种“先扫清外围障碍再攻城”的怪圈，这势必导致大量的说服规劝工作触及不到监察对象的疼处，无法在短时间内触动监察对象的内心，不能真正调动监察对象抛供的自觉性，如果再在讯问过程中出现失误，必然会增加讯问成功的难度；最后是这种讯问模式的谈话基点是讯问人认为监察对象思路或言行与自己不同或根本对立，其所做的说理明教工作是建立在指责监察对象基础上的纠偏行为，非常容易加剧双方的情绪对抗，不能与监察对象建立心理相容关系，较为容易丧失交流基础，思想教育内容空洞势必无法激起监察对象的兴趣，思想教育形式上的单向灌输势必无法增添监察对象心理转化的动力，致使讯问工作不能起到“点拨促变”的作用。

为了克服单纯适用正向思维讯问模式的缺陷，我们必须立基于正向思维，把逆向思维作为改善监察人员讯问方式的手段。那么，如何运用逆向思维来破局呢？这就要求从宏观层面考虑，把讯问作为一个整体，将讯问系统拆分为前后衔接的不同节点，在每一个节点上都进行逆向思维，梳理出每一个节点的讯问目的，采取变被动为主动的方式，把这些表面上梯次展现的讯问目的，总结为尽早拿下口供的终极目标。下面，将详细陈述如何在宏观层面适用逆向思维。

（一）体系性逆向思维，从总体上把握讯问

这是监察人员在制定讯问预案过程中的思维方式。“工欲善其事必先利其器”，逆向思考监察对象在讯问中可能出现的各种反应，拟定系统性的应对措施，是顺利完成讯问任务的前提，也是推动讯问目实现的利器。

所谓逆向思维的运用，就是先假定监察对象的思维基点是掩饰或否认职务违纪违法犯罪事实，继而假想监察对象由此衍生的思维惯性及其表现出来的语言形式和行为特点，根据监察对象可能的思维进路推断这些言行出现的可能顺

序，最后在梯次性逆推监察对象的节点性目的基础上，系统地考虑并形成一套贯穿讯问全程的应对方案，这是从内容上对讯问所做的实质性预测。所谓总体把握，就是形成程式化讯问观，自觉地把讯问过程划分为识局、观局、稳局、控局、扭局、收局这六个节点，把逆向思维的内容嵌套进相应的节点，确定每一阶段的欲达目的和讯问措施，这是从形式上对讯问所做的格式划分。这样预测和划分的目的是把讯问的形式与内容相结合，形成一整套能够应对全局的讯问方案。这是做好讯问工作的大前提。

形成这个大前提的原始方法是根据假想的监察对象言行做二次逆向思维，对这些臆想中的可能情况作与监察对象思维指向方向相反的思索，在揣摩出监察对象可能的阶段性应讯目的之后，拿出有针对性的破解办法，形成系统性的应对措施，在将这些应对措施梳理成串后，就自然形成了胸有成竹的讯问套路。

首次逆向思维主要思维方式是假定监察对象可能存在违纪违法犯罪事实。按照讯问规律，监察对象的思维方式一般是立足掩饰或否认违纪违法作发散式思维，会围绕逃避责任这个基点衍生诸多想法，这些想法从内容上并不具有连贯性，只是从形式上具有出现早晚的区别，但根本指向都是作为企图说服讯问人的证据和自证清白的理由，其不仅在形式上起到反驳讯问指控的作用，而且在内容上成为阻却供述的依据，形成了监察对象反讯问的主要手段。这些想法虽然内容孤立，监察对象想到哪就说到哪，但具有监察对象一计不成再生一计的特点，其挡箭牌作用如果不能被全部破解，讯问人就无法说服监察对象，达不到获取口供目的。这种情况会倒逼监察人员按照违纪违法犯罪构成要件去思考被监察人员的职权和职责，去思索被监察人员是否具备可能发生违纪违法的主体条件。假想监察对象是否具有违纪违法犯罪事实的基点就是这个主体要件。大家知道，职权是引发违纪违法犯罪的根本原因，职责决定了监察对象的业务关联范围、作案条件和作案手段。逆向分析监察对象的思维基点和言行用意，是在假定监察对象具有违纪违法犯罪事实前提下，推断监察对象因企图逃避责任而罗列理由拒供，这就要求监察人员首先判断监察对象可能具有哪些违纪违法犯罪事实、可能存在哪些方面的违纪违法犯罪事实。尤其要考虑到在监察对象极力否认违纪违法犯罪的时候，特别需要监察人员建立存在违纪违法犯罪事实的判断自信。就留置案件来讲，一般是在掌握被留置人部分违纪违法事实基础上决定立案调查，讯问的目的是核查这部分事实以及拓展其他未掌握的违纪违法犯罪线索。在这种情况下准确判断监察对象是否存在未掌握的违纪违法犯罪事实成为讯问是否完胜的关键。一般的做法是放大已经掌握的违纪违法事实，从这些事实的性质出发，结合局部区域腐败趋势、行业或系统违纪违法规律与特点，综合考虑监察对象的职权和职责、业务关联对象、人员关系密切程度、初核掌握的家庭财产等情况，来推断监察对象是否具有同类或不同性质的违纪违法犯罪事实。也就是说，当监察对象明确否认存在或另外存在违纪违法的时候，讯问人要从已经掌握的有限的证据信息中合理推断监察对象是否存在未被掌握的违纪违法事实。

首次逆向思维的具体办法：第一个思维步骤是对立式逆推，即不陷入有与无的争论，而是根据职务违纪违法犯罪构成要件思考已有证据及线索内容，重点分析监察对象的主体资格和职权，推断其有无利用职务便利违纪违法犯罪的可能性；职务违纪违法案件的基本特征是权钱交易或不规范用权，如果监察对象不具备职务活动条件，就不可能形成职务之便，也就没有涉嫌职务违纪违法的可能性。第二个思维步骤是反向式逆推，即为了拓展违纪违法的调查视野，以监察对象为坐标作反向思维，重点分析线索来源及线索内容的真实性，特别是对举报材料的分析，更具有重要意义。因为举报动机和目的不同，举报线索的可靠性、真实性和利用价值存在巨大差异。对署名举报的线索，应着重分析举报人与被举报人的关系，推断其举报动机。如果举报人出于正义感而知情举报，则可查性强；如果举报人与被举报人之间存在一定的利益关系，处于劣势的举报人希望借助纪检监察机关对被举报人的查处达到维护自身利益的目的而知情举报，则线索可靠性强；如果举报人与被举报人之间的既得利益发生冲突，处于受损方的举报人想利用整垮对方达到报复目的而知情举报，则线索内容真实性相对较强；如果举报人与他人共同违纪违法后畏惧惩罚，为争取从宽处理，出于明哲保身或减轻责任的心理而投信问路，检举他人，则线索的利用价值大。对匿名举报，则应从字面所带感情色彩和举报内容是否符合职务违纪违法特点与规律入手来分析举报动机，推断线索来源是亲身经历，道听途说，还是诬告陷害。有的举报线索，洋洋千言，通篇充斥对被举报人的人格侮辱和人品贬低，虽陈列问题不少，但实际上并不以反映问题和检举违纪违法犯罪为主，其可信度自然较差，甚至存在编造事实，恶意诽谤的可能；有的举报线索虽内容简短，叙事要素不全，但以反映违纪违法犯罪事实为主，且符合违纪违法犯罪规律和特点，准确程度就比较高。第三个思维步骤是横向逆推，即以监察对象为坐标横向锁定与监察对象或所在单位有业务联系或其他关系的单位或个人，利用横向思维分析监察对象与这些单位或个人是否存在共同违纪违法行为。实践中存在大量语焉不详的匿名举报线索，我们不妨转换思维角度，聚焦与监察对象有关联的其他人和事，根据违纪违法犯罪规律和特点，推断是否有发生共同违纪违法的可能性。第四个思维步骤是纵向逆推，即以监察对象为坐标，纵向考虑监察对象是否与本单位具有上下级关系且关系密切的同事共同实施违纪违法犯罪行为。这样经过前后左右四个方向的逆势思维，就能立体式地勾勒出监察对象可能存在的问题概貌，做到心中有数，建立起覆盖讯问全程的方向感，树立起讯问必胜的信心。

第二次逆向思维主要是在假想监察对象可能的言行基础上形成应对措施体系。俗话说“言由心生”，监察对象的言行大都是基于心理驱动的外部表现形式，基本上能够代表其内心的想法，观察监察对象言行可以把握其心灵世界的暴露程度。这时需要监察人员换位思考，要坚信监察对象具有与我们一致的思维特点，即总是围绕实现特定目标而多向思维，阶段性的思维冲动总能形成较为稳固的心理，并进而外显为具有特定倾向的言行。既然我们已经知道了监察对象的思维基点和目的是为逃避责罚而抗谈拒供，就要预测监察对象基于这个思维支点可能会采用的言行方式。在通常情况下，监察对象为了达到否认或掩饰违纪违法犯罪目的，所能想到的应讯手段不外乎通过抗谈拒供避谈、经过利益衡量选择谈与不谈、采用趋利避害方式去谈等，其心理区间一般可以被划分为规避问题、固守防线、犹豫动摇、放弃对抗和合作供述这几个节点，每个节点都会相应地伴随受心理驱使的特定言行，这个时候辨识这些具有代表性的言行便自然成为制定讯问措施的关键。在这几个节点中，一般的代表性言行通常表现为：在规避问题阶段，表示“不存在违纪违法犯罪事实”成为监察对象对讯问的正面回应；在固守防线阶段，坚称“没有违纪违法犯罪事实可交代”成为监察对象惯常的表白理由；在犹豫动摇阶段，对讯问人抛出的点拨信息不作反驳或表示“可以回想或回忆”标志着监察对象思想已经发生松动但还没有最后拿定主意；在放弃对抗阶段，主动咨询责任后果、与讯问人讨价还价、说出心中顾虑、提请讯问人成全其部分诉求等表明监察对象开始发生思维转变，不再坚守死扛的打算，准备配合讯问，这些都是监察对象准备放弃对抗或已经放弃对抗的形式特征。

在合作供述阶段，反复申明“一定要配合组织调查，主动讲清问题，争取有个好态度，在组织和法律框架内寻找出路，依靠组织解决自身问题”，并落实为开口讲问题的实际行动，这表明监察对象已经改变抗谈拒供思维，标志着讯问活动取得初步的成功或完全取得成功。利用讯问专业特长弄清监察对象言行背后的用意，目的只有一个，就是采取逆向思维有针对性地构建应对措施体系。惯常的做法是：

第一，逆强思弱，辩证认知监察对象的思维特性。大家知道，监察对象拒绝供述的思维模式通常呈现两极性特点，一是对抗讯问的意志坚定性，二是供述意志的薄弱性。当监察对象竭力否认或掩饰违纪违法犯罪事实的时候，审讯人员不仅首先要意识到监察对象坚定对抗的思维原点是其根据已经确定的规避责罚目的来支配和调节应讯行动所导致的顽固惯性，而且要同时意识到所谓坚定对抗的背后实际隐含着监察对象对违纪违法犯罪后果的恐惧，有时候这种恐惧在某些意志调节力较强的监察对象思维进路上会走向极端，即监察对象心里所想与外在言行不一致，明明心存畏惧但表现平静，具有非常强的掩饰能力，这无疑会增强监察人员捉摸对方内心活动的难度。即使认知难度加大，监察人员一定不要被这种难度吓到，要树立“这种顽固一旦被打破就会出现全面瓦解”的必胜信心。

第二，逆常思反，捕捉监察对象的供述障碍。当监察对象即将受到党纪国法惩罚时，心理活动频繁，思维活跃且复杂，特别是在接受讯问期间，其意识到供述与否是决定他们命运和前途的关键时刻，因此思维变化幅度较大，心理状态极不稳定，起伏频繁且持续时间较长，心理活动和思维变化同时处于最为激烈的时期，可以说是恐惧与不安、揣测与幻想、防御与期望交织，导致其顾虑多、疑心重、戒备严，通常表现为严重的对立情绪，监察人员此时需要针对这些正常的监察对象应讯心理反向思维，尽量捕捉监察对象的各种心态形式，洞察这种对立情绪的心理基础。那么怎样洞察这种心理基础？我们可以从自己的讯问经历中寻找解决方案。在以往的讯问过程中，我们经常会遇到监察对象“担心亲朋好友会受牵连”“恐惧漫长的铁窗生涯”“担心今后无法面对亲朋好友”“认为只要承认违纪违法犯罪就要失去往昔的地位、财产或家庭”等情况，虽然不同监察对象对此的表达方式不尽一样，但监察对象的顾忌却是同一的，这时就需要监察人员考虑被监察人员的话题指向，逆向思索监察对象为什么这样说，这样说的思想根源是什么。

当我们临场体验到监察对象所承受的思想压力折磨和对承担违纪违法后果的恐惧时，会强烈地感受到监察对象的自卫本能和逃避责任的欲望，如果刨根问底的话，就是讯问中普遍存在的畏责心理在起作用，尤其是其中的畏责心理影响力最为强大。有的监察对象或竭力试探摸底，或以守为攻、辩解否认，或避重就轻、企图蒙混过关，或抓住讯问人问话漏洞主动反击，或沉默无语、以静抗争，这些言行通常是监察对象在不确定调查机关掌握其多少违纪违法犯罪证据或不确定监察人员言称的证据是否真正对其不利的状态下，依然幻想和希冀有机会不被处罚或从轻处罚的表现形式，体现了监察对象当前的心理欲求和期望。这种心理欲求同时表明监察对象的应讯经验依赖倾向、对监察人员掌握证据情况的判断以及盲目相信自己的反讯问能力等思维结论。例如，有的监察对象基于以往未被发现的违纪违法犯罪历史而不自觉地流露出对作案无痕的自信，当监察人员要求其主动交代问题时，通常讲出“我无问题可说，你们追究不了我的责任”之类的话，气焰嚣张的监察对象甚至会讲出“只要拿出证据来，枪毙我都行”之类不着边际的话，言语更甚者还有“我谅你们不敢把我怎么样”“你们怎么抓我进来就怎样放我出去”等话语。这些狂言大都基于监察对象的主观臆断，自信可以隐瞒违纪违法犯罪事实，企图以盲目的安全感替代内心的惧怕，实际上是侥幸思维在作祟。有的监察对象言语中动辄流露出对监察人员的不满、误解或仇视，通常表现为情绪冲动、行为缺乏理智或以沉默消极对抗等，其中，情绪冲动表现为脾气暴躁、出言不逊、气焰嚣张；行为缺乏理智表现为坚信“坦白从宽，牢底坐穿；抗拒从严，回家过年”，根本不相信监察人员的说理，更甚者对讯问反应冷淡、漫不经心、答非所问；沉默对抗表现为刻意拉远与讯问人的心理距离，竭力避免和监察人员正常交流，故意以讯问僵局打乱讯问步骤等。比较典型的指责言语是“你们只站在国家立场考虑问题，根本不可能理解我的行为和感受”；比较典型的对抗言语是“我说什么你们都不相信，我只能保持沉默”；比较典型的发泄言语是“你们听不进我讲的话，对我是什么态度？你们说我严重违纪违法，又不拿出证据，这是对我的人格侮辱”；比较典型的不满言语是“我为国家和单位做出了巨大贡献，没有功劳也有苦劳吧，违纪违法的又不是我一个人，凭什么故意整治我？”；比较典型的误解言语是“凭什么说我腐败？你们也好不到哪里去”；比较典型的仇视言语是“你们这是陷害我，会受到天打五雷轰，遭受天谴，即使你们硬判我刑，我出来后也会让你们付出代价”；比较典型的挑战言语是“你的水平太差，不配和我谈话，就凭你对我的态度，让我配合是不可能的”。以上言语，有些说明监察对象与讯问人之间的观念和立场对立；有些说明了双方之间的政治素养差距，具体表现为监察对象丧失了理想、信仰和宗旨观念，缺失党性原则，特别是一些身处要职的中高级党员领导干部，不具有最起码的是非标准，不具有最基本的党纪国法观念，在阻却供述方面危害尤甚；有些则说明某些监察对象把被调查的抵触情绪带到讯问中来，或基于隐瞒违纪违法欲望而对有损自尊心的问话方式感到不满，或对讯问态度不屑接受而滋生愤怒；有些则说明某些监察对象基于对监察人员抱有的成见或对前途的悲观而对接受讯问产生反感。虽然这些言语的形成原因不同，但相应的行为方式都表现为对抗或抵触，如果逆向追问发生的原因，实际上是抵触思维的结果。有的监察对象在讯问过程中情绪紧张，疑虑重重，谨慎回话，生怕讲错一句话，甚至不愿意当场作答，考虑半天再说话。在这样的讯问过程中，值得监察人员关注的话语是：“我相信了你的话是不是要吃亏？”“你对我的承诺实现不了，是哄我开口讲问题”“对任何人都不相信才能安全”“我非常感谢你的关心，但还是不能相信你是在真的帮我”等。

这些言语是监察对象因惧怕违纪违法被揭露所作的防御反应，产生的原因一方面是出于自我保护的本能，另一方面是出于对监察人员的不信任，从属性上可以被逆推为戒备思维。还有的监察对象在讯问中让讯问人体会到其对前途渺茫和自由无望的绝望感、丧失生活希望的失落感、身陷绝境的无助感以及失去继续生活勇气的痛苦感，典型的语言表征是“我提不起来情绪”“我很难乐观地看待未来”“我最近没有食欲”“我是没有希望了，你们就按倒霉蛋处理吧”“我毁了前途，害了家庭，再好的处理结果都没有意义了”“我已是罪人，没有必要再为自己争取什么了”等，这些语言产生的原因是信心丧失而消极失望，实际上是一种绝望思维。畏责、侥幸、抵触、戒备、悲观思维交织在一起，驱动监察对象形成追求“求无、求轻和求生”目标的心理基础。所谓求无，就是幻想完全逃避党纪国法的责罚，不想承担任何后果和责任；所谓求轻，就是在“求无”幻想破灭之后，退而追求能被从轻或减轻处罚；所谓求生，就是求轻不得后，以能够保全生命作为单纯的目标追求，这是严重违纪违法犯罪者最后渴求的救命稻草。这三种追求基本上代表了监察对象的思想变化进程，在监察对象希冀实现这几个目标过程中，监察对象会因自身因素、讯问人审讯态度和方法及其他外在因素形成阻却供述的心理障碍，也就是我们通常所说的供述障碍。这些供述障碍通常表现为畏责、侥幸、抵触、戒备、悲观等形式，这是需要监察人员着力矫正的对象。

第三，逆表思策，构建讯问措施体系。所谓逆表思策，就是指根据可能出现的供述障碍来寻求能够将其消除的对策。监察对象可能会出现很多需要监察人员临场把握的供述障碍，但主要有畏责、侥幸、抵触、戒备、悲观等形式。由于是基于预判来制定对策，我们不可能事先精准预测可能会出现的所有供述障碍，只能围绕依据讯问经验体会到的供述障碍来大体制定讯问预案。这实际上是运用逆向思维做预判工作，以备将来的讯问之需。

下面，我们分别讨论如何处理几种具体的供述障碍。

一是畏惧责罚是监察对象最为普遍的供述障碍。畏惧责罚的现实表现除了具有强烈的逃避责罚欲望外，有的监察对象甚至产生记忆、思维和语言障碍，这是由于监察对象思想包袱重、顾虑大。尽管产生这种障碍的监察对象表达不积极，但在一般情况下对监察人员的态度并不对立，这就给监察人员的说教留出了切入空间，预制应对方案应该以此为基点。但要注意一点，由于涉及监察对象的根本利益，所以畏惧责罚心理可以缓解但不能根除。在制定讯问预案时，要在逆向追寻畏惧责罚产生原因基础上对症施策。要抓住监察对象害怕担责这个根本点，结合具体案情、证据以及监察对象性格，从增压与减压两个方向考虑对策：一方面对畏惧心理较轻的监察对象要继续施压，限度是让监察对象接近精神垮塌，直至感觉到监察对象已经相信只有依靠态度与政策才有出路时方可停止施压，效果检验的标准是监察对象能够正视现实，消除顾虑，放弃幻想；另一方面对畏惧心理较重的监察对象要适度减压，限度是让监察对象避免精神绝望，直至感觉到监察对象能够接受监察人员的帮助且已经对监察人员产生信任或依赖时方可停止减压，效果检验标准是监察对象接受监察人员的同情，表示要依靠组织解决问题，乃至提出请求宽大处理的诉求。制定这两种预案的基本思路是：让不害怕的监察对象感到害怕，让害怕的监察对象感到不害怕。实践中较为常用的“打拉结合”“唱黑红脸”都是效果不错的讯问方法。

二是侥幸是存在时间最长的供述障碍。侥幸一般从监察对象着手违纪违法犯罪时就已产生，在作案时的特征是不计后果，觉得不会被发现；在被审查期间的特征是幻想能够逃避责罚，这是基于畏惧责罚而产生的一种想法，是监察对象不切实际的乐观防卫幻想，通常建立在自信基础上。采用逆向思维制定讯问预案要立足于如何消除监察对象的自信，考虑怎样摧垮监察对象的自信基础，这就要求监察人员要逆推自信产生的根源，并依据逆推出来的自信产生原因制定预案。根据讯问经验，监察对象的自信主要来自对调查机关掌握证据情况的判断，大部分监察对象自认为调查机关不会完全掌握其违纪违法犯罪证据才盲目乐观，这时最有效的讯问手段是合理运用证据，因为监察对象也知道证据是定案依据，只有当其意识到证据确凿时才会放弃幻想，无奈地接受被查处的现实。鉴于这种情况，监察人员就要考虑怎样强化监察对象的证据意识，设法让监察对象相信已被掌握更多的证据。因为留置案件最初掌握的证据有限，为了加大证据密度，我们就要把假想中可能存在的违纪违法证据编排成虚拟证据，将这些虚拟证据信息作为现实证据使用，经过这样的虚实结合，会让对方琢磨不透案情实底，甚至形成错觉，认为证据已被掌握，继续否认已经毫无意义，这时就有形成供述动机的可能。具体运用措施是：

一方面，对基于经验依赖性的自信，要着重考虑怎样打破监察对象对经验的依赖。如果估计到监察对象是基于自身经验，那就直接告诉他经验并不可靠，正是这些所谓的经验害了他，这些经验不仅是他违纪违法犯罪的证明，还是导致他被审查的直接原因。这时要重视第一次讯问，特别是不要放过向他宣布留置决定的时机，要放大留置决定书的作用，告诉他组织上是根据掌握的证据才决定采取留置措施，留置本身已经说明他的违纪违法犯罪已被揭露，现在不是争论有无的问题，而是通过讲问题来争取好态度的问题，他的经验越多，说明存在的问题越严重，暴露或可能暴露的证据也会更多，如果迷信自己的经验闭口不谈问题，就会失去争取好态度的机会。具体可以证据专题形式从风险提示或榜样提示角度予以点拨，点拨方式就是把现实证据与虚拟证据相结合，把证据与证据信息糅合在一块，分期分批逐次灌输给监察对象，注意要把现实证据讲得实在，把虚拟证据讲得逼真，虚实结合，真假难辨，让监察对象抓不住逻辑上的错误，逐步接受被灌输的证据效力，慢慢相信单凭自己的经验知识掩饰不住已被证据链条锁定的违纪违法犯罪事实，随着固守经验的意志力逐渐弱化，最终放弃疑心，配合讯问。运用这种办法的限度是能够意识到监察对象已经相信部分事实证据确实被掌握，而且阻挡不住更多的证据被获取。效果验证标准是能够体验到监察对象已经不再纠结讲与不讲的两难困惑，内心确信不讲就会遭受更严厉的惩罚。

如果估计到监察对象是基于传来经验，那就警告他不要学和尚念歪经，传来经验解决不了自身问题，要从斩断传来经验与监察对象经验依赖之间的联系着手，着重渲染传来经验可能带来的从严处罚教训，通过解析与教训有关的证据信息，让监察对象品味到传来经验潜在的危险后果，利用监察对象疑心重的弱点，削弱监察对象经验依赖的意志力，促使监察对象产生传来经验不可靠的观念，断掉监察对象依靠传来经验设防的企图。运用这种方法的限度是能够体验到监察对象明显产生对传来经验的恐惧感，意识到传来经验不能作为防御依靠，明显疏远传来经验。效果验证标准是监察对象放弃对传来经验的依赖，转而依靠宽大政策。

另一方面，对基于迷信反讯问能力性的自信，要着重考虑如何摧垮监察对象的迷信支点。首先是消除监察对象的心理基础。方法是解析证据的关联性，讲清雁过留声、事过留痕的客观性道理，从证据链条角度警告监察对象即使他不讲，其他关联人也会讲，缺失他的口供不会影响事实认定，不讲问题只能证明他具有对抗组织调查的主观恶性，态度不好的唯一后果是被加重处罚。其次是消除监察对象的能力迷信。方法是解释纪检监察机关的证据获取能力，通过渲染证据取得方式或手段，反衬个人掩饰能力的弱小，比对调查能力的强大以及个人手段的有限，警示以卵击石或偷鸡不成蚀把米的严重后果。最后是粉碎监察对象的能力幻想。方法是解析证据功能与调查目的的关系，让监察对象权衡个人掩饰能力在这种关系中的比重，觉察反讯问目的根本实现的可能性极小，意识到固执己见必然付出无谓的惨重代价，感觉代价之重承受不了，促使监察对象放弃对反讯问目标追求。运用这种方法的限度是能够体验到监察对象已经觉察到个人能力显然不足以达到掩饰或否认目的。效果验证标准是监察对象放弃反讯问目标追求，转而信任监察人员，能够开口讲问题。

关于合理运用证据，这里要重申几点：我们所讲的证据包括虚拟证据，虚拟证据是推断出来可能存在的证据，要充分发挥直觉思维和理性思维的调查作用，科学预判虚拟证据的存在，不仅要预测得准，而且要使用得狠，要把虚拟证据与现实证据混合使用，以假乱真，以真饰假，真假难辨，假亦当真，编排得当，使用精准，人为营造心理冲击力；使用证据的直接目的是动摇侥幸的自信基础，是利用证据具有的新颖性特点攻击监察对象的思想防线；使用证据的具体方式分别有直接使用、间接使用、连续使用、暗示使用等，具体采用哪种方法要根据讯问情势、监察对象心理和情绪状况以及掌握证据状况等灵活决定。合理使用证据的原则包括：能口头宣讲的不要直接出示；强化一次性使用效果，尽量不要反复使用同一份证据；能少用就不多用；能间接使用就不直接使用；注意把证据拆分使用，尽量别暴露证据的真实数量；破解侥幸的最有效方式就是打好证据战。

三是抵触是形成原因较为复杂的供述障碍。畏责、侥幸以及对前途的悲观都有可能催生抵触。监察对象把对被留置的不满情绪带到讯问中来，对纪检监察机关或监察人员不满，甚至误解或仇视纪检监察机关及其监察人员，或者基于观点或立场与监察人员不同形成抵触。总起来说，抵触的原因既来自监察对象，也来自讯问人。从监察对象方面讲，主要是基于世界观和处事原则与监察人员根本对立而抵触；从监察人员方面讲，主要是基于讯问态度不妥或讯问方法不当而引致监察对象抵触。无论原因由谁引起，都会在双方之间树立起一堵墙，横亘在双方心灵之间，阻断了双方之间的心理交流，致使讯问无法进展下去，甚至造成讯问僵局。这就需要我们思考如何拆除这堵墙，以缓解或消除对立。实践中，一般把为了解除对立而构建的讯问方法叫作“拆墙法”。

“拆墙法”是指在对抗极强的情况下，监察人员不急于切入案情，而是首先拆除横亘在双方心理间的“墙”。构建“拆墙法”的基本思路是：从监察对象抵触的言行表现反向思考，从关注监察对象的对立点转向发现监察对象的兴趣点，从兴趣点找出监察对象的注意点，从注意点理出监察对象渴望获得监察人员理解的同情点，立足于同情与监察对象谈爱好和兴趣，谈监察对象的优点，谈监察对象注意的事情，也就是从监察对象的情感弱点谈起，慢慢增加监察对象的心理认同感，以产生同体观，使被监察人员更加接受讯问人，缩小双方的心理距离，逐步减弱或瓦解监察对象的防范和对立。

“拆墙”的核心技巧是在双方之间建立彼此相容的心理关系。这种关系是在讯问与被讯问过程中双方相互接触基础上形成的思维反映，从监察对象角度讲，其发展变化取决于双方接触中对监察对象心理需要的满足度。实践可知，大多数讯问是采用类似“辩诉交易”的方式让监察对象得到好处才取得成功的。也就是说，讯问人不再坚持挖透查全，而直接告诉监察对象只要讲清特定的违纪违法犯罪问题即可，让监察对象在认定违纪违法犯罪数额上占便宜。只有这样才会使监察对象感觉满足度高，才会拉近心理距离。这种心理相容关系是一种特殊的人际交往关系，其特殊性表现在：首先，是交往的利益冲突性。在讯问过程中，双方各自的需要和所欲达到的目的根本不同，监察人员要拿下口供，而监察对象则要尽量不供或少供，这种利益上的冲突导致双方心理上的彼此戒备，监察人员要想达到讯问目的，只有处理好与监察对象的人际关系才有可能，只有这样才会缓解矛盾，增强双方心理的向心趋势，从而获取监察对象的如实供述。可见如何处理好这种特殊的人际关系是取得讯问成功的关键。其次，是交往的短暂性。双方的交往发生在法定的调查阶段，在时间上短则数小时，长的也只有几个月，总体交往时间较为短暂，彼此之间很难形成稳固的人际交往关系，只可能是短暂的心理相容关系。再次，是交往的信息交流性。双方通过面对面的对话交流或获取各自需要的信息。通过交流，监察人员可以掌握监察对象的思想动态和认识态度，并作为调整监察人员讯问方式的依据，使监察人员讯问方式更具针对性和现实性。最后，是交往的不可选择性。这是由双方的法律关系和法律地位决定的，不因双方的主观意愿而改变。而逆向思考如何与监察对象建立良好的心理相容关系的主要内容，就是考虑如何采用人际吸收技巧吸引监察对象，中和冲突，打开讯问局面。人际吸收是情感引导的心理学技巧，能使双方交流彼此之间产生的积极情感体验，通过沟通来中和双方的对立和冲突。

四是戒备是一种容易被忽视的供述障碍。戒备是由监察对象的防卫本能和不信任监察人员而产生的一种供述障碍，通常表现为对讯问持有戒心，由于不表现为直接对抗，因而其危害性在讯问中较容易被忽略。应对戒备的一般思路是：先根据监察对象疑虑重、警惕性强的特点逆向分析产生这种心理的思维进路，捕捉监察对象恐惧事实败露、害怕落入讯问圈套和担心不能受到公正对待的思想症结，然后针对性地进行纪法和政策教育，尽量多用案例树人方式导引监察对象改变认知结构，剔除监察对象主观臆断成分，让监察对象相信纪法的严肃性和公正性，颠覆监察对象的心理需要结构，以更改监察对象认知元素比例，改造监察对象的思维逻辑。实践中常用“散点讯问法”来达到这个目的。

所谓散点讯问法，就是从多个角度捕捉监察对象的兴趣点、注意点，移动着立足点来进行观察，对从不同立足点获得的观察信息，可以根据需要组合成不同的讯问话题，有针对性地与监察对象交谈，通过沟通、交流来拉近心理距离，增强监察对象对讯问观点与立场的认同感。

五是悲观是最难矫正的供述障碍。悲观是隐藏较深的心理障碍，通常发生在那些严重违纪违法犯罪的监察对象身上，往往与恐惧责罚、抵触与戒备等交织在一起，不但较难识别，而且矫正难度大。

应对的思路是：抓住那些能够体现监察对象悲观情绪的言行，琢磨明白监察对象为什么这样说或为什么这样做，确定原因后逆向思考如何帮助监察对象解脱失望或绝望，怎样给监察对象提供精神支柱，怎么导引监察对象走出自我限定的灰暗心理圈子。

通常的做法是：合理化设计交流话题，以柔缓劝说为主，以严厉批评为辅，疏导与牵引相结合，以极大的耐力博弈监察对象的灰暗心理。

一般的实施顺序是：

摆事实：正告监察对象已被揭露的违纪违法犯罪行为不仅性质恶劣而且情节严重，不仅后果严重而且责任重大，这是其必须要面对的现实。

讲道理：解析监察对象违纪违法犯罪行为所触犯的党纪国法条款，申明能够得以从轻、减轻处罚的条件，或从重、加重处罚的情节。

指出路：明确告知监察对象，违纪违法犯罪行为本身不是唯一的处理依据，良好的态度是能够得以从轻、减轻的关键，直接决定最终处罚的轻重，是监察对象必须争取具备的条件，是监察对象所有努力的方向，是监察对象依靠组织解决问题的唯一出路，也是监察人员希望监察对象得到从宽处理的愿望。

提要求：在施以最大理解与同情时，不断向监察对象晓以利害，抓住监察对象性格缺陷和思想软肋，针对性地宣讲案例，以经验鼓舞监察对象摆脱灰暗的勇气，以教训激起监察对象共鸣的情感，以共情方式增强监察对象的情感、观点和立场认同，要求监察对象借鉴他人经验、吸取他人教训，按照组织要求去做，争取最后有个相对满意的结果。

讯问经验表明，讯问实际上是一个不断克服监察对象供述障碍的过程，所有的讯问工作都是围绕着怎样克服供述障碍进行，需要监察人员劳神费力的主要方面基本上就是综合治理以上这几种供述障碍。对这几种治理措施的交叉使用，自然就形成了应对策略上的讯问方法体系。

（二）单体性逆向思维，阶段性把握讯问

这是监察人员在实施讯问过程中的思维特点。为了控制审讯局势达到破局目的，监察人员必须在识局、观局、稳局、控局、扭局、收局的相应阶段，针对讯问的节点态势逆向思维应对措施，有的放矢地解决讯问中出现的节点问题。

1. *识局之法*

识局是破局的最基本要求，是讯问开端必做的工作。

识局的任务：一是依据临场感受检验讯问预案是否合理；二是考察监察对象的言行特征，确定讯问切入话题；三是决定自己在讯问中以怎样的形象出现，确定采取哪种监察人员讯问方式比较适合讯问现场气氛。

识局的方法：

（1）检验比对。根据现场直接感受分析监察对象心理状态和思维倾向，比对讯问预案中的规划与监察对象临场表现是否存在差距，如果存在差距则现场修正或调整讯问预案，如果不存在差距则把监察对象临场确定在规划中的具体位置中，做好按照预案展开讯问的准备。

（2）创造首因效应的发生条件。好的开始等于成功的一半。在第一次讯问中，监察人员给监察对象留下的印象会成为监察对象关注的焦点，监察对象会依据这种印象揣摩监察人员掌握证据情况，甚至会根据监察人员的现场形象决定是否配合讯问，这就是首因效应。监察人员的自我形象定位是否恰当影响着讯问能否向纵深发展。因此，在初审及其随后的讯问阶段，监察人员一定要认真倾听监察对象所讲的每一句话，仔细琢磨监察对象为什么这样说，逆向思索出原因后，尽量拿捏准临场回应的言语分寸，争取留下“严肃而不失真诚，严厉而不乏关心，善良而不缺公正”等能让人信赖的良好印象，恰当塑造出场的角色定位。

（3）搭建具有“威慑下的和谐”这个对话前提的交流平台。首先，敏锐观察失去人身自由对监察对象的心理冲击，判断监察对象的临场心态。如果监察对象现场慌乱，监察人员就要逆向思索他慌乱的原因是什么，是处于本能的恐惧？还是没有形成应付讯问的打算？如果监察对象临场较为镇定，监察人员就要逆向追问监察对象何以如此，是由于监察对象性格上两面性强？还是由于监察对象处事冷静的风格？简而言之，估摸监察对象临场心理十分重要，这是与

监察对象建立对话的基础，是建立心理相容关系的前提。其次，严谨逆向思索监察对象的对话愿望是否强烈。对从一开始就保持沉默的监察对象，监察人员要逆向推演监察对象沉默的原因，根据监察对象的临场微表情判断能够促其开口交流的可能路径。对从一开始就否认问题的监察对象，监察人员要逆向推断监察对象的否认动机，尽快拿出从原点上促其转化的措施。最后，估判监察对象可能的对立形式及其对立强度，决定其后的监察人员讯问方式，主要通过领会监察对象的言下之意，识破监察对象的花招，确定最佳的破解切入点。

2. 观局之巧

由于识局是对监察对象思维和心理的初步把握，这种初判只是初步接触监察对象后形成的临时印象，具有很强的直觉特点，其功用只是初步验证讯问预案的合理程度，还不能形成推动讯问往纵深切入的理性指导。在识局工作结束后，监察人员还要继续考察监察对象的思维特点，继续揣摩监察对象的言行动机和即时心态，洞察监察对象言语背后所隐含的真正意图，形成对监察对象思维特点和心理状态的成熟性认知，这就要进入观局阶段。观局是破局前不可或缺的准备工作。

观局的思路是：无论监察对象是否继续沉默或否认问题，监察人员都要始终保持逆着监察对象思路考虑问题的自觉性，在领会到监察对象的意图后，反向思考监察对象为什么继续这样说、为什么反复这样做，从而判断畏责、侥幸、戒备、抵触、悲观等是否成为监察对象的心理常态，继续琢磨监察对象之所以有这种心态的根本原因，研判临场掌握的监察对象思维特点是否与讯问预案一致，在形成对监察对象思维与心理的理性认识后，根据讯问实际情况进一步修正或调整讯问预案，使讯问预案成为指导继续讯问的成熟性套路。

观局的方法：

（1）完善“大讯问”思维

监察人员要具有全局观念，不能紧盯监察对象的支点性表现而忘记洞悉监察对象反讯问的整体目的，在讯问中要权衡好讯问的眼前追求与长远目标，以长远眼光规划讯问措施。基本思路是在延续制定讯问预案思维基础上，根据临场感受充分发挥逆向思维的作用，想监察对象之所想，逆监察对象之所为，争取在观局阶段成熟各支点上的阶段性讯问措施，针对性地形成衔接有序的总体措施体系。

（2）聚焦监察对象思维要点

在延续的讯问过程中，监察对象大都思绪万千，想法很多。这时监察人员一定不要抱有全部顾及的想法，要理清监察对象的基本思路，抓住监察对象的思维要点，明白监察对象的全部想法都是围绕根本目的而展开的。这些带有根本目标性质的思维才是形成供述障碍的直接原因，抓住了监察对象的思维要点，就抓住了如何破解供述障碍的“牛鼻子”。

首先，确定监察对象对“坦白、沉默与说谎”三难困境的思维选择。所有的监察对象都面临这种“首因困境”。因为坦白意味着监察对象承认了违纪违法犯罪事实，其会面临随之而来的责罚，而这是监察对象不情愿出现的；沉默意味着监察对象不愿意向监察人员直接表明是否违纪违法而采取正面回避的思维决定，这是基于对“言多必失”坚信而做的思维选择；说谎意味着监察对象为了逃避供述后果而做出的歪曲或否认事实的思维选择。监察人员要根据临场把握的监察对象言行或表现，重点逆向思索监察对象的思维定位，确定监察对象是把其中的一个因素作为思维定向，还是把这三个因素作为思维定向。只有明确了监察对象的思维选择，才能判明监察对象行为的思维原点，才能有针对性地采取对策。

其次，确定让监察对象感知后果的程度。监察对象基于对违纪违法犯罪后果的责任恐惧而滋生众多的思虑和心理障碍，由于监察对象不一定通晓纪律和法律的禁止性规定，只是出于人的本性而更愿意回避后果或逃避责罚，更多情况下是出于本能而考虑怎样回避后果与责任，这样双方的思维焦点都集中在违纪违法犯罪后果和责任上。对监察对象而言，当其真正理解了纪律和法律规定的责任条款与态度对从宽的决定性作用后，就会自然而然地减少内心的焦虑折磨，最终最低限度地承认现实。问题在于，监察对象对纪律和法律规定的信任需要一个或长或短的过程，需要监察人员利用其“趋利避害”的本能，通过一系列主动措施来影响监察对象做出选择。对监察人员来说，控制监察对象的后果感知程度以让监察对象保持一定限度的责任恐惧，使监察对象感受相应程度的紧张或压力是加快讯问进程的必要手段。在明确监察对象的思维要点以后，监察人员就要立足这些要点，反向思考如何把控监察对象对后果的感知，怎样通过减轻后果感知来帮助监察对象做出供述选择。

最后，确定增加监察对象焦虑体验的限度。保持精神压力和施加精神折磨以使监察对象长时间处于焦虑状态是讯问中的常用手段，但是需要监察人员时刻保持对限度的把握，避免监察对象出现两极逆反，一是因压力小而积极对抗，二是因压力太大而消极抵触。这就需要监察人员现场把控监察对象的压力承受限度，逆向思考加大压力时监察对象会出现什么反应，减轻压力时监察对象会出现什么反应，假定监察对象可能出现的反应后，合理判断监察对象的心理承受能力，把握好监察对象心理承受能力的临界点。最低限度是：不能让监察对象因精神压力过大而思维逆反，形成讯问僵局；也不能让监察对象因精神压力过小而放纵恣意，造成讯问失控。

（3）理性成熟讯问措施

监察人员在以上思维的基础上，在确定讯问方案的基本原则后，需要根据讯问现场情势来理性验证讯问预案的合理性与可行性。因为讯问预案不一定完全切合讯问实际，需要根据临场情况灵活修订。根据讯问实践，讯问主要围绕帮助监察对象减轻后果感知以减少内心焦虑折磨、增加监察对象焦虑体验这两方面进行。理性成熟讯问措施的基本思路也是围绕这两方面展开，总体要求是检验讯问预案能否实现“减轻后果感知，增加焦虑体验”的讯问预期。具体思路是：

首先，逆向解释监察对象在讯问中的借口，逆势分析监察对象的期望目标，反向确定讯问措施。监察对象基于对后果和责任的恐惧，会在讯问中为自证清白而做出解释，或为逃避责罚而罗列借口，其根本出发点是因过错感或罪责感而回避后果和逃避责任，在讯问中的愿望就是以减少焦虑来避免因精神崩溃而交代。监察人员这时要逆向而谋，逆势而动。当监察对象解释或找借口时，通常的心理预期是准备承受监察人员的正面批驳。所谓逆势谋动，就是采取与监察对象思维相反的措施来转化拒供心理。具体思路是：不正面批评或直接驳斥，而是对监察对象的行为给予充分的同情、理解，通过出乎意料来感化监察对象，通过站在对方角度考虑问题来降低监察对象的罪责感，帮助监察对象正视现实，慢慢改变监察对象拒供的思维惯性。这就是“软审讯法”的必做功课。主要考虑以下几个细节性问题：

第一，当监察对象认为被留置说明自己已经被组织或亲朋好友抛弃，不会有人施以同情时，监察人员要施以反向信息，表示“换了别人也可能在相同条件或情况下做出这样的事情”，给予监察对象一定的理解和同情。

第二，当监察对象基于严重的自我道德谴责或罪责感不愿意再提旧事而回避讯问或抗谈拒供时，监察人员要适时站在对方角度想其所想，根据已知的证据信息，替监察对象提出几种发生违纪违法犯罪的外部原因，通过表明监察对象主观恶性不深来解脱监察对象的自我憎恶感。

第三，当监察对象基于恐惧共同违纪违法犯罪人会把责任推及其一人时，监察人员要通过适度指责他人来表示对监察对象的同情，软化监察对象的情感对立。

第四，当监察对象基于缺乏承受处罚的精神准备而恐慌时，监察人员要适度恭维其过去的贡献以表达组织不会忘记之意、指出控告人有夸张事实性质和严重程度可能性而需要其来辩解以示组织公正等，这种逆向思维方式可减轻监察对象因后果感知所伴随的责任恐惧。

第五，当监察对象基于周密准备而决心拒供时，特别是对那些长时间反复表白没有问题且具有拒供韧性的监察对象，监察人员在正告现有证据已经证明其存在严重违纪违法犯罪事实以后，不能再纠缠于对问题有无的正面追问，而要采取声东击西、言此而环顾其他的迂回措施，集中精力寻找监察对象的性格弱点和知识储备缺陷。在话题设计上要以监察对象感兴趣为主，气氛营造上变严肃为宽松，内容涉及上表面与问题无关，貌似偏离讯问根本，实则在聊天式的交流中捕捉战机和寻找攻击点。具体过程是：先赢得监察对象对监察人员的敬重，再取得监察对象对监察人员的信任，最后抓住监察对象的人性弱点和心理缺陷，直击其心坎，一举击垮监察对象的思想防线。

其次，逆势考虑应对措施的灵活性，逆向思考焦虑体验的增减，保证讯问措施的攻击实效。讯问预案是监察人员经验的结晶，并不一定与监察对象的临场思维完全契合，需要保持应变的灵活性。如何保持焦虑体验稳定在促使监察对象尽早形成供述动机的合适限度上，是监察人员需要时刻关注的问题。该增加的时候就施压，该减轻的时候就要减压，这有个讯问时机的把握问题，但根本原则是要根据监察对象的承受限度与思维变化来具体掌握。主要考虑以下两个细节：

第一，当监察人员临场感觉被监察人员对纪法威慑感受不足时，就要反向思考为什么感受不足，就要考虑对监察对象进行风险提示，目的是利用纪法风险的天然压力增加监察对象的焦虑与恐惧，减少监察对象反讯问的决策选项，让其领会“天网恢恢疏而不漏”的必然性，促其认可只有实话实说才是唯一选择的判断，尤其要利用上述必然性和痕迹留存客观性对拒供会给其造成的不利风险进行特别说明；就要考虑进行榜样提示，利用案例中其他不合作的教训进一步强调拒供的风险与供述的收益；就要考虑进行收益提示，针对监察对象担心并害怕因供述会给自己带来利益损失的现实恐惧，监察人员要在强调风险不可避免之后，向监察对象指出利益途径，劝其放弃维持现状以规避风险的企图，促其产生通过供述以维护利益的认知转变。

第二，当体验到监察对象因焦虑过重而产生极端思维，并可能会因此积极对抗或消极抗争时，就要逆势考虑监察对象为什么出现这种状况，就要考虑运用适当的方法改变监察对象的焦虑程度，主要是通过风险提示、案例警示和利益衡量三种方式，劝告监察对象积极借鉴他人的经验，以坦然面对来减少内心的焦虑与不安。

3. 稳局之策

讯问套路成熟后，接下来就要暗敛锋芒并隐蔽讯问目的，考虑如何全程牵引监察对象的思维，尝试掌控监察对象的心理。因为只有把控住监察对象思维和心理，才能稳住讯问局势。

稳局的基本思路是：把监察对象的思维进路划分为否认、动摇、供述三个节点，逆向分析监察对象各节点的言行，逆势把握监察对象各节点的思维和心理，在掌控前提下推进讯问。下面，将详细论述否认、动摇节点的应对思路。

（1）否认节点的应对思路

无论监察对象采取直接否认、找借口、沉默或说谎中的哪种方式来否认违纪违法犯罪事实，都是基于不愿意承担责任的初衷，无论哪种方式都是在该初衷指引下的对抗行为，每种对抗行为背后都汇集着多种思想动因，寻找并针对具体的思想动因来研究相应的对策，是有效实施讯问的重要步骤。鉴于时间关系，这里重点叙述后三种情况的应对思路。

讯问实践中，监察对象罗列借口的思路是以强调自身政治素养高、没有违纪违法犯罪的主观故意来排除存在违纪违法犯罪的可能。思维特点是以偏概全，固守没有违纪违法犯罪这一点而放弃再作其他思维的可能。与此伴随的心理是以此作为拒绝指控的基点，建立防止说教渗入的正面心理防线，消磨监察人员的意志和耐心，幻想监察人员主动退却，自动撤销对其的指控，渴望解除对其的审查。

监察对象沉默的思路是以不回应逼迫监察人员亮出掌握证据的底牌，在达到摸底目的后另作打算，走一步看一步，摸着石头过河。思维特点是以不变应万变。与此伴随的心理是“小鬼不开口，神仙也犯愁”，先观察监察人员的言行表现，迫使监察人员穷尽招数后，根据摸清的底牌决定是否出招以及怎样出招。

监察对象说谎的思路是以假当真，骗得一时，得过且过，幻想哄取讯问底牌后再作打算。思维特点是以假换真，也就是以欺骗、迎合来搞清讯问底牌。与此伴随的心理是表面配合，实则幻想蒙混过关，以欺骗达到拒供目的。

针对监察对象以上三种思维形式，监察人员应该如何通过逆向思维来制定应对之策呢？通常的做法是：

第一，对于罗列借口，监察人员应该围绕揭批“以偏概全”展开思维，重点揭批其认知结构的不完整，一般从批判其借口的不合理性着手，着重强调以下几点：

一是被留置已经证明其政治素养并非如其所言，面对组织审查依然不能实话实说，恰恰印证其不具备起码的思想觉悟，除了暴露其思想已经发生蜕变外，还在行动上把自己置于组织对立面，这已经不再是争论违纪违法犯罪有无的问题，而是演变成其如何接受组织审查的态度问题。

二是在组织审查的严肃时刻，为了逃避责任而再三强调所谓的理由，恰恰证明其既缺乏认识自身问题严重性的自觉，又没有依靠组织解决问题的冲动，只能说明其既不忠诚于组织，又对党纪国法缺乏敬畏之心，是典型的“两面人”，是必须被拔掉的“烂树”。

三是在被组织调查的情况下，既不全面反思自身问题，也不主动深挖思想根源，而是强调站不住脚的理由，企图把自己的意志强加给组织，只能说明其毫无纪法意识，只能印证其违纪违法犯罪的主观恶性较深，只能坚定必须对其予以严惩的组织信心。

四是罗列借口并不能改变既存问题的性质，违纪违法犯罪构成要件是一个立体概念，主观故意仅是其中一个内容，是否具有主观故意需要通过行为予以认定，而不是单凭哪个人嘴硬。组织的认定原则是看现有事实是否达到了对构成要件全覆盖程度，而不是仅凭其中一个方面草作结论，罗列借口只能说明其不对自己真正负责，而组织却要对其认真负责，以事实为依据，以法律为准绳，客观认定问题性质，结合态度给予处分。组织尊重任何监察对象自我辩护的权利，但对那些毫无悔改之意的顽固分子也不会丧失纪法原则而法外开恩，任何监察对象在党纪国法面前都不享有特权，任何巧言和借口最终都会成为压死自己的稻草。

五是其畏惧后果的心情可以被理解，但逃避责罚的行为坚决不被允许。在事实已被揭露的前提下找借口自证清白，说明其低估了组织强大的调查能力，任何个人能力迷信都阻挡不住调查进程，这存在个人态度与组织调查赛跑的问题。主动交代组织掌握的事实算坦白，供述组织尚未掌握的事实算自首，这都是法定或酌定从宽的条件，事关对个人态度的认定。而被动等待“核对式”的组织清算，则必然丧失一切争取好态度的机会，这是其必须要面对的现实，也是其面临的必须在出路上尽早抉择的形势问题。

六是组织的调查原则是“惩前毖后，治病救人”，组织不愿看到任何违纪违法犯罪者因态度不端正而受到严惩，对凡能悔过改错的监察对象都会依纪依法给予出路，希望其能主动转变认识，积极配合组织调查，具备从宽的好态度，在纪法框架内寻找出路。

第二，对于沉默，监察人员应该围绕揭批“以不变应万变”展开思维，重点揭批其思维虚幻的危害性，主要从批评其思维脱离现实角度切入，着重强调以下几点：

一是采取留置措施本身表明组织已经掌握部分违纪违法犯罪事实和证据，沉默不能抹杀这些事实和证据的存在，不能正确面对组织审查。沉默以对摆脱不了纪法天网，对任何监察对象来讲，自从失去人身自由那一刻起，已经不存在依靠幻想回避后果和逃避责任的可能，唯一可做的只能是考虑如何具有好态度，并落实为主动讲清问题的实际行动。被组织调查的人应该正视被留置的现实，立基于争取好态度考虑怎样配合调查，而不是忽视现实进行虚幻假想。企图以沉默来逃避调查本身就是跑偏思维，不但严重脱离实际，而且说明考虑问题的原点非常错误，可以预见这样的企图肯定不会得逞。

二是任何被留置的人都面临两难选择，要么配合，要么对抗。配合预示着极有可能得到宽大处理，对抗预示着必受严惩，沉默表明其选择了对抗，这就直接亮明了对待组织调查的恶劣态度，是一种不计后果的考虑问题方式。

三是纪检监察机关尊重任何被留置对象正常解释的权利。要求被留置人讲清问题，不仅可以实现查清违纪违法事实的目的，还可实现听取被留置人辩解以客观认定的目的。依据事实和情节恰当地给予处分是必须遵守的调查原则，对被留置人来讲这既是一个客观陈述的机会，也是一个反映被留置人是否深刻认识错误和表达悔意的机会，更是一个听取被留置人向组织汇报心声并请求从宽的机会，一个争取组织判断其还值得教育、挽救的机会。这既能体现组织的认真负责和客观公正，还能通过观察被留置人是否对自己负责来考察其应对组织审查的态度。目前存在的问题是其思维陷入了死胡同，不珍惜能够表达要争取好态度这个良好愿望的机会，直接放弃了应有权利不说，还以沉默走向了组织对立面，这说明其考虑问题的角度存在严重偏差，将来肯定会事与愿违，留下终生的遗憾和愧疚，这将会折磨其一辈子。

四是这样的思维方式没有摆正组织调查能力与个人能力之间的关系，纪检监察机关调查腐败问题，既有坚强有力的组织保障，也有无坚不摧的调查措施，面对强大的组织调查力量，个人想法犹如蚍蜉撼大树，显得过于渺小和虚弱，沉默阻挡不住组织调查进程。如果固执己见盲目坚持沉默，等来的只能是清算式审查，到时候非但隐瞒不了任何问题，而且会因错上加错受到从严处罚，这样的结果万一出现，其会承受不了，那时再因思虑不周而悔恨不该当初则为时已晚，偷鸡不成蚀把米，那时其会因态度恶劣成为用来教育他人的反面典型，不仅会身败名裂，而且会臭名远扬，后果不堪设想。

五是纪检监察机关为了教育、挽救被留置人要具有足够的耐心，但只需把机会留给那些能够马上知错改错的人。如果被留置人听不进劝告，罔顾组织关爱，一意孤行，纪检监察机关定出铁拳，让其承受得不偿失的痛苦。但组织上目前不愿意这样做，还给其留足时间权衡利弊，希望其尽快转变思路，主动配合，取得组织原谅与理解，在组织帮助下争取有个较好的结局。

第三，对于说谎，监察人员应该围绕揭批“以假当真”展开思维，重点揭批其思维的自我欺骗性，主要从批评其思想动机不纯切入，着重强调以下几点：

一是在违纪违法已经成为不争事实的情况下，每一位被组织调查的人都面临着态度的选择，要么是主动、如实、彻底讲清问题因态度较好而得到从宽处理，要么是对抗组织调查因态度恶劣而受到纪法严惩。两种选择，两种道路，两种后果，这其间没有第三条道路可走。做出哪种选择首先表明其态度倾向，能够暴露其思想动机，能够说明其是否具有认真接受组织审查的诚意，能够体现其是否具有知错改过的悔意，而说谎只能说明其思想严重蜕变，对组织非常不忠诚，比直接言明对抗劣性更深。

二是空口白牙，混淆是非，不能掩饰问题存在，谎言也不能抹杀事实本身，巧言令色更不能改变问题性质，只能表明其不思悔改，在错误道路上滑得更远。

三是在组织调查面前，以谎言欺骗来蒙混过关本来就是思想虚幻，如果非得化为行动更是自我欺骗，因为这种想法建立在低估组织判断能力基础上，思维起点就是无视组织调查力量的强大，企图凭借自欺欺人和欺骗组织来逃避责任，从根本上背离了组织审查原则，只不过是一厢情愿而已，组织上不会让其得逞。

四是对违纪违法犯罪事实的认定，纪检监察机关自有法定原则，会严格依纪依法客观认定，谎言千遍不会成为真理，欺骗不能阻止事实还原，虚假更不会成为认定依据，与其枉费心机不如诚实面对，这样或许还有博取组织谅解和争取宽大处理的机会。

五是考虑问题要先正视后果，违纪违法犯罪已经是严重犯错了，谎言欺骗更是错上加错，一错再错不容原谅，非但解脱不了自己，而且还会成为加重情节，最终结局得不偿失；寻求出路要依靠组织，明知错上加错还心存侥幸，明知背离了组织要求还不思回返，最终只能自我毁灭。

第六，纪检监察机关是个讲事实、讲道理、讲政策的政治机关，对任何一个具有错上加错情节的调查对象都会平等对待，还会给予知过改错的机会，希望能迷途知返，转变观念，主动配合。

（2）动摇节点的应对思路

在讯问过程中，如果监察人员临场意识到出现以下情况，说明监察对象思想发生了变化，标志着监察对象进入了动摇阶段：口气不如以前强硬，意味着态度变软；讲话留半句，意味着犹豫是否继续对抗；提条件和讲要求，意味着思维已经转向；倾诉欲望强烈，意味着在寻找台阶。这说明监察人员前期工作已经奏效，被监察人员基于自己对证据信息的判断，抗拒心理逐渐削弱，产生了趋向供述想法，但在这些想法支配下的心理通常不稳定，随时可能回到原点，具有可变性与反复性。这时需要监察人员善于抓住时机，因势利导，以谈促变。

根本目的：紧扣监察对象心理因素来消除其思维惯性，改变其对抗的思维定式。

基本思路：根据监察对象的现场表现来反向寻找发生原因后，依托监察对象的认知过程，针对原因中阻却供述的各个支点定向思考消除措施，步步为营，定点清除，扎实推进，促其不再摇摆不定。

具体思路：立足监察对象的认知过程，查找其对组织调查的负面认识因素，确定其当前存在的思维障碍以及与此伴随的心理状况，决定从何入手来改造阻碍供述的心理缺陷。

具体措施：清除监察对象的认知障碍。

监察对象在违纪违法犯罪时已经“三观”错误，理想、信念丧失，置纪律与法律于不顾，不再具有正确的认知。这些人坚信权钱至上，置宗旨观念于脑后，把追求个人私利摆在人生首位，不管案发前是否有心理准备，都会把以前的错误思维惯性带到讯问当中来。其首先会意识到组织调查会使其丧失前途、金钱和权力，身败名裂会粉碎其人生梦想，遂在“个人利益最大化”的观念驱使下，自然会把脱罪免责作为谋取私利的首要目标，普遍滋生通过拒供来否认违纪违法犯罪事实的想法，尽量不让组织掌握证据或少掌握证据，尽可能逃避纪法责任。但当其认识到不配合可能会导致更加严厉的惩罚时，便会衡量利益得失，自我调整认知，产生放弃维持既得利益的念头，转而打算尽量避免更大损失。但在信息不对称的情况下不知如何选择进退，拿不准是供述利益大，还是拒供利益大，又担心拒供可能会遭受更大损失，这时就瞻前顾后，反复权衡，犹豫不决，摇摆不定，思想冲突激烈，徘徊在供与不供的十字路口，这就是典型的思维焦虑和矛盾认知，这实际上是出现了认知失衡。这时监察对象具有供与不供两个彼此矛盾的认知，由于相互之间的不协调会使监察对象感觉到思维痛苦，造成心理上的紧张与压力，这会迫使监察对象产生减轻或消除失衡状态的念头，会增加其转变拒供思维定式的可能，这时需要监察人员通过改变监察对象认知的方式把可能转化为现实，促使监察对象认为供述对其更加有利并进而决定供述。改变监察对象认知的方法是通过加重认知失衡达到减少或消除认知不协调目的，具体步骤要循序而行。加重认知失衡须分三步展开：

第一步，改变对违纪违法犯罪行为的后果认知：再次阐明违纪违法犯罪具有严重的社会危害性，以激起监察对象强烈的罪责感；

第二步，改变对违纪违法犯罪行为的责任认知：罗列违纪违法犯罪对党和国家、社会、家庭及其个人的影响，指出其思想蜕变和行为背叛所造成的严重后果以及本人必须为此付出的代价，激发监察对象强烈的被压迫感；

第三步，改变对违纪违法犯罪的原因认知：肯定监察对象曾经为工作付出的努力及其取得的成绩，在唤起监察对象的荣誉感后，突然指责监察对象追逐私利的人生目标偏失以及走向违纪违法犯罪的不理智，正反渲染，催生监察对象高强度的心理压力，加重监察对象的认知失衡，促使监察对象因强烈的认知失衡而加大自行选择供述的可能。

消除认知不协调须分三步进行：

第一步，帮监察对象确立目标取向：通过前途和出路教育重申供述是唯一的出路，通过形势教育让其认清目前面临的问题是怎样面对现实，必须通过选择供述来改过自新；

第二步，改变对供述的代价认知：明确主动讲清问题会因态度好而受到从宽处理，自己会通过组织照顾而现实受益，可以避免对自己的更大贻误，还能减轻社会危害和对家庭的拖累，这样会受到组织肯定和社会及家人的欢迎，反之必将落个从严下场，不但将被社会唾弃，而且还会加重对家庭的拖累和影响，这势必会造成其终生悔恨。

第三，改变对供述紧迫性的认知：指出时间是检验其态度的重要标尺，拖得越久证明其主观恶性越深，证明其越不值得被组织挽救，越加大失去从宽机会的可能；解析双方关系的实质，阐明要求其尽早主动讲清问题不是单纯让其自证其罪，也是让其通过配合来具备从宽处理的条件，越早做到越能证明其态度较好，组织上已经表明了希望其能够得到宽大处理的愿望，监察人员与其不是对立关系，而是其要依靠的对象，越快与监察人员建立互信基础，就越容易加大取得组织认同的可能，越早使组织放心，自己和家人安心。

在这三项说服规劝工作基础上，监察对象一般会减轻或消除认知不协调，通常会按照监察人员引导的方向不断调整自己的思维朝向，最终会因与监察人员目标趋同而选择供述。

4. 控局之道

监察人员要善于谋算每一步的具体讯问措施，就像棋手一样精心对待自己布下的每一步招式，以有效掌控讯问局面。

在掌握监察对象心理认知基础上充分分析监察对象的心理诉求之后，在“心理施压、情感感化、指明出路”过程中对监察对象实施有效心理强制，限制监察对象任意思维的空间，实现对监察对象的全程思维牵引，是有效掌控讯问局面的常用办法。使用这种办法的关键是对监察对象实施全程思维牵引。监察对象在讯问中会根据可获取的一切信息进行“理性判断”，不断衡量供与不供的利弊，琢磨在何时供述利大于弊，这种内心的冲突会形成贯穿讯问全程的监察对象心理变化轨迹，在讯问各个阶段利用思维牵引实现对监察对象的心理限制，则能做到对监察对象的全程思维规制。

第一，事实角度的思维牵引。一般情况下，监察对象开始会不相信违纪违法犯罪行为已经暴露，即使知道部分暴露也不情愿全部事实被揭露，其思维基点就是考虑怎样通过否认来逃避责任。这时如何让监察对象相信纪检监察机关已经掌握了其部分违纪违法犯罪事实和证据，成为实施思维牵引的关键，解决的办法是进行证据推销。

因为证据才是具有内在强制力的思维牵引工具，只有让监察对象意识到纪检监察机关确实掌握了其相关违纪违法犯罪证据，才能让监察对象建立内心确信并开始考虑如何寻找出路。思维牵引的第一步就是反向思考监察对象为什么极力否认违纪违法犯罪事实，并有效使用证据打破监察对象的疑虑。前面已经讲过，证据包括现实证据和虚拟证据，通过合理使用证据来摧垮监察对象“求无”思维的基点，不陷入事实有无的争论，而以证据说话，推翻监察对象强调的不存在违纪违法犯罪事实理由，才能让监察对象出现事情败露的错觉，慢慢相信已让纪检监察机关抓住把柄既成事实。

第二，出路角度的思维牵引。监察对象只有在确信事实败露的前提下才能开始考虑出路问题。这时监察对象的思维焦点是如何选择被指明的出路，这需要监察人员反向思维监察对象围绕思维焦点可能衍生的关注点及其关注角度，在此基础上向监察对象解疑释惑，帮助监察对象排除阻碍供述选择的不利因素，逐渐把监察对象的思维聚焦在下决心选择主动交代上面。解决的办法是换位思考，站在监察对象角度和处境思考问题，思索监察对象考虑什么、顾虑什么、会怎样进行分析判断、会如何做出选择决定，这时特别需要监察人员坚持问题导向，把这些思考细化为解决具体细节问题，比如帮助监察对象解析否认的后果，帮助监察对象分析否认所带来的压力承受限度，帮助监察对象比对开口说话与保持沉默的利弊，帮助监察对象分析否认事实或说出真相的后果，帮助监察对象比较讲全部或说部分的责任等。通过利益指引和利弊衡量，把监察对象的后继思维陆续牵引到监察人员设定的指向上来，通过压缩监察对象任意思维空间，把监察对象的思维局限在思考如何主动供述这一点上。

第三，措施角度的思维牵引。大多数监察对象一般不愿主动供述，为了促使监察对象尽快主动交代，需要花费大量精力和制定有力措施。这些措施与监察对象表现的关系是否认与反否认的对立关系，是双方思维逆反的表现。虽然讯问办法千变万化，但一般能被归结为针对解决四个环节问题的措施，即考虑怎样增加监察对象的压力体验、怎样合理增减监察对象的后果感知、如何提高监察对象的供述愿望与如何打破监察对象的否认和对抗。常用的应对措施有：纪法教育法、情感交流法、案例提示法、风险提示法、人文关怀法、正面肯定法、心理置换法、错觉讯问法、注意力分散法、证据慑服法、心理弱点讯问法、利益需要讯问法、定向攻击法等。落实这些措施的基本步骤是：

一是直接告诉监察对象其已因违纪违法犯罪而成为调查对象，指明监察对象的出路。

二是正面提出监察对象应该怎样面对组织调查的具体要求。

三是展开讯问主题，对监察对象进行说服规劝、证据威慑，弱化监察对象的对抗意志，软化监察对象的态度，减少监察对象阻碍供述的心理障碍。

四是抓住监察对象的思维关注，批驳监察对象的借口，克服监察对象的异议，抑制监察对象的消极情绪，清除主要心理障碍，提供唯一的出路。

需要注意的是，以上措施是在逆向分析监察对象思维指向基础上制定的应对方法，具有定点清除的功能。在落实这些措施的基本步骤中，要根据讯问现场情况，综合运用这些讯问方法，而不是单独使用各个方法。

5. *扭局之计*

监察人员要具有由守到攻和变被动为主动的综合能力，这是破局的关键。体现这些综合能力的基本思路与应对措施有：

第一，增强讯问的有效性。心理强制是讯问对话的本性，留置是这种强制的外在条件，证据是这种强制的内在根据，讯问方法是实现这种强制的载体，增强讯问有效性的唯一方法是在讯问对话中实现心理强制。上述措施都是能在讯问对话中实现心理强制的有效办法，因为这些方法都是立基于双方思维逆反和对抗，具有较强的针对性和强制性。比如，为了消除监察对象对组织调查的憎恨、厌恶情绪而采取情感刺激法，为了照顾监察对象的利益权衡而采取顾虑消除法，为了驳倒监察对象的理由而采取驳斥法等。

第二，及时捕捉临界心理，果断出招，精准推进态度转变。监察人员在综合运用证据威慑、情感感化、纪法教育、说服规劝等讯问方法后，监察对象的心理防线一般会逐渐动摇，侥幸与抵触心理渐渐缓和，但侥幸与犹豫心理依然存在，观望与矛盾心理迫使监察对象进入利弊权衡的紧要关头，这时极有可能出现供述的临界心理和思维转向。需要监察人员做的工作是：逆向打破监察对象的拒供思维惯性，使监察对象产生交代可能比不交代更有利的想法，逼迫监察对象把注意力开始向供述方面转化，迫使监察对象增强转化的趋向性；抓住监察对象心境复杂和焦虑的契机，逆向消除监察对象残存的侥幸与畏惧，防止出现趋供动机的可变性；抓住监察对象思维冲突焦点，逆向解除监察对象的戒备意识，扩展监察对象的心理外现程度，利用外显性判断监察对象的心理状态和思维现状，为捕捉临界供述心理做好准备。最关键的一点，就是针对通过逆向思维所感受到的监察对象思维冲突和矛盾心理，以明确、具体的临场回复正面回应监察对象疑虑，以确切的答案消除监察对象残存的顾虑，这需要一个“短平快”的讯问动作，“因势利导，巧施压力”便可以做到这一点。具体讲，监察人员要给予及时引导，要给予耐心的解析和可观的分析；对具有摇摆不定表现的监察对象，要晓以利害，边教育边安抚，帮助监察对象端正认识；对具有讨价还价表现的监察对象，要在纪法和政策允许范围内视情况予以满足，即使不能满足也要现场解释清楚和讲明道理，尽量做到少斥责多劝导，在保持合理限度的压力下少打多拉，争取以教育挽救的诚意与具体的人文关怀促使监察对象心理和思维向良性转化。

具体思路是：

第一，巧用暗示。主要是使用隐含、比喻、双关、肢体语言等暗示，只要监察人员能在谈话中呈现出与案件事实或证据相关的内容或情节，就可能对监察对象形成瞬间思维冲击和心理撞击，迫使监察对象现场交代。

第二，巧用“超前反馈”现象。这里所讲的“超前反馈”，是在讯问过程中，监察人员没有向监察对象有意识地灌输具有某种特定的内容信息之前，监察对象会按照某种特定的信息内容超前准确地予以反应。这种情况一般出现在案件调查的特定阶段。当被监察人员对讯问意图毫不知情时，其会通过监察人员某些语言或举止下意识地对相关案情隐秘或细节做出“先知先觉”反应。这时如果监察人员眼光敏锐的话，可以趁势抓住疑点发问，步步紧逼，穷追到底，使监察对象无躲闪回避余地，不得不交代问题。比如，在讯问之初，监察人员在企图问清监察对象家产时，随口问及你现住的房子在哪个小区？你现在开什么车？监察对象可能会下意识地想到这些都是受贿所得，猜测可能问题暴露了，立马表现出不安和焦虑，情绪变化明显，这时监察人员如果现场意识到这一点并即时逼问的话，极有可能逼迫监察对象现场交代受贿行为。

第三，抓住各种“突然”现象。监察对象在违纪违法犯罪后，通常会突然冷静下来，在畏惧责罚、逃避责任的思维驱动和心理支配下，会出于保护自己和防御调查的本能而极力查找作案中的疏忽或遗漏，销赃灭迹的同时考虑怎样更深地隐藏自己，企图瞒天过海。在做好准备以后，会不自觉地把认为不会暴露的自信带入讯问阶段，极尽否认之能事。这时如果监察人员获知了监察对象某些有悖常理的异常举动或相关信息，并进行突然追问，就有可能迫使监察对象供述。例如，某监察对象被留置后拒不供述违纪违法犯罪事实，双方陷入胶着状态，但当监察人员突然获知监察对象案发前以他人名字办理了一张手机卡，通话对象全是与该监察对象所在国有公司有业务关联的私营公司老板，这些老板全都不在调查视线内，而且监察对象是在秘密状态下使用这部手机，除其之外周围同事与亲朋好友无人知晓这个手机号码，监察人员觉得蹊跷，认为其中可能存在问题，就问监察对象：“你在公司已经有了两部手机，为什么突然又办了这个号码？”“和你通话的这些老板与你是什么关系？”监察对象感到非常惊讶，立马反问：“你怎么知道这个手机号码？”经过交锋，监察对象交代接他电话的这些老板都是向他行贿的人，当他闻听风声紧张时，悄悄借用他人身份证办理了这张手机卡，并使用这部电话与那些行贿人订立了攻守同盟。

6. *收局之训*

监察人员要具有审讯智慧和敢于临场决断的勇气，能够抓住稍纵即逝的机会，当机立断，就像收拢渔网一样，鱼虾不留，挖透职务违法犯罪行为，不给监察对象侥幸逃避责任的机会。

在讯问收局阶段，需要继续强化监察对象趋利避害心理，稳固既有讯问态势，敦促监察对象继续供述，防止监察对象少供或翻供。

监察对象在交代部分违纪违法犯罪事实后，开始担心即将承受过重的责罚，可能会开始新一轮的利益衡量，在权衡利弊思维惯性驱使下出现对选择供述的怀疑，在表面悔过的情况下出现对宽严相济政策的不相信，进而尝试修复已经被突破的心理防线，准备弱化供述动机。这时监察人员不要盲目乐观，而要阻击被监察人员的思维异常，进一步强化其趋利避害的思维取向和心理趋向，以此前破损的心理防线为通道长驱直入，继续在情感上冲击其心灵，在事理上强调反悔或不彻底交代的严重性，阻止监察对象出现任意思维，把其心理限定在彻底交代的掌控范围内。具体思路：

一是逆其思而言之。继续运用宽严相济政策加深监察对象对坦白从宽的理解，稳固驱使监察对象供述的心理驱动力，要以明理说教方式让监察对象认为这是真正在为其指明出路。在这个时候，相当多的监察对象会问“像我这种情况一般会被判几年？”“我都听你们的话交代了，会受到什么处罚？”等，这时监察人员一定要意识到这都是实质性的问题，回答不好会把后续的讯问搞砸，最好的回答是“那要看你的态度”之类的话；如果监察对象提出“再给我点时间考虑一下”，监察人员一定要当场拒绝，最好的回复是“我们已经给你很多主动交代机会了，再不把握好就会错过时机”这类话，这样可让监察对象感到时间紧迫，产生继续供述的冲动。

二是运用体面语言。尤其是对那些已经交代但还没有完全做好接受责罚思想准备的监察对象，监察人员要依据通过接触所掌握的监察对象思维状态和心理反应，依据从其生活和工作背景以及对世态度中所体现的信仰、价值观等重要信息，来设计具有针对性的语言，让监察对象感觉这是在给其体面，以真诚指路来帮他的方式催促继续交代。事关这些方面的言语就是体面语言，这些语言顺应监察对象的思维，能够触及监察对象的心理，能够以温暖方式让监察对象感觉到组织的人文关怀，进而促使监察对象彻底放弃对抗。比如，可以运用合理化思维，站在监察对象角度分析拿人钱财具有一定的客观性，以同情的语气讲出来，就正好讲到监察对象心坎里，向其传递了组织上理解其当初犯错的信息；如果监察对象流露出对伙同其受贿的特定关系人的不满以及对行贿人送钱的烦恼，监察人员就要根据事实状况有分寸地把过错部分归及特定关系人或行贿人，让监察对象内心的愧疚感得到一定的释放，帮助监察对象减小罪责感；另外，在讯问中，监察人员应尽量使用“错误”“偶然”等刺激性较小的词语，避免直接使用“腐败”“故意”等会激起强烈反感的词语，就会在无形中让监察对象不再专注或纠结于自身行为。以上这些做法，通过减弱行为严重程度，避免了监察对象对后果的持续关注，让监察对象降低了对拒供利好结果的期待。

三是关注监察对象心理容量的有限性。最完美的讯问结局是巩固住既有成果，并让监察对象认错悔过。进入供述状态的监察对象由于思维被控制，思维会聚焦在不自觉地考虑交代后的结局，担心不能承受交代后的责罚，而依然有可能再次陷入权衡利弊的思维冲突中。这个时候无论出现有利于哪一方面的信息干扰，都可能对监察对象的态度选择产生重大影响，因此，这时控制信息干扰势必成为首要任务，特别是要防止出现监察人员讯问方式不当。在实践中，经常会出现由于监察人员认为大事已成，放松了对言语、神态及举止细节的要求，结果因为一句不恰当的话就成为干扰信息，把之前好不容易建立起来的心理接触完全破坏。因为在这一个阶段，监察对象特别需要来自讯问人的理解同情，如果讯问信息顺应了监察对象此刻的心理需求，其就会进一步产生信任感和托付感，讯问就会朝着更加有利的方向发展，否则相反。所以这个时候，监察人员应该时刻注意监察对象心理变化和思维倾向，知道其在想什么、担心什么、需要什么，以此来控制自身，避免产生干扰信息。

二、逆向思维的微观运用

以上讲的是怎样从总体上运用逆向思维，下面我们接着讨论如何运用逆向思维处理讯问中的细节问题。

（一）奠定违纪违法犯罪已经暴露的讯问基础

通过讯问实践可知，违纪违法犯罪已经暴露与屈服于监察人员的威信作为明暗两条线相得益彰，始终左右着讯问进程。因此，奠定讯问基础要做的工作就是在讯问之初让监察对象尽早认为事实已经败露，并在监察对象面前逐步树立威信。

讯问是一个从无到有、无中生有的审讯过程，成功的基点就是运用逆向思维让监察对象产生心理误区，使其内心确认违纪违法犯罪事实已经被揭露。监察人员如果要做到这一点，必须处理好以下细节问题：

1. 针对监察对象的认知进路逆向思维

一般情况下，监察对象确信事情败露需要经历怀疑是否真的暴露、认可部分暴露、确认全部暴露三个思维阶段。监察人员为了奠定讯问基础，必须针对监察对象这些思维朝向，逆向考虑怎样通过信息交流达致目标。

基本思路：尽量把确证信息和虚拟信息更多地输入监察对象脑海之中，使监察对象从最初的正确判断（事实尚未暴露或尚未被掌握确凿证据）逐渐对自己的正确判断产生怀疑，最终消除心中怀疑，去除内心的不确定性，达到对确实暴露的内心确信程度，从而主动交代违纪违法犯罪事实。

具体办法：

遵循监察对象心理渐进转化和思维渐进转变的自然规律，不急于求成，按部就班地以坚定语气，循序渐进地抛撒早前编程的信息；尽早告知监察对象相关纪法规定，特别是告知“有如实回答的义务”“宽严相济的政策”“立案层级汇报制度”等，通过强调对其立案并留置是经过集体讨论、领导同意、上级机关批准等程序，是依据其违纪违法犯罪事实和证据采取的组织措施，以证明事情败露是无须争论的事实。考虑与虎谋皮的后果，回避与监察对象讨论违纪违法犯罪事实，避免暴露破绽和漏洞。捂紧底牌，运用讯问技巧无限放大底牌的效用，使监察对象产生事情败露的错觉。

妥当处置不同对抗形式的监察对象：对软抗者，尽量维护信息交流模式，控制讯问局面，顺势导入讯问的实质性阶段；对硬抗者，先耐心说服其冷静下来，将其拉回正常交流的状态中，如果对方不听劝告，就正面指控将其制服；对以沉默硬抗者，不可以暴治粗，以免陷入更深的讯问僵局，最好是因势利导，制造宽松环境，把其思路引导到有问有答的轨道上来，打破沉默气氛。

2. 树立监察人员威信

采用说服式监察人员讯问方式：具有信心、耐心和恒心，具备诚恳、善于交流、换位思考的态度，适度尊重对方，因人而异地设定讯问话题，善于消除交流障碍，注意举止，免用忌讳言语，特别是忌用罪名或恐吓语言。

综合发挥临场应变能力：尽量捕捉更多的现场信息，充分发挥联想，相信临场直觉，注重现场感受，即时分析判断；充分发挥逆向思维功能，保持随机应变的敏感性。

（二）寻找讯问突破口

基本思路是从监察对象心理上做文章，根据现实证据和虚拟证据的编程情况，在不断现场捕捉监察对象兴趣点的基础上，更多地设置有针对性的话题，在与监察对象的对话中寻找其思维软肋或心理弱点。

通常的切入点：从解释案发原因切入主题，关键是要告诉监察对象纪检监察机关是根据已掌握的证据才找上他；从讲解行业、系统或区域“潜规则”切入主题，影射监察对象已无隐瞒必要；从揭露“关系网”“朋友圈”“保护伞”切入主题，间接告诉监察对象其已经被人出卖，造成他人在配合调查的错觉；针对监察对象履历深入主题，特别要突出监察对象职权和职责，给监察对象造成已被锁定违纪违法犯罪范围和已被圈定违纪违法犯罪严重程度的假象；从监察对象家庭资产切入主题，通过分析其正常收入和支出实况，暗示监察对象已被卡住命脉；针对违纪违法犯罪造成的后果和损失，逆向陈述事件发生经过，提示监察对象已被调查清楚。

一般的寻找方法：从交流抚养中天下父母的含辛茹苦切入，激发监察对象的悔改之意；从交流工作的艰辛切入，强调违纪违法犯罪的无奈，激发监察对象的认同感；从推卸责任和世道不古切入，强调环境对违纪违法犯罪的影响，以降低良心谴责方式，减弱监察对象的抵触情绪，激发监察对象的交代冲动；从讲政策、指出路、给希望切入，引导监察对象走向供述，以案例影射，适度介入案情，在与监察对象讨论感受中寻求突破；预测哪些是监察对象最关心的事或最害怕的事，从预判的情节切入，利用信息撞击寻找突破口；从家庭收支切入，利用初核信息细节，举重若轻，从监察对象解释不清或不情愿解释的现实表现中寻求突破口；通过案例解析正反两方面的经验或教训，放大他人教训的沉重，从监察对象的临场反应中寻求突破。

（三）遏制监察对象积极抗谈

监察对象在讯问中经常采用直接否认、给出辩解、讲出谎话三种方式来否认违纪违法犯罪事实，这时候需要监察人员反向施压，遏制监察对象积极抗谈的信心。需要处理好的细节是：认真分析监察对象表达否认的程度和方式，逆向思维之所以这样的原因，采取妥当的方式予以化解。

1. 应对直接否认的思路

鉴于那些持续重复式否认的监察对象是想通过不断否认来打压监察人员信心，思维终点是阻断讯问，监察人员此时需要根据以往的讯问经验，机敏地意识到监察对象即将要说“我没问题”这样否认的话时，果断在其尚未讲出后半句否认性语言之前，立即打断其陈述。或者继续沿着监察人员的原话题思路继续讲下去，或者当即切换新的话题，阻断监察对象的思路，堵退监察对象说出否认的话来。

对于那些暂时搞不清固执否认原因的监察对象，监察人员首先要反省正在进行的话题是否适合监察对象的“胃口”，必要时要根据具体案情进行分析，结合监察对象的临场心理反应和思维倾向，重新定位主题，切入监察对象认可或感兴趣的话题，继续进行交流；接着分析监察对象临场否认的语气为什么这样强硬，努力从转换监察对象否认形式上下功夫，为保险起见，最好采取以退为进的方式，先从弱化监察对象的否认语气下手，尽量维持能够交流的讯问局面，再继续观察或体会是不是因为心理施压远没达到预期效果，以在后续的讯问中寻找对策。比如，监察人员可以这样讲：“事实总归是事实，不承认抹杀不了这些客观存在，可能由于时间太长了，你确实想不起来，这不要紧，我们给你时间回忆，想起来再说。”这一退招自然就能阻断监察对象的思路。

2. 应对辩解的思路

总体思路是对能够予以反驳的辩解继续跟进，对一时难以说服的辩解马上转换话题。

对针对某些事实提出的具有特定含义的辩解，比如把利用婚丧嫁娶、乔迁升学等机会敛财辩解成正常的人情往来，监察人员要根据这些辩解判断监察对象可能存在不正当往来，同时迅速寻根问底，探明哪些情节中隐藏着“故事”。

对于那些一时难以辩驳的辩解，监察人员应当及时权衡正在进行的话题是否切中监察对象心理要害，最佳的对策是轮换话题，重新选择别的主题，继续从监察对象“感兴趣”的话题中寻找心理突破口。

3. 应对说谎的思路

总的思路是利用矛盾直接揭露，或者鼓励监察对象继续说谎后再予揭露。

关于直接揭露有两种思路：一是利用已经掌握的证据、信息以及违纪违法犯罪规律直接予以揭驳；二是通过反复追问，逼着监察对象自我暴露。

（四）调节监察对象消极抗谈

迫使监察对象产生退缩心理是讯问初期的施压目标，但当目标实现以后，特别是在某些讯问的关键时刻，又要防止出现物极必反现象，避免监察对象陷入彻底退缩状态中。在这种情况下监察对象的思维状况是：已经感受到所有争辩都遭遇阻击，任何说服讯问人的企图已经成为梦想，其在心理、行为、言语上开始拒绝与监察人员沟通；或者在思想上逐渐滑向封闭；或者已经预见到最终的结局后把心思更多地专注于后果，基于对后果的恐惧而出现思想空白，什么都听不进去。这时监察人员要缓解讯问压力，贴近监察对象，及时转换话题以吸引监察对象的注意力，尤其是在意识到监察对象处于供述临界点时，注意采取提出反问或进行重复提问方式，逼迫监察对象对其中任何一个反问或追问做出“是的”简单回应，争取换回退缩的转机。

（五）获取监察对象的信任

基本思路是：针对监察对象暴露出来的抵触情绪，采用说服、鼓励、倾听、人性化讯问等方式，争取形成融洽的交流、合作关系。

（六）突破监察对象供述临界心理

总体思路：当监察对象出现顺从迹象时，及时提出两难性选择问题，敦促监察对象做出抉择；必要时亮出最后通牒，做出让监察对象回应的时间限制。

（七）敦促监察对象持续供述

总体思路：在控制供述节奏前提下，秉承鼓励的讯问策略主线，鼓励监察对象连贯供述，深化违纪违法犯罪细节。

对犹豫不前的，要采用下列思路予以推动：一是鼓励其从情节较轻的违纪违法犯罪事实开始连贯讲下去；二是建议那些欲言又止的监察对象变换一下思路，或按照违纪违法犯罪发生顺序继续回忆全部事实，或从供述最后一次违纪违法犯罪倒推回忆全部事实，或以其最害怕暴露的事实、其记忆最深刻的事实为中心，进行前后串联式回忆；三是加强感性刺激，以果断出示证据击退其退缩心理；四是利用监察对象交代出的“鸡毛蒜皮”倒逼其交代核心问题。

对时供时翻的，要采取的思路是：从主观上加强说服教育，强调先供述、主动供述的好处；从客观上及时反省监察人员自身讯问方式失误，适时出示证据，及时阻止因暴露底牌而导致翻供的事态继续恶化。

第五章
监察人员讯问方法与监察对象应讯方法

第一节　监察人员讯问方法概述

一、监察人员讯问方法的概念及特征

（一）监察人员讯问方法的概念

监察人员讯问方法是指监察人员为了达到讯问目的而采取的途径、步骤和手段。

（二）监察人员讯问方法的特征

全局性：讯问人对讯问具有深刻见解，与所有为了达到讯问目的而采取的途径、步骤和手段都能联系得上；所制定的途径、步骤和手段都能指导自己的讯问活动。

合法性：讯问人在制定讯问方法时必须符合相关法律规定，一切讯问活动都要以法律为依据，不得享有法外特权，全部违法讯问都要承担相应的法律责任。

技巧性：讯问人为了达到讯问目的而采取的途径、步骤和手段都能体现出讯问人的讯问技能。

综合性：讯问人为了达到讯问目的而采取的途径、步骤和手段具有整全性特征，对监察讯问中可能发生或出现的阻却因素都具有针对性破解方法。

（三）监察人员讯问方法的制定

1. 做好目标分析

要把讯问目标拆分为四个具体目标：总体性目标；阶段性目标；局部性目标；适应性目标。

2. 做好目标分解

3. 对主客观条件的分析

要能预见充分；要能正确估计。

4. 周密设计、妥善施策

要能调动积极因素；要能寻找到弱点和矛盾；要能选择最佳方案。

二、监察人员讯问方法的实现途径：心理限制

心理限制是对监察对象的内心进行限制，是指监察对象的思维受到强制性的限制和制约，失去了任意思维的可能。大家知道，正常人的思维具有思前虑后的广泛性和任意性，而被限制后的思维则只能按照监察人员指定的方向进行，没有了广泛性和任意性，这种被强制的心理状态有利于监察对象依照监察人员的指令主动供述自己的违纪违法犯罪事实。

根据心理学的基本原理，监察对象面对讯问时，总是存在一种强烈的心理防御机制。心理防御机制是弗洛伊德提出的心理学名词，是指因自我对本我的压抑而产生的一种全然潜意识的自我防御功能。防御是一个十分重要的精神分析理论概念，在人格结构中属于自我的功能。自我在觉察到来自本我的冲动时会以预期的方式体验到一定的焦虑，并尝试用一定的策略阻止这种焦虑，该过程就是防御。防御是自我用来驱赶意识到的冲动、内驱力、欲望和想法的机制，对监察对象来讲主要是针对能引起个体焦虑性的欲望和攻击性，一般来说是在潜意识里进行的，监察对象不会意识到它在发挥作用，故监察对象的个体防御机制运作水平不同会导致不同的结果。心理防御机制是指监察对象面临挫折或冲突的紧张情境时，在其内部心理活动中具有的自觉或不自觉地解脱烦恼、减轻内心不安，以恢复心理平衡和稳定的一种适应性倾向。防御机制产生的机理：当自我受到超我、本我与外部世界三方面的胁迫并难以承受胁迫压力时，会产生焦虑反应，促使自我用一定方式调节冲突、缓和三种危险对自身的威胁，即既要使现实能够允许，又要使超我能够接受，也要使本我有满足感，这样的机制就是防御机制。防御机制的具体表现形式分别为：压抑、升华、替代、否认、反相作用、理智化和投射。

压抑是最重要的防御机制，它通过自我的积极努力，把那些有威胁的内容排除在意识之外，或使这些内容不能接近意识。也就是说，监察对象把主动供述的讯问要求作为具有现实威胁性的内容，通过压抑的排斥作用，努力把这种讯问要求排除在意识之外，或努力使这种讯问要求不进入意识之中。压抑发生防御作用的机理：其是一个需要自我持续消耗能量的稳定、主动的过程，压抑通过压制大量强烈的想法和冲动使自我没有剩余能量可以运作。也就是说，监察对象通过压抑主动交代的想法和冲动，使其没有剩余能量来运作主动交代，压抑的适用会影响自我功能的发挥。

与压抑不同，升华意味着自我本身的创造力，升华使用得越频繁，自我的创造力就越强。在升华的作用下，监察对象自我把危险的无意识冲动转化为社会认可的行为，这是唯一能为监察人员利用的防御机制。

与升华一样，替代可以把抗谈拒供的冲动导入一个无威胁的目标物，不同的是替代性冲动不会带来监察人员的认可。例如，监察对象在遭受到心理强制后，无意识中会产生愤怒，如果向主审人员发泄愤怒不会被接受或有危险，那么监察对象可能会把怒气指向副审人员。虽然这种做法会带来其他问题，但向威胁较小的人发怒，可以避免不被接受的想法被意识表达出来。

当监察对象运用否认时，只是否认接受某些违纪违法犯罪事实的存在。与压抑不同，否认不意味着忘记，而是坚持某些违纪违法犯罪事实不是真实的，尽管所有证据皆表明那是真实的。例如，存在严重违纪违法犯罪行为的监察对象在讯问中表现得好像很无辜一样，其在讯问攻势面前一再告诉监察人员自己无罪。对这样的监察对象而言，与痛快地承认自己的严重问题相比，这种假装更能使监察对象接受。因此，否认是防御的一种极端形式，否认的越多，与现实的接触越少，主动交代的心理机能的运作就越困难，在通常情况下，监察对象的自我宁愿求助于否认，也不让主动交代的想法到达意识。

在运用反相作用时，监察对象会按照与无意识欲望相反的方式行动，以躲开可怕的念头或欲望。例如，当监察对象反复告诉监察人员其多么愿意接受法律的制裁时，他其实是在隐藏无意识中对法律的强烈憎恨。

对可怕的无意识念头进行自我控制的方法是在它进入意识之前去掉其中的情感内容，即理智化从事。使用非情绪的理智方式考虑问题，可把原来困难的想法带入意识而不感到焦虑。例如，监察对象可能把抗谈拒供固化为意识而没有焦虑感。

有时候监察对象会把一种无意识冲动归于别人，而非自己，这种防御机制就是投射。投射作用就是监察对象依据其需要、情绪的主观指向，把自己的特征转移到他人身上的现象，其实质是监察对象根据自己身上所存在的心理行为特征，推测在他人身上亦同样存在。这种机制可以保护监察对象个人内心的安宁，但会影响监察对象对谈话的正确观察和判断。例如，使用投射防御机制的监察对象内心憎恨监察人员，却疑神疑鬼，无中生有地说监察人员整治他。

从以上分析可以看出，监察对象的防御机制既包括积极因素，又包括消极因素。积极因素不仅是监察对象进行自我保护的手段，也是监察人员利用方式的防御机制，具体而言就是升华机制。升华本指被压抑的不符合社会规范的原始冲动或欲望用符合社会要求的建设性方式表达出来的一种心理防御机制，这成为其在讯问中被用作改变监察对象心理容量手段的理论基础。消极因素是指仅能成为监察对象自我保护手段且不能为监察人员利用的心理防御机制，具体而言，是指压抑、替代、否认、反相作用、理智化和投射。压抑本指有选择地把引起个人冲突和紧张体验的记忆排斥于意识之外，弗洛伊德认为被压抑的记忆转入了潜意识，常以伪装的方式出来活动，压抑的这种特性会使监察对象选择性地把主动供述排斥于意识之外，增强了监察对象抗谈拒供的心理顽固性和讯问识别上的难度。否认本是一种较为原始和简单的防御机制，方法是借着扭曲个体在创伤情境下的想法、情感及感觉来逃避心理上的痛苦，或将不愉快的事情予以否定，当其根本没有发生。对监察对象来讲，否认是简单、直接的对抗讯问的方式，它在监察对象心里把已经客观存在违纪违法犯罪事实当作没有发生，以逃避心理上的刺激和痛苦或逃避监察人员的指责，获取讯问中的心理上的暂时安慰，强化了监察对象拒不供述的心理优势，增加了讯问难度。反相作用本指个体采取一种与原意相反的行动来控制内心的焦虑。对监察对象来讲，反相作用是监察对象在处理一些不能被接受的欲望与冲突时所采用的防御手段，其心理基础是监察对象内心不主动供述的欲望难以被监察人员接受，监察对象为了应对监察人员，假装以态度好的方式“诚恳”地否认违纪违法犯罪事实，这无疑增大了对监察对象应讯心理的鉴别难度。理智化本义指可怕的东西进入意识之前其情感内容已被抹去。对监察对象来讲，抗谈拒供的情感装饰在讯问中已经被去掉，只剩下坚硬的拒供内核，这无疑加大了改变监察对象心理的难度、增加了讯问的复杂性。投射一般会加重监察对象的心理怀疑，增进监察对象的心理不稳定程度，持有投射防御机制的监察对象通常较难信任监察人员。

在所有的心理防御机制因素中，升华不仅是监察人员企图改造的对象，也是唯一能被监察人员利用的防御机制，其他因素都是监察人员试图改变的对象。根据人格心理学知识，压抑和否认属于逃避性的心理防御机制，替代属于代替性的心理防御机制，反相作用和理智化属于自骗性的心理防御机制，投射属于攻击性的心理防御机制，升华属于建设性的心理防御机制。从监察人员角度考虑，从有用性层面分析，压抑、替代、否认、反相作用、理智化和投射都是讯问中的负面因素，是监察对象主动供述的阻却事由，而升华则是正、负面因素兼有的混合事由。讯问的任务就是祛除或减少这些负面的阻却事由，而欲达到这个目的，还得从改变监察对象的心理防御机制结构着手。具体来讲，就是利用升华的正向机能抑制阻却因素，弱化或消除监察对象压抑、替代、否认、反相作用、理智化和投射等心理防御机制的作用，想方设法使负面因素向正面因素转化，尽早催生主动供述动机，产生交代心理，以尽快促成主动供述行为，这就是所谓的心理限制。心理防御机制是监察对象在受到被监察立案或被监察留置的不利刺激时恢复心理平衡的自我调整，而心理限制则是对恢复监察对象心理平衡的外部力量调整，监察人员可以根据所掌握的人格心理学知识和依据临场观察到的监察对象表现，对监察对象的临场表现予以心理学意义上的鉴别。鉴别的目的是打好对监察对象心理限制的基础。

三、讯问步骤

根据心理学原理，人的动机决定人的心理，人的心理外现为人的行动。讯问是一个由表及里和由里及外的双向实施过程。所谓由表及里，是指讯问是依据监察对象言行判断其心理活动特征，进而鉴别其动机倾向的思维过程；所谓由里及外，是指讯问是一个历经动机矫正、心理治疗和行为整治的行为过程。

从监察人员角度观察，讯问是由两个线性活动组成的双向性过程，是一个起始于监察对象言行而又止于监察对象言行的封闭圈。在这个封闭圈中，监察对象言行、心理、动机三要素的不同顺序组合，决定了监察人员的思维走向和行为方向。其中，由表及里的思维活动是讯问得以进行的前提，由里及外的行为活动是讯问得以精彩展开的基础。所谓“听其言，观其行”讲的就是监察人员判断监察对象应讯动机的思维过程；所谓“晓之以理，动之以情”说的就是监察人员对监察对象实施心理限制的行动过程。这两个过程组合起来就是完整的讯问过程。

所谓由表及里的思维过程，起于监察对象应讯言行，中经监察对象应讯心理，止于监察对象应讯动机，实质是监察人员借助监察对象应讯言行对监察对象应讯行为的概括和间接的反应过程，这种反应过程以对监察对象应讯行为的感知为基础，同时又超越了感知的界限，目的是探索和发现监察对象应讯言行与监察对象应讯心理、监察对象应讯动机之间的本质联系和规律性。这种探索方法以监察对象言行为载体，以透过现象看本质的逆向思维方式，来发现监察对象应讯言行与监察对象应讯心理、监察对象应讯动机之间的本质联系和规律性。探索这种本质联系和规律性，应当注意监察对象言行与监察人员思维之间联系的密切性。言行是监察对象与监察人员交流的工具，也是监察对象思想的直接实现，这些言行的意义就是监察人员思维的内容，这种思维是围绕着监察对象言行所体现的确定性意义与内容进行思考的心理现象。

这种作为心理现象的思维具有以下特征：（1）概括性：在讯问中过程中，监察对象言行作为概念进入到监察人员头脑，形成了具有判断意义的确定性内容，监察人员通过对这些确定性内容加以分析、综合、比较，从中抽象出监察对象的心理本质特征和属性，再加以归纳后概括出监察对象的心理状态，最后经过整理判断出监察对象的应讯动机。（2）间接性：即监察人员凭借前见、知识、经验等对监察对象的应讯言行进行的间接反应，这种间接反应表现在监察人员的思维凭借知识经验，既能对没有直接作用于感觉器官的监察对象心理和动机及其属性或联系加以反映，又能对根本不能直接感知的监察对象心理和动机及其属性进行反映。这种间接反应使监察人员能够揭示不能感知的监察对象心理和动机的本质或内在规律，也能在对监察对象言行认识的基础上进行蔓延式的扩展，例如，对监察对象心理或动机的假设、想象和理解均是通过这种思维的间接性作为基础的。（3）逻辑性：逻辑性特征是指监察人员的思维过程按照一定的形式、方法和规律进行。（4）深刻性：思维的深刻性是指监察人员把监察对象言行当作感性材料，在此基础上经过思维过程由表及里或由此及彼，于头脑中生成认识的突变而产生了概括，并进而抓住了监察对象言行的本质，揭示出监察对象言行、心理与动机在应讯方面的内在联系和递层体现的规律。（5）灵活性：是指监察人员思维活动的智力灵活程度，具体包括：一是思维起点灵活，能从不同角度、方向和方面使用多种方法来捕捉信息或解决问题；二是思维过程灵活，能从分析到综合，从综合到分析，全面灵活地作综合的分析；三是概括能力强，运用思维规律的自觉性强，善于组合分析，伸缩性大，思维结果往往是多种灵活而合理的结论。（6）批判性：指监察人员在思维活动中善于严格估计监察对象言行所承载的信息和精细地检查思维过程的智力品质，这种批判性特性表现在：一是分析性，在思维中不断分析把握监察对象心理和动机所依据的条件和反复验证已经拟定的假设、计划和方案；二是策略性，监察人员在待解问题面前根据自己的思维水平和知识经验在头脑中构成相应的寻求解决问题的策略和手段，并在解决待解问题中有效使用这些策略或手段；三是全面性，在思维中善于辩证地考虑监察对象言行，认真地把握和修正对待解问题的推断计划或方案；四是独立性，不为监察对象言行的表象所遮蔽，以独立的眼光或角度透视监察对象言行的本质；五是正确性，监察人员思维过程严密，推断有理，实事求是地得出相对正确的结论。（7）敏捷性，指监察人员思维过程的速度，具有敏捷性的表征是监察人员在处理待解问题过程中，能够适应当前急迫解决的问题来积极思考，正确地或迅速地得出结论。

由表及里的思维方法是：（1）分析与综合。分析与综合是最基本的思维方法。分析用于把握监察对象言行的基本属性，把监察对象应讯行为分解为应讯言行及其所反映的监察对象应讯心理和监察对象应讯动机串联起来研究，分析方法有定量分析和定性分析等；综合是把监察对象应讯行为各部分统一为整体的思维方法，旨在从整体上把握监察对象应讯行为的本质和规律。分析与综合是辩证的统一，既相互区别又相互依存，一方面分析是综合的基础，如若没有分析，思维就不能深入把握监察对象应讯行为各部分及其属性的具体规定性，当然无从综合；另一方面分析离不开综合，分析以综合为目的，如若没有综合，分析就会碎片化，不能统一为整体，难以对监察对象应讯行为各部分及其属性有确切的了解。（2）比较。比较就是把监察对象言行所体现的心理表征与监察人员经验和前后阶段的延续特点进行比对，以确定它们之间的相异或相同的关系。（3）抽象与概括。抽象就是把监察对象言行的本质抽取出来，概括就是把所抽取出来的本质属性综合起来。（4）具体化与系统化。具体化就是把抽象出来的监察对象心理和动机知识反过来适用于检验监察对象具体的言行，以鉴别所抽象出来的知识的正确程度的过程；系统化就是把监察对象言行所承载的本质相同的部分信息分成一定类别，并归纳到监察对象应讯心理或监察对象应讯动机的类别系统中的过程。通过以上论述可以看出，大家都讲讯问难，难就难在如何准确判断监察对象的监察对象应讯心理和监察对象应讯动机上。作为心理判断质料的监察对象言行是监察人员唯一可着手的切入点。

所谓由里及外的行为过程，起于监察对象应讯动机，中经监察对象应讯心理，止于监察对象应讯言行，是监察人员依据所判断或抽象出的监察对象应讯动机实施心理限制的具体行动过程。格式塔心理学认为行为指受心理支配的外部活动；现代心理学家一般认为，行为是有机体的外显活动。据此可以说，监察对象的应讯言行是由其心理支配的外显活动，而心理是由其监察对象应讯动机决定的反映状态；至于监察人员由里及外的行为过程，其实质是监察人员根据所判断的监察对象应讯动机实施动机矫正，并通过言行整治对受该动机支配的监察对象应讯心理实行治疗的意志行为。监察人员的这种意志行为具有以下特征：一是目的性，即监察人员的外显行为是一种有意识的、自觉的、有计划的、有目标的、可以加以组织的活动，是自觉的意志行动。二是能动性，指监察人员的行为是监察对象言行作用于监察人员的感官，经过监察人员的大脑思维所做出的一种能动反应，是一个能动改造监察对象应讯态度的过程。三是预见性，指监察人员的行为方式和行为结果等因有规律可循是可以被预见的。四是可度性，指监察人员的行为通过各种手段可进行计划、控制、组织和测度。这些特征说明监察人员的行为是具有明确动机目标的意志行为。

实施这种意志行为的前提，是立足于认知心理学的基本原理，致力于通过监察对象言行研究监察对象的高级心理过程，着重通过对监察对象的记忆、推理、信息加工、语言、问题解决、决策和创造性活动能力的剖析，探讨监察对象内部心理活动的规律；实施这种意志行为的基础，是遵循人格心理学的基本原理，研究监察对象独特的心理特征和应讯行为的稳定性特征，探讨监察对象人格形成的心理因素和对人格特征进行测量、评估和培养；实施这种意志行为的方式，是在社会心理学原理基础上通过研究监察人员与监察对象之间行为和讯问力量对应讯行为的控制和影响因势施策；实施这种意志行为的方法，是根据发展心理学原理，以监察对象言行作为研究对象，探讨监察对象在不同应讯阶段上的不同心理特点，进而以这些特点为打击对象，定点清除监察对象的心理障碍；实施这种意志行为的手段，是使用观察法，在讯问情景中对监察对象的言行进行有目的、有计划的系统观察和记录，并认真分析这些记录，以发现监察对象的心理活动和发展规律，然后有针对性地进行动机矫正、心理治疗和行为整治。

1. 动机矫正

在讯问过程中，监察对象开始一般具有较强的对抗讯问的意志力，在讯问攻势面前很快便缴械投降的监察对象仅是极少数。而要摧垮监察对象的抗谈意志力，通常使用的方法就是在面对是否主动供述的动机选择中，促使监察对象自身存在的期望得到从宽处理的心理需要居于优势地位，进而催生监察对象产生主动供述的动机。而欲使监察对象期望得到从宽处理的心理需要居于优势地位，就要对监察对象进行动机矫正。

所谓供述动机，是指促使监察对象主动供述的内心起因。所谓动机矫正，是指把监察对象抗谈拒供动机矫正为主动供述动机的过程。动机矫正主要是在监察对象内心起因上做文章，因为监察人员欲促使监察对象形成主动供述动机，必须要了解主动供述动机的形成条件。根据讯问经验观察，监察对象主动供述动机的形成，一般受监察对象在被留置或被讯问环境中产生的优势心理需要支配，这种优势心理需要的形成，与监察对象的心理特征与外界诱因密切相关，这就涉及了主动供述动机形成的机制问题。理论界从调查讯问的实践中总结出监察对象有如下常见的供述动机：受良心谴责，有悔罪感；期望得到从宽处理；希望摆脱激烈的思想斗争的煎熬；敢做敢当；感激调查人员对自己的公正对待；难以忍受或避免肉体上的伤害；自知无法继续隐瞒违纪违法犯罪行为；等等。以上供述动机，除“难以忍受或避免肉体上的伤害”外，其他全是动机矫正的结果。讯问实践证明，仅仅知晓监察对象存在哪些主动供述动机以及主动供述动机因素的影响力，并不能满足讯问的现实需要，还要深入探讨主动供述动机形成的机制，对主动供述动机进行动态的和系统的研究，帮助监察人员有针对性地对监察对象施压，促使监察对象正向动机的产生。

一般认为，监察对象与普通刑事案件犯罪嫌疑人的应讯反应略有不同，这是由于他们之间的文化修养和处事经历不同，从根本上讲是由于各自的心理特征和个性特点具有差异。但他们在应讯的原始动机方面是相同的，具体讲存在两点相同之处，即一是出于自我保护的人性本能而抗谈拒供，二是由于企图摆脱刑事追究而抗谈拒供。这是一个问题的两个方面，出于自我保护的本能才企图摆脱纪法追究，企图摆脱纪法追究的根本目的就是进行自我保护。在讯问初期，监察对象往往基于这两个原始动机而选择矢口否认存在违纪违法犯罪事实，在行动上表现为抗谈拒供。这时监察人员的首要任务就是对监察对象进行动机矫正。这是从心理原点去尝试解决监察对象心结问题，是讯问方法实施的第一步。

2. 心理治疗

经过动机矫正，一般情况下监察对象愿意主动供述会成为唯一或主要应讯动机。在成为唯一应讯动机的情况下，监察对象的应讯心理问题随之自然解决，外显在行动上就是能够做到主动、如实、彻底供述违纪违法犯罪事实。在成为主要监察对象应讯动机的情形下，主动供述仅仅是监察对象居于支配地位的应讯动机，还残留许多处于非支配地位的应讯动机。对监察人员来讲，这些处于非支配地位的应讯动机均是负向因素，迁延至监察对象应讯心理后，会形成阻却主动、如实、彻底供述的心理障碍，使监察对象依然不能完全做到主动、如实、彻底供述违纪违法犯罪行为，这就需要对监察对象进行心理治疗。这是讯问方法实施的第二步。

心理治疗本指用心理学理论和方法对人格障碍或心理疾患的治疗，这里特指监察人员基于心理治疗理论和相关实证研究而建立的纠正系统，以建立关系、对话、沟通、深度自我探索、行为改变等技巧来达到纠正目标的过程，实质是以建立一种独特的人际关系来协助监察对象纠正由抗谈拒供动机所形成的心态的过程。纠正心态的切入点就是监察对象存在的心理障碍。这些心理障碍一般包括：委屈、抱怨、失落、忧虑等。

所谓委屈，是指监察对象均是担任国家公职的人员，一般在接受法律调查前都曾经为党、为国家、为单位做出过一定甚至是巨大的贡献，有的为党的事业贡献了大半生的精力，取得过一定的工作成绩，在被法律调查以后，这些人心理会发生微妙的变化，首先不从自身查找违纪违法犯罪的原因，而是在被采取法律措施后产生委屈感，觉得功能抵过、功大于过，不自觉地内生抵触情绪，进而表功诿过，缺乏正视自身全部问题的自觉性。在讯问实践中，有相当一部分监察对象大谈成绩就是基于这个心理。这些人不缺乏主动供述动机，只是不愿意完全主动如实供述，主动供述一部分违纪违法犯罪事实后就急于封口，仓促表态后便再无问题可交代。这种心态通行的理论说法是侥幸心理作怪，其实不然，这不是侥幸心理，而是心觉委屈使然。

所谓抱怨，指监察对象在被组织调查以后产生的心态之一，从不同认知角度对组织、对家人、对朋友等特定对象产生的埋怨心理。关于对组织，良知尚存的监察对象会埋怨组织平时对其不严加管理，良知泯灭的监察对象会埋怨组织断其前程，从而心生怨气，情绪化应讯。前一种心态普遍存在于职务较高的谈话党员领导干部身上，后一种心态通常存在于职务较低的谈话党员领导干部身上，这两种心态的共同特点是把违纪违法犯罪首因归之于组织，但又由于长期浸淫于官场，深知对抗组织调查的严重后果，故一般不会走向彻底对立，通常主动供述一部分违纪违法犯罪事实后即刻封口，企图以供少瞒多的方式终结调查。这两种心态的产生有时还与社会体制因素有关，有些监察对象在其供职领域是专业人士，工作能力强，业绩比较突出，但由于受社会不良风气影响严重，心生杂念，不经意间走向贪贿之路，同时由于工作作风强势专断，引起部分人的怨恨和嫉妒后被告发，再加上自身不硬，经不起组织调查，从而一失足导致千古恨，此时这种人的心态会发生畸变，会首先埋怨党组织疏于管理或纪法无情。还有些业绩突出的党员领导干部由于身处污浊的局部政治环境中，坚持廉洁“站不住，立不起”后随波逐流，出事后埋怨组织不查比其问题严重的人而专查自己，狭隘地认为是组织上和其故意过不去，故心生怨恨。这两种情况下的监察对象都是平时具有一定政治素养的党员领导干部，被采取法律措施时基本的政治觉悟还未消失，也怀有主动供述以配合调查的支配性动机，但由于从心理上恨人不恨己，基于人性本能与组织上产生了天然的隔阂，也不愿意完全敞开心扉向组织交心，基本上抱着一种供少瞒多的心态应对讯问。还有些监察对象，平时秉持“双面人生”的工作和生活态度，干工作的同时不忘行贪贿之私，干工作无人能比，玩贪贿无人能及，被查后性情不改，在讯问中也表现出“双面性格”，一方面惧于纪法而主动供述部分事实，另一方面蔑视法纪故意隐瞒部分事实，对组织以怨报怨，这种人出事后对党组织和法纪一般怨恨大于忠诚，通常会主动抛出部分违纪违法犯罪事实以应付调查。关于对家人，监察对象一般会走向爱恨两种极端；一些监察对象为了干工作平时与家人离多聚少，对家人抱有愧疚感，为了报答家人的付出而走向贪贿路，这样的监察对象一般在出事后会抱怨家人当初不制止自己，但为了少牵连家人而选择尽量少主动供述，即使主动供述了部分事实，也是故意淡化家人在其中的作用，或尽量不牵涉家人，一般只主动供述自己的违纪违法犯罪事实，隐瞒与家人共同实施的违纪违法犯罪事实。有些监察对象的家人把公权视为私权，教促或帮助监察对象大肆贪贿以谋取个人利益，案发后这些监察对象有的痛恨家人当初的推波助澜和私心杂念，从而对家人心生怨恨，故意主动供述家人的贪贿事实，顽固隐瞒或尽量避谈自己参与其中，在主动供述时不承认与家人事前通谋或事后知情，通常表现为谈话中的推责诿过。关于对朋友，类似于对家人，在此不赘。

所谓失落，指监察对象在案发后，特别是在被采取强制措施后，瞬间身份发生巨变，心理顿失平衡，表现为强烈的沮丧和灰心。这种沮丧和灰心使监察对象只想着自己失去的一切，而不去考虑其他问题，而且越考虑越觉得看不到希望，对未来更加没有信心。这种状况严重束缚监察对象的思维，使监察对象思维范围更加狭窄，即使出于残存的基本思想觉悟的潜意识作用而主动供述部分违纪违法犯罪事实，也通常在“讲不清、说不透”的情况下就戛然而止，根本原因就是强烈的失落感磨灭了监察对象主动、如实、彻底供述的激情，产生不了“竹筒倒豆子”的冲动。讯问实践证明，监察对象职级越高在被讯问中的失落感便越强，特别是那种“出师未捷身先死”类型的高级党员领导干部。因为这种人平时视政治生命高于一切，一旦沦为阶下囚，现实心理便接受不了，需要很长时间的心境平复期，但在心境未平复前，其心态貌似平静，实则汹涌澎湃，其所贪恋的是往昔的职位荣耀和事业抱负，但政治前途的骤然终结，使其心有不甘。这种人虽然违纪违法犯罪，但仍有组织情结，只是无情的现实残酷地斩断了这种情结，此时监察对象心存深深的遗憾，这种遗憾会演变为精神上的巨大痛苦，成为监察对象沉重的思想负担和心理压力，而这种心理压力会在一定程度上消弭主动供述的彻底性，更多的时候使监察对象在主动供述上显得“犹抱琵琶半遮面”。更有甚者，有的监察对象的沉重思想负担和心理压力与委屈、抱怨相结合，心生怨恨后彻底走向组织和法律的对立面，先是在主动供述上反复无常，继而矢口否认，最后闭口不谈。当然，这种人在讯问中居于少数。

所谓忧虑，指监察对象在被监察立案或被采取强制措施以后心理上所产生的多方面的担心和忧思。首先，由于害怕而担心。监察对象虽然都具有一定的政治素养，知道违纪违法犯罪的后果，但平时一般都心存侥幸，潜意识里认为一般不会查到自己头上，一旦被监察立案或被采取留置措施，第一感觉就是害怕，担心自己会受到刑事处罚，这种恐惧的直接后果就是担忧，在一定的时间段内，只有强烈的忧怕意识占据心田。其次，纠结于未来而担忧。监察对象平时浸淫于职场，习惯了职场的复杂和荣辱，一旦身份变换，或深陷囹圄，对将来一时缺乏预见，不知道下一步应该怎么办，心理纠结而顿生忧虑。再次，担心家人和亲朋好友受牵连而担忧。特别是与家人或亲朋好友共同实施违纪违法犯罪行为的监察对象的这种心理尤为明显。复次，担心受到不公正对待而忧虑。有的监察对象案发后认为是某些领导在故意整治自己，担心办案机关不公正办案，自己会受到不公平待遇。最后，害怕更大的问题被揭露而担忧。有些监察对象对自己案发的直接原因心知肚明，被监察立案或被采取留置措施以后或担心自己更大的问题会被查处，或惧于受到超出自己心理承受限度的纪法处罚，或心忧遭受更大的社会排斥，等等。忧虑会迟滞监察对象的思维运转灵活度，消解监察对象主动供述的彻底性。在讯问实践中，监察对象非支配动机所引致的心理状态具有复杂多样性，以上列举的只是其中比较常见的几种情形，这需要监察人员注意临场把握，现场发现监察对象的非支配心理，以便因情施策。

关于心理治疗手段，我们首先谈谈与监察对象建立关系。之所以讲这是一种独特的人际关系，是因为这种关系必须建立在纪法规定的范围内，这种关系实质上是一种法定的非暴力性质的平等协商关系，即只能用对话和沟通的方式合法进行，而不能采用刑讯逼供的暴力方式非法进行。刨除这种人际关系的形式外壳，其内核是一种心理相容关系。这种关系是在讯问进程中监察谈话双方当事人相互接触的基础上形成的心理上的反映，关系远近变化取决于监察谈话双方当事人接触中的各自心理满足程度，心理满足程度越高，双方心理距离就越容易拉近，否则相反。这种关系具有的特点：（1）冲突性：这是一种带有天然矛盾的交往行为，监察人员意欲索取供述，而监察对象不情愿供述或不供述，这就构成了交往之间的冲突。（2）临时性：这种交往被限定在法定时限内，彼此之间只是一种短暂的交往，不能形成稳固的人际交往关系，只能形成短暂的心理相容关系。（3）交流性：监察谈话双方当事人通过面对面的对话和沟通实现信息交流，对监察人员来讲，可以根据所掌握的信息来判断监察对象的监察对象应讯心理，作为不断调整监察人员讯问方式的依据。（4）无选择性：由于受特定的法律关系和法律地位的影响，监察谈话双方当事人之间的交往不具有可选择性，不能随监察谈话当事人双方的主观意愿而改变。建立心理相容关系的唯一内容就是综合运用人际吸收技巧吸引监察对象，中和矛盾冲突，打开讯问局面，推动讯问进展。

关于对话和沟通，这是心理治疗技术实施的主要方法。讯问中的对话和沟通是心理调查的手段，并非日常生活中的对话和沟通，目的是说服和规劝监察对象主动交代。对话和沟通的心理治疗作用就是针对监察对象的应讯心态，通过影响其认知、情感和意志等心理过程，改变其抗谈拒供态度，增强其供述的主动性。对话和沟通的切入点即是上述影响监察对象主动、如实、彻底供述的心理障碍，对话和沟通主要是围绕如何消弭这些心理障碍进行，进行的心理机制就是打破监察对象不供的心理基础。关于不供的心理基础，往常的讯问理论认为：监察对象不供或谎供是想要逃避纪法惩罚，这与监察对象从小经受的“诚实正直”的社会教育的价值评判发生程度不同的冲突，进而引致监察对象内心的焦虑。“焦虑是一种潜在的不安状态，它通常不与特定的起因相联，而是不明忧虑引起的不安状态。谎言，会使说谎者处于随时会被揭穿真相的不安之中，使之没有安全感。逃避心理使案犯处于不得不撒谎和撒谎引起的焦虑中，内心进退维谷，处境尴尬。”[1]笔者不赞成这种观点。根据笔者的讯问经验，对大多数监察对象而言，“诚实正直”已经不能作为价值评判标准，因为这些人已经被官场潜规则浸染成双面人，大多模糊了做人行事的是非标准，奉行的准则是公权私用和自私自利，东窗事发所造成的心理撞击首先是害怕受到纪法追究，其次是往昔尽失的痛苦和对组织与法律的不满，根本形不成所谓的因价值观冲突所造成的内心焦虑，更无所谓“内心进退维谷，处境尴尬”。对大多数监察对象来说，抗谈拒供是前文特定的原因造成的，而不是不明忧郁引致的不安。而对监察人员来讲，对话和交流的任务就是定点清除妨碍供述主动性的心理障碍。

关于深度自我探索，是从监察人员角度来探讨心理治疗。对话和沟通是双向的，站在监察人员视角，难就难在如何准确判断监察对象究竟具有何种类型的心理障碍，这就要求监察人员必须具有较强的调查意识，保持对监察对象心理可能的超前认识和评价意识，即通过审查和分析已经捕捉到的监察对象现象性的应讯信息，根据自己的讯问经验和对监察对象应讯心理规律及其特点的掌握，判断和推测产生监察对象心理障碍的各种可能。

关于行为改变，是指在相对准确预测监察对象心理障碍的基础上，通过改变监察对象的认知、情感和意志等，促使监察对象转变应讯态度，排除影响供述主动性的心理障碍以后主动、如实、彻底供述。对监察对象来讲，行为改变

[1] 陈闻高：《侦讯说服规劝论》，载《政法学刊》1999年第4期。

具体包括：对供述自觉性认知的改变；主动供述的态度改变；主动供述的行动改变。所谓对供述自觉性认知的改变，是指监察对象通过与监察人员的信息交流改变了本来的认知结构，认识到主动供述的必要性，这种改变是监察对象行为改变的必要条件。所谓主动供述的态度改变，是指监察对象在监察人员的影响下，历经服从、认同和同化的变化过程，做出带有强烈情感成分的态度转变，表明了监察对象对供述主动性的评价倾向。主动供述的行动改变是指监察对象由抗谈拒供转变为主动、如实、彻底供述，是监察对象应讯行为结构系统中的一个关键方面。在监察对象行为改变过程中，从认知和态度的转变到行动的转变是一次飞跃，认知和态度的改变是行为的前提条件，行动改变是行为改变的最终结果，只有改变了监察对象的行动才能达到行为改变的目的。

根据讯问经验和心理学理论，监察对象行为改变一般经过以下六个阶段：一是无行为改变打算阶段：在这个阶段，监察对象或许意识到了抗谈拒供的法律后果，但因为上述心理障碍的原因而没有改变的想法，或许监察对象根本没有意识到抗谈拒供的行为危害而根本不可能产生改变的打算。二是打算改变阶段：监察对象已经意识到了抗谈拒供的行为性质严重性，已经清楚改变这种行为所带来的好处，但同时也非常清楚地认识到为了改变现状自己所必须付出的代价，开始考虑要改变抗谈拒供行为。在这个阶段，监察对象开始产生要改变抗谈拒供行为的情感体验，在内心对行为改变进行权衡，一般会出现矛盾心态。三是准备改变阶段：在这个阶段，监察对象已经完全放弃了不进行行为改变的想法，并且下决心要进行行为改变，也已经完全相信自己有能力改变当前的行为。四是行动阶段：在这个阶段，监察对象已经开始采取具体措施全面改变自己以往抗谈拒供的行为。五是保持阶段：监察对象已经达到行为改变的目标，并且行为持续了一定时间。六是终止阶段：在该阶段，监察对象建立了主动、如实、彻底供述的自信，克服了由于行为改变而引起的不良情绪体验，已经能够抵挡任何反复而不致重回老路。

3. 行为整治

在通常情况下，经过心理治疗，绝大多数监察对象的非支配地位应讯心理会得到根本矫正，发生正向转变，但也有些监察对象会拒绝心理治疗，或治疗效果不明显，依然存有负向心理障碍。俗语道：言为心声，监察对象的负向应讯语言代表了其真实的阶段性的应讯心理，其负向的应讯心理必然投射为相应的应讯行为，这就需要监察人员对其行为进行纠正和整肃。这是讯问方法实施的第三步。

行为整治原指作为动机矫正和心理治疗基本手段的整肃和矫治，此处指作为讯问方法实施的步骤和阶段。在这个阶段，监察人员主要是针对监察对象残余的负面心理障碍所外现的不当行为进行矫正，通过行为矫正达到彻底肃清监察对象负向心理障碍的目的，如果矫正得以顺利完成，则意味着讯问工作取得了成功，如果矫正不能取得成功，则意味着讯问工作的失败。这是从讯问的基本进程来讲的。

行为整治是建立在动机和心理因素基础上的直接行为对抗的形式。从监察人员角度考虑，这种整治的形式包括对监察对象应讯行为所欲实现的目的或观点的赞成、默许和反对。所谓赞成，是指监察人员同意监察对象行为所表达的观点；所谓默许，是指监察人员对监察对象行为所欲外现的观点不表达直接和明显的赞成或反对意见，进而放纵监察对象通过系列行为充分表达所欲实现的意图；所谓反对，是指监察人员对监察对象行为所欲表达的观点予以直接反驳，鲜明地表示不赞成监察对象行为所欲实现的目的。从整治方式看，其具体有“软”“硬”之分；从整治手段看，其具体有直接和间接之别。

研究行为整治首先要探讨讯问的实质。讯问的实质是监察人员以集体效能感为矫治标准、以促使监察对象自我效能感转变为手段、带有综合性场景的社会性行为。

四、讯问手段

讯问手段是指监察人员为了达到讯问目的而采取的具体方法和措施，一般包括心理画像、规劝说服和证据征服三种方法。传统的讯问方法是规劝说服和证据征服，一般不把心理画像作为独立的讯问手段。但是，规劝说服和证据征服的支撑点是监察对象的心理反应，“由人到事”的特殊调查进路决定了对监察对象心理进行画像的必要性和首要性。因此，对监察对象的心理进行画像在事实上成为讯问展开的原初点，故应把心理画像作为职务犯罪讯问的首要的独立手段。

1. 心理画像

心理画像包括犯罪心理画像和反侦查心理画像。反侦查心理的形成是犯罪心理的迁延，集中表现在犯罪嫌疑人应讯心理方面。作为职务犯罪讯问手段的心理画像实际上是指犯罪嫌疑人应讯心理画像。在侦查中，职务犯罪讯问的心理画像与公安侦查中的心理画像侧重点不同：公安侦查中的心理画像是指对犯罪嫌疑人犯罪心理的画像，目的是寻找和锁定犯罪嫌疑人；职务犯罪讯问中的心理画像是指犯罪嫌疑人应讯心理画像，目的是突破犯罪嫌疑人口供，以发现犯罪事实。

犯罪心理画像是运用犯罪心理学原理，应用统计学资料，凭借侦查人员的经验与技术，通过分析和推测犯罪现场痕迹、证据及其关联细节信息，刻画出可能的犯罪嫌疑人的个性心理与行为特征，描绘出犯罪嫌疑人的性别、年龄、形体特征、职业、家庭关系和社会关系等，以缩小或锁定调查范围的方法和技术。职务犯罪嫌疑人应讯心理画像则从顺序上与公安实战中的心理画像倒置，是通过分析犯罪嫌疑人的性别、年龄、职业、个性、行为特征、家庭及社会关系等，推断其可能存在的犯罪场域及其应对讯问的心理特点。也就是说，犯罪心理画像是描述犯罪嫌疑人行为特征和分析其犯罪心理的技术，是帮助侦查人员寻找犯罪嫌疑人的思维工具；犯罪嫌疑人应讯心理画像则是判断和推测犯罪嫌疑人应付讯问的心态特点的科学，是帮助侦查人员发现犯罪事实的思维工具。

犯罪心理画像技术起源于20世纪初的美国，自美国联邦调查局成立行为科学部后，被广泛应用于美国的现代侦查工作。目前，犯罪心理画像技术已经在以美国为代表的西方国家的侦查活动中得到广泛应用，日益受到司法部门的高度重视，美国联邦机构和各州的执法机构均成立了各自的专职犯罪心理画像部门，英国、加拿大和澳大利亚等国的司法机构也增设了犯罪心理画像部。西方的犯罪心理画像技术主要包括归纳式犯罪心理画像和演绎式犯罪心理画像两种逻辑方法。归纳式犯罪心理画像方法是依据已有的罪案记录之情报和数据，测析出可能的监察对象的人格属性及其行为特性，其应用于实践中所形成的具体画像方法叫作现场分析法；演绎式犯罪心理画像方法是依据犯罪现场搜集的证据、痕迹和关联信息，演绎推理出可能的犯罪嫌疑人的心理特征及其行为特性，其应用于实践中所形成的具体画像方法叫作行为证据分析法。在上述西方各国，根据行为证据分析法所得的行为证据被纳入了刑事诉讼证据体系，成为法庭承认的证据种类之一。犯罪心理画像技术于20世纪80年代左右引入我国，相比之下，我们的犯罪心理画像技术的理论研究及其实践应用均落后于西方国家，目前仅处于萌芽阶段，几十年来发展缓慢，一直缺乏系统的理论体系指导，亦未建立起全国性的犯罪心理画像技术指标和犯罪情报数据信息库。而职务犯罪嫌疑人应讯心理画像技术当前在我国属于空白状态。研究职务犯罪嫌疑人应讯心理画像必须以犯罪心理画像技术为基础，下面，我们来系统了解一下犯罪心理画像的基本理论，以为建立职务犯罪嫌疑人应讯心理画像技术做好借鉴和铺垫。

关于犯罪心理画像的概念，由于研究者的研究偏好和强调的重点不一致，中外理论界至今没有给出一个统一的学术称谓，只是目前学界更倾向于使用犯罪心理画像这一学术名称而已。根据我国著名犯罪心理学家李玫瑾教授的定义，"犯罪心理画像就是在侦查阶段根据已掌握的情况对未知名的犯罪嫌疑人进行相关的行为、动机、心理过程以及人员心理特点等分析进而通过文字形成对犯罪嫌疑人的人物形象及心理特征群的描述"。[1]犯罪心理是指影响犯罪嫌疑人实施违纪违法犯罪行为的个人情感、认知意志、内心动机、嗜好习惯和犯罪经历等各种客观心理因素的总称；犯罪心理画像是指通过搜集犯罪嫌疑人外现的心理痕迹来主观性地分析犯罪嫌疑人的人格属性、心理特性和行为特征的行为。正确认识犯罪嫌疑人的犯罪心理是准确对犯罪嫌疑人进行犯罪心理画像的必要前提。而犯罪心理痕迹是指犯罪嫌疑人在犯罪心理的作用下，在犯罪过程中所实施的行为信息，只有大量分析犯罪心理痕迹，才能刻画出犯罪嫌疑人的个性特征，故犯罪心理的外在表现是犯罪心理痕迹，犯罪心理痕迹是进行犯罪心理画像的信息基础和客观依据。

犯罪心理画像的理论基础是人格理论。根据人格理论，一个人在其生活中通常能够映射出其嗜好习惯、生活方式和社会交往环境等，即显现出相对固定的性格特征。据此可以推断，犯罪嫌疑人在其实施犯罪活动过程中必然会反映出其个性特征。性格不同于人格，性格呈现为较为稳定的心理风格，属于心理范畴；而人格则呈现为一种稳定的心理特征总和。也就是说，个体的独立人格决定了其具体行为区别于其他个体的终身差别性。个体人格的作用在于直接影响个体思维和行为类型，形成个体独特的思维方式与行为特点。犯罪人格是指犯罪嫌疑人较为固定的渐成的犯罪习惯与嗜好以及与犯罪行为相适应的情感特征和行为反应特征，其作用在于根据犯罪过程中所体现出来的行为人外部行

---

[1] 李玫瑾：《侦查中犯罪心理画像的实质与价值》，载《中国人民公安大学学报》2007年第4期。

为抽象出的特征信息来总结和类析犯罪嫌疑人，其固潜于犯罪嫌疑人心理，形成后便难以消除，因此犯罪行为必然流露出实施人稳定的个性特点和行为特征，这是区别犯罪嫌疑人与他人的根本点。

犯罪心理画像的行为基础是行为惯性与稳定性。行为惯性和稳定性是犯罪嫌疑人形成自身行为风格的基础条件。所谓行为惯性，是指包括犯罪嫌疑人在内的独立个体因为自身习惯具有的规则性和反复性，致使其于特定类似情境中出现类似行为。侦查人员可以通过分析不同案件中反复出现的近似行为来串并案件，以锁定犯罪嫌疑人范围，最终认定犯罪嫌疑人。行为惯性具有强烈的识别性，是识别犯罪嫌疑人的关键点。所谓行为稳定性是指由于包括犯罪嫌疑人在内的独立个体因在岁月中形成的带有不轻易改变性质的渐趋稳定的鲜明个人特征，进而形成具有较强稳定性的行为模式。这种稳定的行为模式表现为每次实施犯罪行为中的个人行为风格、稳定的行事手段和方法，会在相似行为与案件事实之间建立起内在的关联关系并形成证据链条，这就为通过串并案件和进行犯罪心理画像方式对犯罪嫌疑人进行同一认定创造了条件，也为达到确定犯罪嫌疑人的调查目的奠定了基础。

关于犯罪心理画像的逻辑方法，根据学界的理论通说，大多数学者认同的逻辑方法主要有两种：归纳式犯罪心理画像和演绎式犯罪心理画像。

归纳式方法先归纳以往侦破案件中已知的犯罪嫌疑人、被害人、犯罪现场物证和痕迹特征等基本数据，再推断未知犯罪嫌疑人的人身特征和行为特点，对犯罪嫌疑人进行画像。其实质是把由个别到一般的哲学逻辑方法运用到职务犯罪心理学中，通过对比同类犯罪事实总结出一般性规律，进而印证以往案件中犯罪嫌疑人的人身属性和行为特点，最终预测未知犯罪嫌疑人的属性和特点。也就是说，先进行类型性、特征性、规律性分类，再分析归纳出相同或类似的类型、特征和规律，建构统一的参照系数或参考标准功能的情报信息数据库，最后以此推导未知犯罪嫌疑人的信息资料并进行画像工作。归纳式方法得以实施的条件一方面是必须具有上述研究分析的理论假设，另一方面是需要参考三方面的数据信息：一是以往破获案件中已经抓获的犯罪嫌疑人的各种资料，二是各种公开的传媒资源，三是一般人皆具的属性特征与行为特征，以及画像人员自身感知的实际经验。归纳式方法的积极意义：一是这种方法立足于科学理论，建筑于理论假设和参考的情报数据，具有一定的合理性与可操作性。二是这种方法的使用主体只需具有一般人的常识概念和社会生活经验即可将数据信息与现行线索进行比对分析，技术要求不高。三是这种方法注重对犯罪情报资料的收集积累和对犯罪规律、特点的量化分析与统计，突出了侦查情报的基础建设，符合当前侦查工作的发展趋势。归纳式方法的消极意义：一是如若犯罪情报数据系统资料信息有限或空白，便无法开展画像工作，具有一定程度的局限性。二是如若犯罪情报数据系统资料信息的可信度不高，则会出现推导结果的准确度具有相对性的情况。三是这种方法具有天然的缺陷性，即只能偏重于对人格属性和行为特征的共性特点研究，对未知犯罪嫌疑人特具的个性特点的研究不充分。四是依据这种方法得出的研判结果具有主观性，推导结论不可避免地带有主观经验性。如果在建立情报数据系统过程中，特别是在设置参照系数阶段，不能区分和整理同类或类似案件的犯罪动机和行为，在画像过程中就会不自觉地渗入画像主体的臆断和猜测，最终影响到画像的准确度。因此，归纳式方法在西方国家并未受到大多数学者的欢迎，特别是在美国，其备受争论甚至是遭受了否定。

演绎式方法的基础是犯罪现场重建理论，指的是在准确重建犯罪嫌疑人遗留在犯罪现场的行为痕迹的基础上，根据这些特定化和个别化的行为痕迹，来推断犯罪嫌疑人的个性特征、自然特征、情绪情感特征和动机特征，这是一个由一般到个别的识别过程。演绎式方法的理论假设：一是每起个案犯罪嫌疑人的犯罪动机均不相同；二是每起个案犯罪嫌疑人的具体行为方式都不相同；三是每起个案犯罪嫌疑人均有自己的独特犯罪手段和行为特征；四是每起个案犯罪嫌疑人均具有鲜明特征的违纪违法犯罪行为会依据个案环境及其具体情况发生变化。基于这四项理论假设，可以进行三种科学推论：一是依据物证实验室分析结论进行的推论，也就是在画像之前，通过司法机关内部的实验机构或权威鉴定中心检验和比对现场采集的痕迹物证，形成具有证据效力的带有犯罪嫌疑人特征的检验报告或鉴定结论；二是根据犯罪现场特征所做的推论，也就是通过研究比对各种侦查报告和证据信息资料，通过分析物证、书证和证人证言等证据材料，得出犯罪嫌疑人与被害人之间的互动关系以及犯罪嫌疑人与犯罪现场之间的互动关系；三是通过研究犯罪嫌疑人与被害人之间的关系或犯罪嫌疑人所选择的被害人，寻找被害人独具的特征，以此推断出犯罪嫌疑人的犯罪动机和目的，以有效地帮助画像主体做出科学的推论。演绎式方法的实施方式是通过分析犯罪现场遗留信息来判断犯罪嫌疑人独具的人格属性和性格特点，其具有以下特点：一是注重个案特殊性，不依赖以往案件的档案数据来分析研究现行案件；二是立基于犯罪现场重建理论；三是着重研究犯罪嫌疑人独具的人格属性和个性特点，且动态进行，不断补充信息资料，增大了画像结论的科学性和可信度；四是对画像主体的技术要求较高。演绎式方法的积极意义：一是相对于归纳式方法而言，更注重研究现行个案的特殊性，且具体问题具体分析，可操作性更强，可信度更高；二是由于着重刻画犯罪嫌疑人独具的人格属性和个性特点，提高了画像结论的准确度和抓获犯罪嫌疑人的成功率。演绎式方法的消极意义：一是不注重犯罪档案情报信息基础系统建设，在操作过程中缺乏规律性参考标准的犯罪资料分析机制；二是由于对画像主体的技术性要求较高，能够掌握和成功运用这种方法的人员少之又少。

以上是对普通刑事案件侦查中常用的犯罪心理画像的常识性介绍，通过以上介绍可知：犯罪心理画像实际上是一种刑事侦查辅助手段，在公安侦查中一般被定位为融进了“行为资料”和“心理资料”新元素的侦查分析，通过分析心理资料可以综合性描述犯罪嫌疑人心理特征，经过分析犯罪嫌疑人的作案心理可以提供对不知名犯罪嫌疑人的人物传记式描述，目的是帮助侦查人员筛选重点排查的人群范围，为最终确定犯罪嫌疑人提供科学帮助。

下面我们以犯罪心理画像为基础，尝试建立职务犯罪心理画像理论。

职务犯罪心理画像建基于职务犯罪心理痕迹刻画。职务犯罪心理痕迹是犯罪心理痕迹的重要组成部分，与职务犯罪行为共同构成了两大相互印证的信息系统。长期以来，学界缺乏对此的深入研究，实务界亦不重视其应用价值，致使职务犯罪心理痕迹研究在深度和广度方面大大落后于普通刑事案件中的职务犯罪心理痕迹研究。伴随着职务犯罪案发率的不断提高，学界和实务界开始意识到开发此领域的重要性，职务犯罪调查人员也迫切需要职务犯罪心理痕迹研究理论的推广和应用。本文试图从以下六个方面提出理论构想，以建立职务犯罪心理痕迹的理论框架。

一是职务犯罪心理痕迹的概念。狭义的职务犯罪心理痕迹是指监察对象通过实施职务犯罪行为而物化于职务犯罪实施阶段的心理痕迹；广义的职务犯罪心理痕迹是指监察对象通过实施职务犯罪行为而物化于职务犯罪过程中的心理痕迹。通过比较这两种概念可以看出，其都认为职务犯罪心理痕迹是监察对象实施违纪违法犯罪行为中遗留的心理印记；相异之处在于前者把遗留范围局限于职务犯罪实施阶段，而后者则把遗留范围扩大到职务犯罪行为实施前、实施中、实施后三阶段。从讯问角度讲，狭义的职务犯罪心理痕迹概念比较契合实际，因为职务犯罪实施后的心理痕迹实际上是监察对象应讯心理痕迹，这是一个与狭义概念相对应的定义。

二是职务犯罪心理痕迹的内容。从理论上讲，应该以个性理论来指导界定职务犯罪心理痕迹的研究内容，包括监察对象个性的全部心理品质。所谓心理品质，是指监察对象因实施违纪违法犯罪行为而形成的思维方式、价值观念、心态模式和行为习惯。所谓思维方式，是指监察对象思维中概念的相互联系和转化的思维样式，具体包括监察对象在职务犯罪实施中是采用积极思维还是消极思维、是采用直觉思维还是理性思维。所谓价值观念，是指监察对象的理想、信念和世界观在职务犯罪实施中折射于自身心理的反应。所谓心态模式，是指监察对象在职务犯罪实施中的兴趣、爱好、需要、动机、能力、气质和性格等个性因素反映于心理所形成的个性倾向系统与个性心理特征。所谓行为习惯，是指监察对象在职务犯罪实施中因感觉、知觉、注意、记忆、思维、想象、意志和情感等方面的心态反应强弱不同，而在自我认识、自我评价、自我体验、自我监督和自我调控方面形成的相对稳定的自我调节系统。以上内容是使职务犯罪心理痕迹研究具有系统性的基础条件。

三是职务犯罪心理痕迹的载体。职务犯罪心理痕迹实际上是一种无形的特殊信息，信息的重要特征是与载体的不可分割性，故职务犯罪心理痕迹需要能够被感知和提取的一定载体。这种载体主要是监察对象言行，因为心理的外现形式就是言行，言行承载了监察对象心理变化和发展的全部信息。根据监察对象心理发展变化的阶段不同，监察对象语言相应地分为原欲性语言、变化性语言和终局性语言；监察对象行为相应地分为原初性行为、渐变性行为和蜕变性行为。原欲性语言也称罪前语言，是指能够反映监察对象在实施职务犯罪之前对价值观、人生观和世界观的基本看法和体现监察对象所追求的原始欲望的语言；变化性语言也称罪中语言，指的是能够反映监察对象从“三观”扭曲到滋生贪念乃至欲望成海的心路过程的语言；终局性语言亦称罪终性语言，是指能够反映监察对象对其违纪违法犯罪行为性质和危害的最终性认识的语言。原初性行为是指监察对象于犯罪前在正能量支撑下的遵纪守法行为；渐变性行为是指监察对象在贪欲支撑下实施的由违纪到违法及至犯罪的行为；蜕变性行为是指监察对象在贪欲驱使下实施职务犯罪而堕落为罪人的行为。

四是职务犯罪心理痕迹的类型。根据职务犯罪心理结构理论，可将职务犯罪心理痕迹划分为动力性职务犯罪心理痕迹、调节性职务犯罪心理痕迹、特征性职务犯罪心理痕迹、状态性职务犯罪心理痕迹、潜识性职务犯罪心理痕迹等。动力性职务犯罪心理痕迹是指能够反映对监察对象活动起定向作用且在监察对象心理活动中居于核心与动力地位的深层次心理痕迹，主要包括职务犯罪需要、职务犯罪动机、职务犯罪兴趣等；调节性职务犯罪心理痕迹是指能够反映监察对象调节其心理与行为的职务犯罪心理痕迹；特征性职务犯罪心理痕迹是指能够典型地反映监察对象稳定的心理特点与行为模式的职务犯罪心理痕迹，主要包括职务犯罪能力、职务犯罪气质、职务犯罪性格等；状态性职务犯罪心理痕迹是指能够反映监察对象个体需要是否实现之情绪体验的职务犯罪心理痕迹，这种心理状态常与监察对象的气质、性格等心理因素形成综合反映；潜识性职务犯罪心理痕迹是指能够反映监察对象心理结构中的潜意识的职务犯罪心理痕迹，通过对此的研究，能够合理回答那些模糊不清的动机、目的以及不合逻辑的行为。

五是职务犯罪心理痕迹特征。（1）抽象性：职务犯罪心理痕迹不具实体性，看不见，摸不着，只能依靠监察人员抽象集成。（2）间接性：职务犯罪心理痕迹不能直接或直观地反映出来，必须通过载体来反映，必须凭借调查人员科学严谨的思维分析去认识痕迹信息所承载的职务犯罪心理因素。（3）稳定性：职务犯罪心理痕迹实际上是一种具有相对稳定性的心理定式，是监察对象特殊的个性心理，能够真实地反映监察对象的心理面貌。（4）普遍性：职务犯罪心理痕迹来源于职务犯罪活动，同时又对职务犯罪活动具有反作用，并以一定的载体形式留下一定的痕迹，在职务犯罪活动中普遍存在。（5）特殊性：职务犯罪心理痕迹是监察对象的个性心理在特定职务犯罪活动中的客观反映，存在于特定的时空中，并与特定的监察对象相联系，因此具有独特性和人身特定性。（6）客观性：职务犯罪心理痕迹是客观化的监察对象言行，可以透过其表象发现隐藏于其后的心理活动。

六是职务犯罪心理痕迹的提取方法。这是讯问中较难把握的一点，在很大程度上决定着讯问的成败。在监察对象能够主动供述的情况下，提取职务犯罪心理痕迹较为容易，一般按照阶段寻踪法即能做到。所谓阶段寻踪法，是指根据监察对象供述，把其犯罪过程划分为犯罪预备、犯罪实施、犯罪终了三阶段，再把代表每一阶段的典型言行所承载信息予以归类的方法，即先搞清楚哪些言行反映了监察对象的错误认识、哪些言行反映了监察对象的负性情感、哪些言行反映了监察对象的偏执意识、哪些言行反映了监察对象的不良职业习惯、哪些言行反映了监察对象的畸变需求、哪些言行反映了监察对象的不良性格、哪些言行反映了监察对象畸变的职务优越感和职业人格、哪些言行反映了监察对象所接受的负面社会因素影响等，再将这些心理因素从性质上予以分类，弄清楚哪些归之于监察对象的思维方式，哪些归之于监察对象的价值观念，哪些归之于监察对象的心态模式，哪些归之于监察对象的行为习惯；再梳理这些分类，将其作层次划分，从中抽象出哪些言行所承载的背后信息是引致监察对象人格缺陷形成的因素、哪些言行所承载的背后信息是引致监察对象职务犯罪意识生成的因素、哪些言行所承载的背后信息是引致监察对象故意犯罪的生成因素、哪些言行所承载的背后信息是引致监察对象职务犯罪心理转化的因素；最后组合以上因素，集成后的组合体就是监察对象的职务犯罪心理痕迹，这些痕迹组合成了监察对象职务犯罪心理结构。

在监察对象不主动供述的情况下，在讯问中要做到“空手套白狼”，一般情况下绝非易事，但亦非不可能。通常的做法是使用梳辨法。梳，即梳理；辨，即辨析。所谓梳辨法，就是根据职务犯罪心理结构生成原理，首先梳理出要在讯问中把握的点，然后通过辨析监察对象辩解所流露出的信息，最终按照阶段寻踪法整理出监察对象的职务犯罪心理痕迹。职务犯罪心理结构生成原理的内容是：监察对象的人格缺陷引致职务犯罪意识的生成，职务犯罪意识的生成引致故意职务犯罪心理的生成，故意职务犯罪心理的生成引致职务犯罪心理的恶性转化，从而导致违纪违法犯罪行为的发生。在讯问中，鉴于监察对象不主动供述甚至拒供，在这种情况下，就必须要在讯问中抠点抓面，事先要清楚必须紧抠的要点是：第一，职务犯罪人格的结构要素：性格、气质、能力、个性倾向、自我意识；第二，违纪违法犯罪意识的生成机制要素：不合理发展的个体需要结构、不被社会和法律认可的需要满足方式；第三，职务犯罪意识的生成过程要素：犯罪意图、犯罪动机、犯罪目的、犯罪决意；第四，职务犯罪罪过心理的生成机制要素：犯罪意志，具体包括犯罪意志态度、犯罪意志选择、犯罪意志努力；第五，职务犯罪心理的恶性转化要素：影响职务犯罪心理转化的外在客观因素和内在主体因素、居于优位的促进职务犯罪心理转化的要素等。这些都是讯问开始前必须清楚的讯问要点。下面我们谈谈如何在监察对象抗谈拒供情势下获取以上要点痕迹。

抗谈拒供的监察对象面对监察人员，要么采取沉默，要么辩解无罪。监察人员要采取调查思维来应对，对监察对象要采取话题化块而谈的方式进行讯问，即使对沉默者也要这样。所谓化块而谈，就是把以上几方面的内容分为几个专题对监察对象进行灌输。关于摸谈监察对象的人格缺陷，具体办法是认真分析已经掌握的违纪违法犯罪事实和证据，以调查直觉思维把个案特点上升到普遍规律，编成案例讲给监察对象听：对沉默者，要悄悄观察其反应，如果沉默者在情绪上回应不强烈，或者具有不反对的微表情，说明沉默的监察对象很可能具有案例中的人格缺陷；对辩解者，要仔细倾听其回应，在此基础上详备多个应对方案，以直截了当或暗示的方式告诉其所具有的人格缺陷，一个方案被监察对象否定后接着拿出另一个方案来回应，直到监察对象承认其所具有的人格缺陷。摸底监察对象人格缺陷的目的，就是掌握监察对象在内在感受上对法律所具有的自我判断、情感选择和行为意向的自我谋虑；人格缺陷是监察对象的天然薄弱之处，一般都能成为讯问中的攻击点和被讯问利用的因素。关于摸谈监察对象的犯罪意识生成机制因素：职务犯罪意识的生成机制一般都与监察对象的事业观、工作观、生活观、家庭观、亲情观、人情观等的癌变有关，欲摸底监察对象的犯罪意识的生成机制，通常可以从这几个方面入手展开讯问。对于沉默的监察对象，要首先诱其开口讲话，一般的做法是以肯定其正面形象作为切入点，谈事业和工作要肯定其成绩与贡献，谈生活和家庭要肯定其严谨与责任心，谈亲情和人情要肯定其真诚与热忱，待引起其心理共鸣后，择机鼓励其进行正常交流，在交流障碍消除后即转向激励其投入真情表白和倾诉内心苦闷，这时候监察人员要认真倾听，注意查找和区分监察对象的人生观、世界观和价值观与社会道德标准、法律标准之间的差距，这些差距就是诱发监察对象犯罪意识生成的病因，最后排列这些病因，找出其个体需要结构的不合理之处，确定其需要满足方式不被社会和法律认可的要点。对于表白无过或辩解无罪的监察对象，要首先放纵其的表白欲望，允许其敞开心扉自由放言，不要与之计较对错，待其倾吐完毕后，要予以打压式正面回击，直截了当告诉监察对象，根据监察机关的调查，其存在严重的违纪违法犯罪行为，要把已经掌握的职务犯罪事实和证据作放大化处理，依据监察对象的职权范围指出其行为性质的恶劣性，可以通过调查思维方式把预判的职务犯罪场域告诉监察对象，尽量形成对监察对象最大的心理撞击。让监察对象强烈地感受到两点，一是自己未交代的违纪违法犯罪事实已被掌握，至少被部分掌握；二是不主动交代只能是态度问题，促使监察对象尽快进入利害权衡阶段，在监察对象权衡未决之时，重申办案机关彻查的决心，而待监察对象进入畏惧和侥幸交织而犹豫不决时，把事先研判的职务犯罪意识生成机制因素内容试探式地抛给监察对象，观察监察对象的反应，视监察对象的具体回应做出推断。如果监察对象强烈不满，反对甚至反感监察人员的研判内容，则说明研判不准，这时监察人员就要转换话题，继续进行轮替式试探；如果监察对象不作强烈反弹，甚至有默认的微表情，则说明监察人员的研判正确，这些被研判正确的内容就是监察对象个体需要结构的不合理之处与不被社会和法律认可的需要满足方式，就是其为何滋生职务犯罪意识的原因。

关于摸谈监察对象职务犯罪意识的生成过程要素。这是难度较大的部分，尤其在监察对象不供的情况下难度更大。在讯问中要围绕监察对象“意图何为，出发点为何，目的是什么，因何形成违纪违法犯罪决意”这几个内容去展开。为了达致获取这些内容痕迹的目的，在讯问中要以使用调查思维讯问法为前提，以运用模型套用法为基础，以施用轮替试探法为手段。所谓调查思维讯问法，就是指在讯问中要以调查直觉思维和调查理性思维结合使用的方式，根据已经掌握的监察对象部分职务犯罪事实和证据以及调查人员自身的常识性调查经验，经过综合研判后推断出监察对象未作交代的职务犯罪事实的存在方位和所需的潜在证据支撑体系，以形成思维中的虚拟职务犯罪事实和证据体系，在经过灌输教育后为监察对象所接受，最终迫使监察对象主动交代新的职务犯罪事实的心理讯问方法。所谓模型套用法，就是指先将上述虚拟职务犯罪事实和证据体系形成的职务犯罪意识形成思维体制模型，然后把职务犯罪意图、职务犯罪动机、职务犯罪目的、职务犯罪决意等安插到适中位置，再利用规劝方式，试探性地说服监察对象的讯问方法。所谓轮替试探法，就是形成若干个上述思维模型，其中的职务犯罪意图、职务犯罪动机、职务犯罪目的、职务犯罪决意各具有不同的内容，分批次适时抛给监察对象后，利用调查直觉思维和理性思维断定监察对象职务犯罪意识形成机制过程的讯问方法，而使用这些方法的前提是利用调查思维研判的结果相对接近客观事实，也就是说，研判结果要具有客观性和科学性。关于摸谈职务犯罪罪过心理的生成机制要素和职务犯罪心理的恶性转化要素，具体讯问方式如前所述，在此勿赘。总起来讲，在监察对象不供的情况下进行讯问，区分监察对象是否采用沉默或辩解无罪方式意义不大，关键是利用调查思维所作的研判内容要尽量准确，争取做到最大限度地接近客观事实，这是讯问成功的关键所在。

下面我们转向对职务犯罪反调查心理痕迹的研究，也就是对监察对象应讯心理痕迹的研究。监察对象应讯心理以讯问中的反调查心理为主要内容，研究监察对象应讯心理痕迹主要是研究讯问中的反调查心理痕迹。下面我们试从六个方面来建构职务犯罪讯问中反调查心理痕迹的理论体系。

一是职务犯罪讯问中的反调查心理痕迹的概念。概念是对职务犯罪讯问中的反调查心理痕迹本质的精辟抽象，是研究职务犯罪讯问中的反调查心理痕迹的理论前提，明确职务犯罪讯问中的反调查心理痕迹的概念，可以把职务犯罪讯问中的反调查心理痕迹固定在便于探讨的一定范围内。讯问中的反调查心理是指监察对象在被讯问过程中，为了掩盖其违纪违法犯罪事实和逃避法律制裁所滋生的一系列反监察人员讯问心理活动。讯问中的反调查心理痕迹是指监察对象通过实施反讯问行为而物化于被讯问阶段的心理痕迹。

二是职务犯罪讯问中的反调查心理痕迹的内容。界定职务犯罪讯问中的反调查心理痕迹的研究内容，也应该以个性理论来进行，包括在反讯问过程中能够反映其个性的全部心理品质，具体包括：监察对象的反讯问思维方式、价值观念、心态模式和行为习惯。所谓反讯问思维方式，是指监察对象反讯问思维中概念的相互联系和转化的思维样式。所谓反讯问价值观念，是指监察对象的理想、信念和世界观在反讯问活动实施中折射于自身心理的反应。所谓反讯问心态模式，是指监察对象在反讯问行为实施中形成的个性倾向系统与个性心理特征。所谓反讯问行为习惯，是指监察对象在反讯问行为实施中形成的相对稳定的自我调节系统。

三是职务犯罪讯问中的反调查心理痕迹的载体。因为言行承载了监察对象心理变化和发展的全部信息，故职务犯罪讯问中的反调查心理痕迹的载体主要是监察对象的反讯问言行。作为讯问中反调查心理痕迹载体的监察对象反讯问言行从理论上可分为积极的反讯问言行和消极的反讯问言行。积极的反讯问言行是指监察对象基于反讯问的主观能动性而进行的反讯问行为和相应伴随的语言，这种言行体现了监察对象反讯问活动中的破坏、迷惑、干扰和对抗等积极的心理。积极的反讯问言行可细分为破坏性言行、迷惑性言行、干扰性言行和对抗性言行。破坏性言行是指监察对象摧毁监察人员讯问基调、打乱监察人员讯问步骤、摧垮监察人员讯问基础的不合作言行，承载着监察对象的破坏性反监察人员讯问心理痕迹；迷惑性言行是指监察对象以伪装手段应付讯问以阻滞讯问进展的伪合作言行，承载着监察对象迷惑性反监察人员讯问心理痕迹；干扰性言行是指监察对象借助谎供等扰乱讯问秩序和妨碍讯问进程的非直接对抗因素以阻滞讯问进行的假合作言行，承载着监察对象扰乱性反监察人员讯问心理痕迹；对抗性言行是指监察对象以直接抗谈拒供方式来抗拒讯问的言行，承载着监察对象对抗性反监察人员讯问心理痕迹。消极的反讯问言行是指监察对象以自残、自杀和绝食等极端手段应对讯问的言行，承载着监察对象消极的反调查心理痕迹。

四是职务犯罪讯问中的反调查心理痕迹的类型。在职务犯罪讯问中，除了上述积极的反调查心理痕迹和消极的反调查心理痕迹的划分外，还可以根据职务犯罪心理结构理论，将职务犯罪讯问中的反调查心理痕迹划分为动力性反调查心理痕迹、调节性反调查心理痕迹、特征性反调查心理痕迹、状态性反调查心理痕迹、潜识性反调查心理痕迹等。动力性反调查心理痕迹是指能够反映对监察对象反讯问活动起定向作用且在监察对象反监察人员讯问心理活动中居于核心与动力地位的深层次心理痕迹，主要包括反讯问需要和反监察人员讯问动机等；调节性反调查心理痕迹是指能够反映监察对象调节其反监察人员讯问心理与行为的心理痕迹；特征性反调查心理痕迹是指能够典型地反映监察对象稳定的反调查心理特点与行为模式的心理痕迹，主要包括反调查能力等；状态性反调查心理痕迹是指能够反映监察对象个体反调查需要是否实现之情绪体验的心理痕迹；潜识性反调查心理痕迹是指能够反映监察对象心理结构中的潜意识的反调查心理痕迹，通过对此的研究，能够合理回答那些模糊不清的反监察人员讯问动机、目的以及不合逻辑的反讯问行为。

五是职务犯罪讯问中的反调查心理痕迹的特征。职务犯罪讯问中的反调查心理是在职务犯罪心理迁延至讯问阶段基础上再行添加特定监察对象应讯心理所形成的具有人身特殊性的心理架构，具有与职务犯罪心理相同的特征，其痕迹特点也完全一致。（1）抽象性：职务犯罪讯问中的反调查心理痕迹是由监察对象通过抽象的个人意识思维并经过反讯问行为遗留在载体上的信息，只能依靠监察人员抽象集成。（2）间接性：职务犯罪讯问中的反调查心理痕迹不能直接或直观地反映出来，必须通过载体来反映，必须凭借调查人员科学严谨的思维分析去认识痕迹信息所承载的反调查心理因素。（3）稳定性：职务犯罪讯问中的反调查心理痕迹也是一种具有相对稳定性的心理定式，是监察对象特殊的个性心理，能够真实地反映监察对象的反监察人员讯问心理面貌。（4）普遍性：职务犯罪讯问中的反调查心理痕迹来源于反讯问活动，同时又对反讯问活动具有反作用，并以一定的载体形式留下一定的痕迹，在反讯问活动中普遍存在。（5）特殊性：职务犯罪讯问中的反调查心理痕迹是监察对象的个性心理在特定的反讯问活动中的客观反映，存在于特定的时空中，并与特定的监察对象相联系，因此具有独特性和人身特定性。（6）客观性：职务犯罪讯问中的反调查心理痕迹是客观化的监察对象言行，可以透过其表象发现隐藏于其后的反监察人员讯问心理活动。

六是职务犯罪讯问中的反调查心理痕迹的提取方法。虽然职务犯罪讯问中的反调查心理具有抽象性和个案鲜活性，但同时也都具有普遍性和一般性，即所有的监察对象的反调查心理都具有某种意义上的共性特点。因为职务犯罪讯问中的反调查心理痕迹不但相应地具有共性特点，而且这些共性特点一般依赖监察人员的抽象集成而被提取出来，所以职务犯罪讯问中的反调查心理痕迹的一般提取方法就是抽象集成法。所谓抽象，在自然语言中，是指“看不见，摸不着”的东西；在科学研究中，我们把科学抽象理解为单纯提取某一特性加以认识的思维活动。其直接起点是经验事实，具体过程是从解答问题出发，通过比较各种经验事实，分析和排除无关紧要的因素，提取研究对象的普遍规律加以认识，最终为解答问题提供一般原理。具体到职务犯罪讯问，我们把抽象集成理解为一个过程，即先把监察对象言行分离为反讯问言行和非反讯问言行，除却非反讯问言行后，把反讯问言行作为研判对象，认真分析这些言行的心理支撑点，梳理清楚这些支撑点与言行的因果关系，然后按照归类原则排列性质相同的因果关系，提纯这些因果关系发生的规律，最后组合引致不同性质因果关系发生的规律，简略描绘出一个规律集成体，这个规律集成体的所有引爆点就是职务犯罪讯问中的反调查心理痕迹。也就是说，这个规律集成体本身不是职务犯罪讯问中的反调查心理痕迹，承载引致反讯问规律发生因素的所有点面痕迹才是职务犯罪讯问中的反调查心理痕迹。这是从理论上解读抽象集成法，下面我们从具体的讯问实践来认识抽象集成法。

谎供是一种比较常见的抗谈方式，具体形式包括假供、少供和不供等。所谓假供，是指监察对象假话连篇，以谎言掩盖职务违纪违法犯罪事实；所谓少供，是指监察对象仅供述部分违纪违法犯罪事实，同时刻意隐瞒另一部分违纪违法犯罪事实；所谓不供，是指监察对象出于隐瞒违纪违法犯罪事实的目的而采取辩解形式坚称自己无罪，但不包含沉默形式。这些形式基本涵盖了监察对象谎言抗谈的行为特征。在此情形下，采取抽象集成法要分三步走：

第一步，分离监察对象言行。面对讯问攻势，监察对象除非完全沉默，便总有真话掺杂其中，也就是说，不可能一句实话也没有。这时候监察人员必须认真研判监察对象应讯言行，目的是甄别出抗谈言行和非抗谈言行，重点是甄别哪些言行是假供，哪些言行是少供、哪些言行是不供，继而追问监察对象为什么假供、少供或不供及其发生的心理原因。假供、少供或不供的一般原因是害怕心理作祟，害怕刑事法律制裁的不同心理程度分别导致了假供、少供或不供的发生，假供是为了全部或部分隐瞒违纪违法犯罪事实，少供单纯是为了隐瞒部分违纪违法犯罪事实，不供单纯是为了隐瞒全部违纪违法犯罪事实，也就是说，企图隐瞒全部或部分违纪违法犯罪事实的心理导致了假供、少供或不供的行为发生，企图隐瞒违纪违法犯罪事实是原因，假供、少供或不供是结果。除了这个普遍原因外，谎供行为的发生还有其特殊原因，即个案原因。具体来讲，个案原因包括优势心理、无赖心理、抗争心理、盲目心理等。所谓优势心理，是指监察对象依凭自己位高权重，或依凭平时编织的关系网而产生心理优越感，企图摆脱纪法调查和纪法追究的心理状态；其在讯问中的言行表现是：或态度傲慢，或满不在乎，或蔑视监察人员，或气焰嚣张，或肆无忌惮，或有恃无恐，或为所欲为，或不可一世。所谓无赖心理，是指监察对象企图以刁蛮无理来达到抗谈拒供目的的心理状态；其在讯问中的言行表现是：或放刁撒泼，或蛮不讲理，或以自杀、自残、绝食相威胁，或装疯卖傻。所谓抗争心理，是指监察对象视监察人员为敌，以监察人员为仇，决心对抗到底的心理状态；其在讯问中的言行表现是：或情绪冲动、行为粗野，或性情暴躁、出言不逊，或反诘顶撞、极力狡辩，或鸣冤叫屈、发泄不满，或故挑事端、以便取利等。所谓盲目心理，是指监察对象为获得从宽处理而争取好态度，盲目接受监察人员诱导，进行虚假供述的心理状态；其在讯问中的言行表现是：化无为有，编供而谈。关于假供，成因比较复杂，有的假供是监察对象基于对监察人员的心理优越感而为，目的是通过主动编造假供，以干扰正常的调查活动，这是一种积极抗争的供述形式；有的假供是监察对象基于抗争心理而为，目的是造成真假难辨的混沌状态，扰乱调查视线，这也是一种典型的负面应讯形式；有的假供是监察对象基于无赖心理而为，目的是以泼皮耍赖的形式来摆脱讯问攻势；有的假供是由监察对象优势心理、无赖心理和抗争心理综合交织而成的应讯形式，目的是脱案；有的假供是监察对象出于盲目心理，在屈服于讯问攻势的情况下走向极端，缝织监察人员的诱导情节，目的是争取有个极好的认错或认罪态度，以期最终获取最大限度的从宽处理。关于少供的成因，有的是监察对象出于优势心理以此与监察人员斗智；有的是监察对象出于无赖心理以此与监察人员斗勇；有的是监察对象出于抗争心理以此与监察人员斗气；有的是由优势心理、无赖心理和抗争心理综合交织而成，监察对象以此与监察人员斗志。关于不供的成因，与少供的成因大体相同，只不过在抗争强度上大于少供而已。

第二步，提纯上述因果关系发生的规律。害怕纪法制裁的心理实质是畏责惧罚心理，优势心理的实质是自信心理，无赖心理的实质是放纵心理，抗争心理的实质是对抗心理，盲目心理的实质是屈从心理。关于畏责心理，通常是指害怕被纪法制裁，害怕丧失政治前途，害怕被“双开”而丢掉饭碗，害怕被剥夺生命或长期失去人身自由，害怕影响家庭及子女等；具有畏责心理的监察对象并非一味顾虑重重和情绪消沉，而是在多数情况下会主动实施绝地反击，即假供、少供或不供，这说明监察对象基于畏罪而产生了强烈的求生、求轻和求免欲望。但其在追求的方式上具有多样性，或走“坦白从宽”之路，或选择谎供之道。讯问实践证明：有的监察对象畏责心理越重，求生、求轻和求免欲望越强烈，主动供述的自觉性便越强；有的监察对象则相反，畏责心理越重，选择谎供的意志力越强。聚焦谎供的心理驱动力，首先就是畏责心理。自信心理、放纵心理、对抗心理、屈从心理都是建基于畏责心理之上的极端反监察人员讯问心理，畏责心理越强，这四种心理发生的概率就越大，存在的基础就越牢固，发挥的作用就越强大。

第三步，简略描绘谎供心理驱动规律集成体。在一般情况下，畏责心理越强，催生自信心理、放纵心理、对抗心理、屈从心理的概率越大。只有在畏责前提下，自信心理、放纵心理、对抗心理、屈从心理才有发生或存在的可能。谎供的心理驱动力实质上是在畏责心理统摄下的反监察人员讯问心理综合体。畏责心理可与自信心理、放纵心理、对抗心理、屈从心理分别组合成数个反监察人员讯问心理集成模型，也可与自信心理、放纵心理、对抗心理、屈从心理综合为一个反监察人员讯问心理集成模型。在前种情况下，畏责心理与自信心理、放纵心理、对抗心理、屈从心理分别成为组合为谎供言行的数个引爆点；在后种情况下，畏责心理与自信心理、放纵心理、对抗心理、屈从心理共同集成为谎供言行的一个引爆点。而承载这些或这个引爆点的监察对象内在认知和外在物化痕迹，就是职务犯罪讯问中的反调查心理痕迹。

一般认为，沉默是监察对象对抗强度最高的监察对象应讯方式，语言的缺失加大了识别监察对象反监察人员讯问心理变化的难度。在监察对象语言缺失和行为相对静止的情况下，如若采用“三步走”的方式，运用抽象集成法提取反监察人员讯问心理痕迹，就会首先面临分离对象残缺的问题，面对这一天然的缺憾，监察人员只能把沉默行为作为重点研判对象。第一步，分离监察对象的沉默行为。在讯问实践中，我们经常遇到这种情况，有的监察对象面对强大的讯问攻势因乱了阵脚或因突陷囹圄而不知所措，一时不知说什么好，故以沉默应对，而且这种沉默不一定是出于对抗心理，我们姑且称之为慌乱性沉默；还有的监察对象出于抗谈拒供心理而无言以对，这是一种最典型的对抗监察人员讯问方式，我们姑且称之为对抗性沉默。慌乱性沉默不是反讯问行为，只有对抗性沉默才能够被称为反讯问行为。鉴于此，我们首先要做的就是辨析沉默的属性，从而把监察对象的沉默行为两分为慌乱性沉默和对抗性沉默，这样，怎么摸谈就成了必须要解决的问题。通常的讯问实践是，实施前文所述的应对方法后，监察对象放弃沉默，开启良性转化，这说明监察对象的沉默行为属于慌乱性沉默；反之，则属于对抗性沉默。这样两分的目的，就是把对抗性沉默确定为特有的关注对象，斩断其与慌乱性沉默的一切联系，这是进入抽象环节的第一步。第二步，提纯对抗性沉默的基本性质和发生规律。所谓提纯，是监察人员在思维中排除那些模糊的基本发生过程和掩盖普遍作用规律的干扰因素，从而得以在纯粹状态下对对抗性沉默进行考察，这是抽象过程的关键性环节。

这就需要追问对抗性沉默发生的原因或催生对抗性沉默的心理。因为沉默是一种具有实施语言行为能力的表达方式，是一种被监察对象控制的言语动作，是一种监察对象有意识的自我控制行为，监察对象在保持沉默的同时往往会使用面部表情、眼神、体态动作等非语言行为来传达信息，通过捕捉这些信息可以解读监察对象沉默的言语意义，所以依据这些信息可以推断催生监察对象对抗性沉默的心理。但是，上述非语言动作通常具有难以琢磨性，甚至有的监察对象沉默时不伴随非语言行为，这时解读监察对象沉默的语言意义就具有了难度。根据笔者的讯问经验，这时候要运用职务犯罪调查思维法进行讯问，即运用调查直觉思维和调查理性思维预判监察对象可能具有的心理，采用轮替试探法与监察对象进行交谈，以刺激监察对象发生非语言动作。在监察对象发出的非语言性信息中，如果监察对象对监察人员话题表现出不感兴趣，这就说明监察人员话不适当，必须转换话题进行再试探，经过监察对象发出几轮否定性信息，直至监察人员得到监察对象肯定的信息为止。

无论采取何种讯问方法，监察人员都必须从以下几个方面来推断监察对象对抗性沉默的心理原因：第一，有的监察对象在被讯问中的非语言动作传递给我们这样的信息：监察对象无论是出于逃避审查或拒绝调查的心态，还是基于求生、求轻和求免的心理原因，在身份变换已成现实的状态下，畏责心理始终存在，其也深知无论怎样挣扎都摆脱不掉强大的国家调查力量，但又心存不甘，无奈情绪陡升，于是以沉默抗争，我们姑且称之为“无奈性心理”；第二，有的监察对象在被讯问中的非语言动作传递给我们这样的信息：面对讯问话题，监察对象无论是抱着参与或不参与的心态，还是抱着肯定或否定的心态，其目的之一就是摸底监察人员所掌握的与之有关的信息，为其下一步如何应讯作准备，我们姑且将此心态称之为“试探性心理”；第三，有的监察对象在被讯问中的非语言动作传递给我们这样的信息：有时监察对象对如何应讯心有主张后，故意沉默成为其重要选项之一，其企图以不变应万变，迫使监察人员放弃凌厉的讯问攻势，以达到抗谈拒供的目的，我们姑且将此心态称之为“谋划性心理”；第四，有的监察对象在被讯问中的非语言动作传递给我们这样的信息：沉默并非消极，有时沉默并不意味着监察对象甘心坐以待毙，在此种情状下，沉默其实是监察对象祭出的抗谈拒谈撒手锏，因为其迷信“万事不开口，神仙也发愁”，从骨子里坚信监察人员拿他没办法，这其实是以守为攻的抗谈拒谈伎俩，我们姑且将此心态称之为“攻击性心理”；第五，有的监察对象在被讯问中的非语言动作传递给我们这样的信息：监察对象无论是出于情感意义而沉默还是出于心理禁锢而沉默，无论是出于无奈性心理还是试探性心理，无论是出于谋划性心理还是攻击性心理，无论是自然滋生还是人为设限，其总是在内心世界为自己设定一条自保底线，那就是把沉默作为最基本的防御手段，企图以此避开讯问锋芒，挫伤讯问锐气，打消讯问耐力，渴望监察人员主动收场，幻想监察人员放弃对其的刑事调查，我们姑且将此心态称之为“防御性心理”。也就是说，监察对象以上五种沉默行为的性质分别为无奈、试探、谋划、攻击和防御。只要监察对象的非语言动作传递出其具有这五种性质的行为，其发生的驱动力就必然是上述五种心理，这是对抗性沉默发生的基本规律。第三步，简略表述上述思维结果，这是抽象过程的最后环节。如果继续深入研究，那么我们还可以发现，所有的监察对象面对讯问一般都心持无奈，为了寻找出路而不自觉地试探摸底，当心有一定底数后便谋划摆脱审查，于是就会祭招攻击或防御。如果说还要集成的话，那么我们还需深入考察这种规律发生的根本原因，这其实还是畏责心理作祟。这五种心理都是监察对象畏责心理的具体表现，畏责心理催生了这五种心理。讯问实践表明，畏责心理的强弱与这五种心理产生的概率成正比。这五种心理代表着监察对象求生、求轻、求免的五种具体行为方式，也是基于畏责心理而对抗讯问的五种反规范心态。至此，我们可以说，所有承载诱发这五种心理的监察对象内在认知和外在物化痕迹就是职务犯罪讯问中的反调查心理痕迹。

现在，我们回到心理画像的话题上来。首先说明一个问题：为什么在研究职务犯罪讯问中的反调查心理画像的同时，还要研究职务犯罪心理画像？这与职务犯罪心理和职务犯罪讯问中的反调查心理之间的关系有关。

第一，职务犯罪讯问中的反调查心理是职务犯罪心理在讯问中的恶性传递。职务犯罪心理和职务犯罪讯问中的反调查心理都具有综合性特点，都是在特定时间段内分别围绕作案和反讯问而产生，既包含认识、情感、意志等心理过程的成分，亦有个性心理特征色彩，是知、情、意三种心理过程成分的复杂聚合体，在其中，监察对象反规范的主观恶性心态占据优势地位，因为是作案时的恶性先生，反讯问恶性后继，所以职务犯罪讯问中的反调查心理是职务犯罪心理在讯问中的迁延。

第二，职务犯罪心理为职务犯罪讯问中的反调查心理的滋生准备了条件。职务犯罪心理具有稳定性和持续性特征，其恶性迁延至讯问阶段后，仍然保持着监察对象心态上的个人独特性，这种个人独特性使监察对象心理随谈话的情景变化而缓慢转变，演变为反监察人员讯问心理，这种心理仍保持着反规范恶性的坚韧。

第三，职务犯罪心理的恶性程度决定着职务犯罪讯问中的反调查心理的恶性深度。职务犯罪心理和反调查心理都是合目的性心理，其出发点都是为了实现预设的目标，具有极强的恶性坚韧，成为统率监察对象全部心理的主导性心理。不仅如此，职务犯罪心理的恶性强度制约着反调查心理恶性的深度，在反调查心理目标设定、反调查心理目标评判、反调查心理目标选择等方面全面影响着反调查心理。一般说来，职务犯罪心理恶性越深，职务犯罪讯问中的反调查心理就越顽固。

第四，职务犯罪心理的恶性决定着职务犯罪讯问中的反调查心理的广度。职务犯罪心理和职务犯罪讯问中的反调查心理都具有一定的规律性，职务犯罪心理的恶性迁延也具有相应的规律，即先是逻辑性嵌入，在职务犯罪心理导致职务违纪违法犯罪事实发生后，引发了监察对象被监察立案调查或被留置的后果，这是监察对象所不愿意接受的现实，此时监察对象心理继受了职务犯罪心理的反规范性，成为滋生职务犯罪讯问中的反调查心理的基础条件；继而是条理性深入：出于防范讯问的需要，监察对象反规范心理开始向纵深化迁延，在职务犯罪心理恶性和逃脱法网企图的双重推动下，形成了反讯问意识；最后是规则性实施：在职务犯罪心理驱动过程中，犯罪结果的可测性引发了监察对象的矛盾心态，一方面职务犯罪结果在一定程度上满足了其的犯罪欲望，另一方面即将面临的纪法责任又极大地威胁着其的前途命运，这使监察对象感受到了前所未有的压力，逃避调查的决定在对职务犯罪前景的憧憬与职务犯罪前途的焦虑之矛盾斗争中生成后，职务犯罪心理的反规范性悄然增添了反讯问的恶性内容，因为监察对象的反监察人员讯问心理具有一定的规律性，所以这些反讯问的恶性内容便开始得以规则性实施。

第五，职务犯罪心理在职务犯罪讯问中的反调查心理的形成中具有动力作用：（1）职务犯罪心理的需求作用。职务犯罪讯问中的反调查心理是在职务犯罪心理的驱使下形成的，为满足职务犯罪心理的恶性迁延需求服务。这种需求通常以反讯问欲望、愿望和动机的形式表现出来，如果欲望以职务犯罪心理的恶性为指导，会使欲望得到梳理、引导和升华，这时需求成为愿望；当欲望或愿望成为激励或抑制监察对象的行动意图或心理冲动因素时，需求成为反讯问活动的动机。欲望、愿望、动机等需求是职务犯罪心理催生职务犯罪讯问中的反调查心理的内动力，调动和激发着监察对象反讯问的能动性、积极性和创造性。（2）职务犯罪心理的激励作用。职务犯罪讯问中的反调查心理是监察对象符合职务犯罪心理的需求而产生的体验，是监察对象心理活动的重要方面，与职务犯罪心理迁延过程相伴产生，并影响着职务犯罪心理迁延进程。就职务犯罪讯问中的反调查心理而言，在其形成过程中，受职务犯罪心理迁延中情感的激化和支配。如果没有职务犯罪心理迁延中的情感激化，就谈不上职务犯罪讯问中的反调查心理活动，这种激励作用表现在：职务犯罪心理作为一种持续和稳定的力量支撑着职务犯罪讯问中的反调查心理活动的进行。（3）职务犯罪心理的推动作用。职务犯罪心理是监察对象能动性的突出表现形式，能够催生监察对象自觉克服讯问攻势以达反讯问目的的心理，保证职务犯罪讯问中的反调查心理朝着监察对象预定的目标发展。职务犯罪心理的推动作用在职务犯罪讯问中的反调查心理形成与展开过程中是相当重要的，有的时候，这种推动作用甚至决定着职务犯罪讯问中的反调查心理活动效果。

第六，职务犯罪心理在职务犯罪讯问中的反调查心理的形成中具有选择定向作用：（1）选择作用：职务犯罪讯问中的反调查心理总是与职务犯罪心理密切相连，在职务犯罪心理基础上产生并反过来作用于职务犯罪心理。监察对象在进行反讯问目标设定或选择时，与职务犯罪心理有关联的一切情况发生相互作用，以产生多种关联，监察对象根据这些关联对上述情况的不同态度，在内心产生肯定或否定的体验。也就是说，职务犯罪讯问中的反调查心理是监察对象对职务犯罪心理态度上的一种特殊反映，是有意识、有计划、有目的，并按照一定的价值取向来考虑的职务犯罪心理。监察对象在选择反讯问心理目标时，要以其自身的内在尺度和职务犯罪心理的外在尺度为依托。这种内在尺度主要是监察对象的需求，如果预设的反监察人员讯问心理目标满足了监察对象的需求，监察对象就会对这种选择持肯定态度，否则，就会产生否定性态度。职务犯罪讯问中的反调查心理因这种满足与否而具有肯定或否定的性质，成为监察对象需求是否获得满足的指标。监察对象能够依据反讯问需求，根据职务犯罪心理的选择作用，来提出假设、预测某种信息的出现或推测反讯问的效果，积极探索或追求自身所需的反讯问信息，从而推动职务犯罪讯问中的反调查心理活动的进展。（2）定向作用：职务犯罪心理的选择作用只是为职务犯罪讯问中的反调查心理提供了目的，如果职务犯罪讯问中的反调查心理不偏离方向和保证反讯问目的的顺利实现，则离不开职务犯罪心理的定向作用。所谓定向，肯定性的概念是指职务犯罪心理对监察对象需求进行选择和巩固，以保证职务犯罪讯问中的反调查心理活动的唯一指向性；否定性的概念是指职务犯罪心理排除干扰并保证反讯问目标得以实现的功能。职务犯罪讯问中的反调查心理活动归根结底要服从反讯问活动的目的，而服从监察对象反讯问的现实需要是其中最重要的层面，这一切离不开职务犯罪心理的定向作用，只有这样才能使职务犯罪心理活动与职务犯罪讯问中的反调查心理活动之间不断进行信息交换，从而使反讯问既定目标得以实现。职务犯罪心理的这种肯定性定向作用可从反讯问的检验标准体现出来。只要我们认可职务犯罪讯问中的反调查心理活动具有合规律性和合目的性，而且是两者的统一，那么我们亦需承认合规律性与合目的性是以反讯问的规律性和反讯问的目的性为基础。反讯问的规律性是职务犯罪心理与职务犯罪讯问中的反调查心理之间固有的内在必然联系；合规律性是针对这种必然联系而言的，是指职务犯罪讯问中的反调查心理必须符合职务犯罪心理活动的规律性，才能把握其自身本质，从而达到反讯问目的，不然则只能是监察对象的主观臆想。反讯问的目的性是指根据监察对象的反讯问需要而产生的有目的的反监察人员讯问心理活动，而合目的性是指监察对象的反监察人员讯问心理活动是否与反讯问需要相一致，是监察对象反讯问需要与反监察人员讯问心理活动之间的一种定向联系。在职务犯罪讯问中的反调查心理的具体活动中，其根据反讯问需要所划定的范围，并按照监察对象的内在尺度来反映，因而这种反讯问的心理活动结果既有职务犯罪心理活动的规律性，也有监察对象自身的目的性。

我们还必须认识到，正是这种合目的性不断调节着职务犯罪讯问中的反调查心理活动的进行，控制着职务犯罪讯问中的反调查心理活动不偏离既定方向。每一步的职务犯罪讯问中的反调查心理活动，都会把这种活动是否符合监察对象反讯问需要和目的的信息反馈回来，监察对象就会立刻根据反馈信息继续维护或调整心理活动方向，修正心理活动偏差，使之能够沿着既定方向进行下去。

这一切如果没有职务犯罪心理的参与是不可能进行下去的，因为欲达反讯问目的，就必须克服一切不利于反讯问的困难因素，否则，反讯问就会半途而废。从这个意义上说，职务犯罪心理的否定功能是职务犯罪心理的本质要素，同时也是监察对象能动性的表现之一。职务犯罪心理与反讯问目的和职务犯罪心理的自觉性紧密结合在一起。职务犯罪心理的自觉性是指监察对象在反监察人员讯问心理活动中具有明确的目的性，并充分认识到反讯问的现实需要。职务犯罪心理的否定性功能是通过这种自觉性来达到反监察人员讯问心理活动的目的性，对维护反监察人员讯问心理活动方向起着极为重要的作用。以上这几点，决定了我们在研究职务犯罪讯问中的反调查心理画像的同时，还必须要研究职务犯罪心理画像。

鉴于本书的研究重点是职务犯罪讯问，为了突出主旨，笔者将着重论述如何进行职务犯罪讯问中的反调查心理画像。

职务犯罪讯问中的反调查心理画像是刑事调查、心理评估和文化人类学的联合体，其中，心理逻辑是职务犯罪讯问中的反调查心理画像技术的根据。我们根据美国新行为主义学派心理学家托尔曼三大变量系统理论可以得出这样的推论：职务犯罪环境、职务犯罪心理与违纪违法犯罪行为之间既具有因果关系，又彼此交互作用；监察对象在外界不良环境的刺激下，内在不良心理品德发生变化，导致违纪违法犯罪行为的发生，这是一个因果链，构成了职务犯罪心理学研究的理论体系和基础内容。职务犯罪讯问中的反调查心理画像技术在三大变量互动理论基础上，根据“以人找事”的调查需要，依据违纪违法犯罪行为与职务犯罪心理的一致性和互动性原理，倒置了这个因果链，采用了逆向思维方式，具体的操作过程是：监察对象—反讯问行为—反监察人员讯问心理，亦即从监察对象个性特征分析监察对象的行为特征，从而描绘出监察对象的心理特征。用通俗的话讲，就是什么样的人做了什么样的事，其行为的驱动心理是什么。职务犯罪讯问中的反调查心理画像技术依据心理学和行为学理论，符合心理学原理和案件调查过程，能够有效地帮助监察人员制定有针对性的讯问方略。

进行职务犯罪讯问中的反调查心理画像，第一步要认真归纳总结监察对象个性特征。个性首先与性格有关，谈及性格，人们会马上想到胆汁质、多血质、黏液质和抑郁质四种气质类型，但这只是理论上的分类，在讯问实践中用处不大。因为监察对象在谈话过程中基于对立关系不可能把自己的性格特点全部暴露给监察人员，而监察人员在讯问的瞬间也不可能来得及严格按照这种理论来分类监察对象的性格。根据笔者的讯问经验，在讯问中分类监察对象的性格要遵照简单易行的原则，把监察对象的性格采用两分法大体分为外向型和内向型两种性格即可。这种分类法便于监察人员把控性格对监察对象应讯心理的影响。一般来讲，外向型监察对象善于交流，理性思考问题的惯性较弱，较为容易被监察人员实施心理牵引，即使假供、不供或少供，甚至沉默，也很容易暴露破绽，心理外显之处较多，有利于监察人员及时识别其对抗的行为性质和心理原因；而内向型监察对象则相反。

进行职务犯罪讯问中的反调查心理画像，第二步要做的就是发现监察对象的反讯问行为。对抗是讯问与反讯问的聚焦点，隐瞒违纪违法犯罪事实是监察对象应讯的根本目的。为达此目的，监察对象总是以说谎或沉默形式来抗拒讯问，这是监察对象最基本的抗谈拒供行为特征，也是监察对象抗谈的行为规律。说谎分为直言否认和嫁祸他人两种形式。所谓直言否认，是指监察对象直接否认自己存在职务违纪违法犯罪事实；所谓嫁祸他人，是指监察对象为了脱罪而故意将违纪违法犯罪事实说成是他人所为。最典型的例子就是在共同受贿事实中，有时监察对象会虚假供述为是特定关系人实施，其本人不知情或没参与。识别监察对象的谎言事实上成为讯问的重要内容和任务。

那么，如何发现和识别监察对象的谎言呢？在讯问实践中，一般采用坐标测试法。所谓坐标测试法，是指以已经掌握且已有证据证明的违纪违法犯罪事实为坐标来测试监察对象是否说谎。凡被监察立案或被留置的监察对象，在一般情况下总是被调查机关查证了某些违纪违法犯罪事实。如果监察对象在谈话时主动供述了这些违纪违法犯罪事实，且所供与查证属实的证据基本吻合，说明监察对象很可能没有说谎。注意这一点，是很可能，而不是绝对。因为有些监察对象主动供述部分违纪违法犯罪事实，并不意味着其没有隐瞒其他违纪违法犯罪事实，即很有可能还有违纪违法犯罪事实没有供述。这时怎样识别监察对象是否隐瞒成为一件极为困难的事情。在这种情况下，监察人员可以采取调查直觉思维讯问法来尝试解决这个问题。下面我们以受贿案件为例说明采用此法的基本步骤：首先分析已经查证属实的违纪违法犯罪事实，从中查找监察对象的作案规律，看行贿人是否都与监察对象具有业务依赖关系；接着比对已经掌握的业务关联人员名单，观察其中还有多少人员没有供述到；最后分析这些人员与监察对象的亲疏程度和监察对象在业务经营中的作用大小，衡量权钱交易发生的可能性大小，进而得出监察对象是否还存在受贿问题的结论。这里说是依凭直觉，但其实离不开某些客观支撑。采用这种方法，必须同时依赖三个前提条件：一是讯问必须与外调相结合，通过摸排调查清楚监察对象的业务关联网；二是必须遵循受贿犯罪发生的基本规律；三是监察人员必须具有丰富的法律常识和实战经验。如果不同时具备这三种条件，一般情况下监察人员不敢轻易给出监察对象是否还有隐瞒的结论。关于如何识别监察对象的沉默，此阶段的主要任务是区分沉默的不同性质，这也是件极不容易的事情，通常使用轮替测试法。亦即，先在思维中把沉默识分为恶意沉默和非恶意沉默，然后主动挑起不同话题，在话域内有目的地予以轮替式试探，主要通过观察监察对象的肢体语言和微表情，以推断监察对象属于哪种沉默。其中，重点排查是否属于恶意沉默。

进行职务犯罪讯问中的反调查心理画像，第三步要做的就是刻画监察对象反监察人员讯问心理。这是心理画像的最关键一步，也是心理画像的根本目的。此阶段的任务是根据已经掌握的监察对象个性特征和行为特征对特定监察对象进行相关心理过程和心理特点分析后，形成对监察对象的人物形象及心理活动征象的描述。监察对象的反监察人员讯问心理复杂多变，但总有一些规律可供把握。总起来说，监察对象反讯问的行为选择依据有三：一是利益竞争关系，二是对抗条件的变化，三是监察对象个性特征。关于利益竞争：从利益的概念上来说，利益就是对监察对象求生、求轻、求免的愿望的满足，监察对象的反讯问行为就是围绕着争取这三种利益而展开的。刑罚的可预测性意味着监察对象所面临威胁的严重性，这使监察对象企图力避丧失人身自由乃至生命的可怕后果，因为其深信供述违纪违法犯罪行为意味着后果的承受，所以就会在谈话阶段的很长一段时间里采取对抗方式应讯。这时，监察对象持有的典型心理是对抗心理，对抗的基本动力是避罪，避罪的基本状态是企图避免刑罚处罚的利益竞争心理成为反讯问的支撑点，这实际上是畏责心理的典型表现，畏责心理在其间起着基本的调节作用，畏责心理越重，监察对象对抗的意志力越强，反之其对抗意志力呈逐渐下降趋势。

为什么监察对象会出现这种情况？这是对抗条件发生变化的结果。关于对抗条件的变化：对监察人员和谈话者双方来讲，对抗条件存在不平等性。从形式上讲，监察人员具有代表国家和法律的闪耀光环，自始至终居于优位，具有要求监察对象主动供述的权力；而监察对象只有被讯问触动而遭受良心折磨的义务。这种形式上的不平等决定了监察对象在整个讯问过程中都处于思维受钳制和心理受禁锢的状态。从实质上讲，这种不平等性也是绝对存在的，无论监察对象供与不供，只要被调查机关掌握了确实、充分的证据，照样会被刑事法律予以处罚，这成为达摩克利斯之剑始终悬在监察对象头上。但利益竞争意识会驱使监察对象极力挣脱这种困境，为自己争取心理上的平等。这种心理上的平等表现在监察对象对供述要求的拒绝上，当监察对象不回应监察人员的要求时，也会使监察人员陷入无奈的困境，因为监察对象的不配合会使监察人员丧失法律地位上的天然优势，从而在心理上把对抗条件扯为所谓的“平等”。这种所谓的“平等”建立在监察对象存在认知错误的条件上。多数监察对象搞对抗并非出于侥幸心理，而是自信只要自己不开口，调查机关就不能定其罪，这种错误的法律认知导致自信成为监察对象反讯问的心理支点，滋生了监察对象反讯问的顽固性和持久性。还有少数监察对象，在被留置后心态发生异常，对前途一片茫然，滋生了自卑心理，认为讲得越多后果越严重，迷信不说比说效果好，便采取了放任调查机关调查的心态，从思想上认为你调查机关查到啥程度就认定到啥程度，反正我不主动开口供述，搞起了消极对抗。从这两个角度讲，自信心理或自卑心理决定了对抗行为的存在和发展，自然构成了对抗讯问的基本条件。

有人认为“对抗条件是决定监察对象对抗行为存在、发展的内部原因，同时对抗条件也是制约和影响对抗行为存在、发展的外部因素。有条件对抗监察对象才会选择对抗，如果没有了对抗条件，监察对象就会放弃对抗。如同儿童与青少年进行武力对抗，显然儿童没有与青少年进行武力对抗的条件，失去了武力对抗条件只能选择放弃。由此，监察对象选择的抗谈，是在有条件对抗的基础上产生的。监察对象的对抗条件，是建立在违纪违法犯罪事实没有暴露的基础上的。如果违纪违法犯罪事实已被调查机关查清，自己即使不如实供述也不影响司法机关对自己的处罚，在无法逃避损失后果的情况下，就失去了对抗条件，监察对象的对抗就失去了意义，自然放弃对抗。”笔者不赞同这种观点。讯问实践表明，无论是出于自信心理，还是出于自卑心理，都是在除却违纪违法犯罪事实是否暴露这个先决条件基础上成为对抗条件的；无论监察对象持有自信心理，还是持有自卑心理，对抗都是在监察对象经过利益衡量基础上所做出的决定；无论对抗条件是否平等或是否存在，监察对象都不会轻易放弃对抗，这是监察对象的人性使然。这种人性决定着监察对象的心理变换顺序和抗谈目的的转换。讯问之初的对抗，对监察对象来说是“求免”心理作用的结果。所谓“求免”，即监察对象追求企图免除刑事责任的心理状态和出于最初利益衡量后的利益竞争目的。在其之后的对抗，是监察对象“求轻”心理作用的结果。所谓“求轻”，就是监察对象追求企图减轻刑事处罚的心理状态和出于接继利益衡量后的利益竞争目的。从监察人员角度讲，对抗条件是相对静止的；从监察对象角度说，对抗条件是运动变化的。经过一番抗争后，监察对象通过品味讯问攻势所流露出的信息，感觉自己的违纪违法犯罪事实暴露得越来越多，监察对象的自信心理或自卑心理也会随之发生变化，担心将来受到更加严重刑事处罚的顾虑成分相应增加，忧虑心理的支配力超越自信心理或自卑心理，这时候违纪违法犯罪事实是否暴露才会对对抗条件的变化发生作用。也就是说，违纪违法犯罪事实暴露得越多，监察对象心理压力越大，忧虑心理也就越重；反之亦然。

在忧虑心理和对抗心理并存的状态下，监察对象会在对抗的基础上产生重新选择心理，供或是不供会不断萦绕其脑间，其会开始考虑和重视认罪态度对将来处罚的决定作用，此时忧虑心理、选择心理与对抗心理并存，是在不放弃对抗基础上的忧虑和选择，而忧虑心理和选择心理亦成为新增的对抗条件，与自信或自卑一道成为监察对象反讯问的心理支点。在接下来的讯问中，随着讯问攻势强度的加大和监察对象对自己的问题严重性认识的加深，自信心理或自卑心理会逐渐消亡，在忧虑心理的支配下，监察对象会重新选择和决定监察对象应讯方式，从而滋生利益交换和讨价还价的求偿心理并付诸行动。当监察对象自认为试探性求偿成功后，便会彻底摈弃忧虑心理、选择心理，决定彻底交代心理会居于优位，其支配力首次超越对抗心理，并得以成为应讯的支配性心理。这是监察对象的“求生”心理在起决定性作用。也就是说，在讯问压力逐渐加大的情况下，监察对象会按照讯问要求自动置换对抗条件，在心理上逐渐接受将来可能面临的刑事处罚的前提下，追求一种其自认为的最大人生价值，即生命的存在或人身自由的宝贵，尽量力争保全生命或减少人身自由限制，这种“求生”心理是监察对象的自我心理超越，也是讯问成功的最高境界。

关于监察对象个性特征：在对抗条件的变化过程中，监察对象个性特征也起着重要的辅助性作用。第一，监察对象的个性影响对抗条件的设定。监察对象外向与否或内向与否，伴随着与之匹配的心理选择，影响着相应的行为抉择，决定着监察对象应讯心理选择的倾向性。第二，监察对象的个性突变影响着对抗条件内容的置换。监察对象个性特征在讯问环境的刺激下会发生突变，在讯问空间里，监察对象面对陌生而又特殊的环境，没有现成的应讯经验储存，只能调动以往的人格经验来应对讯问攻势。此时非常容易发生性格突变，原本外向的性格会转变为内向，原本内向的性格会转变为外向，这就意味着对抗条件设定的相应改变，也就是说对抗条件被置换为新的内容。第三，监察对象的个性品质突变伴随着对抗条件内容设定的不稳定性。在讯问攻势所流露出来的信息刺激下，监察对象的个性品质会发生突变，原本具有高尚品格的监察对象会畸变为品格低下的人，有的则相反。伴随着监察对象人格品质的属性差异，监察对象对抗条件的内容设定会出现不稳定性。

2. 规劝说服

职务犯罪讯问中的反调查心理画像技术为我们全面刻画了监察对象反讯问的心理变化历程和特征，接下来的工作就是必须针对监察对象反监察人员讯问心理进行规劝说服，帮助监察对象把反讯问心理转变为交代心理。下面我们采用动态心理疗治法开展这项工作。

（1）动态心理疗治法的基本理论

动态心理疗治法亦称心理动力学治疗法，也就是所谓的谈话治疗方法，主要是在预设好的的话域框架内以谈话的方式改善监察对象的心理和情绪健康。这项理论本是精神分析的一种，本书结合笔者的讯问经验将之引入到职务犯罪讯问中，作为说服监察对象转变抗谈心理的一种手段。因为现实中的所有职务犯罪讯问都是这样做的，只不过监察人员普遍没有将其整理为一套讯问理论。

这套讯问理论的基本观点是假设监察对象无意识的心理活动可以影响有意识的抗谈思想、情感和行为。也许有人会发出疑问：前文不是说监察对象的一切反监察人员讯问心理都是有意识的活动吗？这不与所述相矛盾吗？答案是：不矛盾。因为前述监察对象一切心理活动实际上都是潜识性的，就连监察对象自己恐怕也分不清其心理属性的具体划分，更不用说作为旁观者的监察人员了。

畏责心理是监察对象最基本的抗谈心理，在畏责心理基础上有时监察对象本人也不清楚自己的临场驱动心理是什么，就像无意识般地发生作用。前文所述只是为了便于监察人员把握所作的模型般的理论说明和分类，与讯问现实中的监察对象实际心理只是抽象关系，监察对象这种貌似抽象但实际具体的抗谈心理和情感会无意识般地从监察人员视野中隐藏起来，但实际上却以其自己的独特方式涌动着，通过不和谐的抗谈思想和行为来增加讯问的难度。举例说明这个问题：面对屋顶漏水，你可能只看到水滴滴下来，却找不到源头，这时你会无意识地找来水桶把水滴接住，却还是眼见水滴长流，无法使水流停住；如果这时你叫来专修屋顶漏水的水管工，他知道裂纹隐藏在天花板石膏后面无法看见的管子上，于是其立马用大锤砸穿石膏，使隐藏的管道立刻暴露出来，然后找到并修好让人烦恼的漏水处，并补好天花板。监察人员与一般人不同，他们类似水管工，所面对的是监察对象的抗谈心灵，需要用讯问工具来探寻和修补潜藏在监察对象思想表层下的东西，以了解是什么因素在监察对象的无意识中生战添乱，他们所需的讯问工具就是动态心理疗治法，所探寻的监察对象思想表层下的东西就是监察对象的反监察人员讯问心理及其活动规律。

在讯问中，为了斟酌应该对监察对象讲什么话，监察人员必须明确为什么说这些话能够有助于讯问，这就需要理论来支持这种谈话方式发生作用。在动态心理疗治法中，有三个作用原理可以用来指导讯问工作：一是使监察对象的无意识有意识化。从某种意义上说，畏罪是监察对象最大的无意识，监察对象几乎是出于人性本能来仇视讯问攻势的，这样做本身足以使监察对象的精神如同人身受羁押一样“被关押”。而监察对象被禁闭的思想和情感对讯问而言是有害的，因为这样被压抑的心理只能徒增痛苦和不安，精神折磨更多的时候只起负面作用，使监察对象无意识中加剧了对抗情绪，这种“被关押”的情绪需要被释放出来，通过发泄的形式加以疏导，以减少监察对象的心理对立，阻止监察对象恐惧的蔓延，让监察对象产生把可怕的事情讲出来便不再可怕的思想意识，同时也便于监察对象更客观地了解自己，有助于监察对象正确地做出应讯决定。二是支持薄弱的自我功能。监察对象的自我依赖冲动控制、内在或外在刺激管理、承受焦虑和强烈的情感以及启动防御机制等功能管理着其内在心理活动和外部世界之间的联系，如果监察对象的这些自我功能衰弱了，那么监察对象便会在各方面遭受痛苦的侵袭。监察对象的自我功能既有可能逐渐衰弱，也有可能伴随讯问压力的时断时续而忽强忽弱，甚至自我功能整体出现问题，这就需要监察人员通过支持监察对象薄弱的自我功能来帮助监察对象：既可以教会监察对象转变思维来处理强烈的敌对情感，也可以通过与监察对象专门讨论对调查机关或监察人员的看法来减轻监察对象的焦虑或恐惧。这些外显性和内隐性帮助不仅可以使监察对象借力增强自我功能以获取暂时的心理安慰，而且可以使监察对象得以内化新的应讯思维和方式以在更为持久的基础上稳固自我功能。帮助监察对象强化自我功能的根本作用是缓解情绪化对立。三是使监察对象的心理和情绪发展再现生机。因为讯问中的监察对象心理和情绪发展是可逆的，所以监察人员可以鼓励监察对象发展出正面思考自身和调控自尊的新方式，发展出与监察人员保持交流的新方式，发展出更灵活或更具有非对抗性的应对机制。

（2）动态心理疗治法的实施

在弄清楚了何谓动态心理疗治法以及其如何发生作用后，我们可以开始说明这种谈话的具体实施方法。这种谈话方法可以划分为四个基本阶段：一是评估阶段：收集监察对象信息，与监察对象接触，了解监察对象应讯概况并提出初步的讯问计划；二是开始阶段：争取与监察对象建立相容的人际关系，设立讯问目标，以及牵引监察对象珍惜谈话机会；三是中间阶段：亦即讯问谈话的工作时段，引导监察对象为了争取应讯利益最大化而尽量与监察人员合作；四是终止阶段：巩固阶段性讯问成果，回顾讯问过程，真实评价监察对象已经发生的以及可能发生的改变，如有必要可做出将来的讯问计划以及终止本次讯问。

a. 评估阶段

有句老话：木匠拎着锤子，看什么都是钉子，不管怎样都要敲上一锤子。监察人员不能做这样的木匠，不能看监察对象横竖不顺眼，一味穷打猛捶，而应该首先客观评估监察对象以提出最合理的讯问计划。监察人员在刚进入评估阶段时，有两项必做的工作：一是尽量为监察对象创设一个感觉如意的讯问环境；二是尝试去发现监察对象是什么样的人以及他目前有哪些方面需要你去帮助改变。

我们先谈如何给监察对象提供一个扶持性环境，即帮助监察对象在无指责的氛围里体验到安全以及被倾听和被理解的感觉：一是站在共情和不指责的立场上为讯问谈话创设安全的环境。做到这一点需要以开放的态度开始谈话，需要设计出能够引导监察对象进入预设讯问话域的计划。除特殊情况外，监察人员在一般情况下即使渴望知道很多关于监察对象的问题，也要在倾听之后再作评价，如此才能真正理解监察对象的首要诉求。无论监察对象作何说明或解释，监察人员此时唯一要做的就是专注倾听，且以尽量中立的语调提出恰当的提问。尽管如此，有的监察对象还是会恐惧或不安，这时监察人员可以尝试帮助监察对象努力减轻不适感，争取从监察对象的焦虑中获取有利于讯问或更有助于了解监察对象的重要信息。不管怎么说，关心是讯问制胜的法宝，专注倾听会使监察对象感觉监察人员在关心他，并且使监察对象觉得有安全感，这时监察对象有可能把不愿意讲出的违纪违法犯罪事实供述出来。

对监察对象表示理解。简短而郑重地向监察对象表达监察人员自己的第一感觉，尽量准确传达对监察对象的直观印象，明确监察对象是什么样的人以及他目前需要监察人员帮助的内容，让监察对象觉得其本人被倾听、被尊重、被重视或被理解，这样在某些时候就会出现奇效。

设置讯问框架和边界。要遵循“篱笆筑得牢，邻居处得好”的古训，设置清晰的讯问框架有利于取得较好的评估效果。隔阂使监察对象觉得焦虑，诚意让监察对象感到放心，监察人员务必使监察对象知道话域范围或监察人员想要的内容，为达此目的，一般情况下要让监察对象知晓讯问谈话的工作界域。

讯问用语要专业，话轮接替要周全。使用专业语气可使监察对象服气或慑服，话茬轮替要自然周全，对监察对象关心但不刻意买好，不要无意识地流露出粗暴且功利的取供目的性。

我们接着谈第二项必做工作。要重点评估监察对象的自我功能、心理觉察能力和自我反思能力，这既是考察评估监察对象是什么样的人，也是发现监察对象需要监察人员去帮助改变的方面。

自我功能是监察对象相关临近功能的集群，具体包括讯问现实检验力、对现实的感知力、判断力、人际关系能力、感官刺激管理能力、情感或焦虑承受力、冲动控制力、自我意识或心理察觉能力、自尊管理或准确的自我评价能力、认知功能、防御机制等能力。评价监察对象的自我功能是做出讯问决定的关键，因为监察人员必须要知道监察对象能否准确地认识讯问现实、能否与其建立心理相容关系、能否承受强烈的情感和焦虑、能否控制冲动等。

通过观察监察对象思考问题的方式，来评估监察对象看待其自身心理功能的具体方式，以相对准确地判断哪种谈话基调或风格最适合监察对象，这是非常关键的一步。

考察监察对象是否具备审视其应讯行为、思想以及人际关系的能力，这种能力是评估阶段重要的考量对象，因为帮助监察对象提高思考并改善讯问与被讯问关系能力对提出讯问建议也是非常关键的。

评估之后，监察人员应该利用“问题—个人—目标—资源”模型制定讯问规划。重点收集以下信息：

问题：监察对象当前难以处理并为此寻求摆脱的因素是什么？如何排列这些问题的优先解决顺序？

个人：监察对象的一般功能水平如何？其自我功能水平如何？其常用的典型的心理防御机制是什么？其应讯的优势或劣势分别是什么？

目标：监察对象希望监察人员如何对待他？监察人员认为应该怎样对待监察对象？亦即，监察对象希望得到什么样的帮助？监察人员认为其需要得到哪方面的帮助？

资源：为了达致讯问目标，监察人员有哪些可用资源？

b. 开始阶段

第一，提出讯问建议及其说服的备选方案。既然设定的是开放式谈话，那么在讯问建议中应该首先考虑如何在各取所需的基础上求同存异，与监察对象在双方各自欲达的谈话状态上达成一致；其次要考虑如何在谈话中保障监察对象充分陈述的权利；再次要考虑如何积极有效地向监察对象推介或灌输监察人员的观点；最后要考虑怎样防止或识别监察对象在谈话中留后手以及解决方案。

第二，设定讯问目标。在设定讯问目标时，要重点考虑如下内容：一是如何不断捕捉监察对象当前亟待解决的诉求；二是准备为监察对象提供一个怎样的谈话环境；三是如何有效应对监察对象已经摊在台面上的问题。

第三，设置讯问框架。设置讯问框架就是为讯问期间双方的互动制定基本规则，目的是重塑监察对象的规矩意识。这些框架要素分别是：角色、时间、环境、应急措施。按照常理，当角色定义清晰而且参与双方都能接受时，各种情境都会朝好的方向发展，讯问谈话也如此。角色的概念可以切分成不同的部分，但更多的时候呈现职能与责任的重叠。如果监察人员的角色和责任是倾听和理解，那么监察对象的角色和责任就是倾诉和接受说服。设置框架还包括角色交流和角色期望，这两点强调的是要特别注意监察对象对讯问谈话的想法和感受，力争让监察对象做到想到什么就说什么，尽可能不要犹豫或修改，以便于实现对监察对象的心理把控。设置框架还包括监察人员可以利用善意偏差来了解和修补监察对象潜在的被压榨感觉。一般人不会注意时间作为框架要素的重要意义。时间框架包括讯问次数、讯问日程安排以及讯问可能持续的时间，这可使监察人员对讯问工作的强度具有总体性把握，同时也可让监察对象感觉时间紧迫，机不可失，滋生时不我待的紧促感。环境作为框架要素的意义是指要根据所掌握的监察对象应讯心态而选择是否采取留置的措施，不同的谈话环境意味着不同的讯问效果，一般来说，采取留置措施更有利于交代。应急措施作为框架要素的意义是在讯问中遇到监察对象做出自我伤害或发生急性疾病时能够按章处置，以免意外的发生。

第四，设置讯问边界。设置讯问边界是预防和杜绝刑讯逼供、指供、诱供等侵犯讯问边界行为的必要措施。所有好的讯问方案均始于轮廓清晰的框架，一旦偏离就意味着越界。所谓边界可被定义为适当的讯问行为界限，此谓适当是指合乎相关纪法规定，只要在合法合规的范围内，即使做出良性边界超出也是必要的。所谓良性边界超出是指为达致讯问目的而偏离了惯常的言语行为，比如讯问中的合法欺骗，这类做法有利于讯问目的的达成，但对监察对象的伤害也是不可避免的。

第五，发展心理相容关系。心理相容关系是监察谈话双方当事人之间的一种特殊人际交往关系，是在讯问与谈话过程中监察谈话双方当事人相互接触基础上形成的心理反应，具有交往的利益冲突性、交往的短暂性、交往的信息交流性、交往的不可选择性等特点。建立这种心理关系的最根本目的就是要让监察谈话当事人双方彼此相容，为顺利实现说服目标准备必要的前提条件。建立这种心理关系的最根本基础是相互信任。取得信任的具体方法：一是展现兴趣：寻找双方都感兴趣的话题，通过专心倾听或目光接触等方式都能展现兴趣，要让对方感受到自己倍受重视。二是展现共情：监察人员要让监察对象知道，监察人员理解监察对象目前遭受的痛苦、压力和不安，必要的时候可用面部表情表现这种共情，同时可伴以积极主动的共情式语言以构筑心理相容关系的核心；

如果监察对象向监察人员倾诉烦恼时，监察人员呆板地一味点头而没有伴随其他动作，监察对象可能不会觉得监察人员真的理解他。三是展现理解：有些监察人员经常会问：在讯问开始的时候我怎么表现出理解呢？这话问得好，至少表明监察人员具有展现理解的意识。在讯问实践中，最有效的做法是及时给予监察对象理解性的评语，这样做非常重要。这类理解性评语通常具有很多共同特点：一般陈述的是假设，而不是定性；表达的是对事情的现状，而不是对问题原因的理解。学会像这样明确表达意见是培育心理相容关系的关键。尽管这样，也有的监察对象压根就不相信监察人员有可能会站在对方的角度考虑问题，这种情况就是信任危机。这类监察对象的惯常表现是：偏执狂；难以相信监察人员会对对方的心思感兴趣；难以相信监察人员关心对方；觉得承认需要监察人员的帮助有伤自尊；认为监察人员严苛地对待对方。这些心理造成监察对象很难相信监察人员，这时候监察人员要先发制人，传达出不理解的信息，再恰当地分别做思想工作。

第六，梳理讯问谈话双方的感觉。在动态心理疗治法中，必须及时梳理监察对象对监察人员的感觉以及监察人员对监察对象的感觉；因为这些感觉本身就是讯问的重要组成部分，认清这些感觉是开始动态心理疗治法的必要条件。

一般来说，监察对象对监察人员怀有强烈且复杂的情感：基于对立关系的敌视；渴望被放一马的期待；能够推责脱罪的愿望；对纪法责罚的恐惧；等等。这些感觉为监察人员提供了关于监察对象情绪的重要线索。鼓励监察对象愿意说出这些感受是对监察对象进行心理教育的重要环节，因为监察对象对监察人员作何感想能够帮助监察人员了解监察对象应对讯问压力或监察人员的方式。有一点需要注意：有时候部分监察对象对监察人员的感觉并不会直接地表达出来，而是会采用情感、举止、态度与身体语言等非语言方式，或者采用置换方式予以表达，例如监察对象将其表述为对其他人的感觉。在倾听监察对象讲话时，监察人员需要自问：此刻监察对象对我或对我们之间的关系有何感觉或想法？监察对象是怎样表现出来的？这些想法或感觉是外露的还是内隐的？这样会对推断监察对象心理更有帮助。还要注意一点：还有的监察对象对监察人员没有什么感觉，这是一种非常负面的情绪反应，对监察人员来讲甚至是件可怕的事情，这说明监察人员所进行的心理教育没有发生任何作用，这时监察人员需要考虑怎样才能成为对监察对象重要的人。

如同监察对象对监察人员有各种各样的感觉，监察人员也会对监察对象有情绪反应，有能力认清和管理这些感受是讯问胜任力的重要组成。这些感受能够帮助监察人员理解监察对象的体验。在很多时候，监察人员对监察对象的反应可能很强烈并得到了深切的关注；还有时候这些反应可能很微妙而不易觉察，并沦为监察人员与监察对象互动时的一般背景。在这期间监察人员自问一些问题可能会更有帮助：现在我对这个监察对象有什么感觉？我认为监察对象会对我有什么感觉？这种感觉会让我有什么想法？我对监察对象表达出来的内容有什么反应？我把我独有的东西带入到这个讯问情境中了吗？我对监察对象的反应是在平均范围之内吗？是对监察对象应该有的平均期望反应吗？我现在是为了回应监察对象而被迫说或做什么事吗？这样发问会帮助监察人员理清自己对监察对象具有的各种各样的感觉，也就是说，监察人员自我反思是心理或情绪摸底的关键之举。

第七，注意换位思考。共情是认识和理解他人心理和情绪状态的能力，我们称之为换位思考能力。共情式倾听是指为了理解他人如何感知其世界而倾听，监察人员注意对监察对象的情绪反应是共情式倾听的关键。在动态心理疗治法中，为了最好地理解监察对象，监察人员既要倾听监察对象的观点，又要倾听其自己的观点。

面对现实世界，我们每个人都有独一无二的看法，通过我们的想象并借助我们自身的经验大概能了解别人的感受，这种能力就是共情。作为倾听者，监察人员不仅需要学习如何去听，还要学习如何思考和组织所听到的内容，最为重要的是利用其听到的内容去理解监察对象感知自己和世界的方式的能力，这就是共情式倾听。关键是监察人员如何在倾听监察对象的时候也怀着共情的心态呢？

首先，做一个积极主动的倾听者。一是提问，监察人员必须积极主动地倾听，真正理解监察对象的感受。这种方式有两个重要的指导原则，分别是“不要假设监察对象的意图”和“魔鬼藏身在细节中”。理解细节和细微差别会使讯问状况变得大不相同。二是运用反馈式陈述，反馈式陈述可以用来确认和修正共同的理解。

其次，为理解监察对象而审视自己。除了尽可能弄明白监察对象想要表达的意思，还有一个共情式倾听的办法就是利用监察人员对监察对象的反应来理解监察对象的感受。通常有以下做法：一是换位思考，这样做可使监察人员站在监察对象的立场上去倾听，会使监察人员可能会有真的“明白了”的感觉，或贴近监察对象所描述的事实，但这不意味着其真正地理解了监察对象的意思，还需要用反馈性陈述来检验和确认。二是注意监察人员自己的感受，有时候监察人员会觉察到自己对监察对象的经历有情感上的反应，甚至是在监察对象察觉他们的情感反应之前，这种情况并不罕见，因为许多监察对象没有意识到由他们的问题所引发的感觉。

最后，检视共情式倾听的挑战。一是当监察人员对监察对象所说的话有强烈的情感反应时，保持共情会面临许多挑战，例如，如果监察对象所说的事情令监察人员很不舒服，那么注意他们的观点就会更为困难。二是当监察对象描述的事情很难共情时，监察人员的情绪反应可能会含有疏离、焦虑、厌烦或挑剔，这时监察人员要对其本人的反应尽可能保持好奇心，同时需要询问自己：我是如何去听这些内容的？我在听监察对象的观点吗？我听到了什么并且会作何反应？想象一下如果其他人此时此刻身处我的位置会对监察对象所说的话有什么感觉？在思考的同时，监察人员需要向监察对象确认细节以及总结其本人的理解。

第八，寻找监察对象言行背后潜在的含义。下面我们开始思考监察对象言语和行为的无意识含义，可以通过以下几方面了解监察对象言行背后潜在的含义：监察对象做事和说话原本的特点；监察对象的言行与表现出来的情感的不一致；监察人员对监察对象言行的反应。这些发现是否对监察对象有帮助全凭监察人员自己的思考和理解。

c. 中间阶段

这是讯问谈话的实质工作时段，具体实施步骤是倾听、反思和干预，亦即动态心理疗治三步法。

倾听是动态心理疗治三步法的第一步。监察人员要以特殊的方式去倾听监察对象，首先要知道如何去听，然后要思考要听什么。关于如何去听，倾听有三种方式：环绕式倾听、过滤式倾听和对焦式倾听，监察人员要注意根据不同的监察对象变换倾听方式；关于听什么，当然要听言词，但更要听监察对象的语速、音量、音调和音色以及它们的变化，这些通常能告诉监察人员更多言词本身意思之外的监察对象意图，这些意图常指监察对象情感、防御机制和阻抗的最佳线索，如果漏掉它们会让监察人员失去关于监察对象有意识和无意识思想与情感的宝贵信息，也就是说非语言交流非常重要。监察人员通过倾听模式和重复性元素来决定什么话题和情感是最重要的。当监察对象在谈话过程中多次谈到同一件事，那么监察人员就可以断定这是非常重要的；类似地，监察人员还要去听不一致和犯错的地方，包括刺耳的言辞、声音、情感以及口误。再强调一下需要监察人员注意的问题：倾听监察对象说“不”的方式，会让监察人员得到非常多的信息；注意倾听难以琢磨的“双重否定”，因为监察对象这样说话，肯定有其原因；注意监察对象使用“被动的话语”，这可以帮助监察人员理解监察对象对个人事务的感受。当监察人员倾听时，随着过滤和对焦，要听的只是无意识的核心，这就是“节点”，监察人员要以倾听重复的言辞、重复的象征和澄清点这几方面来倾听节点。监察人员要倾听的重要内容，也就是监察人员要特别注意的内容：情感、自由联想或阻抗、移情、防御机制、无意识幻想和冲突等。

反思是动态心理疗治三步法的第二步。总体来讲：当监察人员听到了监察对象的声音和沉默时就要加工这些资料以理解其含意，这种多层次加工就是反思，能帮助监察人员决定如何将倾听对焦以及什么时候进行干预。监察人员可以使用“由浅入深、跟着感觉走和注意反移情”之三选择原则，以最接近监察对象有意识的心灵。为了理解监察对象当下听从或利用监察人员所说的话的能力，监察人员可以使用“评价心理相容关系、评价讯问阶段和评价当前的自我功能”之三准备原则。具体来讲：反思的首要目的是理解被加工信息的含义、决定怎样以及什么时间干预监察对象的心理，最根本目的是获取无意识内容，包括监察对象情感、思想、防御机制、幻想以及对自我和他人的表征。反思的过程对每个监察人员来说都是不同的。它不可能成为一种线性的、菜单式的过程，但我们可以认为这些资料进入了一个信息矩阵中进行加工，或根据能帮助监察人员最好地运用这些资料的原则进行筛选或分类，以达至讯问目标。监察人员如何将倾听对焦并将最终干预作为有用且可用的内容，决定着监察人员如何做选择。监察人员的干预将与这些因素相关。监察人员基于上述两套基本原则来做选择，分别被称为“三选择原则”和“三准备原则”。

“三选择原则”可以被用来决定在何地方进行干预以及从哪些内容入手最有效。关于由浅入深：思想和情感深埋于内心，当监察人员在筛选监察对象所说的话时，一定要知道监察对象的思想和情感距离心理表层有多深。关于跟着感觉走：定位情感是告诉监察人员是否接近重要内容的最好方法；如果监察对象的自由联想从一个话题跳到另一个话题，但其中只有一个话题是怀有真实情感的，它对监察对象来说可能是最接近重要事情的。在反思过程中，认清这些是最为核心的。关于注意反移情：反移情是指监察人员对监察对象所怀有的情感，注意反移情是加工监察人员从监察对象处所听信息的宝贵工具，如果监察人员在讯问中听取表层的内容、追踪情感并注意自己的感受，那么监察人员就可能找到讯问最重要的主题。

“三准备原则”的功用就是评价监察对象能够听到什么以及怎样应讯。关于评价心理相容关系：心理相容关系是对监察对象和监察人员之间信任水平的测量，它的建立部分取决于监察人员的努力，部分取决于监察对象的心理状况。关于评价讯问阶段：随着讯问阶段的纵深化推进，当监察对象与监察人员的交流多了后，监察人员某些带有意见倾向性的评语对监察对象来说可能会更容易接受，这样可深化监察对象对双方之间关系的理解。关于评价监察对象自我功能的状态：持续关注监察对象当下的自我功能水平非常重要，因为这样可以帮助监察人员了解监察对象什么时候准备好倾听，什么时候能够采纳监察人员的建议。

干预是动态心理疗治三步法的第三步。简单地说，干预就是监察人员要对监察对象讲一些说服性的话，具体分为基础性干预、支持性干预和揭露性干预三种类型，必须要说明的是干预也可以是非言语的。

基础性干预是指用来收集监察对象抗拒心理的病灶因素以及教会监察对象表达对监察人员说服理解的干预方法，这种方法用以帮助监察对象了解监察人员说教的内容和目的，要求监察对象在回应上想到什么说什么，鼓励并教导监察对象接受规劝和说服，特别是鼓励监察对象一定要将他们对说教的感受和想法说出来。提出问题是基础性干预的核心技术之一。因为监察人员说教的信息量特别大，在几乎在所有的说教话轮中，监察对象由于受说教话域的限制而不能随心所欲地讲出自己内心的想法，这时监察人员就必须主动全面性提问，以启动监察对象的话题。如果监察人员发现需要对监察对象问更多的问题，那么监察人员便可能正在了解监察对象的防御风格，并且这可能最终是监察对象必须要供述的事情。提问也表现出监察人员的关心，提出要求后追随监察对象的话题并提出相关问题是监察人员与监察对象交流的最好方式之一，这表现出监察人员关注监察对象，并且对监察对象所供述的事情感兴趣。监察人员所问的问题可分为封闭式问题和开放式问题两种基本类型。当监察人员想得到特定答案时会问封闭式问题，比如数量、时间和数字。封闭式问题的答案通常是“是”或“否”，而且其可以帮助监察人员知道某些违纪违法犯罪事实是否发生。

相对于封闭式问题，开放式问题没有特定的答案，这种方式可使监察对象开放且深入地倾诉，其通常以“怎么样”而不是“为什么”开始，因为监察人员想要的是监察对象进行描述而不是解释。善于问开放式问题是监察人员的核心技术，提出开放式问题可以帮助监察对象深化对其感受的重视程度。在讯问中，监察人员要为监察对象灌输各种类型的海量说教信息，还必须考虑监察对象向监察人员询问信息以及接收信息的意义，监察人员应该留心这些事情，这可能会帮助监察人员更了解监察对象的防御风格，并且可能是监察人员最终需要探究的问题。当监察人员想要监察对象知道监察人员在认真倾听或监察人员认为自己理解了监察对象的感受时，监察人员要使用共情式话语，这可能是非常有力的干预。比如对感觉快要崩溃而又不愿暴露对纪法处罚恐惧的监察对象，此时如果监察人员能观察到监察对象每天被这些想法耗费了那么多的精力，那么监察对象就会感到备受理解；如果这时监察人员简单地说一句“你一定很辛苦”，那么拥有脆弱自尊心但又假装自信的监察对象可能就会卸下心防。这里需要强调一点：当监察人员的首要目标是揭露时，监察人员需要对监察对象实施共情，但同时务必要了解共情话语对监察对象意味着什么；当监察人员的目标是支持时，监察对象通常正经受着巨大的情绪痛苦，并且需要知道监察人员是有同理心的。要求监察对象联想是鼓励监察对象精进和增加对其内在体验的觉察的另一种简单方法。要求联想在支持性的说教法中可以以提升监察对象的自我觉察为目标，在不需要挖掘更深层的或无意识内容的条件下帮助监察对象明白抗拒心理如何改变。最后还要强调一点：沉默也是一种干预。在很多情况下，监察人员都有意识地选择沉默。如果监察对象能够承受，保持沉默能帮助监察对象继续独自联想，以达到逼近无意识内容的目的。沉默也能使监察对象慢下来，尤其是在监察对象供述本不愿意供述的违纪违法犯罪事实后，这样的沉默可对监察对象起到平复的作用。尽管沉默是一种非常有效的干预，监察人员也必须根据监察对象的心理状态小心施加。

支持性干预是为了支持有缺陷或薄弱的自我功能而设计的方法。监察人员有两种基本方法来支持自我功能：一是给监察对象提供当下无法给予自己的东西，二是辅助监察对象尝试利用他们自己薄弱的自我功能。在采用动态心理疗治法说教中，给监察对象提供一种支持性的关系是重中之重，无论讯问的首要目标是什么，监察人员总是用其持有的接纳、同情、理解与尊重的态度暗中支持者监察对象，并在与监察对象的共同努力中理解他们的困境。关键是监察人员怎样才能提供真正的支持呢？“提供与帮助”是两种支持监察对象自我功能的基本方式。古谚云：“授人以鱼不如授人以渔。”当监察人员提供支持时，是直接给监察对象“鱼”，这是监察对象当时无法给予自己的东西；辅助监察对象则是在利用他们自己的自我功能，更多的是一种“授人以渔”的方法。当监察人员认为监察对象在一些助力之下能够调动他们的自我资源时，可以辅助他们进行自我资源调动；也就是说，监察人员始终在监察对象被支持的需要和他们自主性的需要之间平衡，监察人员应尽可能为他们提供所需，同时也应寻找每一个能让他们自主的机会。

提供性干预以直接且即刻的方式为缺损的自我功能提供支持，根据目标的相似性我们可以划分为不同的情境：

第一，鼓励。为了催促供述，监察人员必须让监察对象感觉到其有供述后获得从宽处理的成功机会，这类干预用于为监察对象提供他们自己无法会聚的勇气，其中包括鼓励、鼓舞与激励、乐观与希望、表扬、提醒监察对象他们的能力等。

第二，命名。把违纪违法犯罪事实讲出来可以帮助监察对象理解他们的感受和体验，也能增强其自我觉察，还能帮助他们管理强烈的感情和焦虑的情绪。当监察对象无法把违纪违法犯罪事实付诸于言时，监察人员必须替监察对象做到，这里有一些干预涉及，具体包括：一是命名情绪，即当监察对象处于某种情绪状态时，给这种情绪起个名字。例如，当监察对象辩解自己没有贪欲时，监察人员可以这样对他讲：“你说你真的不在乎钱，但你讲话时几乎要哭出来，我猜想这种感觉是羞愧。”二是将感受转化为语言。例如，当监察对象处于供与不供的矛盾选择时，监察人员可以这样讲：“听起来真崩溃，虽然你没直说，但是你告诉我说你一个人要扛起所有的事。”

第三，重新定向。有时候监察人员为了达到促供，目标最好的办法就是能让监察对象远离负面的想法或行为，但这很难，一般人通常做不到这一点，这可能会损害刺激管理、感情和焦虑承受能力。以下干预都可以有助于提供这种功能：一是解释，这种干预通过为监察对象提供备选方案以及对他们感觉更为积极的解释，来支持薄弱的自我功能，从而减轻他们的焦虑并整理他们的体验，比如，可以这样对监察对象讲："你为自己无法做决定而忧心忡忡，但我现在听来，你只是在谨慎地权衡你的选择。"二是重新定向，监察人员会有意识地改变谈话方向，从而帮助监察对象组织思路或减轻不安，比如，可以这样对监察对象讲："我能看出你很担心因贪心造成的人际关系紧张，这让你非常困扰，但是让我们一起回顾你没收人家钱时与周围的人处得怎么样好吗？"三是支持性规避：为了避免让监察对象感到崩溃或混乱，故意不直接深究监察对象所说的话。

第四，强化和阻止。这是在支持模式下应对防御机制的主要干预手段，监察人员利用这些干预可有意识且谨慎强化监察对象更具适应性的行为，以阻止不适应的行为。

第五，安抚。很多监察对象很难抚慰自己的情绪，这与自尊管理、感情或焦虑承受力、刺激管理能力、冲动控制能力有关，许多包括减轻内疚或放宽心式的安慰在内的干预对于过度严苛的超我功能均很有帮助。为了达致这个目的，可以这样对监察对象讲：一是安慰，"在你继续谈之前，为什么不先放松几分钟？你今天看起来心情非常糟糕"。二是关怀，"路归路，桥归桥，问题归问题，你还是要注意休息，多保重身体"。三是放心，"我知道你害怕被判重刑，但根据法律规定，你有从轻情节，这是没问题的"。四是减轻内疚，"你想要承担责任的事情实际上是你无力控制的，在目前困难的环境下你已经为家人尽力了"。五是保持冷静，"我们一起来解决这件事好吗？现在让我们谈谈你所面临的选择"。六是共情，"听起来王某的供述深深地伤害了你"。七是显示关心和理解，"我想我明白你失去人身自由时内心有多么绝望"。八是明确地参与，"别担心，我们会一起解决的。"

第六，保护。当监察对象的判断力和冲动控制能力有问题时，他们可能会置自己于危险中，这时监察人员可以主动采取设定限制的方式保护他们。

第七，劝告。在讯问中，更多的情况不允许监察人员放任监察对象顺从他们自己的想法，这种情况通常与判断力、认知功能和冲动控制问题相关，这时监察人员可通过有针对性的劝告、建议、引导或提供备选方案来提供这些功能。

第八，结构。当监察对象无法组织其思想时，监察人员可以通过减速、规划、组织和将事情分解为可控部分的方式帮助监察对象做到。

第九，提供视角。监察对象可能会在短期或长期内失去变换视角的能力，这与现实检验力和自我觉察能力缺乏有关，当监察对象不能重新定位视角时，监察人员可以通过修正错误知觉和转换思路等方式帮助他们。

揭露性干预的作用是把无意识内容转化到有意识的心灵中，通常由对质、澄清和解释三个步骤组成。此处所讲的对质，不是指用来描述含有某种程度的攻击性或张力的情境或互动，而是指监察人员对即将发生在监察对象脑海中的事情感兴趣的基本过程，也就是监察人员为监察对象指出他没有注意到的事情。关于澄清，是指通过联系相似现象将无意识引入视线。一般发生的情境是：监察对象每当在讲到关键之处时都会停止讲话，在监察人员总结出这个规律后，就可以对此发表看法，不仅要评论监察对象语塞的感受，而且还要联系监察对象每次觉得语塞的时刻，提示给监察对象。此时监察人员可以这样讲："似乎你每到关键之处就讲不出话来。"关于解释，是用来说明一种有意识的情感或行为是由于某些无意识的事情所引发的方法。

下面，我们综述一下实施动态心理疗治法的技术。在采用动态心理疗治法过程中，当监察对象讲话时，监察人员会听到许多事情。倾听某些重要的元素能帮助监察人员了解监察对象，进而做到揭露无意识的内容以及支持薄弱的自我功能。这些重要的元素有：情感、阻抗、移情、反移情、无意识的幻想和冲突及防御机制。所有的动态心理疗治法都会用到揭露性和支持性技术，不管主导模式为何，监察人员都应该根据监察对象的需要准备好在两者之间灵活转换。

一是情感。在通常情况下，监察对象的首要情感主导着讯问的谈话主题，这称为情感主导原则。了解监察对象的主导情感是选择在何处聚焦以及怎样干预的最好方法。情感既可以是有意识的和无意识的，也可以是通过言行或非言语方式表达出来的支持性干预帮助监察对象更具适应性地管理他们的情绪，揭露性干预帮助监察对象觉察无意识的情感，并利用这些情感理解其他无意识内容。

为什么情感在动态心理疗治中这么重要？讯问实践表明：情感是指南针，

是起跑线，是风向标；如果监察人员迷失了情感，也不知道下一步的讯问谈话怎么办；监察对象抗谈拒供的反讯问心理障碍几乎都与情感问题有关；确认这些情感和监察对象怎样管理它们是诊断、评价自我功能和选择疗治方法的核心。监察人员专注于监察对象的情感，不仅仅是为了对监察对象进行诊断或描述，还为了阐明监察对象的无意识经验并改善监察对象管理情感的能力。监察人员必须学会倾听并以下面的方式利用情感：在给定的时间理解对监察对象来说什么是最重要的；帮助监察对象更好地了解他们的情绪；帮助监察对象管理他们的情感。下面把监察人员的技术应用到情感上来。

在倾听时监察人员要自问下列问题：监察对象的感受是什么？是否有情感缺失的情况？情感与监察对象的描述是否相匹配？监察对象在谈话进程中情感是否有变化？监察对象在谈话中是否以非语言行为暗示过情感？监察对象的情感质量如何？监察对象怎样管理他的情感以及是否被他的感受吞没？

接下来我们反思如何进行干预。主要是反思监察人员应该选择哪种情感？思考是选择表层情感、无意识情感还是被防范的情感？

具体的干预方法：在讯问中，基础性干预是解释性或支持性工作的基础，心理教育、指导、提问和共情是帮助监察对象关注情感的核心。监察人员选择支持性干预的目标是：化解或接纳威胁监察对象或讯问关系且令人难以承受的情感；提高监察对象管理和控制情感的能力；化解或接纳情感；提升承受或管理情感的能力。监察人员使用揭露性干预的目标是：帮助监察对象意识到无意识情感；利用情感来理解其他的无意识内容。干预的第一步是对质，即要求监察对象注意他们的情感。监察人员直面主导情感是为了让监察对象关注其感受和刺激其谈论其感受。澄清技术能够帮助监察人员进入监察对象反讯问经验的更深层次，开放解释的可能。解释的过程有助于揭露监察对象与情绪失联的无意识动机。

二是自由联想和阻抗。自由联想是指尝试让监察对象将脑海中想到的任何事情脱口而出。关于自由联想，我们比较关注一个问题，即监察人员是否总是希望监察对象自由联想？有的监察人员担心鼓励自我功能较弱的监察对象畅所欲言可能会打击或吓倒他们，这好像在引诱他们打开潘多拉魔盒；事实是极少有监察对象会处于极度脆弱状态，自由联想实际上是监察人员的一种理想状态或欲达目标，在讯问现实中很难实现。

监察对象脑海中想到的事情也称联想流，是由与监察对象相关联的思想、情感和记忆组成的集合体，能引导监察人员通向监察对象意识之外的原始内容。阻抗是监察对象反对监察人员心理攻势和联想流的言行，其是讯问中可预期的部分，能帮助监察人员理解监察对象反讯问的个性化行为模式，磨炼监察对象难以通达的无意识内容。支持技术能够利用监察人员对阻抗的理解帮助监察对象做出更具适应性的选择，揭露技术的目标在于理解阻抗的无意识含义，并使监察对象觉察到新的无意识内容。关于阻抗，需要注意的是：监察人员为什么要寻找阻抗？因为理解阻抗是了解监察对象以及明确什么是其特别不愿去想或去说的好办法。

除了情感，自由联想和阻抗也是倾听的核心。向监察对象申明畅所欲言的重要性后，监察人员的工作就是听从或跟随联想的思路到达无意识，监察人员还可以把阻碍自由联想过程的每一件事均看成可能的阻抗，包括沉默、犹豫、快速转换话题以及失去自由联想思路等。

当监察人员识别出阻抗后，接着就应该反思是否要引起监察对象的关注，以及如果要这样做，应该怎样与何时去做。如果监察人员只是想揭露无意识内容，那就提醒监察对象注意；反之就不要对监察对象强调。因为阻抗是监察对象逃避讯问致其痛苦或恐惧的方式之一，如果采取用了规劝说服的方式讯问，就不要轻易打击或苛责监察对象。总之，要学会了解阻抗，接受阻抗，与阻抗共存，认真思考监察对象为什么会有阻抗。监察对象阻抗的可能原因包括：优越感、恐惧感、丧失感、内疚感、羞耻感和监察人员的讯问错误等。如果这些原因出现了，监察人员应该自问：自己是否准备好了面对阻抗。

基础性干预的目标是通过设计获取细节来了解阻抗。当监察人员想驱逐阻抗时会选择支持性干预，因为至少在那一时刻，驱逐阻抗可破坏监察对象反讯问计划，以降低或消灭阻抗令讯问目标脱轨的能力。当监察人员的目标是了解阻抗的含义，辨明起作用的无意识内容，并最终减轻阻抗对讯问目标实现前景的影响时，监察人员一般会选择揭露性干预。

三是移情。移情是监察对象对监察人员所有情感的总和，是监察人员了解监察对象人际关系的入口，这是监察人员在意移情的重要原因。移情可分为关于情感的移情和替换移情。监察人员一般通过关联的情感来识别移情，这是识别关于情感的移情最基本的方法。在讯问中，监察对象有时候与监察人员敌对，有时候与监察人员配合，我们称前者为消极移情，称后者为积极移情。积极移情基于监察对象对监察人员的信任，是构成彼此心理相容关系的基础。消极移情基于监察对象对监察人员的憎恨和鄙视，如果消极移情危及讯问进程和效果，那么监察人员应当追溯消极移情的原因。当移情过于猛烈或直接而无法进入意识时，监察对象可能会把它们体验成好像是与另一个人有关，这被称为替换移情。

关于用监察人员的技术处理移情，这里首先着重强调一点：通过倾听监察对象与他人来往的一般模式来发现监察对象应讯中的人际关系特征，作为把握建立监察谈话当事人双方心理相容关系的参考点。关于反思，监察人员要在牢记“三选择原则”和“三准备原则”基础上，认真思考这样的问题：监察对象准备好并愿意处理移情吗？如果对监察人员移情的探查没有准备好，则说明监察对象认为他与监察人员之间的关系并不重要，表明监察对象尚存强烈的反监察人员讯问心理，预示着下步心理教育工作的强度将非常大。

四是反移情。反移情是监察人员对监察对象有意识的或无意识的情感的总和。怎样才能知道监察人员是否有反移情呢？通常的判断方法是思考监察人员对监察对象的感觉。在一般情况下，监察人员对监察对象或多或少地带有感情色彩，或是认可，或是厌恶，或是无所谓，保持无所谓者经常是少数人。反移情影响着监察人员的监察人员讯问心理，意味着监察人员对规劝说服工作的态度选择，制约着监察人员的工作成效。

下面我们谈谈讯问技术的作用。在上文我们综述了讯问技术的主要内容：评估监察对象；建立心理相容关系；倾听监察对象，反思监察人员所听到的东西，为支持或揭露而进行干预；利用倾听、反思和干预来应对情感、阻抗、移情、反移情、冲突、幻想等。接下来我们将利用这些技术来实现规劝说服的四个工作目标：改善自我知觉和自尊管理能力；改善人际关系；改善应对内外刺激的个性化方式和改善其他的自我功能。

第一，改善自我知觉和自尊管理能力。自我知觉其实是我们常说的自我认识，此处是指监察对象对自己的需要、动机、态度、情感等心理状态以及人格特点的感知和判断，其实质是有关监察对象自我的一套观念或有关监察对象自身认识的一些直觉，都会对监察对象的行为产生影响。根据自我知觉理论，监察对象可以通过自己的行为和行为发生的情境了解自己的应讯态度、情感和内部心理状态。在讯问实践中，绝大多数监察对象于相当长的时间内基于脱罪免责的动机、反讯问的需要和敌视监察人员的情感，基本上都会秉持抗谈拒供的态度，有的“零口供”案件中的监察对象自始至终都保持这种状态。为什么会这样？很重要的原因是监察对象在自我认识上出现了严重偏差，关键是在自我认识的标准上出现了严重错误，无论从观念上还是从直觉上，监察对象的自我知觉都发生了扭曲。

自尊即自我尊重，是监察对象对其社会角色进行自我评价的结果，它是通过社会比较形成的，首先表现为自我尊重和自我爱护，其次还包含要求监察人员和调查机关对其尊重的期望。

自我知觉和自尊也可被看作是一种特殊的自我管理能力。在讯问中，自我管理能力差的监察对象心理状态可能是比较脆弱的，也可能是较为执拗的。拥有脆弱自我的监察对象面对监察人员通常通过不现实的知觉来支撑他们的贬低性自尊，拥有执拗自我的监察对象通常通过过于理想化的知觉来支撑他们的夸大性自尊；前者表现为对监察对象应讯心理的自我禁闭，经常会通过不愿暴露内心虚弱的方式，以骗人的外表强装坚韧；后者表现为对监察对象应讯心理的自我放纵，经常通过不隐瞒内心坚强的方式，以真实的外表宣示强硬。这都是监察对象自我意识的极端化，标志着监察对象自我认识和自我评价能力的弱化。这是反监察人员讯问心理产生不可忽视的原因。有的监察对象会在谈话时出现消沉性退缩，有的则愤怒和冲动，有的还不温不火，这都是监察对象以不具适应性的方式来调节他们的自尊。消沉以牺牲监察人员尊严为结果，冲动以冒犯监察人员尊严为目的，不温不火以刺激监察人员尊严为追求，这都能够暂时增强监察对象的自我意识，也标志着监察对象的自尊管理出现了问题，说明监察对象并不能够真实地感知他们的能力和局限。对监察对象来说，不能正确评价他们的能力和局限有害地影响了其应讯行为。监察人员倾听这些，可以帮助自己注意监察对象究竟在哪些方面出现了自我知觉扭曲和自尊管理困难，因为扭曲的自我知觉经常涉及监察对象对行为意向、成效及智力状况的错误评价，这其中的任何一个方面都可能隐藏着监察对象看待自己的方式的信息。

监察人员应该怎样帮助监察对象更为现实和正确地知觉自己呢？监察人员只需认识到两点即可：一是无意识的自我知觉阻止了监察对象利用客观资料实事求是地看待他们的能力和局限；二是非现实的自我知觉导致监察对象在面对

自尊打击时难以平复自己。使监察对象意识到其扭曲的自我知觉，可以帮助其更准确地评价自己，并能轻松地管理自尊，重塑其自我知觉可被看作是活化发展的一种方式，监察人员既可以用支持策略，也可以用揭露策略来应对这个问题。关于支持策略：自尊管理是经常需要支持的一种自我功能。当监察人员感到监察对象既不能凭自己的力量做到，又不能承受对其扭曲的直观进行探索时，监察人员可选用支持策略直接支持自尊，提供和辅助性干预都是有帮助的。例如，自尊心低的监察对象可能需要鼓励类型的干预；超我过度严苛的监察对象可能需要得到减轻内疚和修正错误知觉的帮助。如果监察对象凭己力做到一些，那么就需要采取合作式干预。监察人员所有的揭露技术均可以用于帮助监察对象更多地意识到自己扭曲的自我知觉，这可以帮助监察对象发展更为现实的自我意识。例如，当监察对象认为自己搞砸了，可能得不到从宽处理。监察人员如果认为其背后还有更多的抗谈内容，可以决定在监察对象对其应讯能力的知觉和客观证据之间对质，这打破了阻抗——监察对象说他想过看待此境况的其他想法。同时，监察人员向监察对象解释了法定的从宽条件，揭露了监察对象目前的心理防御状态，指出了目前想脱罪免责的非现实性，进一步深化了监察对象对此境况的理解。

第二，改善人际关系。对大多数监察对象来说，拥有有意义的人际关系的能力对其在应讯期间的行动是非常关键的。监察对象人际关系出现困难的原因：一是非合理或非法期待损害了其投入讯问中人际关系的能力，比如幻想社会关系网捞其出去等。二是受损的自我功能，例如共情能力和读懂讯问信息线索的能力。支持性干预可以帮助自我功能较弱的监察对象增加其共情能力以及正确地与监察人员互动的能力；揭露性干预可以帮助自我功能较强的监察对象通过改变非法幻想和非合理期待方式来改善与监察人员的人际交往关系。

第三，改善应对内外刺激的个性化方式。有意识或无意识的应对机制可保护监察对象逃离内部焦虑，解除威胁监察对象的情感，使监察对象远离致使能力超载的外部压力源。监察对象下列防御是不适应谈话的：防御启动了监察对象过多的自我功能；防御损害了监察对象拥有有意义应讯人际关系的能力；防御损害了监察对象体验情感孤立、过度情绪化以及理智化等情感的能力；防御过于僵化；防御是自我毁灭的；防御导致监察对象身体痛苦等。动态心理疗治的目标是破解监察对象试图使用的自认为最成熟的防御机制，减少监察对象对对抗性防御机制的依赖。

第四，改善其他的自我功能。动态心理疗治的一个主要目标是帮助监察对象强化配合讯问的自我功能。当监察对象配合讯问的自我功能缺失或摇摆不定时，监察人员可以帮助他们发展新的配合性能力或强化较弱的配合功能；当监察对象因为潜意识的原因不能利用配合性自我功能时，监察人员可以帮助他们“解锁”其拥有的配合能力。一般情况下，支持性干预有助于协助摇摆不定的配合性自我功能或提供缺失的配合性自我功能，揭露性干预有助于“解锁”被无意识问题妨碍的配合性自我功能。能否做到这一步，关键是监察人员能否帮助监察对象具有良好的判断力以及管理好冲动控制。

d. 终止阶段

此阶段需要监察人员所做的工作，除了前文所列外，最重要的就是与监察对象交流对讯问的看法。许多有经验的监察人员会利用最后的面谈机会告诉监察对象自己对讯问交流的一些感受。这通常包括对发生在监察对象情绪中的改变和其在应讯中对自我功能的看法，也就是说，对监察对象在谈话中的所想、所说和所做给予总结性评价；也可能包括谈论监察对象在未来面临的挑战，以及监察对象对讯问体验的想法。这里需要强调的是：此时监察人员与监察对象交流，必须讲一些确信的话语，不能让监察对象觉得监察人员一直在欺骗他；同时在与监察对象告别时一定要把握好边界关系，不能给予监察对象无原则的允诺。

3. 证据慑服

教育不是万能的，规劝说服不一定能达到预期的效应，监察对象仍可能固持抗谈拒供心理而不配合讯问，这时就需要变换讯问方法，利用证据进行慑服。根据刑事证据形态，可将证据慑服法分为两种，一种是现实证据慑服法，一种是虚拟证据慑服法。

（1）现实证据慑服法

所谓现实证据慑服法，是指利用已经查证属实的客观证据予以慑服。现实证据具有客观性、可知性、关联性、价值性和指向性等基本特征，监察人员一般是根据这些证据属性来慑服监察对象。

第一，利用证据的客观性慑服监察对象。所谓证据的客观性，是指不管监察谈话双方当事人是否意识到了，刑事证据都必然客观地存在于职务犯罪案件中。监察人员可利用现有证据的客观优位来征服监察对象，迫使监察对象供述职务违纪违法犯罪事实。具体实施方法：利用证据的真实性来否认监察对象脱罪免责的主观性，利用证据的本来面目来堵塞监察对象掺杂否认性的个人主观理由。也就是说，监察人员以事项的实际性为依据，向监察对象确认现存性，逼迫监察对象如实反映符合确认要求的各项犯罪构成要素，保证违纪违法犯罪事实真实可靠和内容完整。

第二，利用证据的可知性慑服监察对象。所谓证据的可知性，是指在确立已有证据客观性基础上，同时承认已有证据可为监察谈话双方当事人所认识。监察人员以事项认知的规律性为依据，向监察对象确认现存性，逼迫监察对象如实供述。

第三，利用证据的关联性慑服监察对象。所谓证据的关联性，是指证据连接信息对监察对象的锁定性。监察人员可以这种锁定性为依据，向监察对象确认现存性，迫使监察对象不得不进行信息输出，如实供述自己违纪违法犯罪行为。

第四，利用证据的价值性慑服监察对象。所谓证据的价值性，是指已有证据对讯问的直觉思维所起的方向性作用。监察人员可以这种方向性为依据，向监察对象确认直觉思维结果的科学性，迫使监察对象不得不承认职务违纪违法犯罪事实的现存性。

第五，利用证据的指向性慑服监察对象。所谓证据的指向性，是指已有证据对讯问的直觉思维具有引导性作用。监察人员可以这种引导性为依据，向监察对象求证引导方向的正确性，继而以这种正确性导引出职务违纪违法犯罪事实的现存性，并迫使监察对象不得不予以确认。

（2）虚拟证据慑服法

在生命形态学概念中，虚拟是指人类自己想象出事情和想法的行为表现，而这些事情和想法并不存在于真实的客观世界中。虚拟的本质是由客观信息组成的，即组成虚拟的目的的信息是存在于客观时间的客观信息。在本书中，虚拟证据是指监察人员利用调查直觉思维根据已经掌握的客观资料推断出来的证据。所谓虚拟证据慑服法，是指利用监察人员虚拟的刑事证据予以慑服的方法。

现实证据慑服法与讯问经验基本无关，无论是否具有讯问实践经验，监察人员都可以使用此法予以慑服；虚拟证据慑服法的使用以监察人员具有丰富的讯问经验和扎实的讯问业务功底为基础，不具备这个条件者应慎用虚拟证据慑服法。

虚拟证据慑服法的实施过程：

第一，利用调查直觉思维，根据客观信息形成虚拟案件事实和虚拟证据体系。监察人员根据已知的案件证据来假定最终待证事实的证据体系，是通过一定的直觉思维进程假定出来的。该进程模式如下：一是根据证据认定标准判断已有证据的完整性程度或残缺程度；二是研判已有证据对犯罪构成要件的满足度；三是研究监察对象的职权范围和职务活动宽度，分析有无其他犯罪的可能；四是考虑监察对象容易在哪个环节上犯罪；五是考虑潜在违纪违法犯罪事实还需要哪些潜在证据的支持；六是考虑所需潜在证据的数量；七是把潜在证据划分为犯罪主体证据、违纪违法犯罪行为证据和犯罪责任证据；八是分析待取证据可能存在的部位和环节；九是推测待取证据的取证难度；十是考虑潜在证据的取证步骤和方法；十一是拟成能够证成待证事实的潜在证据体系，形成虚拟案件事实和虚拟证据体系。

第二，预构一个适应职务犯罪案件及证据的证据体系结构。在利用调查直觉思维形成虚拟案件事实和虚拟证据体系的基础上，再利用调查理性思维理性探究职务犯罪虚拟证据体系结构，是实施虚拟证据慑服法的又一难点。根据系统论原理，虚拟的职务违纪违法犯罪证据体系作为一个复杂系统具有多层结构，合理地预见职务犯罪虚拟的证据体系的层次是思考虚拟证据体系结构的关键。首先是理性思考职务犯罪虚拟证据体系的横向结构：横向结构是指虚拟的职务违纪违法犯罪证据体系可以根据证明对象的性质构成若干相对独立的证据子系统，具体包括证成犯罪情节的证据子系统和证成违纪违法犯罪事实的证据子系统。考虑横向结构的目的在于正确思考虚拟证据体系的广度问题，解决职务犯罪调查理性思维思考问题的全面性问题。其次是理性思考虚拟的职务违纪违法犯罪证据体系的纵向结构：一是思考虚拟证据子系统的层次结构。证明对象是虚拟证明的出发点和落脚点，亦即预见各层次虚拟证据子系统的标准。如果没有明确的虚拟证据对象，虚拟证明活动就失去了目标。虚拟证明对象的层次结构需要根据证明案情的需要和各子系统的自身内容来预见，也就是说，每一虚拟证据子系统都根据虚拟证明对象及其要素的层次性形成与此对应的层次结构。预见虚拟的职务违纪违法犯罪事实情节子系统的层次结构，就是将虚拟的案件事实情节预见为作案时间、地点、手段、过程、结果、目的和动机七个要素，并以这七个要素为证明对象组成七个虚拟证据子系统。二是思考如何预见虚拟的职务犯罪构成事实证据子系统的层次结构。虚拟的职务犯罪构成事实证据子系统的结构也具有多个层次，预见时要以犯罪构成四要件为证明对象，组成犯罪客体、客观要件、犯罪主体和主观要件四个并列的虚拟证据子系统。三是考虑如何预见虚拟的个体证据的层次结构。个体证据是构成虚拟的职务违纪违法犯罪证据体系的基本元素，我们可将一定数量的虚拟证据按照虚拟证据系统的结构进行有序排列，从而构成虚拟证据体系。我们可将虚拟的个体证据预见划分为两个层次：主证据和辅助证据。主证据指的是在虚拟证明对象中起主要证明作用的证据；辅助证据指的是对主证据的确定性起证明作用的证据。以上是预见虚拟的职务违纪违法犯罪证据体系结构的一般思路。

第三，依据上述思路，将虚拟证据绘输给监察对象。虚拟违纪违法犯罪证据和预见违纪违法犯罪事实的真正目的是驳斥监察对象辩解无罪，这是“空手套白狼”的惯常做法。在监察对象拒不供述的情境下，监察人员仅仅强调监察对象存在违纪违法犯罪事实是空乏无力的，不一定能触动监察对象的心灵，亦即说不到监察对象心里去，根本起不到促动监察对象转变拒供心理的作用。在这样的关键时刻还得使用虚拟证据慑服法，主动把上述虚拟的职务违纪违法犯罪事实和违纪违法犯罪证据系统地灌输给监察对象，目的是震慑监察对象，使监察对象形成应讯错觉，认为调查机关不仅是吓唬他，而且确实掌握了他的职务违纪违法犯罪事实，不然的话监察人员不会讲得这样真切和准确，肯定和确实的口气非常容易使监察对象发生心理上的动摇，促使监察对象进入唯恐态度不好而受到严惩的心境，进而产生恐惧心理和重新选择监察对象应讯方式的心理。虚拟证据慑服法对以谈促变的推进作用不容忽视。

第四，在灌输过程中强化虚拟证据的锚定性作用。运用虚拟职务违纪违法犯罪证据的目的之一是锁定监察对象。在讯问过程中，除了向监察对象讲解虚拟证据本身内容外，还要强调虚拟证据对锁定监察对象的锚定性作用。所谓锚定性作用，是指虚拟证据体系对锁定监察对象的审定作用。职务犯罪没有普通刑事犯罪的作案现场，具有参与和知情人员少、行为人动作隐蔽的特点，虚拟证据与潜在事实之间联系的建立主要依赖言词证据。在职务犯罪中，当事人之间是职权购买、职权滥用或职权放弃关系，很容易形成利益共同体，甚至存在荣损与共的特殊关系，只要取得一方证言，另一方则被“拔出萝卜带出泥”，很难脱离干系，这就被紧紧锁定在调查视野内。虽然职务犯罪构成要件事实中的核心部分更加需要言词证据来证实，但相关物证和书证的证明作用也不容小觑，有时候尽管监察对象不开口，但相关物证和书证的证明力也指向监察对象，在这样的情况下监察对象同样难以脱罪。虽然客观性证据在职务违纪违法犯罪证据体系中居于辅助地位，但辅助作用同样具有一定的证明力，其证据效力同样指向监察对象，这也不以监察对象的主观意志为转移。除了客观证据外，虚拟的证据只要预见得相对准确，则同样具有现实证据的证明力，其逻辑推理的合理性同样会把监察对象锁定在罪桩上。基于这几点，监察人员要大胆地向监察对象强调：你不但存在违纪违法犯罪事实，而且问题很严重；尽管你不主动争取好态度，但你阻挡不了纪法调查的步伐；你不主动供述，并不意味着调查机关没有掌握你的严重问题。这之类的话语只要重点讲，着重讲，就同样会撞击监察对象的心理，形成震撼效果，慑服监察对象。

第二节　监察对象应讯方法

职务犯罪讯问实践表明，讯问的实质是心理的攻防战和行为的拉锯战，处于基本对立关系前提下的监察谈话双方当事人总是或明或暗地过招斗法，想归化对方的思维或牵引对方的行动。特别是抗谈拒供的监察对象，无时不在琢磨心思，企图定向监察人员的言行，变着法子玩对抗。监察对象对抗的形式和方法多种多样，但总有某些规律可循，现根据讯问实践总结如下：

一、错觉制造法

所谓错觉制造法，是指监察对象通过向监察人员施加错觉信息，企图把监察人员引入认知误区，使监察人员在心理上形成认识盲点的拒供方法。此处所言的错觉，是指监察人员对监察对象言行形成的不正确认识，是阻却监察人员正确认知监察对象的心理障碍。监察对象这样做的根本目的是改变自己在讯问中的被动地位。

监察对象制造错觉的现实表现：一是言语迷惑，直接否认存在违纪违法犯罪事实，极力显示自己无辜；大讲自己以往的工作成绩和工作态度，企图表明自己为人正派，没有贪贿的主观故意。二是行为迷惑，在监察人员面前表情轻松，假装顺从或为否认赌咒发誓、声泪俱下，貌似态度诚恳；三是在供述违纪违法犯罪事实上要么不供，要么隐多抛少。

二、心理开放法

所谓心理开放法，是指监察对象通过自由思维方式实施反心理限制的抗谈方法。监察对象这样做的根本目的是解脱讯问困境。

监察对象实施心理开放法的现实表现：一是在言语上显示自由联想多，在思路上缺乏定向性；二是在行动上要么编造谎言以实施谎供，要么前供后否以实施翻供，要么虚实结合而真假难辨，要么前后矛盾而逻辑混乱。

三、讨价求偿法

所谓讨价求偿法，是指监察对象因案件性质恶劣或违纪违法犯罪情节严重而心生畏惧，在对案件暴露程度没有把握的情况下，向监察人员讨价还价，企图换得监察人员从宽处理的无原则允诺，以减轻或逃脱即将面临的纪律处分和刑事处罚的抗谈方法。监察对象这样做的根本目的是追求自己的讯问利益最大化。

监察对象实施讨价求偿法的现实表现：一是在语言上故意流露出深深的畏惧和不安，表现出“求免、求轻或求生”的强烈愿望；直言不讳地向监察人员提出具体的要求，请求监察人员临场答复将来一定能得到从宽处理的允诺，并鲜明地提出只有在得到允诺保证的前提下才作供述的条件。二是在行动上有意识地释放出某些存在违纪违法犯罪事实的信号或信息，却固守心理防线，不作主动供述；如果监察人员不当场予以答复，就立刻改变应讯态度，现场发作不予配合，甚至故意沉默应对，刺激或刁难监察人员，以换得交换条件。

四、失忆应讯法

所谓失忆应讯法，是指监察对象谎称失忆以应对谈话的抗谈方法。监察对象这样做的根本目的是以无赖方式对抗讯问，企图躲避讯问锋芒以掩盖违纪违法犯罪事实。

监察对象实施失忆应讯法的现实表现：一是在语言上当感觉讯问话题尖锐而无法回答时，谎称对所提问题已没有了记忆为借口，企图转换讯问话题。二是在行动上企图一招制敌，以静制动，干扰讯问进程。

五、惯性脱审法

所谓惯性脱审法，是指监察对象以被留置前养成的恶性习惯来对抗讯问以求破解讯问攻势的抗谈方法。监察对象这样做的根本目的是以低俗的人品恶心监察人员，企图以此使监察人员产生挫败感，迫使监察人员主动放弃讯问。

监察对象实施惯性脱审法的现实表现：一是在语言上满口低俗，表现出敌视正常社会价值观念和行为规则的强烈意念和仇视或蔑视党纪国法的极端情感；二是在行动上表现出唯我独尊的强烈优越感以及极端放纵的恶性习惯，给监察人员以“滚刀肉”的感觉。

六、推脱避谈法

所谓推脱避谈法，是指女性监察对象基于自身的心理弱点而在无可辩驳的客观事实面前寻找理由进行抵赖的抗谈方法。监察对象这样做的根本目的是脱罪免责。

女性监察对象实施推脱避谈法的现实表现：一是在言语上表现出与男性监察对象不同的异常思维，尽显无理性，同时惯常依托联想来否认违纪违法犯罪行为，对说谎、辩解和否认习以为常。二是在行动上要么坚持无理辩解，要么保持沉默，容易走极端；有的死不认账，有的时供时翻，承认快但翻供也快，态度摇摆不定，供述反复无常；问东答西，经常篡改讯问主题，容易认死理，缺乏理智，情感变化快，除了易激动，还心胸狭窄；报复心强，爱钻监察人员的空子；悲喜分明，对家庭特别是孩子的依恋难以割舍，对将来顾虑多；等等。

第三节　监察对象应讯方法的破解

一、监察讯问的政治属性

监察讯问实际上是“两规”谈话的监察程序用语，其与职务犯罪调查讯问一样，是在剥夺监察对象人身自由的前提下获取口供的法定方式。

在国家监察体制改革之前，讯问在职务犯罪侦查程序中是非常重要的环节，监察对象的供述对于案件的突破以及证据体系的构建极其重要，这是由“从人到事”的职务犯罪案件侦查思路决定的；在国家监察体制改革之后的职务违法犯罪调查程序中，讯问的根本地位依然得以延续，监察对象的口供仍然是调查人员据以收集和固定证据的导向图。除此之外，监察讯问的政治属性得到了极大强化。

监察讯问的政治属性是指监察讯问是在把政治建设摆在首位的新时代语境下，监察人员遵循不断增强“四个意识”、坚定“四个自信”、做到“两个维护”的政治要求，遵照新时代全面从严治党和全面依法治国的目标要求，明确谈话内容紧密结合“以人为本”与“和谐共生”的关系思维，及时推进以习近平新时代中国特色社会主义思想的有效传递，促使监察对象的思想、行为与监察人员所秉持的政治观点相一致，最终指向规训、规范、导引监察对象的现实活动。

监察讯问与职务犯罪侦查讯问相比，具有形式上的相同性，例如：

1. 都是法定审查措施；

2. 均具有剥夺人身自由的强制性；

3. 具有相同的目的：获取口供。监察对象的口供仍然是调查人员据以收集和固定违纪违法犯罪证据的导向图；

4. 讯问笔录均具有刑事证据资格；

5. 均在调查程序中具有“至尊”的刑事证据地位：在法定程序中具有非常重要的地位，在国家监察体制改革之后，这个根本地位依然得以延续，获取的口供仍然被称为“证据之王”；

6. 法律后果相同：均适用非法证据排除规则。

尤其是在谈话语言上，话语本身所蕴含的社会价值关切、监察人员在话语实践中的作用发挥、话语所遵循的语言规则和规律等没有本质区别，但由于监察程序设置的特殊性，两者之间又存在明显的不同。例如：

1. 适用程序性质不同：监察讯问适用监察程序；侦查讯问适用刑事程序。

2. 适用主体不同：监察讯问的适用机关是监察机关及其人员；侦查讯问的适用机关是公安机关及其人员。

3. 针对的对象不同：监察讯问的对象是监察对象；侦查讯问的对象是犯罪嫌疑人。

4. 人身强制程度不同：监察讯问的人身强制程度较轻，侦查讯问的人身强制程度一般高于监察讯问。

5. 政治属性强度不同。

监察讯问除了一般性的侦查思路之外，首先要具有高度的政治理念：一是坚持讲政治，坚决做到“两个维护”：要通过讯问，自觉担负起“两个维护”的政治责任，坚决贯彻党中央的决策部署。二是坚持依规依纪依法，增强法律意识、程序意识、专业化能力，依法收集固定证据，完善“纪法贯通，纪法衔接”机制。三是坚持稳中求进工作方针总基调：也就是在讯问中要做到“稳”，因为“稳”就是要保持政治定力，要更加自觉地做好“两个维护”；也就是在讯问中保持“进”，因为“进”就是要以改革创新激发内生动力，要提高监察讯问的精准性和高质量发展。四是坚持纪法贯通，纪严于法：纪律是高标准，适用于全体党员；监察法是底线，适用于所有行使公权力的国家公职人员；纪委监委纪法双施双守，一般按照涉嫌违纪、职务违法、职务犯罪三个层面一体式讯问。五是坚持运用“四种形态”，注重教育挽救：在监察讯问中，要问清问明性质情节、后果影响、认错态度等综合情况，为依纪依法、精准妥当处置做好事实准备，要注意把握好政策，坚持宽严相济，对主动投案或主动交代问题的监察对象要在讯问中突出将来能够得以从宽处理的情节与事实。六是坚持一体推进不敢腐、不能腐、不想腐理念：要在监察讯问中坚持无禁区、全覆盖、零容忍的理念，坚持重遏制、强高压、长震慑的理念；要问清问透体制、机制层面的制度漏洞，为做好审查调查工作的后半篇文章做准备，为健全法规制度、扎实制度笼子、加强党性教育准备好事实依据。

侦查讯问只要求能够达到“事实清楚，证据充分”的程度效果即可，自身没有监察讯问的高强度政治属性。

为什么强调监察讯问的政治属性?

大家知道，政治是上层建筑领域中各种权力主体维护自身利益的特定行为以及由此结成的特定关系，它是人类历史发展到特定时期产生的一种重要现象。政治包含两种含义：“政”是指正确的领导；“治”是指正确的管理。“政”是方向和主体，“治”是手段和方法，围绕着“政”进行。“政”主要是政权、政府、军队、警察、法院、监狱、政治组织和政治机构等；“治”主要是法律、制度、政策以及依据这些进行的行为；“政”是硬件，“治”是软件。

我们党的政治属性是党性的集中体现，党的政治功能是党的首要功能，这个结论在马克思主义政治学和党建理论中一向是旗帜鲜明的。中国共产党视政治为生命。党的十八大以来，以习近平同志为核心的党中央正本清源，在好多问题上都能从讲政治的高度去观察、去把握，重申党的第一属性是政治属性，第一功能是政治功能，形成鲜明的政治导向。当前，各级纪检监察机关都在认真贯彻落实新时代党的组织路线，不断强化党的政治属性和政治功能。党的政治建设是党的根本性建设，决定党的建设方向和效果，旗帜鲜明讲政治是纪检监察机关的优良传统和显著优势，特别是在新时代，纪检监察机关要切实提高讲政治的能力，把讲政治要求贯彻到纪检监察工作的各方面和全过程，尤其要在树牢政治理想、锤炼政治担当、严明政治规矩方面率先垂范。为什么要强调监察讯问的政治属性？这是因为监察讯问作为纪检监察工作的重要组成部分，体现着纪检监察机关如何讲政治的重大价值关切。

第一，马克思关于人的本质观决定了监察讯问的政治属性。人的实践活动是内容，社会关系是形式，人的需要是动因，三者共同构成了马克思的人的本质理论。监察讯问是人的活动，必然受制于人的本质。监察讯问中思想政治教育实际上是以人为本的监督、调查、处置实践活动，出于对“人”的共同关注，马克思人的本质观与监察讯问中思想政治教育存在“天然”的契合，因此，我们要全面把握马克思关于人的本质理论，因为马克思关于人的本质理论对有效开展监察讯问工作有着重要的启示和引导作用。利用马克思人的本质观基本原理，我们要在监察讯问中着重探究监察对象的全部心理以及内外表现，并注重寓教于谈；应全面把握监察对象所处的社会关系，创造良好的谈话环境；应尊重并尽量满足和引导监察对象的需要，从而有效地开展思想政治教育工作。

第二，监察讯问的过程本质决定了其具有政治属性。监察讯问具有自身固有的内在规定性，研究监察讯问政治属性要把监察讯问放在一个过程实践的逻辑支点上来进行考察，这个过程包括相互连接的若干环节，即讯问人发出规训、规范和导引信息，监察对象认同、接纳并内化这些信息，将其外化为行为并形成习惯与品质，监察讯问的各要素就是在这一过程中的各个环节上得以现实展开的。这个过程揭示了监察讯问的本质和规律，确定了监察讯问的内容、原则、途径、方法的科学理论依据，有助于增强监察讯问实践的有效性。根据马克思主义经典作家的过程论，过程是指事物离开了它的起点以后所表现的连续或离散状态的变化序列，从过程范畴中可以引申出运动、变化和发展，生成和消亡，原因和结果，根据和条件，必然和偶然，可能和现实，内容和形式，以及对立统一、质量互变和否定之否定等范畴和规律，从而构成辩证法的逻辑体系，马克思主义的过程论是马克思主义认识论和辩证法的深化，体现了马克思主义的认识论、辩证法、逻辑学三者的一致性，据此我们可以引申出监察讯问过程所要坚持的内容、原则和方法。其在内容上决定了监察人员要从物质论和实践论出发坚持唯物主义的过程论，在原则上决定了监察人员要从马克思人学出发坚持“以人为本”的初心，在方法上决定了监察人员要从联系性和矛盾性出发坚持唯物辩证的观点。根据马克思主义过程论，我们首先要客观对待讯问人与监察对象之间的辩证关系并且要妥善处理好两者之间的关系，要意识到两者之间具有普遍矛盾中蕴含着可能“转化”的特殊性，而利用马克思主义的思想武器来解决这个特殊矛盾是唯一的方式；其次要意识到监察讯问过程本身就是一个追求真理的历史探究过程，我们所要的最终效果是用习近平新时代中国特色社会主义思想来归化监察对象，把因违反规矩而偏离社会主义意识形态的监察对象培养成具有社会主义核心价值观并能够以社会主义核心价值观自觉评价和批判自己违纪违法犯罪行为的“社会人”。根据马克思主义过程论，我们在选择监察人员上首先要考虑政治素质是否强、业务素质是否硬、意志品质是否好这三方面因素。在日常监督、调查、处置工作中，我们的案件指挥者一般要选择那些“思想教育水平高，执行政策能力强，具有大局观念，能够遵守纪律，服从指挥”的同志担纲监察讯问；一般要挑选那些“全面掌握党章、纪律、法律知识，了解违规心理及人性，协同作战能力强，办案经验较为丰富，善于钻研案情”的同志进行监察讯问；通常指派那些“思路清晰，视野开阔，耐心细致，洞察力强，意志顽强，公正无私”的同志开展监察讯问。总之，就是根据马克思主义过程论所作的关于政治素质、业务素质和意志品质考量。而监察人员一旦被选定以后，必须坚持以马克思主义基本原理为指导，采取宏观与微观相结合的方式、科学讯问的思维，认真、全面、辩证分析自己与监察对象的主客体关系。这也是目前在监察讯问中亟待解决的问题。把主客体思想纳入监察讯问范围具有重要意义，那就是有助于扭转传统讯问中将讯问双方对立的情形，有助于把握讯问双方在监察讯问中的地位和特征，有助于突出讯问人和监察对象各自的主导性和主动性，通过把监察对象由讯问客体转化为谈话主体的方式，最终达致双方合作、共赢的良好“共在”效果。也就是说，要改变以往监察对象“谈话挨训”局面，不再把监察对象当作谈话客体，而是采取“双主体”观念，改变认为监察对象要么是好人、要么是坏蛋的旧思维，提升监察对象在监察讯问中的地位和作用，以增强监察讯问的人性化效果。传统监察人员讯问方式由于过于突出讯问人的政治法律地位和作用，而忽视了监察对象的主动性与积极性，使得讯问活动双方产生了一定程度的对立，从而使得讯问人总是处于严峻挑战过程中，这在讯问活动的具体阶段中有其合理性，但从监察讯问的实践活动来看则具有偏颇性和破坏性。监察讯问过程不应把监察对象作为客体，而应把讯问中的形势政策、纪法条规或其他因素作为客体，这样既能让监察对象对监察人员讯问方式心服口服，又能让通过讯问中“受控方”辩证互换的方式，让监察对象合理辩解，以便对最终的处理结果心服口服。以上是根据马克思主义过程论思考如何处理好监察讯问活动双方关系的一些成果，而坚持马克思主义过程论决定了监察讯问的政治属性。

第三，监察讯问方法决定了其的政治属性。监察讯问要坚持马克思主义方法论指导，又要坚持对被审查的监察对象有针对性教育的特殊方法。在监察讯问中运用和坚持马克思主义世界观和方法论，要坚持对监察对象全面分析的方法，把监察对象的思想活动视为一个动态运行的完整系统，力争透过现象揭示监察对象应对审查的现实形态；要坚持对监察对象进行历史的、逻辑的分析，注意区分被审查前后监察对象不同的思想状况，注意通过现象思维到理论应对，从而把握监察对象的监察对象应讯方式。所谓的特殊方法就是质性分析方法和矛盾分析方法。质性分析方法是较为常用的方法，其特点在于直指思想政治教育的本质，试图探寻思想政治教育的质的规定性，坚持思想政治教育的灌输轮，最重要的是，监察人员在不同条件下的灌输中，必须站在不同的立场与角度来解读监察对象，针对监察对象产生的不同的观点和认识，灵活采用不同灌输方式强制监察对象接受教育并产生认同。矛盾分析法应坚持毛泽东同志关于特殊矛盾的理论：科学研究的区分，就是根据科学对象所具有的特殊矛盾所做的区分。因此，对于某一领域的现象所特有的某一种矛盾的研究，就构成某一门科学的对象。如果不研究矛盾的特殊性，就无从确定一事物不同于其他事物的特殊的本质。这就要求监察讯问必须区分依据矛盾分析方法来确定监察对象与讯问人之间的独特矛盾，承认对监察对象进行思想政治教育与对普通刑事犯罪者进行教育不同，并学会从这些不同中抽象出来较为稳定的共性讯问方法。这些方法论的意识形态性决定了监察讯问的政治属性。

第四，监察讯问的话语权性质决定了其的政治属性。这就涉及监察讯问在各个环节上“由谁说”“说什么”“怎么说”和“如何评价”的问题。大家知道，监察讯问与职务犯罪调查讯问的最大不同是政治性强弱不同，既然监察讯问的政治属性较强，那么监察讯问就只能以灌输和交流思想政治教育话语的形式来进行，而思想政治教育的主题只能是习近平新时代中国特色社会主义思想，并且我们只能在把握中国特色社会主义意识属性和中华民族文化品性的基础上来论证思想政治教育话语内容的基本结构与价值要求，这种话语的政治属性也决定了监察讯问的政治属性。

70 多年执政党建设的经验与启示告诫我们必须把讲政治体现在监察讯问这个程序细节上，使监察人员讯问方式保持正确的政治方向。70 多年来，我们的社会主义革命、建设和改革因为始终坚持党的集中统一领导取得了伟大胜利，并成功开辟和发展了中国特色社会主义伟大事业。历史和经验告诉我们，在新时代，作为党的纪律部队，作为专门的政治机关，纪检监察机关必须始终坚持和加强党的全面领导，增强“四个意识”，坚定“四个自信”，做到“两个维护”，不断通过肃贪倡廉伟业增强党的政治领导力、思想引领力、群众组织力、社会号召力，确保党始终纵览全局和协调各方的政治功能。监察讯问虽然是纪检监察工作中的一个程序细节，但也要坚持马克思主义的指导地位，不断推进党的指导思想与时俱进；也要坚持围绕党的中心任务来保证监察讯问的正确政治方向，通过监察讯问工作的讲政治细节来加强党的建设，把党的建设同党在不同时期的基本路线紧密联系起来，按照党的基本路线、中心任务和历史使命来保持监察讯问工作方式与时俱进的活力，以稳中求进来取得纪检监察工作的高质量发展。我们要坚持“以人民为中心”的观点，树牢肃贪倡廉为人民的理念，把人民拥护不拥护、赞成不赞成、高兴不高兴、答应不答应作为衡量监察讯问效果得失的根本标准，把实现好、维护好、发展好最广大人民的根本利益作为包括做好监察讯问在内的全部纪检监察工作的出发点与落脚点，通过“打虎拍蝇”的良好监察讯问效果来永葆党的力量源泉和执政根基。要意识到，监察讯问虽然在纪检监察工作全局中事情细小，但也关乎坚持党的长期执政能力建设、先进性和纯洁性建设的主线，关联着党的生存发展的根本性问题，牵连着坚持党要管党、全面从严治党和坚定不移推进党的自我革命的大局，联系着通过清除腐败的举措来永葆党的生机与活力的历史使命。

以上四方面成为决定监察讯问政治属性的主要因素。

二、充分发挥监察讯问政治性属性的优势功能

在读懂弄通监察讯问的政治属性以后，我们要充分利用监察讯问的政治属性破解应讯方法。

第一，要高站位地讯问。把政治建设摆在首位，不断增强“四个意识”，坚定“四个自信”，做到“两个维护”，是习近平新时代中国特色社会主义思想的重要内容，也是我们在监察讯问中要求监察对象对表对标查找不足的唯一根据，是我们在监察讯问中必须大讲特讲的重要话题。习近平总书记说：“严明党的纪律，首要的就是严明政治纪律。党的纪律是多方面的，但政治纪律是最重要、最根本、最关键的纪律，遵守党的政治纪律是遵守党的全部纪律的重要基础。政治纪律是各级党组织和全体党员在政治方向、政治立场、政治言论、政治行为方面必须遵守的规矩，是维护党的团结统一的根本保证。”“遵守党的纪律，最核心的，就是坚持党的领导，坚持党的基本理论、基本路线、基本纲领、基本经验、基本要求，同党中央保持高度一致，自觉维护中央权威。”“当前，遵守政治纪律和政治规矩，重点要做到以下五个方面。一是必须维护党中央权威，决不允许背离党中央要求另搞一套，全党同志特别是各级领导干部在任何时候任何情况下都必须在思想上政治上行动上同党中央保持高度一致，听从党中央指挥，不得阳奉阴违、自行其是，不得对党中央的大政方针说三道四，不得公开发表同中央精神相违背的言论。二是必须维护党的团结，决不允许在党内培植私人势力，要坚持五湖四海，团结一切忠实于党的同志，团结大多数，不得以人划线，不得搞任何形式的派别活动。三是必须遵循组织程序，决不允许擅作主张、我行我素，重大问题该请示的请示，该汇报的汇报，不允许超越权限办事，不能先斩后奏。四是必须服从组织决定，决不允许搞非组织活动，不得跟组织讨价还价，不得违背组织决定，遇到问题要找组织、依靠组织，不得欺骗组织、对抗组织。五是必须管好亲属和身边工作人员，决不允许他们擅权干政、谋取私利，不得纵容他们影响政策制定和人事安排、干预正常工作运行，不得默许他们利用特殊身份谋取非法利益”。习近平总书记的这些论断，为我们做好监察讯问指引了方向，提供了谈话指南，我们在监察讯问中要从高度讲政治的角度，要求监察对象对表对标，认真检讨自己是否在思想上政治上行动上与党中央保持统一，是否绝对忠诚于党，是否做到了“党叫什么就坚决干，党不允许干什么就坚决不干”，是否坚持党性，在工作中“坚持党的原则第一、党的事业第一、人民利益第一，在党言党、在党忧党、在党为党，把爱党、忧党、兴党、护党落实到工作各个环节”，是否超越红线、拿政治纪律和政治规矩当儿戏，出现“纪纲一废，何事不生”的现象，是否“自觉学习党章、遵守党章、贯彻党章、维护党章，自觉加强党性修养，增强党的意识、宗旨意识、执政意识、大局意识、责任意识，切实做到为党分忧、为国尽责、为民奉献”，等等。要用领袖意见唤醒监察对象的党性觉悟和规矩意识，要用纪法贯通让监察对象明白自己的违纪违法犯罪行为的严重危害性，要用党的规矩让监察对象做出触及灵魂的忏悔，要用纪法权威让监察对象拿出改过悔罪的具体行动。

第二，要严肃认真地讲说。党章是我们党的总章程，集中体现了党的性质和宗旨、党的理论和路线方针政策、党的重要主张，规定了党的重要制度和体制机制，是全党必须共同遵守的根本行为规范。没有规矩不能成方圆。党章就是党的根本大法，是全党必须遵循的总规矩。中国共产党党内法规是建立反腐倡廉制度的主要支柱，国家法律是规范全体公民守法自觉性的重要规范。我们在监察讯问中，要坚持纪严于法、纪挺法前的思想，从党章讲起，帮助监察对象宏观树立规矩意识，从党内法规讲起，帮助监察对象中观树立纪律意识，从法律着手，帮助监察对象微观恢复敬畏意识。特别是帮助监察对象克服“认为自己没有腐败问题就行了，其他问题都不在话下，没有什么可怕的”的严重错误思潮，帮助其改正工作中肆无忌惮的“七个有之”，帮助监察对象检讨自己的“四风”问题，帮助监察对象认真检讨自己的言行，上升到党纪国法高度来认识和处理自身问题。

要结合“三严三实”主题教育常态化讲，因为党的事业成败关键在人，尤其在领导干部这个“关键少数”。党的十八大以来，我们党始终把思想建设作为党的建设的突破口，把提升领导干部理想信念作为干部教育的根本任务。“严以修身、严以用权、严以律己，谋事要实、创业要实、做人要实”的“三严三实”要求，既是对中国优秀传统官德文化的传承弘扬，同时又彰显了新的时代内涵；既是对党的历史上优良传统的坚持发展，又是在当前历史条件下对领导干部思想和作风建设提出的新的时代要求。“三严三实”是习近平总书记针对当前所面临的国际国内形势，党内和党外局面进行预判和分析，提出的具有针对性和时代性的党建理论，抓住了领导干部做人从政 的根本，切中了干事创业的要害，是新时代领导干部应有的精神境界和道德追求。对监察讯问来说，“三严三实”是规训监察对象最具鲜明时代特点的思想政治教育话题，是规范监察对象最现实、最具时代特色的思想政治教育理论，是导引监察对象辨识和揭示自身违纪违法犯罪根源的实证依据。因而，我们必须结合监察讯问中的灵魂重塑工程，让监察对象感觉到被审查的特殊时刻“三严三实”对其“浪子回头”具有警醒作用。党中央要求“三严三实”主题教育常态化，我们必须以此作为同违纪违法犯罪人进行思想斗争和作风斗争的强大武器，在监察讯问的特殊程序中将“三严三实”主题教育进行到底。“三严三实”主题教育的理论依据和“三严三实”的传统官德思想来源，内容包括马克思主义哲学原理、马克思恩格斯关于无产阶级政党的建设理论、中国共产党干部教育思想、思想政治教育学相关原理、“三严三实”的传统官德思想来源等，是监察讯问的话题指南，是改造监察对象思想灵魂的理论工具，是监察人员与被讯问人之间规训与被规训、规范与被规范、导引与被导引的话题支撑、话轮持续的资料基础，我们必须以此为指南制定监察讯问的目标、方法和思路，确定监察讯问的主要内容、基本原则、基本方法、具体方法，以及对监察对象言行的组织评价。在监察讯问中，我们一定要以“三严三实”专题教育文献、具体案例等实证材料的分析和对监察对象规训、规范和导引过程的全程关注考察，着重帮助监察对象分析“理想信念动摇”“宗旨意识淡薄”“纪律观念缺失”“三观偏颇”的重大根源，对监察对象进行理想信念和道德教育、权力观和宗旨观教育、法制观和纪律观教育、政绩观和使命观教育、忠诚观和信义观教育。在监察讯问中必须贯彻以下原则：突出重点与综合施教相结合、思想教育与改过悔罪相结合、不忘初心与牢记使命相结合，帮助监察对象采用批评和自我批评法、内修自省法、警示他律法，集中教育和持续教育相结合，理论教育和实证说服相结合，边学边查和边改相结合，突出监察讯问的政治属性，以讲政治统帅监察讯问全程，以讲好党课故事、重视专题学习，敦促监察对象加强对问题整改落实的自觉性。特别要重视“三严三实”教育运行过程的有效实施，在发现和查找问题上要以问题为导向，把发现问题作为问题导向的逻辑起点，一是让监察对象自己找，二是讯问人帮助找，要帮助监察对象建立问题台账和问题清单，在说清讲透基础上逐一落实整改。要结合“不忘初心，牢记使命”主题教育讲。

第三，要生活化地言事。传统监察人员讯问方式有时会教条化和形式化地进行，没有认识到生活之与思想政治教育的本体性地位。在监察讯问中，如果我们以生活为基点来考虑监察对象的所有问题，便可以引领监察对象由于贴近生活而引领生活，并较快融入被规训、被规范、被导引的角色定位之中，最终提高监察讯问的实效性。从本体论层面理解，思想政治教育生活化是从生活出发并回到生活的教育；从价值论层面理解，思想政治教育生活化反映了我们所坚持的以人为本的价值取向；从方法论层面理解，思想政治教育生活化强调通过实际的生活开展教育。生活化的思想政治教育具有整体性、开放性、实践性、生成性、反思性等特征。为了在监察讯问中实现思想政治教育生活化，我们必须从监察讯问的目标、内容、过程及监察讯问活动双方的关系等方面进行一系列的创新和改革。目标是：能够以“立足现实、构建多层次的目标体系”来实现监察讯问的思想政治教育目标；能够以“取材于现实生活”获得监察讯问中思想政治教育内容；能够以“通过生活体验生成思想品德”实现监察讯问中思想政治教育过程；能够以“讯问活动双方都是主体又都是对象”正确处理监察讯问活动双方关系。

第四，要遵照接受规律讯问。监察讯问能否成功，既取决于讯问人怎么问，更取决于监察对象是否接受讯问人的观点，监察讯问应该关注监察对象的接受行为。这种接受行为是监察对象基于自身现实生存或生活状态的感性经验与理性判断而对谈话环境做出的一种能动反映。具体过程是：监察对象体认到其思想政治素质的现实状态与政治体系所设定的理想状态之间存在“状态差距”，并且认为这种“状态差距”会对其个人发展或利益实现产生负面影响，在自身需要的内驱与外在“诱因”的刺激下，对思想政治教育内容进行的能动反映，通过知情意信行以及反馈调节等环节构成完整活动过程。这种接受行为发生的内部机制是源于监察对象的，主要是需要驱动、角色预期、理性选择、情感接受、感性选择与社会比较等机制；而外部机制是在包括教育在内的外在环境对监察对象的影响机制，包括角色引导、社会强化和监察对象个体认同等。目前，监察讯问中的监察对象接受状况是：一是关于接受前提。需求旺盛，但诱因呈供给缺失。二是关于接受动机。多为素质与发展，但功利色彩浓厚。三是关于接受环节。知识性认知丰富，价值性认知相对模糊；情感认同正向，但理性基础不足，意志—践行的有效性转化不足。四是关于最终结果。监察对象信以为“真”与信以为“值”的纠结以及信念坚定与信仰多元化的矛盾突出。出现上述症结的原因，主要是接受动力不足，接受行为环节的转化不畅或断裂，具体原因是思想政治教育接受的诱因呈现不足，有的监察对象对接受价值缺乏认同。关于解决的方案，无论怎样以人的生存为依据调适监察讯问的话语体系，更切合监察对象思想实际地优化谈话方案，都要坚定不移地坚持灌输思想，贯彻以监察对象为本的理念，在关切监察对象的需求与利益基础上，要帮助监察对象通过提高其对思想政治教育与个人发展之关系的认识，塑造稳固心理素质，通过世情、党情、国情、民情教育，唤起监察对象的接受自觉。

第五，要帮助监察对象树立正确的利益观。深受拜物主义思潮影响是当前部分党员领导干部理想信念动摇和宗旨观念淡薄的重要原因。在监察讯问中，我们要以社会主义核心价值观引领监察对象的世界观、人生观、价值观，坚决抵制拜物主义思潮是我们教育挽救言行失范的党员领导干部的使命与责任。拜物主义思潮对一些党员领导干部消极影响极大，包括危害身心健康、造成精神危机、淡化理想信念、冲击社会主义核心价值观、削弱马克思主义信仰等。对此，我们要在监察讯问中帮助监察对象树立正确的利益观。

利益是人类社会生活中的重要现象，利益关系在各种社会关系中始终占有极其重要的地位。利益理论是马克思主义理论中一个非常重要的基础理论。中国有句古话，“天下熙熙，皆为利来；天下攘攘，皆为利往”，在一定程度上描绘了人的生存、发展以及人际关系景象。在当下我们的中国特色社会主义进入了新时代，正经历着一场深刻的社会转型，在政治、经济、社会、文化等领域都发生了急剧的变化。这些变化一方面为监察讯问中思想政治教育奠定了坚实的物质基础，另一方面也深刻地影响着人们的思想和社会关系，给监察讯问中思想政治教育带来了前所未有的难题。基于这种状况，我们在监察讯问中要从马克思主义利益论的视角研究如何做好思想政治教育工作，要从以人为本为出发点，以“不忘初心，牢记使命”为目标，以实现社会主义核心价值观对监察讯问全程的话语统领作用。马克思和恩格斯说过，利益是思想的基础，利益决定思想，决定并支配政治权力和政治活动。我们要根据马克思主义经典作家的教导，引领监察对象树立正确的义利观，一定要从马克思主义的利益观出发，在规训、规范、导引监察对象“不忘初心，牢记使命”的过程中，在遵循马克思主义利益观以人为本的核心内容基础上，在坚持马克思主义利益观的根本方法是利益协调的前提下，遵照马克思主义利益观的基本要求是社会的和谐发展的基本原理，帮助监察对象从理论认识高度来把握其个人的“犯错不该”“取财有道”意识，来把握自己的利益观是否与我们党的不懈奋斗目标相一致。而从监察讯问的讯问人角度来讲，则必须在重视人对利益追求的客观性前提下，教育监察对象要以遵纪守法的方式来实现对利益追求的正当诉求。马克思说，“正确理解的个人利益，是整个道德的基础”。我们要明白，在监察讯问中对监察对象进行思想政治教育的根本目的是通过各种形式的教育活动，用马克思主义武装监察对象的头脑，帮助监察对象提高思想道德素质，增强其认识、改造主观世界的能力。

第六，要与监察对象建立相容的心理人际关系。监察讯问与职务犯罪侦查讯问奉行相同的讯问原则，那就是：以条规逼人、以政策感人、以案例育人，二者只是在对监察对象的心理限制程度上轻重有别。一般来说，监察讯问的心理限制程度较低，职务犯罪侦查讯问的心理限制程度较高。俗话说，一把钥匙开一把锁，鉴于监察人员的个人风格和谈话技能不同，每个监察人员胸中各有自己的谈话或讯问套路，也就是大家平时所言的“千人千办法”。尽管如此，无论是监察讯问，还是职务犯罪侦查讯问，还是具有规律可循的，总体的讯问方法有三条进路：首先是与监察对象建立相容的心理人际关系，其次是全程贯穿形势政策和法律教育，最后是合理运用证据慑服被谈话人。那么如何与监察对象建立相容的心理人际关系？

无论是监察讯问，还是职务犯罪侦查讯问，在日常的办案过程中，大家都习惯性地把讯问活动称之为心理对抗活动。因为对讯问人与监察对象来讲，讯问必然伴随发生当事人双方审讯与应讯的集约心理活动。

监察人员的心理活动历程是：把获取供述当作目的，如欲达目的需要监察对象自愿交代这个条件，要想争取具备这个条件，就需要采用说服、教育的方法，而这个方法需要采取沟通、交流的方式，采取这个方式就需要把语言和行为当作工具，而言行是心理活动的外现，若想正确、高效运用恰当的言行必须准确分析监察对象的心理，要想精准把握监察对象的心理支撑点就必须查找监察对象的动机。即把判断监察对象为什么这样说、为什么这样做，当作审讯活动的原始出发点。

监察对象的心理活动历程是：把不供或少供作为目的，如欲达目的需要不交代这个条件，要想具备这个条件就必须采用反说服教育的方法，欲进行反讯问就要采用反沟通交流的方式，势必也要把语言和行为当作工具，而要恰当地使用言行工具则要了解监察人员的心理，在琢磨监察人员心理的前提下品味监察人员行事动机。即把琢磨监察人员为什么这样说、为什么这样做，当作反讯问的原始出发点。

此时就会出现两对需要监察人员解决的矛盾，即双方言行对抗的现象矛盾和双方心理对抗的本质矛盾。为了顺利推进讯问，监察人员必须首先解决这两对矛盾。如何解决这两对矛盾？监察讯问与职务犯罪侦查讯问在方式上强硬有别。监察讯问一般以劝导方式解决矛盾，侦查讯问通常采用斗争方式解决矛盾。

所谓劝导，就是监察人员以解读纪法条规和形势政策的方式劝说监察对象在深挖思想根源的基础上自觉认错。

所谓斗争，就是监察人员以法条压人和刑事政策逼人的方式强制监察对象非完全情愿地认罪。

（1）“格栅思维”的劝导

在以劝导方式解决矛盾的前提下，讯问与被讯问双方建立彼此相容的心理关系是在讯问与被讯问过程中双方相互接触基础上形成的心理上的反映，其发展变化取决于双方接触中的各自需要的满足度。如果满足度高，则双方的心理距离就会拉进，否则会疏远。这种心理相容关系是一种特殊的人际交往关系，其特殊性表现在：一是交往的利益冲突性。在讯问过程中，双方各自的需要和所欲达到的目的根本不同，监察人员要取得监察对象的口供，而监察对象则出于本能尽量不供或少供，这种利益冲突导致双方心理上的彼此戒备，监察人员要想达到讯问目的，只有处理好与监察对象的人际关系才有可能，只有这样才会缓解矛盾，增强双方心理的向心趋势，从而获取监察对象的如实供述。可见在监察讯问中如何处理好这种特殊的人际关系是讯问成功的关键，是取得讯问成功的关键所在。二是交往的短暂性。双方的交往发生在特定的监察程序阶段，在时间上短则数小时，长的也只有几个月，总体交往时间较为短暂，彼此之间很难形成稳固的人际交往关系，只可能是短暂的心理相容关系。三是交往的信息交流性。双方通过面对面的对话交流获取各自需要的信息。通过交流，监察人员可以掌握监察对象的思想动态和认罪态度，并作为调整监察人员讯问方式的依据，使监察人员讯问方式更具针对性和现实性。四是交往的不可选择性。这是由双方的法律关系和法律地位决定的，不因双方的主观意愿而改变。而理性思考如何与监察对象建立良好的心理相容关系的主要内容，就是考虑如何采用人际吸收这一重要交流途径及综合运用拆墙法的人际吸收技巧吸引监察对象，中和冲突，打开讯问局面。人际吸收是情感引导的心理学技巧，能中和监察谈话当事人双方的对立和冲突，亦即能使双方在交流中沟通彼此之间产生的积极情感体验。拆墙法是指在对抗极强的情况下，监察人员不急于切入案情，而是首先拆除横亘在双方心里的“墙”。具体方法是：监察人员抓住监察对象的兴趣点、注意点和同情点，谈监察对象的爱好和兴趣，谈监察对象的优点，谈监察对象注意的事情，也就是从监察对象的情感弱点谈起，以消除或减弱监察对象的防范和对立，使被监察人员更加接受讯问人，增加监察对象的心理认同感，产生同体观，以缩小双方的心理距离。

怎样捕捉监察对象的兴趣点？监察对象关心或话多之事，或者监察对象言之即兴奋之处，一般讲来就是监察对象的兴趣点。这就要求我们的监察人员要具备兴趣思维能力，具备积极主动地思维监察讯问模式以及在思维方法和技术上均有超越监察对象的业务与知识水平。这就要求我们的监察人员要掌握各领域和行业的专家具有共性的思维方法和方式，关注监察对象的应讯本质，擅长用概念化思维从本质出发看问题，要求我们的监察人员要在大脑中事先形成谈话框架和模式，在面临问题时基于特征快速从记忆中提取框架，做到在面临问题时迅速提取所准备的一个或几个知识点。这实际上是一种“格栅思维”。

所谓“格栅思维”，就是在层剥事物表象、看到事物本质的基础上，从本质一层层往上走，根据分析判断可能出现的一切情况，在头脑中思维多种应对方式，将讯问中可能出现的各种情形，按照自己直接和间接的经验将其安置在格栅模型中，在需要使用时迅速从记忆网格中提取最佳的行为决策模式。也就是说，要从不同的层次、视域，用不同的思维模式思考监察对象的同一行为问题，在临场讯问中，可不深入思考和分析，仅仅利用积累的方法、模型、框架去迅速解决。

适用“格栅思维”的关键，是对于困难问题能够抽丝剥茧而不被现象和描述所迷惑，发现问题真正的核心是什么，从而基于积累的大量知识和问题模式选择合适的方法尝试解决，在解决问题的过程中自我监控并采用最合理的策略。对于完全陌生或者跨领域的问题，其能够界定自己最擅长的和不擅长的部分，迅速搞定擅长部分，对于不清楚的也乐于学习和请教，善于同不同行业的专家合作。这样做的好处，是敦促讯问人对监察对象心理保持追根溯源的动力，对具有挑战性的问题随时激发破解的热情。

使用“格栅思维”的方式是表面上顺着监察对象的话题与其交流，暗地里却不断地提取谈话预案，于不知不觉中扭转监察对象的话题，牢牢掌控讯问主动权。而且通过不与监察对象撕破脸皮的平和方式，不停地拿出备选谈话预案进行试错，直至戳到监察对象心坎上，惊颤监察对象灵魂，使其产生悔意，主动认错认罪。

使用“格栅思维”的底线是虽然要对监察对象的狡辩或辩解保持耐心，但在穷尽网格中的所有预案时，也要主动向监察对象发起攻击。通常的方法是在全面综合分析案情的基础上，精准刻画监察对象的违纪违法犯罪事实，在将这些违纪违法犯罪凝练成几句话后，有针对性地适时抛给监察对象，让其产生自己的违纪违法犯罪事实已经被组织掌握的触动，要求其主动交代问题，以换取将来的从宽处理。也就是说，明确指出其问题所在，要求其主动交代。

（2）侦查思维的“谋略竞争”斗争

如果说“格栅思维”是监察人员拿着轻型武器点射或蓄发连射的话，那么“谋略竞争”的斗争则是监察人员拿着重型武器波次轰炸或进攻。通俗地讲，“格栅思维”一般以平实的方式进行，而“谋略竞争”的斗争则充满了火药味。“格栅思维”一般对监察对象施以同志间的温情和关心，而“谋略竞争”的斗争则通常对监察对象施以精神折磨的苦痛。

“谋略竞争”的斗争一般在侦查思维指导下进行。首先，要利用职务犯罪调查直觉思维提出监察对象存在职务违纪违法犯罪事实的思维假定，明确监察对象违纪违法犯罪事实可能涉及的违纪违法名称和罪名及其违规构成要件的证据要求，具体预测满足该违规构成要件所需的证据类别及数量，预测可能存在证据的方位，预算可能取得的证据数量，测算证据满足犯罪构成要件的限度，规划取证步骤和方法，并根据现有证据满足度和可能取证限度，进行定性和定量分析，预判证据齐全后的法律后果，对上述调查假说的结构、特性、运行机制等进行分析研究，把握存在或需解决问题的症结和关键所在，对调查假说的可能效果及解决问题的途径做出判断。其次，要运用职务犯罪调查直觉思维追踪监察对象职务犯罪心理，具体包括：完成对监察对象直觉印象的整体判断；追踪职务犯罪人监察对象应讯心理痕迹；分析监察对象的性格痕迹，有针对性地选择监察人员讯问方式；分析监察对象的犯罪能力痕迹，评判监察对象可能的监察对象应讯心理类型，预判监察对象的心理防御机制；分析监察对象的犯罪需要痕迹，确定斗争式谈话基调；根据确定的谈话基调，临场把握对其的心理强制程度；分析监察对象的犯罪目的痕迹，探寻其可能的应讯弱点，对其进行精神压力和折磨，促其非情愿产生供述的冲动。在这个思维过程中，职务犯罪调查直觉思维内容可概括为三个方面：一是可能性分析，对监察对象的人生观痕迹、气质痕迹、性格痕迹、兴趣痕迹、爱好痕迹等进行研判，尽可能准确地预测监察对象的个性特征，勾勒对监察对象的整体印象；二是归罪性分析，对监察对象的犯罪动机痕迹、犯罪需要痕迹、犯罪目的痕迹等进行研究，推断违纪违法犯罪意识和决意的形成过程，判断职务犯罪的成因、特点；三是拓展性分析，对监察对象的能力痕迹进行研判，预测监察对象的抗谈能力，研判监察对象的心理防御机制，推断监察对象的心理容量，分析其心理容量有无被拓展的可能。做出以上分析的目的：一是通过对监察对象的印象画像，选择并确定监察人员讯问方式；二是通过判断职务犯罪的成因、特点，有针对性地提出讯问对策，选择并确定讯问基调，以决定对监察对象的心理强制程度；三是通过推断监察对象心理容量，提出拓展心理容量的具体办法，消解监察对象拒供的消极存量，增加监察对象供述的积极存量。最后，利用职务犯罪调查理性思维评估职务犯罪调查直觉思维的可能性，评估职务犯罪调查直觉思维的归罪性以及职务犯罪调查直觉思维的拓展性。由此可见，职务犯罪调查理性思维是职务犯罪调查直觉思维在讯问中的延续，其任务是推演职务犯罪调查直觉思维对监察对象初步印象是否正确；评价追踪监察对象职务犯罪心理痕迹效果；对监察对象继续实施言行定性和心理定位；逐渐弱化监察对象的消极应讯情绪，促使监察对象由避罪心理向交代心理转化；催生监察对象自觉供述动机，促成监察对象如实供述的实际行动。

通过以上分析，我们知道无论是监察讯问还是侦查讯问，若想顺利推进必须首先做到监察人员讲的话监察对象赞同并认可，哪怕是表现出反对或辩解也不会出现心理逆反，这就要求必须首先与监察对象建立相容的心理人际关系。

为了更有效地与监察对象建立相容的心理人际关系，我们要借鉴积极心理学知识。积极心理学着重探讨三种积极品质，即主观幸福观、乐观和希望，这三种积极品质教育能够帮助监察对象产生配合与合作的积极心理。积极心理学以人的美德与积极力量为立足点对美好生活进行了探索与考察，并因其与思想政治教育特质的互补性、研究领域的关联性、方法目标的相似性、原则方法的契合性等，使监察讯问借鉴其思想政治教育方法具有可能性。积极心理学对人之积极性的显扬、对积极逻辑思维的推崇、对美好生活的心理建构、对积极人格的培育等，为监察讯问中思想政治教育方法现实回应力的提升提供了借鉴意义。因此，我们在监察讯问中的思想政治教育方法应该在坚持学科立场的基础上，对积极心理学资源进行批判性借鉴与创造性融入。监察讯问思想政治教育积极心理方法是立足于监察对象现存或潜在的积极思想品德与消极思想品德的积极面，通过一系列的方式与手段，以增进监察对象积极情感体验，促进其积极思想品德自主建构或提升的方法，这也是对积极心理学资源在借鉴基础上的超越，是对监察讯问中思想政治教育方法的新的拓展。马克思主义哲学与思想政治教育原理中的相关理论是监察讯问中思想政治教育积极心理方法的理论基础，这种积极心理方法继承与发展了中国共产党领导人蕴含积极心理因素的思想政治教育方法，同时将蕴含积极心理因素的中国传统修身与教化方法作为认识监察讯问中思想政治教育积极心理方法的重要思想资源。在理论层面，这种思想政治教育方法所秉承的辩证的积极思维理念是对“以人民为中心”的思想的深刻体现。这种思想政治教育方法有其自身的作用机制、主要特征、运用目标以及惠及人民美好生活需要的价值旨趣。在实践层面，这种方法表征于监察讯问思想政治教育各要素中，对教育者和受教育者的特性进行了规定，促进了监察讯问中思想政治教育内容的强化、实施办法的补充和教育环境的优化，最终使得监察讯问更容易取得扎实的效果。因为“心服则口服，思想通则百事通”，只要监察对象具有了向党组织交心的冲动，那么一切问题的解决就不在话下了，应该讲，这是监察讯问中思想政治教育积极心理方法的现实贡献，对在监察讯问中建立相容的心理人际关系大有裨益，值得我们在监察讯问中反复尝试。

综上所述，我们要坚持马克思人本心理观，运用马克思人本心理观的基本原理来尝试与监察对象建立相容的心理人际关系。马克思人本心理观主要包括以下五个方面的内容：一是马克思心理视角下的人性说，它反映了马克思对人性的基本看法，是马克思人本心理观的理论基点；二是马克思人本心理活动的动力说，它揭示了马克思关于心理活动内在动力的基本内容和原理；三是马克思人本心理活动的内容说，它揭示了人们心理活动内容的丰富性，为心理分析奠定了科学的基础；四是马克思人本心理活动的辩证说，它为我们理解人类心理活动规律提供了基本依据；五是马克思人本心理的性格说，它为理想人格的塑造和培养提供了目标和方法，揭示了“性格影响命运”的基本道理。这五项内容涵盖了人们心理活动的基本面貌，更能客观全面地反映人们心理活动规律。马克思把有机的系统需要看成是人的心理活动的动力，需要的内容结构主要体现在以下五个方面：一是生理需要，二是享受性需要，三是交往性需要，四是尊严性需要，五是全面发展性需要。马克思认为，心理活动的内容是人的内在本质与需要，通过人的心理形式与外界环境相互影响、相互作用的反映结果；通过个体心理过程折射后的心理内容，人脑又“把它作为内心的图像、作为需要、作为动力和目的提出来”，成为人类行为的内在动力，这是马克思心理内容说的核心思想。关于人性，马克思认为人的内在本质是积极向上且具有趋善的美好性，这种积极向上的美好性包括恻隐心、同情心、内在良知、探究美好、追求真理和主张公平正义的本性心理。马克思认为，人类正是在这一内在本性驱动下向着美好不断发展和探索着，但人在现实中也存在恶的现象，这些恶主要是认识的问题、发展中的问题和探索中的问题。人由需要派生的内在愿望和心态（即在需要基础上派生出来的想法、打算、目标）会催生人的动机和目的，并在确定目标后开始寻求解决问题的方法和途径，最后在情感和意志的推动下导致行为的发生。个体养成的心理习惯会表现在认知模式、情感模式、时代反映模式上。马克思的辩证思维主要体现在三个方面的规律上：一是思维活动普遍联系的规律，二是思维对立统一规律，三是发展变化的规律。马克思认为个体千差万别的人格特征即是个体在先天生理组织的基础上经过后天不同的实践环境作用、积淀的结果。马克思认为“性格和生活方式就是由这些偶然情况决定的”：一是“依附于人”的人格，二是“依附于物”的人格，三是“自由发展”的人格，四是民族人格，五是生理人格，六是职业人格，马克思主张通过教育、训练来培养人们的良好性格，并从客观实际出发，总结了人类生活和奋斗的历史以及人们的理想追求，以个体和社会需要相互作用的和谐关系为出发点，概括了人们的理想人格。

通过以上马克思主义经典作家的论断，我们可以提炼出有益于监察讯问的因素。从人性角度而言，鉴于马克思主义经典作家趋善性的论断，可以使我们确定劝导监察对象改过向善的谈话目标；从心理动力说角度，鉴于马克思主义经典作家论断的科学性、动力性、系统性、整体性、社会性，可以使我们树立按照反映监察讯问本质和客观规律进行科学谈话和分层次地进行系统谈话的观念；从心理活动内容说而言，可以帮助我们在与监察对象尝试建立相容的心理人际关系过程中，坚持内在本质的趋善性与具体内容丰富性的统一、欲望的多样性与条件制约性的统一、稳定性与动态发展性的统一，有助于我们在不失原则且又顾及监察对象关切的前提下尝试与监察对象建立相容的心理人际关系；从马克思辩证思维的特点来讲，鉴于马克思主义经典作家关于思维具有求新、求变、喜欢探讨新颖、发展变化的新生事物的论断，我们在尝试与监察对象尝试建立相容的心理人际关系时，也要密切关注监察对象的心理多变的现实状况，思考问题要反复从双方各自角度以及观点碰撞出发，做到求同存异，在尝试与监察对象建立相容的心理人际关系时，坚持确定性与变化性的统一、多向性与综合性的统一、逻辑性与创造性的统一，采取多方式、多方面、多办法的方式，谋时而动，谋势而定，尽量在既尊重监察对象意愿又不失局面掌控的情况下进行努力；从马克思理想人格理论而言，可以帮助我们确立改造监察对象人格发展的具体方位，使监察讯问在尝试与监察对象建立相容的心理人际关系过程中不至于迷失树人方向。

三、破解监察对象应讯方法的基本技能

前文我们把讯问过程划分为发出要求阶段、自主交涉阶段和供述阶段。其实，按照职务犯罪讯问的逻辑生发过程，我们还可以继续细分为讯问前的准备阶段、讯问的初始阶段、讯问的相持阶段、讯问的突破阶段、讯问的收尾阶段、讯问后的总结阶段这六个阶段。根据职务犯罪讯问实际，以上每个阶段都存有各自的问题特色，要想做好职务犯罪讯问工作就必须直面每个阶段所存在的问题，思考需要解决什么问题，思虑需要采用什么方法予以解决。我们要综合分析，理出讯问工作的重点和难点，研究对策，以确定留置讯问策略。

1. 讯问前的准备工作

做好讯问前的准备工作目的是厘清讯问人员忙乱的思绪，为讯问成功做些必要的铺垫工作，一般从认真熟悉案情、合理搭配讯问人员和制定尽量细致的讯问工作计划入手。

关于熟悉案情。《孙子兵法》上有句话，叫作“知己知彼，百战不殆”，留置讯问亦适用这个方法。若要做好留置讯问工作，除了必须掌握职务犯罪讯问要素之外，还要知道那些能够影响留置讯问的谈话因素，这些因素一般包括：初核掌握的违纪违法犯罪的证据、被留置的监察对象的基本情况、留置讯问的客观环境、监察对象的风格与特点、留置讯问的目标和时限、讯问方法的运用等。

这些都是只有通过熟悉案情才能掌握的基本情节。

关于选择讯问人。我们通常要考虑的因素包括：政治素质是否强？业务素质是否硬？意志品质是否好？关于政治素质，一般要选择那些“思想教育水平高，执行政策能力强，具有大局观念，能够遵守纪律，服从指挥”的同志担纲留置讯问。关于业务素质，一般要挑选那些“全面掌握党章、纪律、法律知识，了解违规心理及人性，协同作战能力强，办案经验较为丰富，本人善于钻研案情”的同志进行留置讯问。关于意志品质，通常指派那些“思路清晰，视野开阔，耐心细致，洞察力强，意志顽强，公正无私”的同志开展留置讯问。

关于制定讯问工作计划。制定讯问工作计划要有针对性和可操作性，要从案情发展需要和监察对象特点两个角度综合考虑后确定讯问计划的内容。讯问工作计划应具有的基本内容有：一是简要案情，包括监察对象的自然情况、案件性质及其简要情况等内容；二是现有证据情况，包括明确现有证据的种类及其可靠程度等内容；三是预估监察对象的应讯动机和应讯心理，重点评估监察对象所持动机和心理的发生根源；四是讯问目的和要求，包括讯问欲达目的是什么以及需要注意哪些问题；五是讯问重点，包括讯问需要解决的重点问题是什么以及难点在何处等内容；六是突破口的选择，明确备选突破口的依据；七是确定讯问的步骤，包括讯问如何开局、怎样切入主题、先谈什么、后谈什么以及如何结束谈话等内容；八是讯问方法的确定，重点包括如何应对监察对象的狡辩或沉默等内容；九是预判讯问可能出现的意外问题以及应对方案。这些是制定讯问工作计划必备的内容。需要特别明确的是讯问工作计划的制定思路：第一，要在认真分析现有证据基础上提出监察对象还存在其他违纪违法犯罪事实的思维假定；第二，分析其他违纪违法犯罪可能涉及的纪法条款、罪名及其构成要件的具体要求；第三，预估满足这些构成要件所需的证据种类及数量；第四，规划取证的方法步骤，预测可能存在证据的方位以及可能取到的证据数量，测算这些证据满足构成要件的限度；第五，依据现有证据满足度和可能取证限度进行定性与定量分析，预判上述预测的可行性；第六，分析研究上述预见的状态和运行机制，把握存在或需要解决问题的症结与关键所在，判断这些预见的可能效果及对解决问题的途径做出定性判断；第七，以经验为前提或以证据满足度为根据，把上述预见用语言表达出来并形成调查假说，在假说基础上形成讯问工作计划。

2. 讯问的初始阶段

在讯问的初始阶段，双方当事人正式展开接触，首先必然发生的事情就是相互摸底试探。作为监察人员，要选择接触监察对象的正确方法，开始尝试取得监察对象的信任，并逐步摸清监察对象的思想实况，开始准备以明理说教方式劝服监察对象。作为监察对象，一般在讯问的初始阶段会在求免动机支配下滋生抗拒心理，不会在相互接触之初就做交代。这时监察人员的任务有三：一是考虑如何为和监察对象建立相容的心理人际关系做准备；二是思考如何在讯问中为全程贯通形势政策和纪法教育工作作铺垫；三是思虑怎样为合理运用事实证据打破监察对象的心理防线打好思想基础。具体的方式就是以"三句话开头法"尝试摸底，也就是说，先不管监察对象的思想状况究竟为何，要首先指出监察对象存在严重违纪违法犯罪事实，接着要求监察对象反思自己问题的严重性，最后要求监察对象要以主动如实彻底交代问题的好态度争取获得从宽处理。这实际上是以条规逼人，要在提出"三点要求"后马上要求监察对象予以思想反馈，并通过对监察对象所反馈的思想状况的分析作为谈话话轮轮替和话题设置的依据，以此拉开讯问大幕。

3. 讯问的相持阶段

经过听取监察对象的思想反馈，监察人员初步掌握了监察对象的思想状态，同时会发现继续讯问的障碍，这就需要监察人员综合评判监察对象的应讯动机和应讯心理，立足于监察对象的当前心态进行后续的话轮替换和话语设置。此时，监察对象的应讯动机一般是求免与求轻并存，先是怀有强烈的求免动机，在求免不成的情况下进而滋生求轻动机，表现在应讯心理上就是先是怀有强烈的侥幸心理、畏责心理、对抗心理、定式心理和戒备心理，然后在讯问攻势下产生顾虑心理、悔恨心理、矛盾心理、悲观心理等供述心理障碍，表现在应讯方式上就是要么否认、要么沉默、要么慌乱失措、要么沉稳以对，表现在应讯方法上就是先是抗拒然后动摇反复。此时讯问工作遇到的问题是如何打破监察对象动机上的幻想和怎样改变监察对象心理定式上的优势心理。这就要求监察人员，一要与监察对象建立相容的心理人际关系，二要通过在讯问中全程贯通形势政策和纪法教育工作来清除监察对象目前的优势动机，三要合理运用事实证据打破监察对象的心理防线来置换监察对象的心理幻想。需要做的讯问工作就是要综合利用以条规逼人、以案例育人、以政策感人的讯问原则，通过"厚知”“深情”“表意”“笃行”方式，对监察对象进行应讯动机矫正和应讯心理置换工作。

与监察对象建立相容的心理人际关系问题前文已有所及，这里不再赘述。关于在讯问中全程贯通形势政策和纪法教育工作，这里要强调一点，那就是一定要注意从整体上掌握形势政策和纪法教育的基本原则。留置讯问除了一般性的调查思路之外，首先要具有高度的政治理念：一是坚持讲政治，坚决做到“两个维护”：要通过讯问，自觉担负起“两个维护”的政治责任，坚决贯彻党中央的决策部署。二是坚持依规依纪依法，增强法律意识、程序意识、专业化能力，依法收集固定证据，完善“纪法贯通，纪法衔接”机制。三是坚持“稳中求进”的工作总方针：也就是在讯问中要做到 “稳”，因为“稳”就是要保持政治定力，更加自觉地做好“两个维护”；也就是在讯问中保持“进”，因为“进”就是要以改革创新激发内生动力，提高留置讯问的精准性和高质量发展。四是坚持纪法贯通，纪严于法：纪律是高标准，适用于全体党员；《监察法》是底线，适用于所有行使公权力的国家公职人员；纪委监委纪法双施双守，一般按照涉嫌违纪、职务违法、职务犯罪三个层面一体式讯问。五是坚持运用“四种形态”，注重教育挽救：在留置讯问中，要问清问明性质情节、后果影响、认错态度等综合情况，为依纪依法、精准妥当处置做好事实准备；要注意把握好政策，坚持宽严相济，对主动投案或主动交代问题的监察对象要在讯问中突出将来能够得以从宽处理的情节与事实。六是坚持一体推进不敢腐、不能腐、不想腐理念：要在留置讯问中坚持无禁区、全覆盖、零容忍的理念，坚持重遏制、强高压、长震慑的理念；要问清问透体制、机制层面的制度漏洞，为做好审查调查工作的后半篇文章做准备，为健全法规制度、扎实制度笼子、加强党性教育准备好事实依据。

这是对进行形势政策教育和纪法教育的整体要求，具体到监察对象在讯问的相持阶段的动机特点与心理表现，我们要围绕“如何培育人、培育怎样的人”这一重大问题，集中揭示监察对象的动机和心理形成、发展与转化规律需要，要注意过程方法的针对性，根据一定的监察讯问程序和规则，利用形势政策教育和纪法教育的活动组合将说理明教的输入转化为主动如实交代的输出之间的相互关联、相互影响和相互作用。在形势政策教育和纪法教育过程中，为了实现破解监察对象求免或求轻的应讯动机与对抗的应讯心理的目标，监察人员应将做人做事的道理与上述思想政治教育原则相结合，来传递教育内容，整体规划和安排教育过程，使整个思想政治教育过程在受控条件下运行，通过明确教育实施过程中的输入和输出以及各环节的衔接，把认识方法和讯问方法紧密连接和协同起来，以最终稳定生成和实现教育转化结果并达致讯问目标。此谓“在受控条件下运行”，是指监察人员在讯问中要明确不同监察对象所具有的独特性以提高教育方法识别和运用的针对性，要利用案例育人和政策感人相结合的方法科学化解监察对象的动机和心理等思想困惑、心理障碍以及行为异常等问题，监察人员要不断整合与优化教育方法以使之更具有适应性、针对性和可控性，在话轮替换上要做到谈话结构的知识功能与工具属性的统一，在话题设置上要做到谈话方法的经验描述和规律探索的统一，通过建构监察对象的完全人格使监察对象的思想由“信以为真”转变为“信以为值”，通过提高监察对象思想品味方式敦促其转变不良应讯动机和打消其供述心理障碍。

以上是从整体角度阐释监察人员如何面对问题和解决问题，下面我们具体讲讲监察人员须做哪些工作：

第一，进一步摸排监察对象的思想底细。通过认真听取监察对象对“三点要求”的回应，监察人员可以从其态度表明上的相关言语来梳理监察对象的心结在哪，通过心结识别将监察对象的思想状态进行类型分类，确定监察对象当前的应讯动机和应讯心理后，以在进攻中防御和在防御中进攻相结合方式，从批评与期望角度展开对监察对象的思想攻势，首先要指明监察对象对“三点要求”的回应所说明的监察对象的应讯态度，批评监察对象没能真正认识到自己问题的严重性，这是指明监察对象的应讯缺点，即以批评方式点评监察对象应对组织审查的态度。

第二，尝试从心理上接近监察对象。在指出监察对象应讯态度上的优缺点以后，对监察对象提出剖析问题要触及灵魂、直面问题要有壮士断腕的勇气、解决问题要立足于现实可能、交代问题要立马干脆的要求，在临场听取监察对象的表态以后，再依据上述方法重新确定监察对象的动机与心理归位，展开新一轮的思想政治教育攻势。这时的监察人员不能有担心与监察对象撕破脸皮的顾虑，即使暂时对监察对象的临场动机和应讯心理琢磨不透，也要坚持批判与鼓励相结合的谈话方法，批判不是为了单纯把监察对象驳倒，而是显示组织关心，此时要强调组织上希望监察对象通过主动如实交代问题来悔罪悔过以争取最大限度的从宽处理，要指出这既是组织上对其的考验也是对其的期望，更要指出组织上对其抗拒心态是哀其不幸、怒其不争、愤其不悟，其辜负了组织培养和教育，以此加重监察对象的心理紧张程度。同时再次要求其反馈思想，通过其暴露出来的思想症结再做以形势政策教育和纪法教育相结合的思想政治教育工作。

第三，尝试以拨乱反正的方法走进监察对象心扉。通常的做法是讲究晓之以理、动之以情，通过“厚知”“深情”“表意”“笃行”方式，对监察对象进行应讯动机矫正和应讯心理置换工作。所谓“厚知”，即是加重谈话所涉知识的厚度，例如采用上述“格栅思维”方式进行谈话等；所谓“深情”，即是在讯问过程中要保持心平气和、真切诚恳，充分尊重监察对象的人格尊严，建立良好的说服教育氛围；所谓“表意”，即是要鲜明地表达组织要求和谈话讯问人员个人祝愿；所谓“笃行”，即是监察人员做政治思想教育工作要持之以恒以及教育监察对象要践行对党的忠诚；所谓“拨乱”，即是辨清监察对象存在的错误应讯动机和应讯心理以及辨明“惩前毖后与治病救人”的辩证关系，加重监察对象心理上对党组织的愧疚感和信赖感；所谓“反正”，即是向监察对象阐释清楚“霹雳手段与菩萨心肠”的辩证关系，加重监察对象的悔过心理和激发其希望在组织政策与纪法范围内寻找出路的冲动感。在这期间，以批评的方式来进行思想政治教育是必不可少的，但要把握好批评与批判的辩证程度，以消除对立和抵触情绪为目的力争做到恰如其分，应以转变监察对象应讯态度和帮助其树立正确的人生价值观为根本，使监察对象开始认清自己违纪违法犯罪对党和国家、对社会、对他人造成的损害，调动其内心的罪责感。

第四，尝试取得监察对象的信任。以批判式关心、以批评式鼓励与以关心式批判、以鼓励式批评相结合是取得监察对象信任的根本方式；无论监察对象是否主动如实交代问题，都要关心监察对象的生活和身体，都要在适度增压的基础上帮助监察对象解脱心理压力，都要以情感介入和情绪影响的方式对待监察对象，这是取得监察对象信任的直接方法。

第五，尝试帮助监察对象建立有利于供述的观念。常用方法有案例法、疏导法、自由谈心法、利害选择法、规劝法等。所谓案例法，即是向监察对象列举并讲解相关案例；所谓疏导法，即是帮助监察对象纠正错误的应讯动机和应讯心理，并在帮助监察对象基础上分析这些错误动机和心理产生的根源或指明前途；所谓自由谈心法，即是平易近人地与监察对象聊家常；所谓利害选择法，即是向监察对象分析当前是否主动如实供述的利弊情况并向监察对象指出如何选择才是对其最有利的方式；所谓规劝法，即是在讯问过程中综合运用案例法、疏导法、自由谈心法、利害选择法等方法来使说服教育内容具体而不空洞、能够使监察对象产生思想共鸣并达到“听案例而吾自省”的谈话效果。通过这些常用方法的使用，力争对促使监察对象认过领责或认罪认罚产生直接影响，对促使监察对象能够认识自己的错误并端正态度产生显著影响，对促使监察对象化解内心矛盾并初步产生主动如实供述产生根本影响，对促使监察对象更加重视组织关怀、家人亲情产生显著影响，对促使监察对象明确今后的人生道路和方向并树立起正确的人生价值观产生重要影响，对促使监察对象决定今后诚心接受纪法处罚并争取尽早回归社会产生重大影响。

第六，尝试打破监察对象抗拒的心理防线。在防御中进攻与在进攻中防御相结合，以攻击性来把握谈话主动权是监察人员常用的方式，具体方法是在温情中暗含攻势、在攻势中保持温度等。关于攻击点的选择，一是从监察对象应讯行为上寻找；二是从放大的现有证据情节上去选择；三是以选择与监察对象具有“天知、地知、监察对象知”之密切关联的特殊情节为攻击点；四是以选择与监察对象具有密切关联的特定物为攻击点；五是从监察对象应讯动机和应讯心理上选择攻击点；六是从人与人的牵连关系、人与物的牵连关系上去选择攻击点。

关于通过加大情感攻势和合理运用事实证据打破监察对象的心理防线来置换监察对象的心理幻想。此阶段监察人员已经比较全面地了解和掌握了监察对象的应讯心态和思想状况，鉴于此时的监察对象还秉持着相持观望的动机与心理，监察人员接着要根据监察对象的具体情况选择有针对性的谈话方式和方法，加大思想政治教育力度，附随适时的证据昭示，一举打破监察对象相持观望和犹豫不决的应讯状态。常用的方法就是在先前“开门见山”提要求的基础上，以继续关心的方式，帮助监察对象分析从宽的好处，以肯定与宣讲纪法条规和以监察对象最关注的人和事作为话题，明确向监察对象表明理解其最牵挂、最担心、最放心的人和事，以内容客观或符合情理的朴实话语，在威慑性上威严而又道德、在谈话氛围上和谐而又严肃、在讲道理上既明理说教又指明出路，再辅之以证据威慑，动摇监察对象的心理防御基线，将其逼入或使其自然进入讲与不讲的两难选择中，敦促监察对象产生自愿供述动机和自动取消抗拒心理。

4. 讯问的突破阶段

该阶段的监察对象已经在心理上产生动摇，开始考虑是否自愿供述问题。此时需要监察人员解决的最大问题是如何临门一脚把监察对象“踢”进主动如实交代的大门里。最常用的方式是选择好突破口，最常用的方法是在遵循突破口选择基本要求基础上切实选择好讯问切入点。通常的做法是首先考虑以下因素：一是如何根据监察对象当前的应讯动机和应讯心理以及不同的讯问类型进行选择，二是如何把握最易突破的监察对象自身的薄弱环节，三是使所选择的突破口具备能被突破的条件。首先是结合监察对象自身特点予以选择，其次是从监察对象的应讯心理方面予以选择，再次是结合初核所掌握的事实和证据情节的客观性选择突破口，最后从共同违纪违法犯罪的关联人中来选择。做好这些基础性工作以后，再采用顺序清障法以打破监察对象的心理防线的方式来置换监察对象的心理幻想，使监察对象临场进入自愿供述阶段。该阶段遇到的问题是如何保证监察对象供述动机的稳定性和持久性，防止由于干扰信息的流入致使监察对象出现心理反复进而导致翻供、少供或谎供现象，解决的方式就是在供述交代阶段有效控制监察对象的自我说服内推力，这样不仅能让监察对象自愿供述，还能令其发自内心地悔过认罪。具体方法是与监察对象进行更深层次的心理接触，帮助监察对象建立新的思想认识体系，使其彻底知错认罪或悔过悔罪，通过监察对象自我修正的心理矫正方法来巩固讯问成果以防止反复，同时保持原先的心理攻势以促使监察对象主动如实彻底交代违纪违法犯罪事实。重点是防止监察对象翻供，为达此目的一定要做到及时让监察对象自书交代材料和迅速制作讯问笔录以固定证据。在讯问笔录的制作上要把握五个关键：一是关于违纪违法犯罪时间的记录要尽量精准，切忌前后矛盾和供证不一；二是关于违纪违法犯罪动机的记录要直指内心，切忌主观臆断和模棱两可；三是关于违纪违法犯罪手段的记录要具体原始，切忌简单概括和语意模糊；四是关于违纪违法犯罪经过的记录要脉络清晰，切忌逻辑混乱和条理不清；五是关于违纪违法犯罪证据的记录要抓住细节，切忌遗漏线索和难以印证。这五方面的细节均为案件事实的必备要素，另外还应写清其在共同犯罪中的地位和责任、有无自首情节、认错认罪态度如何、有无立功表现等影响定责处罚或定罪量刑的事实和情节。

5. 讯问的收尾阶段

在固定完证据和让监察对象自书好忏悔书以后，怎样选择恰当时机结束讯问就成为必要。该阶段遇到的问题是：如何选择恰当时机？如何目的明确地结束讯问？如何做到结束方式灵活但内容具有针对性？解决的方式就是以客观、中肯地评价监察对象的应讯态度方式结束讯问，具体方法就是在让监察对象简明扼要地供述违纪违法犯罪基本事实基础上，以教育、安慰、鼓励、忠告监察对象的方式继续向监察对象输入情感来结束讯问。

6. 讯问后的总结阶段

该阶段的任务是检讨职务犯罪讯问的得与失和总结讯问的经验与教训，遇到的问题是监察人员能否客观、中肯地检视自己的讯问动机、讯问心理和讯问行为，解决的方式是“检讨三部曲”。具体方法：一是检视自身在职务犯罪讯问过程中是否触犯了讯问忌讳，二是在此基础上检讨自身心理素质的展现和自我形象的保持是否得当，三是检讨讯问方法上的得与失。我们首先阐述第一个问题，即检视自己在讯问中是否触犯了胸中无数、先入为主、情绪对立、各自为战、矢不中的、随意许诺和急躁发火等讯问忌讳，如果在讯问过程中具有这些现象，则要认真查找之所以发生的原因并寻求应对、改正的对策；其次我们检讨第二个问题，即在心理素质的展现上是否展示出强大的自我心理调节和心理控制能力，在自身形象的展示上是否展示出丰富的社会知识和随机应变能力，如果在讯问中出现这方面的失误，那就要在今后着重对自己的专业能力培养，加强个人价值品味的提升和注重个人素养的提高；最后我们检讨讯问方法上的得与失，即自问是否摈弃了单纯的业务主义观点、是否将思想政治教育作为职务犯罪讯问的生命线，如果在这方面存有错误的认知偏差，那就要在今后更加注重把审查调查思维与思想政治教育思维全面结合起来，自觉地把思想政治教育深入融合进监察讯问全过程。

第六章
监察人员讯问条件与监察对象应讯条件

条件的基本解释有二：一是指事物存在、发展的影响因素；二是指事物所具备或处于的状况。此谓监察人员讯问条件或监察对象应讯条件是在这两个意义上使用该词。所谓监察人员讯问条件与监察对象应讯条件是指影响职务犯罪讯问成功或应讯达到预期的因素。讯问成功的主要标识是监察对象能够主动、如实和彻底供述；应讯达到预期的主要标识是监察对象抗谈拒供目标的基本实现。无论是监察人员讯问条件还是监察对象应讯条件，都具有实质和形式两层面的影响因素。所谓实质意义上的监察人员讯问条件，是指监察人员成功地将监察对象的自我效能感转化为集体效能感；所谓形式意义上的监察人员讯问条件，是指监察人员成功地将监察对象的回避动机置换为趋近动机。所谓实质意义上的监察对象应讯条件，是指监察对象成功地固守自我效能感而保证其不被置换为集体效能感；所谓形式意义上的监察对象应讯条件，是指监察对象成功地固守回避动机而保证其不被置换为趋近动机。下面详述之。

第一节　效能理论及趋避动机理论

一、效能理论的基本内容

自我效能和集体效能是当代心理学概念，心理学家基于三元交互决定论的人性把握，认为人们对其行为能力的自我信念决定着其的行为表现。自我效能是一种具有自我特性或普遍性的自我生成能力，这种能力不但具有个体性也具有集体性，不但具有特定的信息来源也随自我成长而发展。现代社会的发展既要求个体组织和实施有效行为，还要求控制团体行为的有效性。既然效能理论是关于人们对其行为能力的信念论述，那么监察对象与普通人一样也兼具自我效能和集体效能两种认知能力，这就为我们研究职务犯罪讯问行为和应讯行为添加了新的理论与实践意义。在此基础上，为了便于研究，我们提出了监察对象自我效能和监察对象集体效能这两个新的概念。

（一）监察对象自我效能的概念、内容和功能

1. 监察对象自我效能的概念

监察对象自我效能是指监察对象对成功实施应讯行为并达成特定应讯目标所需行动过程的能力的预期、感知、信心和信念。监察对象自我效能具有四层含义：一是监察对象对自己能做什么的应讯行为能力的主观判断和评估；二是监察对象整合其各种应讯能力信息的自我生成能力；三是监察对象对完成不同讯问阶段的应讯任务，或达成不同的特定应讯目标，其自我效能判断会有所不同，即具有领域特定性；四是自我效能形成后最终会成为监察对象的一种内在自我信念。

通过以上概念或含义可以看出自我效能的特征：一是自我效能是一种认知因素。自我效能描绘的是一种监察对象自身现象，是以监察对象自身为参照对象而进行的反思和评价，其是在监察对象加工或权衡反映自身应讯能力的各种信息基础上形成和发展起来的，其由监察对象对其能利用所拥有的应讯技能作何判断而非实际的应讯技能或应讯行为所决定，据此我们可以得出结论：一是自我效能与监察对象的应讯行为、应讯技能、应讯能力有关而非应讯行为、应讯技能、应讯能力本身，是监察对象自我参照思维形式之一，实际上是监察对象的一种认知因素。二是自我效能可被视为应讯心理和应讯行为潜能发挥中的动机因素。自我效能的结果是构成一种监察对象自我信念。自我效能并非纯粹的应讯能力判断，而是一种应讯感受和应讯把握，这种应讯感受和应讯把握包含监察对象对自己能否完成特定应讯任务或应讯活动的能力信心，其结果就构成了一种自我信念。这种自我信念对监察对象的应讯行为和应讯选择具有动机激发作用：一方面，其可产生某种应讯行为、解释应讯行为结果，并于解释中形成在类似情景中做出此种应讯行为的能力信念；另一方面，可依据这些信念选择应讯目标或维持应讯行动等。正基于此，自我效能可被视为监察对象应讯心理和应讯行为潜能发挥中的动机因素。

2. 监察对象自我效能的主要内容

监察对象自我效能的形成主要来自四种途径：一是亲历的掌握性经验；二是替代性经验；三是社会说服；四是生理或情绪状态。

（1）亲历的掌握性经验

亲历的掌握性经验是指监察对象通过自己的亲身行为所获得的关于自身应讯能力的直接经验，是监察对象自我效能信息中最强有力的来源，对自我效能形成的影响最大。因为这是最为可靠的关于监察对象自身应讯能力认识的信息来源，所提供的应讯能力证据最有说服力。一般而言，监察对象为了实施某个应讯行为或在应讯技能上获得成功，会加强对此的自我效能感；失败则会削弱监察对象的自我效能预期，尤其是在自我效能没有稳定建立前的失败，对个体效能预期的消极影响更大。事实上，成功的应讯行为不一定会提高监察对象自我效能信念，失败也不会一定会降低监察对象自我效能感。效能信息对监察对象效能知觉的影响取决于监察对象对各种有关自身和情境因素的解释或权衡，故亲历经验对监察对象自我效能感的影响受其他因素的制约：第一，先前的自我知识结构影响着监察对象如何寻找、解释和组织产生于监察对象处理环境的效能信息，以及从记忆中提取什么来进行效能判断。第二，对任务的难度知觉影响着监察对象应讯行为操作的成功或失败在效能判断中的价值。第三，情境障碍、他人的帮助、可用资源的充分性、执行行为的条件等行为的背景因素会影响应讯行为表现在效能评估中的作用。第四，努力程度也影响着监察对象的应讯能力判断，付出艰辛的努力才获得成功可能会降低应讯能力判断。第五，如何解释应讯行为成功与失败和应讯行为操作中的自我监控的倾向性，都会影响监察对象自我效能感。

（2）替代性经验

替代性经验是指监察对象通过观察别人的行为，看见别人能做什么，注意到别人的行为结果，以此信息形成对自己应讯行为和应讯结果的期待，获得关于自己应讯能力可能性的认识。倘若监察对象看到与自己相似的人通过持续的努力获得应讯成功，便会相信自己也有能力成功，反之则会降低监察对象应讯动机水平。同时，榜样与监察对象越相似，与欲达致的应讯目标关联性就越大，对监察对象自我效能感的形成过程的影响也就越大；反之则不会影响监察对象的自我效能感的形成。此外，示范的方式、榜样的数量与多样性、榜样本身的能力及权威性等因素亦会影响到替代性经验对监察对象效能判断的影响。

（3）社会说服

监察人员的说服性鼓励、建议、告诫、劝告以及暗示等言语说服，是用来试图使监察对象相信自己已经拥有获得从宽处理的应讯能力，是监察对象加强认为自己已经拥有的能力信念的一种有效手段。言语说服对自我效能的影响同样受多种因素的制约。另外，说服性效能信息的作用还受监察人员的地位、威望、专长及劝说内容的可信性等影响。

（4）生理或情绪状态

生理和情绪状态会影响自我效能的形成。监察对象在评估自己的应讯能力时常会依赖当时的生理或情绪上的感觉，往往把受到的讯问压力视为绩效不良的征兆，把耐力活动中的疲惫感和疼痛感视为生理缺陷。同时，情绪也会影响监察对象对自身应讯能力的判断，积极的情绪状态可增强监察对象自我效能感，消极的情绪状态则可能削弱监察对象自我效能感。

3. 监察对象自我效能的功能

自我效能直接影响到监察对象实施某个应讯行为的动力心理过程中的功能发挥，这种影响作用主要体现在四个方面：应讯行为选择、应讯动机性努力的程度、应讯认知过程和应讯情感过程。

（1）自我效能影响监察对象的行为选择

监察对象通常会通过自我效能感选择某些特定的应讯活动和环境，并对所处的环境加以改造，此时的监察对象会尽量回避进入其能力超载的环境，而去选择自感可以应对的环境或活动。一般情况下，具有较低自我效能的监察对象在面临行为挑战时往往将其视为一种威胁，因而会采取一种回避的态度；具有较高自我效能的监察对象面对挑战时则会采取积极应对的态度，因为这种选择意味着新的机会或机遇。

（2）自我效能影响监察对象动机性努力的程度

当监察对象认为自己在实施某个应讯行为时具有较高的自我效能，他会实施得更加自觉并愿意付出更大的努力，反之则不会也不愿付出努力。

（3）自我效能影响监察对象的认知过程

监察对象的思考过程在遇到困难和挫折时有可能是自助性的或自我阻碍性的。具有较高自我效能的监察对象一般会事先勾勒出成功的预期并敦促自己更加积极主动地行动，此时其所关注的焦点是如何更好地解决问题；具有较低自我效能的监察对象则相反，其经常会事先浮现失败的悲情，担心所有可能出错的地方，这样就必然会降低努力水平。

（4）自我效能影响监察对象的情感过程

在面临可能的灾难或危险等厌恶性情境条件时，自我效能决定了监察对象的应激状态、焦虑反应和抑郁程度等情感过程，这些情绪反应又通过改变思维过程的性质来影响监察对象活动及其功能发挥。具有较高自我效能的监察对象绝不会在困难面前忧虑不安；具有较低自我效能的监察对象则会怀疑自己处理和控制潜在威胁的能力，体验到强烈的应激状态和焦虑唤醒，以各种保护性的退缩行为或防御行为被动地应对困难环境，这种行为不但限制了监察对象人格的发展，也妨碍了应讯行为中监察对象主体性的功能发挥。

二、监察对象集体效能的含义及理论内容

（一）监察对象集体效能的含义

集体效能是指监察谈话双方对于相互之间合作能力的判断与评价，这种评价的结果就是集体效能感。心理学家将集体效能定义为集体对组织和实施达到一定成就水平所需行为过程的联合能力的共同信念。一般来讲，效能与具体的情境和任务相联系，集体效能也一样，集体效能信念基本集中在团体操作性能力上，但不是操作性能力本身，而是对操作性能力的评价或判断。集体效能亦非监察对象个体属性的总和，而是在监察对象在与监察人员交互作用的动态过程中所创造的属性。集体效能也不是一种整个团体的属性。因为监察对象在与监察人员的合作中占有不同的角色和位置，所以很可能在如何看待相互之间形成合作关系的集体效能上观点不同。

（二）监察对象集体效能的基本内容

1. 集体效能与监察谈话双方合作行为的关系

效能信念影响应讯行为的主体作用机制有四种：认知过程、动机过程、情感过程和选择过程。集体效能对应讯行为的作用是一种动机性。当效能信念被概念化为集体水平上的操作且成为监察谈话双方能有效实施行为的成员信念进而成为集体效能信念时，集体效能就会像自我效能那样以其特定方式激发应讯行为。集体效能的信念还能影响到监察谈话双方合作行为的选择与合作目标的设立，并且能够预测到监察谈话双方合作行为水平。对集体的能力持有信念越

强烈，监察谈话双方获得的行为结果就越多。

2. 集体效能与个体效能的关系

前者根植于后者，但不是后者的简单总和。监察谈话双方的合作成就既是监察谈话双方的共同目标、共有知识和技能的产物，又是监察谈话双方在行动过程中相互作用或协调的结果。在一个合作系统中，监察谈话双方的行为表现涉及监察谈话双方内部的相互作用，故集体效能就是在监察谈话双方相互作用和协调的动力过程中的产物。如果监察谈话双方由自我怀疑者组成，则不能形成有效验的集体力量；如果监察谈话双方之间关系脆弱，那么由于各自为政便会招致监察谈话双方合作的失败。即使是有较高集体效能的监察谈话双方组成的合作团队，如果监察谈话双方不能很好地合作，其合作行为也不一定有效。

三、趋避动机理论的内容

趋近与回避是监察对象应讯动机的两种最基本形式，反映着监察对象与应讯环境的相互作用方式，是监察对象适应讯问环境的核心机能。回避动机保证了监察对象自认为的安全感，趋近动机促进了监察对象合作欲望的增长。我们可以从以下五个方面来理解趋近和回避动机的概念。首先，趋近和回避动机影响着监察对象应讯行为的能量和方向。趋近动机是由正性刺激激起的监察对象应讯行为能量或者是使监察对象应讯行为指向正性刺激方向的动机；回避动机是由负性刺激激起的监察对象应讯行为能量或者是使监察对象应讯行为指向负性刺激方向的动机。其次，趋近和回避动机涉及监察对象身体或监察对象应讯心理的运动。当刺激在监察对象应讯心理上被评估为正性时，监察对象会表现出把它“拿过来”或把它“留给自己”的动作取向；当刺激在监察对象应讯心理上被评估为负性时，监察对象会出现远离或回避的动作取向。再次，趋近和回避动机的区分既与新的讯问刺激情境有关，也与监察对象当前所处的应讯情境有关。也就是说，趋近动机不仅指趋近新的积极刺激，也包括保留和维持现有的积极刺激；回避动机既包括监察对象对可能出现的消极刺激的防御，也包括监察对象逃离或纠正当前的消极刺激。复次，刺激的效价是趋近和回避动机的核心。最后，激起趋近和回避动机的刺激可以是具体的、可观察的客体、事件或可能性，也可以是抽象的、通过内部表征生成的客体、事件或可能性。

趋近和回避动机既表现为监察对象机体的暂时状态，又表现为稳定的人格特质。趋近系统负责调节监察对象获得奖励、实现应讯目标的趋近行为，它与监察对象乐观、冲动、以奖赏为导向的人格有关；回避动机系统负责调解监察对象避免威胁和惩罚的回避行为。趋近动机能够预测监察对象的掌握目标和成绩趋近目标；回避动机对监察对象应讯成绩趋近目标和成绩回避目标都有正向预测作用。

趋近和回避作为监察对象最基本的应讯动机系统，具有应讯行为组织功能。当趋近系统通过调集机体量来接近或掌控监察对象所偏爱的刺激时，回避系统同样通过调集机体能量来逃离或阻止不利刺激的伤害。两类监察对象应讯动机系统的协同作用促成了监察对象的自我调节，保证了监察对象对讯问环境的成功适应。

尤其需要注意的是：高趋近动机积极情绪通常发生在追求目标的情境中，这些行为有助于监察对象个体生存。处于高趋近动机水平下的监察对象会主动排除无关刺激、知觉或认知的干扰，将自己的注意和认知聚焦于他们渴望获得的各种客体和应讯目标上，从而增强了对既定应讯目标的维持，故能促进强调监察对象认知稳定性的反应执行。这种认知稳定性能帮助监察对象坚持有价值的应讯目标，使其付出更多的监察对象应讯心理努力。低趋近动机积极情绪意味着事情进展的比所要求的或所期望的还要好，预示着讯问环境是安全稳定的。低趋近动机积极情绪通常发生在应讯目标实现以后或与应讯目标无关的情境中，与其伴随的应讯行为不必像高趋近动机状态那样迫切。处于这种状态下的监察对象可以减少动机性参与，减少心理努力，使自己的视野和心智更加开阔，从而注意到环境中以前被忽略了的、新的或其他有价值的刺激或目标。同样，低驱动动机积极情绪使监察对象对于应讯目标的注意聚焦水平降低，减少应讯目标对注意资源的占有，从而增强了监察对象的认知灵活性。总起来说，积极情绪对监察对象认知加工的影响受应讯趋近动机强度的调节，高、低趋近动机积极情绪对监察对象认知加工的影响不同。

四、将效能理论与趋避动机理论引入讯问与应讯条件研究中的意义

以上我们从自我效能的过程及其表现形式、自我效能的对象和范围两方面对自我效能的定义进行了界定，这些界定的核心思想都是对监察对象应讯能力的自我评价问题，都归属于监察对象自我意识的重要内容，是监察对象自我意识在谈话情感上的一种表现。把自我效能理论引入讯问与监察对象应讯条件研究的意义，首先是能够帮助监察人员弄清自我效能的理论来源，知道自我效能表征监察对象在特定的谈话情境中对其某种应讯行为能力的自信程度，以及监察对象对其抱有多大的完成目标信心；其次是能够帮助监察人员弄清自我效能是造成监察对象排斥讯问的根本原因，确定自我效能在其中作为前因、后果或中介的作用；再次是便于监察人员从总体上把握监察对象自我效能的作用，即不能仅从静止这一个横断面理解自我效能，认为无法改变监察对象的拒斥态度，而要把自我效能作为一个与监察对象动机与情绪等密切关联的动态性变量，在讯问中下大力气坚决予以置换；最后是帮助监察人员重视对监察对象自我效能的干预，从规劝和说服入手，有针对性地削弱或祛除监察对象的自我效能。

集体效能理论作为团体研究的组成部分，与监察对象的应讯心理具有一定的联系，加强对这些理论联系的研究有助于监察人员把握集体效能概念产生和发展的逻辑线索，即有助于监察人员厘清这一概念的实质以及由自我效能扩展到集体效能的内部原因。把集体效能引入讯问与监察对象应讯条件研究中的意义是：第一，帮助监察人员认识到集体效能概念的独立性，正确把握集体效能的内涵与外延；第二，帮助监察人员了解集体效能的作用形式，知道集体效能信念在监察谈话双方间的互动活动中执行着认知、抱负、动机和调节功能；第三，有助于监察人员塑造集体效能信息源以及把控监察对象集体效能信念对合作努力程度的影响；第四，有助于监察人员正确评价集体效能的实践价值，帮助监察人员在弄清集体效能与自我效能之间关系基础上，通过集体效能来达到有效地改变自我效能的目的。

作为监察对象的两种最基本动机，趋近动机和回避动机是监察对象趋利避害并得以适应讯问环境的核心机能。把趋近动机和回避动机引入讯问与监察对象应讯条件研究中的重要意义，首先是促使监察人员高度关注监察对象应讯行为的能量与方向，探讨能够激活监察对象内在能量并能够改变监察对象应讯行为方向的因素；其次是帮助监察人员特别关注趋近动机和回避动机是以监察对象应讯行为与能量为划分依据的动机分类方法，促使监察人员形成研究监察对象应讯动机的基本理论框架；再次是帮助监察人员掌握趋近动机和回避动机区分的心理学证据，以及建立在这一分类理论基础上的讯问干预技术；最后是全面理解趋近动机和回避动机的区分对讯问与监察对象应讯条件能否具备的影响。

第二节 监察人员讯问条件

只要具备监察对象自愿供述这个条件就意味着讯问迈出了关键一步，这就决定了研究监察人员讯问条件必须先研究监察对象供述动因。在传统的讯问理论中，一般认为供述动机能否产生与监察谈话双方的需要直接相关，与监察谈话双方的态度关系密切，职务犯罪监察人员对供述动因的准确把握是能否具备监察人员讯问条件的关键。但是，在职务犯罪讯问实践中，监察谈话双方的需要难以把握，严重影响了讯问效果。在讯问过程中，我们常说“从宽不从宽，态度是关键”，为什么总是向监察对象强调态度对结果的决定性作用？这说明转变抗谈拒供的态度是监察对象自愿供述的先决条件；另外，监察人员的强调是单向的，只有监察对象接受了劝告才能形成双向的合作，这说明监察对象的配合与供述动因的产生具有密切关系。根据笔者的讯问经验，供述动因能否产生与监察对象的态度直接相关，与监察对象是否配合关系密切。而态度与自我效能、集体效能同为心理现象，其之间必有一定的联系。对监察对象来讲，较高的自我效能意味着对自己抗谈拒供能力的自信，较高的集体效能意味着对监察人员的合作关系的认同，这都与态度直接关联；较低的自我效能意味着监察对象对抗谈拒供能力自信的弱化或根本没有自信，较低的集体效能意味着监察对象对监察人员合作关系的认同弱化或根本不认同，这都与监察对象是否配合具有密切关系。作者的观点是：在讯问中无须花费心思琢磨监察谈话双方的需要，只要把精力用在监察对象心理置换和行为动机置换上，具备了实质的和形式的监察人员讯问条件，即可能取得一定的讯问效果。因为行为是心理的外现，只有先解决了抗谈拒供的心理问题，才能实现监察对象态度的转变，帮助监察对象滋生配合的主动性和自觉性，敦促监察对象实行交代供述的行为。

一、实质意义上的监察人员讯问条件

所谓实质是指监察人员讯问条件的内在含义，监察人员成功地将监察对象的自我效能转化为集体效能即谓实质意义上的监察人员讯问条件。

（一）自我效能对监察对象的应讯意义

自我效能作为监察对象自我参照思维的表现形式，具有自我的现象学特征，是一种多重性质相统一的心理现象，对接受讯问的监察对象具有重要意义。

1. 自我效能是一种自我生成能力，可以集成监察对象抗谈拒供的技能

如果监察对象想很好地适应复杂多变、模糊不清且不可预见的讯问环境，就必须拥有多种反讯问技能，但即便如此，监察对象也未必能够很好地整合这些技能以形成反讯问的行动过程并在被留置的困难环境中实施，这需要监察对象拥有一种能力把各种反讯问技能整合起来以形成合适的反讯问行动并进行有效实施，这种能力就是监察对象的生成能力，是监察对象最根本的能力。自我生成能力可以权衡、判断和组织监察对象的各种反讯问技能，评价和改变监察对象的反讯问观念或思想，从而促成监察对象的各种反讯问行为操作，以用于不同的反讯问要求。自我效能在本质上是一种自我生成能力，监察对象通过这种能力能把认知的、行为的、情感的和社会的各种技能整合起来形成实际的反讯问行动过程，以服务于多种反讯问子目的。自我效能发挥这种作用的原因是：自我效能与监察对象相信其在各种不同的讯问情况下能做什么有关，与监察对象拥有多少特定反讯问技能无关；自我效能作为自我指向的思维形式，能激发和控制认知、动机和情感过程，这些过程支配着反讯问知识和技能向熟练活动的转化，亦即生成把各种反讯问技能整合成反讯问行动过程的能力。

自我效能的高低决定着监察对象反讯问行动的效果。一般讲来，自我效能高者能够有效整合自己的各种反讯问技能并以此有效地解决问题，成功地达到预期目的；相反则很容易使自己的技能得不到展示。自我效能并不指监察对象对其所拥有的反讯问能力的评价，而是指监察对象在不同讯问情境下对其能做什么的信念，因此，当监察对象处于复杂且不确定的讯问环境中时，为了更有效地发挥某种作用以达到反讯问目标，就不仅仅需要运用各种反讯问技能，还需要运用这些效能的自我信念。之所以这样，是因为在复杂多变的讯问环境中，监察对象技能往往要以不同方式结合起来才能应对讯问环境变化，且每次的反讯问技能结合方式也不会相同，在此情境下，适宜反讯问技能结合方式的产生与调节会受监察对象自我效能信念的支配，即监察对象相信自己在一定讯问环境和反讯问任务条件下能做什么；而自我怀疑者则会在最初的努力被证明不足

时放弃能力的自我生成过程，不再灵活地使用自己的反讯问技能。

2. 自我效能是一种主体行为的动因机制，可以产生监察对象抗谈拒供的动机

人区别于其他生物的显著特征就是人的能动性。正如心理学家所说，效能信念是人类动因的基础，其他任何可能起指导和动机激发作用的因素皆根植于主体相信自己有能力使行为产生预期效果的核心信念。个体效能信念影响着监察对象是乐观或消极地思考问题，影响着监察对象产生积极的情绪体验或产生消极的情绪体验，进而导致监察对象反讯问的自我加强或自我阻碍。效能信念通过反讯问目标设置的挑战性和反讯问结果预期，在反监察人员讯问动机的自我调节中发挥主要作用。监察对象是以效能信念为基础，来决定选择何种挑战性反讯问目标并准备付出多大努力以及在遇到困难时要坚持多久等。自我效能在监察对象能动性发挥中具有重要地位的原因是：

（1）自我效能具有主客体双重性

自我效能描述的是监察对象的现象学特征，作为自我参照思维形式是对监察对象自身在不同讯问情境中能做什么的认知判断和评估，由此形成监察对象关于自身反讯问能力的预期、感知、信心或信念，既是监察对象自我能动性的表现，又是监察对象自我能动性的作用结果。其不但直接影响监察对象自身反讯问行为，还通过影响其他因素而间接影响监察对象自身反讯问机能的发挥，是监察对象自我系统中能够发挥调节自身反讯问行为与心理作用的核心因素。

（2）自我效能具有认知性

自我效能作为监察对象自我参照思维形式，因通过对有关自身反讯问能力信息进行选择、比较和整合的认知加工而最终具有认知性质。监察对象认知决定着自我效能的形成与改变，认知中介决定着自我效能对反讯问行为的调节。例如，自我效能的高低影响监察对象的思维过程，产生反讯问的自我帮助和自我阻碍作用，影响反讯问目标的设立及行为归因等。认知因素是自我效能发挥对反讯问行为调节作用的中介机制之一。

（3）自我效能具有动机性

自我效能直接影响到监察对象实施反讯问活动的动力过程的功能发挥，构成了决定监察对象反讯问行为的原因。从讯问学意义上说，自我效能不完全是一种反监察人员讯问动机，但具有反监察人员讯问动机的性质。故自我效能因

具有近似于反监察人员讯问动机的功能，可视为反监察人员讯问动机或反讯问知识转化为反讯问行为的中介。自我效能在发挥监察对象主体作用过程中伴有反讯问动机作用的特性，决定着监察对象的反讯问行为和对讯问环境的选择、反讯问行为的坚持性、反讯问行为努力程度以及反讯问行为成就。自我效能高的监察对象倾向于积极主动地适应和改变谈话环境，强烈的自我效能对监察对象具有反讯问的动力学意义。

（4）自我效能具有情感性

当监察对象对自身在不同讯问环境中能做什么的能力进行评估判断时，往往伴随相应的反讯问情绪体验，评判为高能力时通常伴随积极的情绪体验，评判为低能力时经常伴随消极的情绪体验。另外，已经形成的效能感性质亦影响着监察对象面对要处理或要应对的讯问环境与应讯目标时的情绪状态。不同的反讯问情绪状态对监察对象自身各种心理机制的发挥具有自我加强或自我阻碍的作用。当监察对象面对有压力或有威胁的讯问情境时，监察对象的无效能感会引发恐惧、焦虑等消极情绪，进而削弱监察对象反讯问行为积极性和阻碍各种反监察人员讯问心理机能的正常发挥，而高效能感则会带给监察对象以积极的情绪体验，进而加强反讯问行为的积极性和促成各种反监察人员讯问心理机能的发挥。

3. 自我效能个体性和集体性的统一为讯问中的监察对象心理和行为动机的置换准备了基础条件

自我效能仅仅是个体性的吗？其是否仅指个体对自身在不同情境中的能力评价？如果从理论上回应，答案是否定的。实际上，个体与集体是同一范畴的两极，人的活动包含个体活动和共同活动，作为共同活动的集体亦具有集体自我意识和集体能动性，可对集体自我在不同情境中的能力进行评判。自我效能作为动因机制和自我生成能力，其包括个体自我效能和集体自我效能，是两者的统一。在讯问中，监察对象同时心存个体自我和集体自我两种动因机制，如果个体自我意识强，监察对象就会在高自我效能感的支配下呈现与监察人员的离心力；如果集体自我意识强，监察对象则会在低自我效能感的驱使下产生趋近监察人员的心理动机，从内心里对监察人员产生依赖感，同时较为容易产生配合意识。集体自我效能为集体效能预置了存在场域，为监察人员置换监察对象心理和行为动机准备了最基础的条件。

（二）集体效能理论对于监察人员讯问条件的意义

职务犯罪讯问的最根本目的是在对抗中实现监察谈话双方的合作，而合作动机的产生取决于监察对象的自我效能被集体效能所取代，取代成功的标识是监察对象合作心理的形成。

合作是指监察对象与监察人员之间为达到共同目标而彼此相互配合的一种联合行动或方式。达致合作所需的基本条件是：第一，一致的目标，至少是短期的共同目标；第二，统一的认识和规范，监察谈话双方对共同目标及其实现途径和具体步骤具有基本一致的认识，而且在联合行动中必须遵守共同认可的社会规范和群体规范；第三，相互信赖的合作气氛。具备这些条件的最大阻碍是监察对象极强的自我效能。极强的自我效能意味着监察对象对自己反讯问能力的强烈自信，这种自信驱使着监察对象与监察人员反向而行，根本不会与监察人员形成一致的目标，对社会规范等心持敌视，对监察人员心怀仇视和戒备，无论从心理还是行为取向上都具有鲜明的反规范性，根本不具备与监察人员相向而行的基本条件。在监察对象如此故步自封的情况下开展讯问工作，要想打破监察对象的自我孤立状态，难度之大是可以想象的。这时必须彻底置换监察对象的自我效能，而代之以集体效能。这样做建立在以下理论之上：把监察谈话双方视为一个相互配合的集体，合作是集体能动性实施的形式，只有当监察谈话双方都相信具有合作必要且自己具有合作能力时，才有可能做出合作的行为，决定集体能动性实现的关键是集体效能信念而非监察谈话双方的个体自我效能。从属性上来说，集体效能是对合作能力的判断和信念，是指监察谈话双方对在讯问中完成合作的集体能力及其信念的评估，是监察谈话双方对组织和实施达到一定合作程度所需行为过程的联合能力的共同信念，不是指监察谈话双方达到一定程度的合作自身。

对监察对象来说，这种共同信念的形成与发展根基于四个效能信息源：他人经验、替代经验、社会劝说和情绪状态。他人经验是指案例中有相近或相同经历的其他监察对象的应讯经验或教训，这是影响监察对象集体效能最为有力的信息源。案例中的其他监察对象相同或相近的谈话情境容易引起监察对象的思想共鸣，其因自愿供述而受到法律从宽处理的经验可为监察对象提供借鉴，而因抗谈拒供而受到法律的从严惩处可为监察对象提供教训，对监察对象从总体上起到一种警示或警醒作用，向监察对象昭示可供选择的道路，敦促监察对象在纪法框架内寻找出路，促使监察对象产生对监察人员的依赖感，滋生依靠监察人员的关心来创设获取纪法从轻条件的动机，产生通过与监察人员合作方式争取从宽处理的心理。通过观察其他监察对象的成功与失败经验，特别是那些在诸多方面与自己有着类似和共同之处的监察对象的成败得失，监察对象会提升或削弱自我效能，相应地也会提升或削弱集体效能，这就是替代经验的作用。社会劝说是增强监察谈话双方对于能够实现共同目标信念的又一途径。监察人员的说服越具有凝聚力，监察对象的向心力就越强。劝说可以通过鼓励监察对象的纪法依赖感和对监察人员的人身依赖感方式，促使监察对象改变旧有思维，敦促监察对象产生与监察人员合作的主动意识。这种主动意识建基于监察谈话双方经情绪化碰撞后所产生的合意。也就是说，监察谈话双方的合作本身是情绪化的结果，影响着监察谈话双方对如何结束讯问的共同理解和反应。这种共同的理解和反应意味着监察谈话双方的合作立基于对讯问状态和结局的分析一致或对相互协作必要性的认知加工一致。亦即，监察谈话双方在求同存异的前提下，在怎样结束讯问的问题上产生集体能力取向，监察对象在这样的条件下自我效能逐渐被集体效能所取代，监察谈话双方一致认为只有通过合作方式形成集体并利用集体的力量，才能达致各取所需的双赢目标。这样监察谈话双方就会产生团体心理，进而在团体心理的驱动下产生为了达成共同的成就目标而去高度协作或高度依存的行为取向，并在讯问进程中自觉相互协调并相互支持，所欲结局的成效大小是监察谈话双方各自取得的结果之和。总而言之，监察对象具有集体效能意味着滋生了转变态度或自觉配合的心理取向，意味着产生了对监察人员的人身依赖感和对刑事法律的规范依赖感，并且在自我评价上认为主动配合监察人员的选择是正确的。这是把自我效能置换成集体效能的根本原因。

（三）利用集体效能置换自我效能的途径

集体效能是在监察人员规劝和说服基础上，再经过监察对象通过一个复杂的自我说服过程得以构建的。一般而言，监察人员是通过说服和规劝方式慑服监察对象自觉置换效能信念的，具体讲是通过认知过程、动机过程、情感过程和选择过程四种中介机制予以慑服的，这四种中介机制对效能置换发挥着协同作用。

1. 认知过程

自我效能信念能够影响监察对象的思维模式，从而能够加强或削弱其反讯问行为操作。这些认知影响具有不同的表现形式：影响监察对象反讯问目标设立；影响监察对象认知建构；影响监察对象理性思维；影响监察对象问题解决策略的产生和使用。若要实现效能置换，就要循着以上表现形式的路径，改变监察对象的认知内容，用集体效能完全取代自我效能。具体途径：

第一，置换监察对象的应讯目标。监察对象的多数行为都是具有目的性的，包括认知目标在内的预先思维调节着这种目的性。而监察对象的反讯问目标设立不仅受自我效能的影响，而且受集体效能的影响。一般来说，自我效能信念越强，监察对象为自己设立的反讯问目标就越高，追求目标实现欲便越强烈；而集体效能信念越强，监察对象设立的反讯问目标就越低，甚至不去设立反讯问目标，而以主动配合取而代之。在这种情况下，就要竭力弱化监察对象的自我效能信念，大力强化监察对象的集体效能信念，尽量消弭监察对象设立的反讯问目标，把反讯问目标置换成自愿供述的应讯目标。

第二，置换监察对象的认知结构。监察对象的大多数应讯行动过程首先形成于思维中，认知建构在成熟反讯问行动中起着指导作用，故监察对象的效能信念影响其如何解释应讯情境、其所建构的预期场景的类型和想象化的应讯结局。在这种情境下，就会存在自我效能与集体效能在发挥作用上的竞争关系。如果自我效能发挥的作用大，监察对象就会把当前的应讯情境视为提供反讯问可能实现的机会，会竭力想象反讯问成功的未来，并为反讯问的行为操作提供积极的指导；而如果集体效能信念发挥的作用大，监察对象则会认为在当下的应讯情境中实施反讯问行为是相当危险的，倾向于夸大反讯问失败的想象场景，而竭力阻却反讯问的实施。由此可以看出，监察对象不同的认知建构会给随后的行为操作带来不同的影响，关注反讯问否定性认知的集体效能会削弱监察对象反讯问的自我动机，阻却反讯问行为操作；而自我效能则会强化监察对象对反讯问成功的想象，并驱使监察对象加强随后的反讯问操作。因此，为了达到顺利获取供述的目的，就要实施效能置换，以改变监察对象的认知建构。

第三，置换监察对象理性思维的靶标定向。对监察对象来讲，思维的重要功能是使监察对象能够预测不同行动的可能性结果，并产生控制影响行动过程的手段，理性判断反讯问行动如何影响反讯问结果。反讯问行动与反讯问结果之间预测规则的发现，有赖于对模糊且不确定的多侧面信息进行有效的认知加工。事实上，这种预测因素和结果效应之间的关系相当复杂，同一预测因素有可能产生多种结果效应，而同一结果效应亦可能由多种预测因素引致。这就要确定监察对象的理性思维的靶标定向。因为效能信息的强弱影响着监察对象对多种不确定的且压力较大的讯问情景信息的分析和推理，所以监察人员在确定监察对象的理性思维靶标定向时，必须运用前见知识建构监察对象的思维可能的选择项，权衡并把预测因素整合进综合的预测规则中，以监察对象反讯问行为的即时或远期结果检验和修正判断。监察对象惯常的理性思维靶标定向是本能地或有意识地加强讯问压力下的自我效能感并努力以其维持抗谈拒供的任务定向，而要置换这种习惯性的理性思维靶标定向，就要以集体效能的思维指向作为监察对象的理性思维靶标定向，特别是在监察对象遇到挫败或感受到强烈的讯问压力时，及时置换监察对象的理性思维靶标，规劝监察对象以集体效能的理性思维指向作为维持应讯任务的思维定向，以产生事半功倍的讯问效果。

第四，置换监察对象的问题解决策略。不同的心理或讯问压力影响改变监察对象的效能信念，效能信念既可以直接影响监察对象反讯问行为成就的发挥，也可以通过对可识别的目标与分析性思维的影响发挥对反讯问行为成就的作用，监察人员要注意教育监察对象寻找较好的问题解决策略，更快地放弃错误的认知策略，真正地依靠监察人员和纪法规范寻找出路。

2. 动机过程

效能信念在监察对象动机调节中发挥着关键作用。监察对象动机往往经由认知产生，通过认知性动机激发反讯问行为，并根据预见思维指导反讯问行动。监察对象能在已经形成的能做什么的信念基础上预期可能的反讯问行动结果，并为自己设立反讯问目标，计划达成反讯问目标的行动过程。根据心理学原理，可区分出归因理论中的因果归因、价值理论中的结果预期和目标理论中的认知性目标三种不同的认知性动机。结果和目标动机因素通过预期机制发挥作用，因果推理则通过改变监察对象应讯能力的自我评价与反讯问活动要求的知觉而影响预期的反讯问的未来行动。效能机制在以上各不同形式的认知性动机中均发挥作用。

因果归因与效能评价之间的作用是双向的。一方面，监察对象实施反讯问行为的归因方式影响效能评价。通常情况下，讯问僵局的出现或反讯问行为的得逞往往伴随着监察对象自我效能信念的提高或较强的自我效能；而讯问僵局的打破或反讯问行为的挫败往往伴随着监察对象集体效能的提高或较强的集体效能信念。另一方面，效能评价影响反讯问行为的因果归因。自我效能感强的监察对象倾向于把反讯问行为的暂时得逞归因于自己的反讯问能力，把反讯问行为挫败归因于自己反讯问能力欠缺；集体效能感强的监察对象倾向于把反讯问行为的暂时得逞归因于监察谈话双方合作能力的缺失，集体效能感弱的监察对象则把反讯问行为的挫败归因于监察谈话双方合作能力的存在或提高。总之，效能评价调节着归因对行为的影响，归因理论所选出来的各类传递与效能有关的信息因素，主要通过改变监察对象的效能信念来影响反讯问行为成就。

根据期望价值理论，监察对象动机强度受特定行为产生特定结果及其价值的预期联合控制。在讯问实践中，监察对象既按照反讯问结果预期，也按照其能做什么的信念行动。因此，监察对象的结果预期对反讯问行为动机的影响在某种程度上受到效能信念的影响，无论选择配合还是不配合，监察对象只要觉得自己会做得很好，就能确保获得有价值的结果，进而增强实施该活动的动机，否则便不会实施这项活动。

根据目标理论原理，监察对象反讯问行为受认识到的目标的激发和指导，而不是被目前没有实现的未来状况所吸引。讯问实践证明，明确的反讯问目标可强化监察对象反讯问行为动机，这种目标从很大程度上是通过监察对象的自我反应影响来发挥作用，而不是直接调节监察对象反监察人员讯问动机和行为。效能反应在监察对象自我反应影响中具有不同的作用方式：在通常情况下，监察对象分别以自我效能或集体效能为基础，来选择什么样的挑战性目标、准备付出多大的努力以及准备与监察人员僵持或合作多长时间，自我效能感强烈的监察对象会付出更多的努力来支配反讯问的挑战，集体效能感强烈的监察对象则会付出更多的精力来配合讯问。

需要注意的是，有时监察对象的反讯问动机建立在自我失调基础上，通过失调降低机制激发或调节反讯问行为。但这并不影响监察对象的预先思维能力，这种能力使监察对象能够主动地组织和调节反讯问活动。监察对象反讯问的自我动机不仅取决于失调状态的产生，而且取决于失调状态的降低；既需要监察对象主动控制反讯问行为，也需要反应性反馈控制。通过自我控制，监察对象为自己设立有价值的挑战性标准并产生不平衡状态，以激发并指导监察对象的反讯问行为。反应性反馈控制在其后达成期望结果的努力中发挥调节作用，具有强烈自我效能感的监察对象在局部达成追求标准后，不仅会为自己设立更高的反讯问标准，而且会产生新的失调，直至取得反讯问的最后成功。

3. 情感过程

效能信念在监察对象情感状态的自我调节中也起着相当重要的作用。调节情感状态的思维模式具有以下两种形式：一是效能信念激发监察对象的关注倾向，影响是以温和方式还是以情绪扰乱方式应讯的态度选择；二是在监察对象思维由混乱转向顺畅时，控制扰乱的思维秩序的认知能力知觉。效能信念主要通过控制监察对象思维、行动和情感途径影响情绪经验的性质和紧张程度。因此，监察对象在相信其自己能够控制讯问压力的现实或潜在威胁时，一般情况下不会对监察人员产生恐惧性认知，也不会受到讯问压力的现实困扰。自我效能高的监察对象在处理这类情况时，几乎不会显示出情感唤醒，也不会产生集体效能感；相反，则会压力倍增，产生集体效能的概率则会大大增加。

4. 选择过程

讯问其实是由监察谈话双方一系列的活动选择组成。从监察对象角度讲，其效能判断可以通过影响反讯问活动选择来塑造应讯道路的发展。选择过程的作用不同于认知过程、动机过程和情感过程，因为只有选择过程才会根据监察对象的效能感决定是否选择某些反讯问行动过程，后面三种调节过程都不会这样发挥作用。只有当监察对象选择了反讯问的具体行为方式后，他们才会产生可能的行动和解决策略，在他们怎样做的过程中才会产生敌对或接近的情绪反应。效能高低通过选择过程决定了监察对象对挑战讯问是接受还是回避的应讯态度，决定了监察对象哪些个体潜能能够得到开发、哪些又被忽视而得不到实现。

（四）利用集体效能置换自我效能的方法

利用集体效能置换自我效能其实是监察对象效能内容自我革新的过程，也是监察人员对监察对象进行革新帮教的过程。具体的置换方法是：

1. 指导性掌握法

指导性掌握对于提高监察对象的集体效能、减轻自我效能有着较为有力的作用，这是监察人员对监察对象在讯问中的控制性帮助。虽然依据社会认知论可以将掌握性经验作为监察对象个人改变的主要手段，但由于监察对象的本能而带来的对监察人员和刑事法律的回避惯性，监察对象亦必须借助监察人员的外来控制性帮助才能逐渐摆脱自我效能的约束。所谓指导，就是指监察人员通过设定反讯问的必败结果，重复说明监察对象如果这样做的危害及其原因，并对监察对象因强烈的自我效能所致的反讯问错误信念进行否定性验证，以帮助监察对象提高集体效能知觉。所谓指导性掌握，是指监察人员可以为监察对象自我效能信念提供经验性的否定性检验，为监察对象建立效能置换冲动的掌握经验提供说服力，并且必须帮助监察对象创造适当的讯问环境条件，帮助具有置换无力感觉或无置换愿望的监察对象获得亲历的成功经验。这种控制性帮助的途径有二：一是帮助监察对象尝试他自己原来所拒绝的活动，二是帮助监察对象错误的思维模式自然地发生改变。具体的方法是：在控制性帮助过程中，可将要求监察对象效能置换的任务进行分解，劝说监察对象尽最大的努力按要求去做接收到的每一个子任务，培养监察对象接受劝说的自觉性，培育监察对象克服消极归因定式的冲动力，帮助监察对象认真做好子任务的每一步，以达集腋成裘和积沙成塔的效果。使用指导性掌握的方法一般要注意运用三个策略：一是让监察对象在感受到强大讯问压力的环境下接受“城下之盟”；二是通过指导监察对象放弃防御性心理并改变反讯问行为，从而帮助监察对象增强自觉置换的灵活性；三是指导监察对象尽量自觉完成效能置换，以完美收官。

2. 替代性治疗法

在替代性治疗模式中，监察人员需要让监察对象观察榜样是如何应对讯问压力的，从而掌握在法律和政策框架内寻找出路的经验。通过对榜样示范的观察，可以使监察对象了解并预测如不正视讯问压力可能会对其造成的严重后果，为形成应对讯问压力之潜在威胁的正确方法提供基础。同时，榜样在示范中表现出了对可能出现的压力威胁的应对策略，监察对象会通过观察获得替代性学习的效果，使监察对象明白讯问压力的威胁是可以被预测与被控制的。

为了加强示范的力量，监察人员应当提供与监察对象境况尽量相似的案例。而监察对象在习听案例的过程中，会通过观察其他人成功处理相关讯问压力的具体事例，考虑自己应该怎样办。一般说来，案例中的榜样能够对监察对象的效能感的改善起到明显的效果：正面的启发会增强监察对象的集体效能感，负面的教训会弱化监察对象的自我效能感。只有当监察对象觉得榜样和自己具有同样或相似的心理活动感受时，才会考虑效能置换的问题，即用集体效能置换自我效能；如果榜样本身具有的面对讯问情境的能力与监察对象的实际境况相差甚远，则其对提高监察对象的集体效能感与行为改变不会有丝毫帮助。

3. 系统脱敏法

系统脱敏法也叫交互抑制法，这种方法主要是诱导监察对象缓慢地暴露在导致恐惧纪法和讯问压力并焦虑将来出路的情境中，进而通过心理放松的状态来对抗讯问恐惧和焦虑情绪，从而达到帮助监察对象完成效能置换、消除讯问恐惧和焦虑的目的。其程序是逐渐加大刺激的程度。当某个话题刺激不会再引起监察对象的恐惧或焦虑反应时，监察人员即可向监察对象发起更强烈的刺激，直到一个刺激所致的后果在监察对象所能忍受的范围内，并经过多次反复的呈现后监察对象不会再对该刺激感到恐惧或焦虑为止。

系统脱敏的监察人员讯问方式以消除监察对象焦虑唤醒的方式来实现效能置换，并达到减少回避行为的讯问目的，应用这种方法一般要经过三个阶段：一是要深入了解监察对象的恐惧源或焦虑源，分析监察对象各种条件和相应的恐惧或焦虑反应，按照由弱到强的次序排列，即首先找出使监察对象感到恐惧或焦虑的事件，然后把这些事件按照由小到大的顺序排列；二是帮助监察对象学会与恐惧或焦虑对抗的松弛反应；三是把松弛反应逐步系统地和那些不同层次的焦虑或恐惧反应由弱到强地配对呈现，形成交互抑制的讯问情境，这样便以循序渐进的方式，逐步培养起监察对象趋于配合愿望的集体效能感，最终实现对监察对象自我效能感的彻底排斥，完全消除恐惧或焦虑状态，如此这般的目的是通过效能置换激起监察对象主动配合冲动，重新建立一种正视讯问压力的刺激且对刺激不再敏感的正常行为。

需要说明的是，监察对象心存恐惧或焦虑反映的是其还处于谈话的原始情绪状态，一味地担心和害怕，没有积极和主动寻找出路的想法。聚焦到效能反应上，说明监察对象此时的自我效能非常低，除了本能式的抵触外，还没有形成反讯问的主动性，更没有形成反讯问的自信，而对集体效能来说，基本上还处于虚无状态。在这种情况下进行效能置换，主要有两种方法：一是自然置换法，即首先强化监察对象的自我效能，迁就监察对象的反讯问意识强化，在自我效能反映到一定强度时，运用证据挫败监察对象的反讯问行为，迫使监察对象在无计可施的状态下主动放弃自我效能的支配，转而利用集体效能的驱使作用，产生与监察人员配合的冲动或愿望；二是强制置换法，即在讯问开始就准备逆转监察对象的应讯心路，首先采用说服规劝与证据征服相结合的方式，强迫监察对象放弃接受自我效能的支配，尽量彻底摈弃自我效能，逼使监察对象采用集体效能的支配作用，尽早产生与监察人员配合并主动供述的愿望或冲动。系统脱敏法的运用不意味着助长监察对象的自我效能，而是帮助监察对象平复复杂的应讯情绪反应，减少应讯情绪的负面干扰项，为监察对象提供心境相对平缓的应讯环境，帮助监察对象在正视讯问压力和应讯前景的基础上静心思考配合与否的前途结局或正反效果，以正向思维权衡利弊后自觉选择集体效能并弃置自我效能，最终以集体效能完全替代自我效能，完成应讯中的效能置换后，以主动配合并供述的行为结果替代反讯问意识和行为。

总而言之，以上三种效能置换法均旨在提高和加强监察对象的应对效能信念。职务犯罪讯问实践证明，无论监察对象获得应对效能信念的方法如何，其行为与效能反应水平都是密切对应的。自我效能感水平越高，监察对象的反讯问信念越强烈；自我效能感水平越低，监察对象的反讯问信念越微弱。集体效能感水平越高，监察对象主动配合并供述的愿望越强烈；集体效能感水平越低，监察对象配合讯问的主动性和供述愿望越微弱。

二、形式意义上的监察人员讯问条件

所谓形式是指监察人员讯问条件的表现方式，监察对象的回避动机被监察人员置换为趋近动机即是形式意义上的监察人员讯问条件。

从动机心理学角度研究形式意义上的监察人员讯问条件，我们主要关注讯问与应讯行为的能量和方向，着重探讨如何能够激活监察谈话双方的内在能量及改变监察谈话双方的行为方向因素，在这些探讨中我们逐渐形成了趋近动机与回避动机的动机分类框架。回避动机是监察对象心理防御机制的一种，意味着监察对象对讯问目标实现的拒绝和对监察人员的心理距离隔离；而趋近动机则是与监察对象回避动机相对应的动机种类，意味着监察对象对讯问目标实现的认可和对监察人员的心理接受。如果单纯从监察对象的行为表现看，回避动机外现为监察对象对监察人员的全面疏远或拒绝，趋近动机则外现为监察对象对监察人员的全面接受或服从。回避动机意味着监察对象在讯问中将持不配合态度，趋近动机意味着监察对象在讯问中将持合作态度。那么如何利用趋近动机置换回避动机呢？下面我们专门探讨这个问题。

首先是建立互信。这涉及监察谈话双方彼此之间的信任问题，而这种信任又牵及依赖和风险两个紧密相连的核心要素。从监察对象角度讲，所谓信任是指监察对象基于对监察人员将表现出对自己重要的行为预期，而愿意处于受监察人员行动影响的脆弱状态；所谓依赖是指监察对象允许其命运被监察人员的行动来决定，其建基于对监察人员可信度的积极期望或信心；风险是指如果监察人员不可信的话，可能会给监察对象带来消极结果。风险为信任提供机会，信任是监察对象在风险条件下愿意接受脆弱状态而决定依赖监察人员，其本质上是一种心理状态。如果从监察对象个体理性选择角度展开研究，理性的信任包含监察人员对监察对象的了解和监察人员愿意实现此信任的动机两个核心要素。可见，监察对象带有对监察人员一般看法的信任倾向以及监察人员的可信度是影响这种信任的重要变量。一般来说，信任倾向是影响监察对象信任的稳定的个体内在因素，监察对象的这种信任倾向越高，意味着对监察人员的信任程度就越高。可以这样讲，如果从理性选择视角观察，监察谈话双方之间的彼此信任是建立在双方对互动的认识和期望相同基础上。具体讲，这种信任是伴随着积极互动的积累逐渐增长的，其发展过程呈S形曲线：监察谈话双方的每一个积极行为都会增加对方对其持续可信度的感知，随着相互之间对可信度的积极归因的增多，信任通过互惠得以更快地发展，但当双方达到高水平的信任且信任增长的空间很小时，发展速度就会放缓。以上是从规范角度澄清了监察对象应该怎样做出信任决策，但还不能有效描述监察对象是如何实际做出这种决策的。

其次是利用集体效能增强监察对象的组织信任感。这里的组织包括监察人员、其所代表的审查调查机关以及所涉及的纪法规范，这里的组织信任是指监察对象对监察人员、审查调查机关和规范讯问行为的纪律与法律的信任。组织信任是监察对象对组织所持有的一种肯定态度，是产生与监察人员合作冲动的基础，是保障职务犯罪讯问得以有效运行的前提条件，全面而深刻地影响着监察对象的应讯态度和行为。组织信任包括人际信任和系统信任两个维度。人际信任是指监察对象对监察人员的信任；系统信任是监察对象对审查调查机关及保障讯问得以进行的刑事法律规范的信任。在这两个信任维度中，人际信任为监察谈话双方合作提供了一个基础性和前提性条件；系统信任则以直接的方式影响监察对象的应讯态度、行为与效果。如果监察对象系统地认为组织可信，就会更加自愿地接受监察人员的行为、决策和目标，并愿意通过自己的努力来实现它们，从而表现出较高的集体效能的绩效水平。这种绩效水平也表现在监察对象愿意与监察人员沟通并分享信息，自觉接受监察人员对其的应讯行为规划，主动降低与监察人员的冲突强度，与监察人员主动协商应讯行为等。监察对象的组织信任是个多维变量：第一，从信任者视角，组织信任分为认知和情感两个维度；第二，从被信任视角，组织信任分为感知可信度和善意两个维度；第三，从相互关系视角，组织信任分为威慑性信任、计算性信任、关系性信任和制度性信任四个维度。从以上维度内容来观察，如果对监察对象的组织信任进行动机归因的话，我们就会得出以下结论：监察谈话双方会以不同方式看待他们相互之间的互动，且监察谈话双方对对方行为的归因是自利驱动，而且深受他们依赖情感的影响。因此上文说依赖和风险是构成监察对象组织信任的两个核心要素；对监察谈话双方来讲，信任是因为一方愿意接受风险，承认自己的脆弱状态并决定依赖对方而产生的。对监察对象来说，由于其对监察人员的依赖情感是基于对监察人员可信任度的积极期望或信心而允许自身命运由监察人员决定的程度，所以监察人员能否带给监察对象组织公平感对情感依赖的巩固程度特别重要。组织公平感是衡量信赖情感要素的指标，是指监察对象对自身价值或尊严的基本尊重的主观预期和心理体验，与依赖情感都是基于对组织可信度的积极预期和信心，两者具有同样的心理基础；组织公平感取决于一系列事关监察对象利益分配的制度，能够回答监察对象为什么信赖监察人员以及信赖到何种程度的问题；组织公平感与依赖情感是同时消长关系，是组织信任的预测变量，如果监察对象的组织公平感降低，那么必定会伴随着监察对象在配合讯问上的高退缩行为，也意味着对监察人员依赖关系的必定破灭。除了组织公平感这个衡量要素外，我们还可以把监察对象的风险认知作为风险要素的衡量指标。如果要从风险方面对监察对象进行动机归因的话，风险则是监察对象内心的主观世界，风险认知变成了用来描绘监察对象对风险的态度和认识判断的心理概念，其一般会历经风险感知、风险评估和风险决策三个动机归因过程。在一般情况下，监察对象如果认为风险大就不会产生依赖情感，只有在其知觉到没有风险时才会产生并固化对监察对象的依赖情感。

在弄明白监察对象的组织信任感概念后，我们再详细谈谈组织信任对监察对象决策的支配作用。组织信任与效能反应也存在应对上的对应关系：监察对象的自我效能越高，其对包括监察人员在内的组织信任感就越低，如果此时监察人员再带给监察对象较低的组织公平感，就会把监察对象的配合主动性破坏殆尽，监察对象就会做出疏远监察人员的决定；监察对象的自我效能越低，其的组织信任感就越强，如果这时监察人员再带给监察对象较高的组织公平感，就会充分调动监察对象产生配合主动性和愿望的积极性，监察对象就会做出趋近监察人员的决定。监察对象的集体效能越低，其的组织信任感越差；监察对象的集体效能越高，其的组织信任感越强。一般来讲，集体效能与组织信任感呈正比例关系。在效能置换上，如果说建立互信是基础和前提，那么增强组织信任感就是效能置换的实施首步。在监察对象的应讯决策方面，监察对象一般的心路历程是：先是恐惧、害怕，消极应对，没有积极应对的主观性；接着是跟随强烈的自我效能走，反讯问情绪蔓生；继而在不断遭受挫败后进行自谓有效的自然性抵抗；抵对无果后无奈接受监察人员劝告，开始产生集体效能意识；在进行合作风险评估等动作后，经过效能权衡与选择，慢慢接受集体效能，怠慢自我效能；在几经反复后选择集体效能；最终确立集体效能的支配地位，祛除自我效能的驱动作用，产生合作与配合的冲动与愿望。这个心路历程也是监察对象应讯决策的总体过程，其中组织信任感起着关键作用。具有组织信任感既是监察对象应讯态度转变的转折点，又是监察对象应讯行为选择的关键点，具备了组织信任感是监察对象开始考虑是否主动配合的基础条件，伴随着组织信任感的强化与固化，监察对象才开始决定在行为上选择配合与合作。组织信任感越强，配合与合作的主动性越强；组织信任感越弱，配合与合作的愿望就越差。既然组织信任感的作用如此关键，那么培养监察对象拥有较强的组织信任感就成为监察人员的当务之急，而利用集体效能置换自我效能自然成为其中的重点。具体的培养方法如前所述，一般具有自然置换法和强制置换法两种方式，在此不再赘述。

监察对象只要具备了集体效能，就会开始抵消自我效能的影响，弱化自我效能的驱动作用；监察对象只要不断强化集体效能，就会最终祛除自我效能，完成效能置换。监察对象组织信任感的获得过程也是效能置换的过程。组织信任感是伴随监察对象自我效能的弱化而获得的，组织信任感的强化是伴随监察对象集体效能的强化而固化的；组织信任感的不断强化与固化是集体效能逐渐取代自我效能的标识。在没有消除自我效能的情况下，监察对象不可能产生组织信任感，而缺乏组织信任感则不会滋生趋近动机；只有在集体效能逐渐取代自我效能的情境下，监察对象才可能自然产生组织信任感并进而产生趋近动机。经过上述梳理，我们可以得出这样的结论：效能置换是组织信任感获取并固化的根本原因，组织信任感是监察对象产生趋近动机并摈弃回避动机的基础条件。

最后是培养监察对象效能置换的目标定向。这是帮助监察对象完成效能置换的关键，也是最具体的和颇具强制性的举措。经过效能置换生成组织信任感是一个渐进的过程，在这个过程中必须帮助监察对象保持置换目标的方向性，确保这种置换沿着由自我效能向集体效能演变的路线演进。此处的目标是指与讯问与应讯需要相关联的具有吸引力作用的诱因，是研究监察对象动机心理的永恒主题，也是监察对象关于追求效能转换任务的理由和目的的认知表征，反映了监察对象对成就效能转换任务的普遍取向，是与效能转换目的、努力和标准有关的信念系统，是对效能转换认知过程的计划，掺杂了监察对象的认知因素、情感因素和行为结果因素，是对实现效能转换活动理由的知觉。此处的定向是指监察人员为了使监察对象在效能转换的任务卷入过程中保持时间和精力投入的方向性，为成就目标或达到转换目的而采取的纠偏性预防措施；此谓目标定向是指监察人员在促成监察对象效能转换过程中的个体倾向性以及期望职务犯罪监察对象在应讯状态下保持向集体效能转换的个体倾向性和方向性，也就是说监察人员自身希望并促使监察对象的应讯思维方向一直处于追求由自我效能向集体效能转换的状态自觉上。

为了使监察对象的这种思维活动不偏向，监察人员必须培养监察对象在这种思维活动中保持成就目标方向性的自觉性和能动性，这就不可避免地涉及如何帮助监察对象做好目标设置的问题。一般的做法是：首先，应明确要求监察对象勿以一己之力对抗组织调查，要相信和依靠组织解决问题，在纪律和法律框架内寻找出路。也就是说要首先解决思想问题以端正态度，实际上即是要求监察对象放弃自我效能而代之以集体效能，因为自我效能意味着对监察对象个体应讯能力的迷信，集体效能意味着对调查机关和所涉纪律和法律的依赖以及对组织能力的信任，这涉及应讯目标的明确度问题。其次，应告诉监察对象一定要尽早放弃不切实际的幻想，克服对组织调查和纪律与法律的畏惧感，克服因被查而带来的全方位的痛苦，尽可能集中心思配合组织调查，切实按照组织要求去做，争取具备从轻、减轻处罚的条件或情节，也就是说要动员监察对象利用集体效能所伴随的组织信任感尽力争取最大幅度的从宽处理。实际上即是要求监察对象要增强集体效能感，并且强调了效能置换所必须经历的痛苦以及阵痛后的光明前景，这涉及应讯目标实现的难易程度问题。最后，应规劝监察对象要切实冷静地综合权衡利弊，在基于正确维护自身利益的基础上做出正确的行为抉择；要在认真反思自身违纪违法犯罪事实的基础上，认识自身问题的严重性；要真正认识到这种严重性所必然伴随的应受惩罚性，增强接受这种惩罚的自觉性和觉悟性，也就是说要劝说监察对象应最大限度地接受忠告，并切实付诸于配合行动。实际上即是要求监察对象把集体效能所滋生的组织信任感最大限度地贯彻于和监察人员的合作中，这涉及监察对象对应讯目标的接受程度问题。以上是从监察人员角度对讯问活动的直线描述，但若从监察对象角度来审视和总结讯问活动，监察对象的应讯思维状态却是曲线型的，亦即具有多向思维的竞争，监察对象思想斗争越激烈，其思维方向就越容易跑偏，通常与讯问要求方向逆向而行。此时规劝监察对象在思维上与监察人员同向而行成为职务犯罪讯问永恒的主题，通常我们讲思想通万事通就是这个道理。只不过要想达到这个目的需要经过艰苦的说服过程，而说服的中心意思就是规劝监察对象在应讯思维上保持由自我效能向集体效能转换的直线演变，尽量缩短曲线思维过程，这就要求监察人员在研究效能置换目标自身特性的同时，也要重视对监察对象直线思维动机的维持与增强研究，注重监察对象的成就目标定向对监察对象应讯动机的影响，在讯问中强化直线思维对监察对象的心理、行为和绩效的影响的研究，以便做到在讯问中有的放矢。

同时我们还要强调一点，尽管职务犯罪讯问实质是在摈弃刑讯逼供等非法方式后的现代刑事司法文明手段，但以上所谓的规劝与说服仍具有一定的强制性，这与讯问手段的法定性直接相关。一般而言，规劝是手段，说服是结果。这种手段的强制性表现在：一是公权的压迫性：职务犯罪讯问是国家法定的权力，具有国家公权的一切强制力，职务犯罪讯问实际上是国家对监察对象的倾倒性压迫；二是私权的义务性：我国刑事法律规定了监察对象的刑事法律义务，监察对象尽管心存不愿但仍必须履行，否则便应承担相应的法律责任；三是监察人员的司法惯性：我国的刑事司法制度没有实行当事人主义原则，监察谈话双方实际上具有不同等的法律地位，这就造成了监察谈话双方地位具有明显的不平等性，而监察人员作为国家代言人，出于维护国家利益的需要有时会罔顾公民权利，在执法过程中习惯于居高临下开展讯问工作，经常忽略监察对象的个人意愿或感受。

第三节 监察对象应讯条件

监察对象应讯条件是一个与监察人员讯问条件相对应的概念。相对于职务犯罪讯问态势，如果我们把监察人员讯问条件视为是以其进攻性来影响职务犯罪讯问存续的因素的话，那么监察对象应讯条件则是以其防御性来影响职务犯罪讯问存续的因素。监察对象应讯条件的实质性与效能置换密切相连，监察对象应讯条件的形式性与趋避动机置换紧密相关。成功地固守自我效能是监察对象应讯条件具备的实质性标识，成功地固守回避动机是监察对象应讯条件具备的形式性标识。

一、实质意义上的监察对象应讯条件

（一）自我效能对具备应讯条件的积极作用

自我效能是指监察对象对能否利用自身能力去具备应讯条件的自信程度。监察对象努力具备应讯条件的目的是实现抗谈拒供。相对于监察对象应讯条件，自我效能是对监察对象应讯心理的消极调节，其会对监察对象的情感过程、认知过程、动机性努力、行为选择等产生负面影响，据此对能否具备应讯条件起着积极的创设作用。

1. 自我效能对监察对象应讯心理的消极调节作用

监察对象自愿供述的基本条件是监察对象具有供述动因。与供述动因有关的关键词有需要、态度、配合动机等，其中，需要是影响监察人员讯问条件能否具备的先决条件，态度是影响监察人员讯问条件是否具备的直接条件，配合动机是影响监察人员讯问条件是否具备的密切条件。前文已经提及需要是个玄虚的东西，并具有难以把握性特点，只有态度和动机是监察人员可以施加影响的方面。那么，监察对象的自我效能与这些心理条件有什么关系呢？笔者根据自己多年的讯问经验，认为监察对象的自我效能影响着监察对象应讯心理的变化和定格，并且是通过监察对象的应讯情绪消极调节监察对象应讯动机的方式来实现这种影响的。可以说，监察对象的自我效能从个体态度的其中一个角度决定着监察对象的监察对象应讯心理。

在对职务犯罪讯问的研究中，监察对象的情绪调节一直是不受研究者重点

关注的课题，但笔者认为加强对此的探讨对解决监察对象的监察对象应讯心理问题很有必要。监察对象的应讯情绪调节涉及较为复杂的变化过程，并且体现出一个动态性的特点。因为我们所关注的是自我效能对监察对象心理的影响，所以必须着重于应讯情绪对监察对象应讯动机的功能性研究。因为就应讯情绪的性质来说，应讯情绪首先是一种消极情绪，其次是一种可以被改变且可以转化为积极情绪的情绪，而应讯情绪自身具有调节和组织作用，所以我们在对情绪调节进行界定和解释时必须关注应讯情绪调节的目的性。通过讯问实践可以获知，监察对象的应讯情绪调节一般服从于监察对象的应讯任务，只有在具有一定的应讯目标指引下才能有效，因此，监察对象的这种情绪调节是以应讯目标为导向的调节，通常带有强烈的目的性，这是以监察对象主动参与为前提的，这种有意识的参与是监察对象一系列认知活动的结果。亦即，为了在具体的讯问情境中实现自己的特定反讯问目标，监察对象的情绪调节具有一定的动机，这种动机旨在维持和促进反讯问情绪的适应性，帮助监察对象实现反讯问目标。这种应讯情绪调节的效用取向可被理解为监察对象的应讯价值取向，反映到自我调节中，就能提出一个我们必须研究解决的重要问题：什么因素驱使监察对象调节配置自己的心理资源以做出能够满足反讯问需要的决策并采取反讯问行动？这个因素就是监察对象自我调节的动机。这又带来一个问题：监察对象自我调节的动机来源是什么？答案就是监察对象的自我效能。因为监察对象的情绪服务于其反讯问目标的认知过程，倾向于在重视效用的前提下考虑动机选择，而动机选择的根本出发点是监察对象对其应讯能力的自信，这种自信建基于监察对象对自己应讯能力的积极评价和正面判断，这正契合了自我效能的含义与功能，所以自我效能影响着监察对象应讯心理的效用调节，监察对象自我调节的动机来源于自我效能。自我效能意味着监察对象对自身反讯问能力的肯定与迷信，意味着监察对象对实现反讯问目标的积极追求，意味着监察对象应讯情绪的消极化，意味着监察对象应讯动机的僵化，意味着监察对象应讯手段的顽固化，即在讯问中拒绝参与并以守为攻，或表面参与但实际以攻为守。

2. 自我效能负面影响监察对象的情感过程

就监察谈话双方的情感过程讲，有一个由戒备到信任、由对立到合作的过程。就监察对象的情感历程来说，自我效能对监察对象的怀疑乃至憎恨情感或对立乃至对抗情感起着积极的固化作用，监察对象自我效能越强，监察对象的疑心越重，对立情感越强，反之亦然，这对职务犯罪讯问来讲其实是一种负面的阻却力量。如果在职务犯罪讯问中，监察对象的自我效能有一个由强到弱的变化过程，那么监察对象在情感上也必然伴随着一个由怀疑到信任的基本过程；如果自我效能历经一个由弱变强的过程，监察对象的情感也必然发生由信任到怀疑的变化。

3. 自我效能负面影响监察对象的认知过程

对监察对象的认知，可以从不同角度进行划分。从对自身错误事实性质的认知角度讲，可以把监察对象认知分为违纪认知、违法认知和犯罪认知；从对自身错误事实严重程度的认知角度讲，可以把监察对象认知分为严重性认知和不严重性认知；从监察对象的认知深度讲，可以把监察对象的认知分为肤浅认知和深刻认知。以上几方面的认知都需要经过一个认识的过程，自我效能在这几方面的认知过程中起着负面的单向作用。自我效能越强，监察对象越不容易认罪，越意识不到自身问题的严重性，越不会对自身问题作深刻剖析或反省，反之亦然。讯问实践证明，如果监察对象的自我效能发生由强到弱的变化，监察对象的认知过程也会随之变化，即会经历一个由不认罪到认罪、由不知道问题的严重程度到知晓问题的严重性及由肤浅认知到深刻认知的变化过程。

4. 自我效能负面影响监察对象的应讯动机和行为选择

自我效能本身就是一种动因机制，可以调动监察对象的情绪调节、动机选择和态度抉择。通常的作用过程是：自我效能影响情绪调节，情绪调节调整动机选择，动机选择决定行为抉择。这一过程其实是自我效能发挥取向作用的基本心理过程。

自我效能是监察对象对其反讯问能力的评价，这种评价本身带有鼓励与抑制的倾向性信息，从这个角度讲，自我效能本身就是一种刺激信息。这种刺激信息通常可以帮助监察对象做出相应的心理决策，经过上述心理过程形成趋近或回避动机，外现为配合或抗拒的行为趋向。上述趋近或回避的行为趋向与监察对象的动机系统关系密切，这套动机系统可以起到评价讯问情境的利害性和行为倾向的适宜性作用。也可以说，这种刺激信息是促使监察对象做出趋避反应的重要线索。

讯问实践证明，自我效能能够通过情绪激发监察对象追求反讯问的目标成就。作用机制是：情绪能使监察对象更加注意讯问中的潜在威胁或反讯问目标实现可能信息，经常自觉预期反讯问目标可能实现的效果，引起生理反应进而促使产生趋近或回避行为动机。具体讲，当监察对象意识到刑罚的可畏性时，便会产生恐惧情绪，可能视监察人员为潜在威胁，便产生疏远监察人员的回避动机；当监察对象意识到脱罪免责的可能性时，便会产生兴奋情绪，可能视监察人员为可利用的工具，便会产生接近监察人员的趋近动机。那么，目标刺激为什么能够激发相应的情绪反应？更确切地讲，趋近目标或回避目标引发监察对象相应趋近或回避动机背后的机制是什么？我们可以根据动机定向论来解释这个问题。监察对象的行为分别受反思系统和冲动系统控制，反思系统根据讯问事实和价值判断产生反讯问行为，冲动系统通过连接和动机定向产生反讯问行为，冲动系统经过讯问情势加工的结果是使目标刺激激活监察对象相应的情绪反应。因为冲动系统具有趋近和回避两种动机定向且这两种动机定向能够自动连接激活相应的情绪，所以监察对象可以根据知觉到的讯问信息，快速地做出趋近或回避的情绪反应。在讯问实践中，之所以不同的监察对象情绪反应不同，是由于其冲动系统加工时受到了认知因素的影响，导致了动机定向激活了监察对象不同的功能性情绪反应。

总起来说，自我效能是监察对象创设监察对象应讯条件的积极因素，与之相对立，集体效能则对监察对象创设监察对象应讯条件起着破坏作用。

（二）集体效能对创设监察对象应讯条件的破坏作用

如果讲自我效能是监察对象的负向心理调节因素的话，那么集体效能就是监察对象的正向心理调节因素。这种正向心理调节预示着监察对象应讯态度的正向转化。集体效能调节监察对象应讯心理的作用机制也是通过情绪进行调节的动机，不同的是集体效能主要是通过培养监察对象的积极情绪来调节监察对象应讯动机并进而影响监察对象应讯心理。

1. 积极情绪正向调节监察对象应讯动机

从心理学上讲，情绪是监察对象对反讯问成功的可能性在生理反应上的评价与体验。监察对象与常人一样具有四种基本的情绪：快乐、愤怒、恐惧和悲哀，其中，精神的满足即是快乐，情感的爆炸即是愤怒，心理的黑洞即是恐惧，心灵的痛楚即是悲哀。在以上四种基本情绪之上，又可以派生诸如厌恶、沮丧、羞耻、悔恨等复杂情绪。情绪具有一定的强度，情绪强度是指调高或调低应讯情绪的能力以及监察对象在特定的谈话场合的情绪匹配程度。情绪具有差异性，造成差异的因素可以归结为三种：一是监察对象天生气质的差异，二是监察对象不同的生活或工作经历，三是监察对象在谈话中发展出来的独特认知结构。情绪具有流动性，其是指监察对象在谈话的特定场合下平稳切换情绪状态的能力。

积极情绪是指监察对象由于体内外刺激或讯问主题满足了其应讯需要而产生的伴有愉悦感受的情绪。根据积极心理学的观点，积极情绪主要研究乐观和主观幸福感等内容。具体到职务犯罪讯问，笔者认为积极情绪的研究内容主要是监察对象因体验对将来出路的总体乐观愿景而产生的自在感，与体验较高满意度的谈话而产生的接纳感。积极情绪对职务犯罪讯问的意义：一是在于其能够拓展监察对象的心理活动空间和谈话中的瞬间思维活动序列，提高对转变认罪态度的接受性；二是在于其能够提高监察对象认知或缓解压力的能力。

那么应如何培养监察对象的积极情绪呢？根据笔者的讯问经验现总结为以下两点：

首先，利用“蚌病成珠”原理，用思想政治教育臣服监察对象的情绪。因为积极情绪可以改变监察对象的命运，所以监察人员一般会本能地采用压制监察对象负面思维和情绪的做法，这其实是一种非常不高明的讯问方式。因为监察对象的情绪通常具有一定的弹性，当监察人员一味压制其情绪时，这种弹性常常会使监察人员获得相反的结果。监察对象应讯情绪障碍破解之道，关键在于臣服监察对象的应讯情绪。不通过排拒消极的想法与情绪，而是通过接纳它最终达到内心世界的平衡，便是情绪臣服的主旨所在。臣服情绪一般要通过四步走的方式进行：第一步，教育监察对象接受情绪；第二步，教育监察对象直面情绪；第三步，教育监察对象体验情绪；第四步，教育监察对象认同情绪。为什么采取四步走的方式臣服监察对象的情绪？这是有意识安排的技巧与步骤。一般情况下，监察对象被监察立案或被采取留置措施以后，基本上都会伴有消极情绪，这成为阻却监察对象主动供述的障碍。在讯问实践中，在讯问刚开始的时候，监察人员经常会听到监察对象说“我没罪，我觉得我很痛苦”之类的话，这表明监察对象此时既不能准确识别自己的情绪，也不能注意到这是在特定环境下发生的特殊情绪。在监察对象不能接受自身情绪想法的情况下，监察人员只能采取第一步措施，通常采取不在既有痛苦上雪上加霜的做法，劝说监察对象要正视现实，学会接受使之感到痛苦的消极情绪。不管监察对象认罪与否，监察对象在基本接受自身情绪之后，通常会压抑或回避自己的情绪，这时如果允许监察对象回避自身消极情绪，就会使监察对象陷入更深的消极情绪泥潭。为了避免这种情况的发生，监察人员就要清楚此时自己应该怎样做，要意识到这仍是监察对象情绪沮丧或痛苦的非健康表现，细心观察监察对象是否感到难以承受，在关注监察对象情绪基础上，引导监察对象向监察人员倾诉内心痛苦以缓解情绪紧张。还可以尝试通过安抚分散监察对象的注意力，在这种调整监察对象消极情绪的关键时刻，监察人员就要采取第二步措施。第三步是推动性措施，监察对象经过初步疏导后，会在内心产生不同程度的能量阻塞点。这些阻塞点是不能被人为过滤掉的，这时监察人员就要观察监察对象感觉到什么、这份感觉有多强烈，提醒监察对象要把自身情绪放在那个感觉点上，直接去感受自己的情绪，要告诉监察对象：这样做后，也许他依然会感到痛苦或沮丧，但直面情绪以后，他就会在不知不觉中接纳当下经历的一切，会慢慢发现痛苦或沮丧的感觉变得不再那么重要，在需要监察对象直接去感受自己情绪的时刻，监察人员通常会采取第三步措施。臣服情绪的最终目的是让监察对象达到认同情绪，认同情绪是在接受情绪的基础上使监察对象更进一步地识别与容忍情绪，这时监察人员就要采取第四步措施，明确要求监察对象通过情绪认同确定自己的情绪类别，以认真查找这种情绪的产生原因，认清消极情绪的危害，为帮助监察对象实现由消极情绪向积极情绪转化做好铺垫工作。

其次是控制监察对象情绪化行为。情绪化思维是带有监察对象浓重主观色彩的不合理思维，容易把普通的讯问推向特殊化甚至极端化。在讯问实践中，有些监察人员面对监察对象的情绪化行为，会采取不理睬监察对象以示惩罚的方法，意思是想让监察对象尝尝监察人员的厉害，想让监察对象觉得监察人员不是好惹的。这其实非常错误，是一种非常幼稚的逻辑，这并不能说明监察人员占理，也代表不了监察人员有多狠，只能说明监察人员率性任为，解决不了任何讯问难题。正确的做法是想法设法控制监察对象的情绪化行为，通常的做法是：第一，帮助监察对象认清自己的情绪弱点。有的监察对象喜欢激动，在谈话中一激动就控制不住自己，这时监察人员应该怎么办？正确的做法就是提醒监察对象在承认的基础上认真分析其激动不止的具体原因是什么，在何种情况下容易激动，然后帮助监察对象寻找克服这个毛病的办法。第二，帮助监察对象控制欲望。情绪化行为大都同监察对象反讯问欲望紧密相连，监察人员要清楚地意识到监察对象在欲望不能得到满足时容易因行为简单或浮躁而产生剧烈的反应，这时就需要教育监察对象减少不切实际的欲望，尽量搞清得到与付出的关系。第三，帮助监察对象正确认识侦讯矛盾。要教育监察对象不要极端化行事，要学着全面思考问题，一定把心思沉浸到现实中来。第四，帮助监察对象正确释放或宣泄消极情绪。监察对象处于困境中，非常容易产生不良情绪，并因受压抑而易于情绪化行事，这时监察人员应该规劝或说服监察对象要接受现实，让监察对象认识到谈话环境的不如意是必然的，一味折腾毫无意义，压抑不能摆脱痛苦，要学会合理且合法地释放和宣泄。

如何利用积极情绪调节监察对象应讯动机呢？积极情绪的功能就是使监察对象在接受现实的基础上易于接受监察人员的灌输式教育，也就是监察对象愿意听，而且能够听得进去，为内化于心和外化于行奠定了基础。这时监察人员要不失时机地教育监察对象用正向思维代替负面想法。这既是一种获取积极情绪的好方法，也是一个利用积极情绪感化监察对象的好机会。此时对监察人员的要求，就是要先观察监察对象正在体验何种负面感觉，注意任何可能驱动该负面感觉的思维，同时反问自己：为什么监察对象会有这种感觉？监察对象正在想什么？我能找出监察对象内藏的毁灭性思维吗？然后监察人员一定要徇思而为，也就是要付诸行动。在讯问实践中，一般做法是：第一，向监察对象灌输“我做得到”思想。很多时候监察对象刚去掉一个负面想法，接着又会蹦出另外一种负面想法，在一段时间内根本摆脱不掉负面思维。这时监察人员就要在调动起监察对象的积极情绪后趁热打铁，鼓励监察对象立刻用正向思维取代负面想法，彻底摈弃所有那些使监察对象在认罪态度上止步不前甚至退却的想法。第二，向监察对象灌输“要适应接受批评”思想。一般情况下，批判思维会制造负面情绪，同时降低正向情绪的产生，但讯问本身就是一个辨明是非的过程，批评也成为监察人员说服教育监察对象的基本手段之一。讯问要刚柔并济，体现在方式上也要批评与鼓励相结合，教育监察对象注意心理承受能力，正确认识自己为何会被批评，要自觉变批评压力为转变态度或思维动力。第三，向监察对象灌输“移除标签”思想。在讯问实践中，监察人员往往会根据应讯表现给监察对象贴标签，向监察对象总结性指出其哪点做得不好或哪几方面表现较好，指出监察对象在应讯表现上的优缺点，指明监察对象下一步需要改正的地方，这种做法贯穿职务犯罪讯问全过程，这样做有助于对监察对象进行阶段性分类，有益于对监察对象抗谈拒供表现作针对性应对，使职务犯罪讯问内容具有层次感。在一般情况下，这样做不会伤及监察对象的自尊，但如果监察人员粗暴地给监察对象贴上“愚蠢”或“顽固不化”之类的标签，就很容易激发监察对象的负面情绪，毁灭好不容易营造的良好讯问气氛，这种情形应当坚决予以避免。如果转换角度思考这个问题，总起来讲标签化是推动监察对象有的放矢地改正负面想法的重要手段，是监察人员在讯问中不断定点清除监察对象错误思想的重要方式，但在使用时要注意三点：一是教育监察对象要接受被贴的标签，二是教育监察对象要具有移除标签的决心和自觉，三是教育监察对象必须根据标签内容逐一改正。如果监察对象最终改正了所有被贴标签的负面内容，也就意味着职务犯罪讯问的彻底成功。

2. 集体效能的正向调节功能

以上所言是集体效能影响监察对象应讯心理变化的途径。也许有人会问：集体效能为什么通过这种途径来影响监察对象的监察对象应讯心理变化？集体效能为什么能够通过这种途径来影响监察对象的监察对象应讯心理变化？这些问题涉及集体效能的基本功能，答案是因为集体效能具有正向调节功能。

就本质而言，集体效能是在职务犯罪讯问的特定情境下，监察人员和监察对象对双方合作而取得双赢结果的能力自信或评价，反映了监察人员和监察对象对取得双赢结果的预期。其不是指能力本身，而是监察人员和监察对象对合作能力的知觉，其也不是合作能力的实际水平，而是一种监察人员和监察对象在对效能信息源进行认知加工后的判断或信念，是一种监察人员和监察对象对合作能力及其信念的主观感知，是监察人员和监察对象在合作行为中表现出来的信心。

从以上论述可以看出，因为集体效能是基于监察谈话双方的相互配合意愿而产生的对合作能力的共同信念，所以在行为上具有有限互动性。这种互动性反映的是经过意愿强制过程的相对自愿配合。也就是说，希望监察对象能够与自己合作而主动供述是监察人员追求的目标，也是职务犯罪讯问得以圆满完成的前提条件。但对多数监察对象来讲，在一般情况下与监察人员合作并非初愿，只是在教育与批评或鞭策与鼓励之下才产生合作的愿望，只是经过利弊衡量后的选择能力评价。互动合意的达成其实是一种“城下之盟”，带有一定的压迫性。相对于欲望满足的愿景，单凭监察人员或监察对象的一厢情愿是不能实现的，需要双方在存异求同基础上都能各有斩获这个利益条件。在此利益条件的诱使或驱动下，监察谈话双方才能形成相互利用的有限合作。相对于在相同利益支撑下的目标一致，这种合作既具有对立性，又具有配合性。亦即，此处所言互动性并不是指团体化组织之间的交互行动，而是利益驱动下的个人信念拼凑或合作幌子下的个体行为配合，是在各取所需前提下的有限互动，并不具有完全意义上的团体化组织交往的实质。

集体效能是基于监察谈话双方有限配合愿景而产生的能力评价，在思虑方面具有驱动性。愿景其实仅仅是一种可能性，监察谈话双方一般会从自身和外部环境两个方面思考愿景实现的可能性。从自身对愿景实现的影响因素进行思考，监察对象往往会考虑自己前期抗拒的效果或成败经验、单凭自身力量能否顶住讯问压力、自己想要获取的最终利益是什么、自己能够实施的抗压措施有多少、如何在谈话中合理自我定位及角色表演绩效等内容；从外部环境对愿景实现的影响因素思考，监察对象通常会考虑审查调查机关的审查调查决心有多大、审查调查机关的审查调查能力有多强、审查调查机关可能掌握自己多少违纪违法犯罪证据及这些证据对自己的打击是否具有毁灭性、同案监察对象是否已经先己供述及是否检举揭发了自己、自己是否与同案监察对象竞争立功等内容。监察对象之所以用心考虑以上内容，原因就是希冀实现抗谈拒供的根本目的。为了达致希冀的目标，监察对象势必要比对监察谈话双方的对决力量，权衡自己实现目标的可能性有多大，会不断思考应讯之策，连续变换解脱办法。不管监察对象怎样挖空心思，所虑问题的焦点最终都只能落脚于自身的抗谈能力有多强。在不断尝试对抗且又历经一连串的挫败后，监察对象只能被迫把思绪转向与监察人员配合的可能性大小以及如何与监察人员配合的考量上，这就牵及对自身合作能力的评价方面。可以讲，虽然这时的监察对象思绪是在讯问攻势的强力压迫下被动产生的，但又不由自主地陷入对集体效能的思考中。在讯问实践中，监察人员虽然不会对监察对象明讲集体效能这个名词，但通常都会要求监察对象客观评价自身的应讯能力，警告监察对象不要妄自为大和不要浅薄行事，这实际上运用的就是集体效能的基本原理。监察对象会基于对自身利益的考量不断思考怎么寻找出路问题，在谈话过程中不断拙劣地进行“一计不成又生一计”的表演过程中，会强迫自己考虑自身的应讯能力，尤其是不可避免地反复思考与监察人员合作的可能性以及怎么与监察人员配合的问题，这也从讯问实证方面验证了集体效能在思虑方面具有驱动性。

集体效能基于思虑驱动又会衍生出竞争性。职务犯罪讯问实际上是一个监察谈话双方企图相互说服的谈判过程。在这个过程中，监察人员占据法定的优势地位，为了达到征服目的会不断采取合法的讯问措施来综合整治监察对象，其中一个重要的手段就是采用说服或教育方式给监察对象洗脑，以期定点清除监察对象抗谈拒供想法。这些洗脑措施是综合运用在监察对象身上的。而监察对象为了实现抗谈拒供目的，亦不甘束手就擒，也会连续采取对抗措施。为了不断变换方式或寻求新的方式，监察谈话双方都会强制自己积极开动脑筋以寻计反制对方，企图说服对方按自己的思维行事。监察谈话双方都在已经评价自己的合作能力的基础上希望对方与自己合作，这就必然出现竞争性场景。言来语去地角力的结果，要么互不相让，陷入胶着性的僵局；要么东风压西风；要么西风压东风。这些讯问实战场景证明集体效能具有竞争性。

集体效能的上述特性催生了正向调节功能。一般而言，职务犯罪讯问是在对立场景中开始的，在这种情势下监察谈话双方都站在各自的主张原点，但有限互动性改变了整个讯问格局，驱动性为监察谈话双方在思虑上不断增添角力新料，竞争性改变了监察谈话双方实现合作愿景的努力强度，使职务犯罪讯问情势处于不断的动态变化中。发生这种变化的直接原因是监察谈话双方均产生了合作愿景；根本原因是监察谈话双方对愿景实现方式具有分歧后，双方对抗的强度不断发生变化，而这种变化取决于监察谈话双方对合作必要性的审查结论，受限于监察谈话双方对各自合作能力的信心程度，受制于合作能力评价所依据的材料增减，这是由集体效能的特性所决定的。正是这些原因，致使监察对象在凌厉的讯问攻势下对监察人员的压迫性刺激发生了适应性反应，不断消减对抗性因素供应，乃至最终转诸合作能力的信心提升，与此自然伴生的则是对抗谈自信能力的祛除。这种结局的出现，说明监察对象已经具备了合作能力自信，这正契合了集体效能的概念含义，表明集体效能对监察对象的监察对象应讯心理具有调节功能，这种功能是以合作能力自信取代抗谈能力迷信来体现的，是一种充盈着正能量的功能，据此可以讲这种功能的实质是正向调节。那么，为何因为集体效能具有正向调节功能，其就可以通过而且能够通过积极情绪来调节监察对象应讯动机并进而影响监察对象应讯心理？要回答这个问题，首先，要厘清积极情绪与集体效能的关系。集体效能是一个悬凌于空的学术概念，其功能需要积极情绪现实性地表现出来，以供人们实际把握。而积极情绪作为人身的客观反映和现实体验，其作用需要借助集体效能所提供的途径付诸实现。也就是说，积极情绪对监察对象应讯动机的调节及对监察对象应讯心理的影响是集体效能发挥功能作用的标签，这种标签有助于人们对集体效能功能的现实把握和考察。其次，要认清积极情绪与集体效能在导引方向上的共同性。积极情绪可以引导监察对象以积极的状态接受讯问，集体效能可以正面牵引方式引导监察对象逐步增强思虑中的正能量，两者皆是正向引导因素。最后，要认清积极情绪与集体效能的功能牵连。积极情绪的导引功能只具有手段性，集体效能的功能只具有理论指导性，积极情绪的功能手段是集体效能功能实现的工具。总起来讲，集体效能需要借助积极情绪实现自身功能，积极情绪需要利用集体效能体现自身作用。这就是上述问题的答案。

3. 集体效能的破坏作用

所谓集体效能的破坏作用，是指集体效能在监察对象创设监察对象应讯条件过程中对自我效能的破除作用。从含义上讲，集体效能与自我效能都是指对监察对象主体性能力的评价，只不过能力内涵不同，集体效能强调的是监察对象对自己与监察人员合作能力的自信，自我效能强调的是监察对象对自己抗拒能力的迷信，从此可以看出，集体效能与自我效能均专注于谈话情境中的监察对象个人主体性能力，而且在创设监察对象应讯条件的过程中具有相互竞争关系。对创设监察对象应讯条件来讲，自我效能起着积极的建构作用，而集体效能则起着消极的解构作用。在创设监察对象应讯条件的过程中，监察对象基本上只能仰仗自我效能理念的支撑，而监察人员则主要依靠尽量提升监察对象的集体效能以消解其自我效能手段，来阻却监察对象应讯条件的具备，集体效能成为瓦解自我效能的基本手段。竞争状态中的两种效能在讯问中表现出此消彼长的态势：监察对象自我效能瞬间或持续变强，其集体效能就会持久受到压制，导致抗谈拒供韧性逐步增强，使监察对象应讯条件越容易具备；监察对象集体效能瞬间或持续增强，其自我效能则会持久受到反制，致使配合意识提升，形成监察对象应讯条件的概率便会变小。

下面我们主要讲讲形成这种态势的机理。关于自我效能的来源，一般来讲主要是四种类型的经验：一是监察对象在谈话中的亲身体验或案发前通过各种信息渠道学到的应讯经验；二是监察对象在应讯中对他人谈话知识经验的模仿；三是案发后他人对监察对象的教唆或与监察对象的串供；四是监察对象在应讯中的生理与情绪唤醒状态。这四种类型的经验组成了监察对象的自我效能信念，并通过认知、动机、情感和选择四个作用机制调节着监察对象的应讯活动。认知过程是一个比较复杂的问题，自我效能信念可通过各种方式对监察对象的认知过程产生影响，例如应讯预期方案受自我效能信念强弱的影响、应讯目标的设置受自我效能能力评估的影响等。大多数动机过程是由监察对象的认知因素引起的，比如在监察对象为了预测和评价讯问行为而对讯问环境或讯问行为加以控制，并对讯问行为过程进行因果解释的过程中，自我效能信念影响监察对象的因果归因；监察对象对应讯结果的预期受自我效能信念的控制，因为监察对象达致应讯目的的动机是由其对达到目的的可能性期待及达致目的的价值决定的，所以监察对象的预测性受其知觉到的自我效能的影响；监察对象的应讯目标设置和实现目标的努力受自我效能信念的影响。关于情感过程，监察对象控制应激源的自我效能感在焦虑唤起中具有重要作用，自我效能信念影响着监察对象对讯问潜在威胁的警觉和它们怎样被知觉、怎样被认知加工，从而影响着监察对象的焦虑唤起。关于选择过程，监察对象的自我效能信念通过影响其监察对象应讯方式类型来塑造其今后的人生道路。认知、动机、情感和选择这四个过程通常协同发挥作用。在这种综合作用过程中，自我效能对监察对象的应讯行为起着调节作用，即自我效能影响监察对象的监察对象应讯方式选择，使监察对象倾向于回避那些自认为无法应对的讯问情境并希望选择能使自己在抗谈拒供方面有所作为的讯问环境。自我效能决定监察对象应讯动机水平，动机水平反映了监察对象对追求实现抗谈拒供目标的努力程度以及行为坚持的时间长度，监察对象对抗谈拒供能力的信念越强，其所做出的努力越具有力度，反讯问行为越能够坚持下去。在面对困难的时候，强自我效能的监察对象会付出更大的努力迎接挑战。自我效能影响监察对象在经历讯问威胁与压力情境时的情绪、情感体验，相信自己反讯问能力的监察对象对潜在的讯问威胁不会产生恐慌，也不会让自己的认知活动受到干扰。低自我效能的监察对象往往会产生对反讯问能力的自我怀疑，使自己体验到痛苦和恐慌，并且压抑和限制自己，结果削弱了自己争取实现反讯问目标的现实任务能力。

集体效能也主要通过认知过程、动机过程、情感过程和选择过程四种主体作用机制来影响行为。具体讲，集体效能信念通过这些作用机制对监察对象合作行为的选择、合作目标的设立、合作行为的努力程度与坚持性产生影响。归根结底，集体效能信念能够预测到合作行为水平。作为自我效能的竞争者，集体效能是通过逐渐消解自我效能信念并逐步树立自身的方式来实现破除监察对象应讯条件形成的可能性，进而达到对监察对象应讯条件形成破坏的目的。集体效能的破坏途径一般有以下几方面：第一，破坏监察对象的认知结构，一般从改变监察对象的应讯目标入手，改变监察对象的应讯目标方向，主要是改变监察对象的应讯目标选择方向和选择的倾向性程度；第二，破坏监察对象的动机结构，通常是消解监察对象在面对讯问攻势时的坚持性和努力程度；第三，破坏监察对象的情感结构，主要是改变监察对象应讯的思想方法和情绪反应；第四，破坏监察对象的选择结构，主要改变监察对象的归因方式，掌控监察对象对讯问行为原因进行推测与判断的过程。

监察人员利用集体效能破坏性的基本过程：第一步，准确判断监察对象自我效能的信念性质。监察对象的自我效能是一种在多种体内外因素作用下生成的内隐性能力信念，既可以自发性生成，也可以外发性形成，在此特指监察对象对其组织或实施达成监察对象应讯条件所需行动过程的能力的信念，是监察对象在实施某一反讯问行为操作前对自己能够在何种水平上完成该行为活动所具有的判断或自我感受，其与监察对象相信在各种不同监察人员讯问条件下能做什么以及做到什么程度有关，是监察对象对自己在反讯问实际活动过程中自身的综合能力的预期、感知和信心。能够自发性形成是自我效能得以存在的前提，能够外发性形成是自我效能得以被替换的基础。监察人员之所以需要首先了解自我效能的这些特性，是因为需要掌握职务犯罪讯问的切入点。第二步，准确判断监察对象自我效能的信念强弱。在掌握职务犯罪讯问的切入点以后，还要继续为具体展开讯问工作作进一步的准备，这时候监察人员需要找到一个现实的着力点，那就是要判断监察对象自我效能的强弱，具体要从监察对象自我效能的信息来源着手判断：一是从监察对象获得自我效能的最重要途径，即从监察对象对最基本的反讯问能力感知开始，判断监察对象对反讯问成功的期望有多高；二是从监察对象的替代性经验方面着手，判断监察对象在案发前掌握多少他人的反讯问经验，以及这些反讯问经验对监察对象培育自己的反讯问能力的帮助有多大；三是从言语劝说方面观察监察对象，判断监察对象在案发后因接受他人教唆或串供的语言鼓励而产生相信自己具有反讯问能力的信念是否切合反讯问实际；四是从生理与情绪唤醒状态方面考察监察对象，观察监察对象用于判断自身反讯问能力和技能障碍脆弱性的身体和情绪状态。第三步，整合提炼上述被监察对象吸收的信息，理出影响监察对象反讯问活动的身心因素：一是从认知机制方面提炼监察对象为具备监察对象应讯条件而设定的反讯问目标及为达目标所可能采取的行动，评估自我效能可能影响监察对象的认知建构、推理性思维和解决问题所准备采用的方法；二是从动机机制方面提炼监察对象自我效能对动机调节所可能具有的关键作用，评估监察对象将所作应讯计划付诸实施的决心度；三是从情感机制角度提炼监察对象在面临讯问困境时所可能采取的应讯态度；四是从选择机制角度来考察监察对象对讯问环境所可能采取的方法选择，是积极挑战讯问攻势，还是被动顺应讯问环境。第四步，矫正监察对象的行为选择。这既是效能置换的方法和手段，也是效能置换的根本目的，既是一个极为复杂和困难的过程，也是讯问谈话的中心阶段。为了达到效能置换的目的，监察人员一般要对监察对象进行综合整治。

二、形式意义上的监察对象应讯条件

职务犯罪讯问过程是监察谈话双方的博弈过程，体现在讯问措施与应讯措施的攻防方面，具体到趋近动机和回避动机则表现为两者之间的竞争性位置争夺上。监察人员意图让监察对象把回避动机置换为趋近动机，而监察对象则企图固守回避动机以破碎趋近动机，从此意义上讲讯问过程是监察谈话双方围绕让趋近动机或回避动机何者占据统治地位而展开的攻防战。

1. 监察对象心理因素对固守回避动机的影响

监察对象固守回避动机具有一定的个性心理结构支撑，该心理结构由个性心理过程、个性心理状态以及个性心理三要素构成。其中，个性心理过程包括监察对象的认识过程、情感过程与意志过程；个性心理状态是指监察对象在某一谈话时刻的心理活动水平，犹如监察对象心理活动的背景，心理状态不同可能使监察对象心理活动表现出很大的差异性，心理状态是联系监察对象心理过程和心理特征的过渡阶段；个性心理包括监察对象个性倾向性、个性心理特征、自我意识和潜意识等。以上这些内在因素的存在支撑着监察对象的固守心理。此谓认识是指监察对象的谈话感觉、直觉以及对讯问攻势的记忆和思维。监察对象在最初的谈话阶段一般都存在不同程度的畏罪感和期冀脱罪的幻想，一般都对监察人员抱有本能的戒心和隔阂，视监察人员的法律与政策教育为现实威胁或潜在威胁，进而产生不同程度的心理对立感，非常容易形成如何不让监察人员掌握证据的思虑，甚至形成通过拒供来否认违纪违法犯罪事实的思维定式，常会出现能瞒则瞒的应讯想法。此谓情感是指监察对象在谈话期间带有的抵触情绪，这种情绪的存在会强化监察对象的抗谈强度，阻却监察对象产生趋近动机。此谓意志是指监察对象有意识地克服应讯困难的决断和坚持等。在谈话过程中，监察对象由于受不良情绪或错误认识的影响，通常会产生较强的对抗讯问的意志力，而且不容易受外界环境的影响，一般情况下会因理智而自觉地权衡利弊，形成固守回避动机的顽强支撑力。

监察对象以上这些心理过程都是在一定的心理状态背景中进行的，均表现为一定的心理状态。比如，在某一谈话时刻是积极向上还是悲观失望、是紧张激动还是轻松冷静、是注意力集中还是思维明确、是情绪激动还是沉着、是意志果断还是犹豫不决等。心理状态是监察对象个别心理过程的结合，是某种综合的心理现象，往往成为监察对象某种个性特征的表现，反映监察对象的个性谈话面貌，成为监察对象个性心理特征的表现，监察对象特定谈话时刻的心理状态是当前讯问情境引起的心理过程、过去形成的个性特征和以前的心理状态相结合的产物。监察对象的谈话心理状态一般具有以下特点：一是直接现实性。因为监察对象心理活动的各种现象都是以心理状态的方式存在，其具体的现实的心理过程与个性心理特征总是在具体现实的心理状态中被包含着，所以监察人员了解监察对象的心理生活时直接观察到的便是监察对象在一定谈话情境中存在的心理状态，此时心理状态成为监察人员了解监察对象心理活动的指标，具有明显的直接现实性。二是综合性。心理状态是监察对象在一定谈话情境下各种心理活动的复合表现，既有各种心理过程的成分，又有个性差异的色彩，还包括许多复合的心理过程，其不是心理过程的简单拼合，而是由这些心理过程所构成的具有新的特性的复合物，尽管这些成分在不同心理状态中的地位和作用不一样，但心理状态始终是监察对象心理活动的综合反映。三是相对的稳定性和持续性。当监察对象进入或处于某种心理状态时，如果没有必要强度量级的动因起作用并达到改变原心理状态的临界度以上，原心理状态就会持续稳定或长或短的时间，至于能够持续多长时间，则取决于许多可能起作用的相关因素及其力量的组合与对比，其中重要的一个因素是该心理状态下各心理过程或心理活动的强度。四是流动性和趋变性。监察对象心理状态具有变化不居的特性，也叫动力性，这些状态从来都不是固定不变的，而是随时可能由于各种无法避免的内外动因的作用而发生量变和质变。从整体上看，监察对象心理状态虽然不如心理过程那样流动，具有一定时间的延续性，但也不像个性心理特征那样具有时间和情境上的一贯性。由于内外部现实的影响构成监察对象心理过程的不断变化，使监察对象复合的心理状态各部分之间的关系不断发生变化，一种心理状态会随时被另一种心理状态所替代，而某一种特定的心理状态也会不断发生变化。五是情境性。此谓情境性是指监察对象的感官在一段谈话时间内所接收到的全部信息，既包括在谈话期间监察对象的注意范围，也包括注意范围以外的但作用于感官并能对监察对象产生未必完全能被监察对象意识到的心理影响的因素。此时监察对象的心理状态往往与某种讯问情境相联系，在很大程度上反映着一定的讯问情境或受到讯问情境的一定影响。大家务必注意一点，那就是监察对象的心理状态受讯问情势及讯问情势的背景等整个为监察对象所感知的讯问主体因素及讯问环境因素的很大制约。

根据监察对象心理状态与心理过程和个性心理的关系，监察人员在对监察对象心理状态进行分类时要注意考虑三方面的因素：一是注意把握监察对象心理过程和个性心理特征在心理状态上的表现。也就是说要注意把握监察对象心理状态的主要构成成分，这样能够较好地概括监察对象各种具体的心理状态。一般情况下，监察人员可以把监察对象的心理状态划分为认知的心理状态、情感的心理状态、意志的心理状态和动机的心理状态。二是注意把握监察对象的监察对象应讯心理在应讯活动中的调节作用。具体可以把监察对象心理状态和发生基础（发生的应讯活动）相联系而加以考察，把监察对象心理状态划分为活动的动机和完成活动的能力两大类。三是要注意把握监察对象心理状态在不同心理活动阶段及其活动领域所具有的不同表现形式以及所体现出的复杂性和综合性特点。注意根据不同讯问话域和讯问因素运用不同标准对监察对象心理状态进行多方位的考察和研究，如可根据监察对象心理状态对讯问活动效果的影响，把监察对象心理状态划分为最佳心理状态、一般心理状态和不良心理状态；可以根据监察对象心理状态持续时间长短，把监察对象心理状态划分为相对稳定的且持续时间较长的心理状态和情景性的且持续时间较短的心理状态；可以根据监察对象心理状态是否具有显著的周期性，把监察对象心理状态划分为周期性心理状态和非周期性心理状态；可以根据监察对象心理状态结构中占据主导地位的心理要素，把监察对象心理状态划分为情绪的心理状态、意志的心理状态、感知过程居多的心理状态、注意状态、积极的思维状态等；可以按照常态或异常把监察对象心理状态划分为正常的心理状态和异常的心理状态；可以按照整合过程的不同阶段，把监察对象心理状态划分为待整合无序状态、整合过渡状态和整合有序状态。以上这些划分方法可以对监察对象心理状态进行多角度研究，可以基本满足职务犯罪讯问工作的需要，无疑更具有实践意义。

监察对象心理状态是监察对象在讯问攻势或讯问情境的作用下引起心理变化的因果反应或连锁反应，这种因果反应是相对于监察对象固守回避动机的原因来讲的，体现在监察对象于谈话阶段根据最初获得的应讯信息所形成的心态不易改变上，甚至会左右对以后获得的信息的解释。主要表现为下列应讯心态：一是在接受错误信念上的先入为主。监察对象出于希冀脱罪的最初动机而会不自觉地排斥趋近动机的产生，这种念头带有鲜明的和强烈的先入为主性，最容易存进其大脑档案以至于形成孜孜以求的目标性追求，在应讯行动上就会下意识地跟着这种感觉走，并极力在谈话中争取获得监察人员的认可和同情。二是对监察人员出现直觉性的认可偏差倾向。监察对象在谈话初期就认为监察人员是来惩治其人的对立面，于是便有意识地与监察人员保持心理距离，并在很长时间内不愿意改变这种偏见。三是对讯问说教形成以偏概全的主观心理臆测。原因是出于对监察人员的固定印象而刻板地抓住讯问中的个别言辞不当不放松，习惯以个别推及一般，以点带面式地认为审查调查机关故意与其作对。四是刻意保持反暗示和反信服的警觉性。当监察人员为了在较短时间内缩小与监察对象的心理距离而首先表明自己与监察对象的态度和价值观具有相同性或近似性时，监察对象在意识到监察人员正在使用含蓄和抽象诱导的间接方法企图影响其监察对象应讯心理和行为的情况下，会故意在应讯言行中不接受监察人员的意见和观点，刻意反其道而行之，以防止自己会按照被诱导的方式去行动而落入讯问圈套，故意使自己的思想、行为与监察人员期望的目标不相符合。五是对监察人员的过多和过强刺激产生逆反的超限效应。其会加剧对监察人员及其说教的厌倦或不耐烦，进一步消减趋近动机产生的可能性。

如果说监察人员的说教目的是让监察对象增加产生趋近动机的可能性的话，以上这些心态则是监察对象的阻却动力因素。而在监察对象的心理变化过程中，如果这些心态成为应讯主导心理，监察对象便会首先产生回避动机，职务犯罪讯问就会出现不能突破的讯问僵局，根本不会存在趋近动机产生或发挥作用的空间条件。那么，如何考察和把握监察对象的监察对象应讯心理状态呢？一般做法是：观察监察对象公开的自我，考察监察对象盲目的自我，探究监察对象隐秘的自我，探索监察对象未知的自我。所谓公开的自我，是指持有愿意公开且不刻意隐藏心理状态的监察对象，包括监察对象在谈话中直接暴露的心理状态以及能够被监察人员直接感知的心理状态，这是了解监察对象应讯心理状态的现实材料；所谓盲目的自我，是指具有极端见识性主张的监察对象，这种极端见识性主张一般以如何抗谈拒供为内容，具有对抗讯问的顽固性和主观恶性深的特点，这是了解监察对象应讯心态的基础性材料；所谓秘密的自我，是指持有有所隐蔽且不愿为人所知心态的监察对象，每个监察对象都有愿意公开或有所隐蔽的双重心理，鉴于致罪因素的复杂性，监察对象一般都心存不愿为人所知的独特心思，这些独特心思是阻却监察对象形成趋近动机的关键因素，也是了解监察对象应讯心理状态的关键材料；所谓未知的自我，是指持有迷茫感知心态的监察对象，这种迷茫感知为探索促使监察对象应讯心态由消极向积极转化的方法提供了心理条件，是了解监察对象应讯心态的根本性材料。那么，怎样祛除监察对象形成回避动机的因素呢？通常的做法：一是通过比较法，从监察对象与他人的关系入手，在摸清监察对象应讯心理状态后，帮助监察对象按照自己的意愿去规划应讯前途。在这个过程中，为监察对象提供合理的参照体系和立足点尤为重要。二是通过经验法，从监察对象与客观事实的关系着手，在认清监察对象应讯心理状态后，帮助监察对象从他人的应讯成败经验中获得“学习教训并改变应讯策略”的自主意识，帮助监察对象建立正确的经验价值观，塑造监察对象接受并信服讯问说教的主观能动性，切断监察对象反暗示和反信服的心理通道。三是通过反省法，从现实的监察对象与道德的监察对象之间的关系下手，劝说监察对象“三省吾身”，教育监察对象通过“我与己”的关系衡量来思考“如何看待自己眼中的我”“如何认识别人眼中的我”“怎样看待自己心中的我”，帮助监察对象形成统合的自我观念并正面确立自己的应讯期许，祛除监察对象固守回避动机的心理土壤条件，打牢监察对象形成趋近动机的心理滋养基础。

个性心理是指监察对象在谈话过程中形成的稳定的并带有个体倾向性的精神面貌或心理结构，它由监察对象个性倾向性、个性心理特征、自我意识和潜意识等组成。其中，个性倾向性是整个心理系统中的动力结构，世界观在其中起着统领作用，直接决定监察对象总的个性倾向；个性心理特征是个性心理的特征结构，监察对象的个性倾向和个性特点通过个性心理特征显露出来，并通过一系列应讯行为方式表达出来；自我意识是个性心理的调节结构，个性心理通过自我意识来调节监察对象的监察对象应讯心理和应讯行为方式。如果监察对象个性心理中的某些因素发生畸变，则监察对象应讯心理结构便会取代监察对象正常的个性心理结构，影响监察对象正常的监察对象应讯心理和应讯行为方式，形成心理缺陷。

个性倾向性包括需要、动机、兴趣、价值观、人生观、世界观等，对监察对象的应讯个性或回避动机形成起着引导和定向作用；自我意识包括监察对象自我认识、自我体验和自我调节，通过调整和控制监察对象的监察对象应讯心理与行为来指导回避动机的形成，从而做出错误的抗谈拒供行为；个性心理特征包括监察对象应讯心理活动的动力特征、对现实讯问环境与完成抗谈拒供任务的态度特征以及完成反讯问活动的潜在可能性特征，即包括监察对象气质、性格和能力。不同的个性心理特征对监察对象的监察对象应讯心理及行为会产生重要的影响，并使之呈现出不同的特点，其中，抗谈拒供的目的性特征会激活监察对象的回避动机，抑制监察对象趋近动机的滋生。自我意识是监察对象对自己的认识和评价，由自我认知、自我体验和自我调节三个子系统组成。其中，自我认识是监察对象自我意识的认知成分，监察对象会在自我观察基础上对自身状况进行反思后的自我分析，经过自我评价对自己的反讯问能力或行为价值进行评估，在此心理基础上产生固守回避动机的基础性想法；自我体验是自我意识的情感表现，由自尊心和自信心组成，其中的自信心是监察对象对自己具有反讯问能力的肯定性体验；自我调节是自我意识的意志成分，通过自我检查、自我监督和自我控制等途径来调控自己的监察对象应讯心理或行动，特别是对回避动机的滋生和功能发挥起着强化和推动作用。潜意识是被监察对象压抑或隐藏起来的那部分意识，基于抗谈拒供以脱罪的目的性决断，监察对象会产生“抑趋近而扬回避”的动机性选择，这是监察对象最不愿公开承认的那部分意识，对固守回避动机的应讯手段选择具有基础作用。

2. 监察对象固守回避动机决策中的框架效应

框架是指对问题的表征形式，同一个问题可以有多种不同的表征形式；框架效应是指对同一个问题由于存在两种在逻辑意义上相似的说法而导致了不同的决策判断的现象，或者说是指对相同信息的不同表征导致决策产生不同结果的现象。框架效应本是西方理论，自提出后引起中外学者的浓厚兴趣，围绕框架效应所展开的后续研究得到较多的开展。许多学者的研究揭示并验证了框架效应的存在，认为框架效应是一个稳定和可信的现象，具有跨越中西文化的跨文化性特点。基于此，笔者将该理论引入对监察对象应讯条件的研究，希望能为该研究提供一个崭新的视角。监察对象固守回避动机决策与框架效应的关系是：第一，前者是后者的存续平台。发生框架效应所需的环境和条件都存在于监察对象决策行为的基础空间之上。第二，前者是引致后者发生的原因和条件，两者之间是引起和被引起的关系。第三，两者之间具有贯穿性，在发生时序上具有先后之分，只有当监察对象进行动机选择和行为决策时才能发生框架效应，亦即，监察对象的动机选择和行为决策与框架效应的发生之间具有连贯性。第四，监察对象的动机选择和行为决策的内容直接决定框架效应发生的概率，亦即，监察对象的动机选择和行为决策的内容变化会引致框架效应发生概率的变化，框架效应是否发生及强弱取决于监察对象的动机选择和行为决策的内容变化。第五，框架效应是评估监察对象的动机选择和行为决策内容变化的参照物。那么如何具体把握监察对象固守回避动机决策与框架效应的关系呢？让我们先从框架效应的影响因素谈起。

根据职务犯罪讯问经验，笔者认为影响框架效应产生的因素可总结为两大类，即监察人员方面的因素和监察对象方面的因素。关于监察人员方面的因素，主要包括监察人员的要求内容、监察人员提供的决策情境与监察对象的应讯利益是否相关、监察人员的任务目标特点等；关于监察对象方面的因素，主要包括监察对象的应讯知识和经验、认知风格、情绪情感和自我框架等。

关于监察人员的要求内容。在职务犯罪讯问中，监察人员通常采用明示的或隐含的方式向监察对象提出必须履行的需求或期望，希望监察对象做到或实现其所提出的具体愿望或条件。这些需求或期望无非就是希望监察对象遵守党的纪律和国家法律，采取合作的态度趋近监察人员，主动、如实、彻底供述违纪违法犯罪事实，以争取宽大处理；这些具体的愿望或条件的核心则是监察对象的自由、生命和财产，监察对象在此内容基础上表现出的框架效应程度各有不同。

关于监察人员提供的决策情境与监察对象的应讯利益是否相关。决策是指监察对象为了实现特定应讯目标，根据客观的可能性，在占有一定信息和经验基础上，对影响应讯目标实现的诸要素进行分析和判断选优后对未来行动做出的决定。决策情境是指监察人员在要求监察对象进行决策时是否提供内容齐全的条件，或所提供的应讯环境是暴力威逼型的还是非暴力型的；关于所提供的内容，主要包括是否帮助监察对象发现了待解问题、是否向监察对象明确了应讯目标、是否向监察对象明示了评价标准、是否要求监察对象思考应讯方案及进行方案选优、是否要求监察对象考虑怎样实施方案等；关于决策情境性质是指监察人员在提要求时是勒令实施还是让监察对象自愿选择。关于监察对象的应讯利益，是指在职务犯罪讯问中监察对象用来满足自身应讯追求的一系列欲望，在此特指希冀脱罪免责的应讯追求。根据职务犯罪讯问实践，当监察人员提供的决策情境与监察对象的应讯利益紧密相关时，框架效应会很微弱。

关于监察人员的任务目标特点。在职务犯罪讯问过程中，监察人员均会明确地向监察对象提出自己的要求，以便于监察对象正确领会监察人员的讯问目的，而且会在明确讯问任务的基础上有意以增减或维持现状的方式呈现讯问目标。根据职务犯罪讯问经验，当监察人员增加监察对象的应讯任务量或添加应讯目标内容时，监察对象的决策行为符合一般的框架效应特征；当监察人员减少监察对象的应讯任务量或削减应讯目标内容时，监察对象的决策行为与一般的框架效应特征相反；当监察人员维持监察对象的应讯任务量或保持应讯目标内容不变时，监察对象的决策行为不会出现框架效应。

关于监察对象的应讯知识和经验。一般讲来，不具有应讯知识和经验的初犯在应讯决策中容易显示框架效应，而具有应讯专业知识和经验的累犯在应讯决策中较难出现框架效应；这与监察对象是否具有前科或是否经过多次讯问的经历有关。这是因为当决策情境中的依凭信息非常有限时，经验可能无法帮助初犯避免框架效应的影响，但当所依凭的决策信息较为充分时，经验可以成为累犯避免框架效应的有利因素。总起来说，谈话经历是减弱框架效应的因素之一。

关于监察对象的认知风格。认知风格是影响监察对象认知过程的重要个体差异变量。一般来讲，对监察人员依赖性强者更容易受到讯问信息的影响，在应讯决策中通常不会显示框架效应特征；对监察人员独立性较强者容易在应讯决策中出现框架效应特征。

关于监察对象的情绪情感。职务犯罪讯问实践证明，框架效应是情感启发式的效应，框架效应诱发的是情感方面的信息。在通常情况下，积极情绪与正面框架会导致监察对象对应讯思维和预期行动进行自动加工以避免框架效应的出现，消极情绪与负面框架会使监察对象故意控制对应讯思维和预期行动进行的加工，以争取框架效应的显现。

关于监察对象的自我框架。自我框架探究的是监察对象如何形成选项框架以及自我框架怎么影响其风险偏好。一般来讲，自我框架反映了监察对象在对风险情境进行决策时的正面偏向，对监察对象风险偏好的影响与传统框架效应相似。自我框架对框架效应的影响是：自我框架对风险选择的效应部分显著，对风险选择的影响方式因情节不同而不同。

下面，我们先从理论上对监察对象固守回避动机决策中的框架效应进行解释，然后结合职务犯罪讯问实践讲讲如何破解框架效应。

欲对监察对象固守回避动机决策中的框架效应进行理论解释，便需要借助模型理论这个理论工具。职务犯罪讯问的根本目的是拿到监察对象的有罪供述，而对监察对象供述决策的理论解释目前具有“决策模型”和“理性选择模型”两种不同的研究进路。“决策模型”理论认为：监察对象对供述的决策围绕着自己必须选择的几个选项来进行，并对行为每一种可能的后果的概率进行权衡，最终基于对每种选项的收益与损失的主观评估做出决策；在讯问中，监察对象的决策由后果的“主观可能”所决定，而监察对象对后果的认知并非全部正确；监察对象可能会受到监察人员的引导或威胁的影响；可能会对监察对象决策产生影响的三种压力源是留置环境的特征、社会孤立和对权威的屈服，这些压力源伴随着对未来的强烈不确定感、控制力缺乏以及自主性缺乏；在监察对象不供述时，监察人员可增加监察对象所面临的社会成本与心理成本的压力。“理性选择模型”认为：监察对象会在他们的选项范围内做出最优的选择，有些监察对象之所以做出虚假供述，是因为他们在审查调查机关的讯问过程中被说服了，相信做出供述是最为理性的决策；在讯问中，可通过限制监察对象对特定事件的注意力，控制选项范围并操纵他们对现有选项的主观感知，促其对选项的损益估计产生偏误，进而促其做出供述。为了促使监察对象从拒供转变为供述，监察人员可通过两个步骤对监察对象施加影响，第一个步骤是监察人员指责监察对象犯下的违纪违法犯罪行为和对此的谎言，截断监察对象拒供的可能性，质疑其无罪辩解，并引用真实的或捏造的证据予以支撑，把监察对象逼入无助和绝望境地，进而逐步让监察对象认识到继续拒供并非逃避办法；第二个步骤是监察人员给出引导性意见，改变监察对象的自我感知并激励监察对象供述，要先进行道德引导，接着提供模棱两可的保证，使监察对象觉得供述后案子将会出现良性发展，最后是以明示或暗示宽大处理的允诺来换取监察对象供述，倘若监察对象仍然拒供，则应给予监察对象更明显的威胁或暗示更严重的处理。以上两步走的目的是操纵监察对象对其选项可得性的主观感知及其相应的后果。

审视以上两种模型理论：第一，“决策模型”理论认识到监察对象在讯问中的决策依据是“主观可能”；“理性选择模型”理论则把监察对象视为理性个体，监察对象对每种应讯行为的收益与损失都可能进行准确的权衡。第二，“决策模型”把监察对象视为感性人，设定的监察对象思维方式是直觉思维；“理性选择模型”则把监察对象视为理性人，设定的监察对象思维方式为理性思维。第三，“决策模型”设定的决策依据是选项后果的“主观可能”；“理性选择模型”设定的决策根据则是选项最优原则。第四，“决策模型”和“理性选择模型”设定的对监察对象施压的途径不同，即“决策模型”设定的途径是监察人员可以增加监察对象所面临的社会成本与心理成本的压力；“理性选择模型”设定的途径是操纵监察对象对其选项可得性的主观感知及其相应的后果。第五，“决策模型”的缺陷是忽略了外部因素对讯问的制约和影响；“理性选择模型”则不存在这个问题。第六，“决策模型”和“理性选择模型”设定的监察对象决策背景相同，即都是在受压情况下进行决策，而且决定是在承受对未来的不确定感以及缺乏控制力和自主性情形下做出的。第七，“决策模型”和“理性选择模型”设定的讯问目的相同，即都是为了促使监察对象供述。以上两种模型理论为我们研究监察对象应讯条件提供了有益的示范，特别是对我们研究监察对象固守回避动机的决策更有直接帮助，我们可以借鉴这些理论来深化或具体化对监察对象应讯条件的研究。

借鉴之一，我们可以采用两种模型理论设定的受压环境。监察对象极少有完全自愿做出供述的情形，通常都是在承受讯问压迫的情势下做出或勉强做出供述。在审查调查机关目前的监察人员讯问条件下，向监察对象施加压力是讯问成功的基本手段，如果欲取得让监察对象放弃固守回避动机的效果，采取留置措施和心理施压手段都是必要的。必要的留置措施可使监察对象产生“羁押综合征”，可以强迫或相对强迫监察对象在动机选择上改变初衷，由固守回避动机转向趋近动机。所谓“羁押综合征”，是指监察对象失去人身自由以后，会在情绪、意志、思维、行为选择上发生不正常的变异，出现在其自己都无法确知相关生理变化机理的情况下因内外因素的相互影响而在是否供述问题上达成一致意向的现象，那就是神使鬼差般地选择供述。这无疑是监察人员所希望达到的最直接目的，也是现实中出现“以留置代替调查”现象的根本原因。监察人员为了破解监察对象固守回避动机的决策选择，留置监察对象也是必须要采取的手段。

借鉴之二，我们可以把监察对象视作“直觉”与“理性”相结合的“双面人”。这里所讲的“双面人”并非指做人价值观意义上的两面人，即表面一套背后一套，而是强调监察对象的自然属性，从生物角度探讨对监察对象面貌本质属性的反映和认识，也就是说，强调监察对象兼具“直觉”和“理性”两种自然属性。这实质上将两种模型理论对监察对象属性的单面论述糅合为一个整体，把监察对象视为一个统合人。这样做从理论上客观描述了监察对象属性的复杂性，能够从人性上立体式地观察固守回避动机的监察对象，为探讨改变监察对象决策初衷的手段多样性奠定了人性基础，拓展了研究监察对象固守回避动机之决策原因的视野。

借鉴之三，我们可以统合监察对象的思维方式。以上两种模型理论关于监察对象思维方式的论述具有单面性和孤立性，分割了现实人的思维特征。在现实中，人的思维是由外在刺激或内在刺激引起的内隐式的纯粹精神活动，是借助语言、表象或动作实现的对客观事物的概括和间接认识，主要表现在概念形成和问题解决过程中。根据马克思主义哲学关于认识的科学原理，思维分为直觉思维和理性思维，直觉思维是在感性认识基础上进行的思维活动，理性思维是在理性认识基础上进行的思维活动，简而言之，人的思维是感性与理性的复合体。从理论上讲，我们可以借助这种思维特性，展开对监察对象应讯动机决策的思维方式的研究；具体而言，即在研究监察对象如何进行监察对象应讯动机决策过程中，从内部考察监察对象依据什么选定回避动机并固守不弃，或观察监察对象根据什么弃置趋近动机，或寻找监察对象动机转换的可能性，或观瞻监察对象动机决策中的思路转换条件。总起来说，我们可以在理论上把直觉思维和理性思维进行程式化编程，从思维程序上研究和探讨监察对象应讯动机决策过程中的思绪变化顺序以及决策选择的思路置换。也就是说，探讨监察对象在监察对象应讯动机决策过程中，如何按照直觉思维方式考虑这个问题，怎样按照理性思维考虑这个问题，怎么采用直觉思维和理性思维混合的方式思虑这个问题。

借鉴之四，从理论整合角度讲，我们可以把监察对象应讯动机决策依据实质化为单一性的科学标准。关于监察对象决策依据，以上两种模型理论基于各自的研究偏好，分别论述为决策后果的主观可能与最优理性选择，前者强调主观性，后者强调客观性。从实质上讲，这只是研究者立基的分析问题的层面不同而已，前者从思维过程中的感性阶段并依据在该阶段所观察到的监察对象思维特征进行了标准决断，后者从思维过程中的理性阶段并依据在该阶段所观察到的监察对象思维特征做出了标准结论，结合马克思主义关于认识的科学原理分析，前者的决断过程是后者结论做出历程中的一个前期组成部分，因为任何思维决断都是在直觉思维与理性思维的交替轮回中得出的。也就是说，前者的标准决断只是后者结论形成的前期表象，仅仅是监察对象应讯动机决策整个过程中的阶段性的结论描述，并非全局性的或本质性的终极结论；而后者给出的标准，则是对监察对象应讯动机决策全过程的终局性结论描述，是符合监察对象应讯决策实质目的的根本性标准，亦即，评价监察对象应讯动机决策所依据的标准，关键要看该标准是否具有终局性和根本性，而后者给出的标准符合这个要求。因此，我们可以把监察对象应讯动机决策依据实质化和同一化为选项最优标准。

借鉴之五，我们可以统合对监察对象施压的途径。在现实的讯问中，向监察对象施压的途径呈现立体式图景，相应的手段也是呈现复合化实施特征。可以说，由于每位监察人员的讯问智慧不同，所采取的施压手段更是具有独特的个性化色彩，所以五花八门的独门绝技让初学监察人员眼花缭乱，一时半会搞不清套路和门路，领悟不到其中的技巧和精髓，阻却了初学的入门速度，影响到初学的讯问效果。为了改变这种现象，我们不妨在借鉴两种模型理论基础上，厘清两种施压途径的逻辑关系，把这两种施压途径统合成一条脉络，在实际的讯问操作过程中循序渐进，照章施压，以图条理化从事。具体的统合办法是，把“决策模型”设定的途径当作实现“理性选择模型”设定途径的具体手段，把“理性选择模型”设定的途径视作“决策模型”设定途径的实现目的，即把增加监察对象所面临的社会成本与心理成本当成施压手段，把操纵监察对象对其选项可得性的主观感知及其相应的后果作为欲达的目的，这样便通过串联的方式，把两条途径统合为一条基本脉络，以便于讯问实践操作。

借鉴之六，我们可以全面整合制约和影响职务犯罪讯问的内外部因素，综合考虑这些因素的制约性作用，以克服两种模型理论各自的碎片化缺陷。亦即，我们要全面考虑影响监察对象固守回避动机决策的各种因素，不仅要考虑监察人员和监察对象两方面的因素，还要考虑监察对象的违纪违法犯罪行为特征、职务犯罪讯问情境因素等。关于个人因素，我们要考虑监察谈话双方的年龄、阅历、知识储备、临场应变能力、自信感或内疚感、人格状况、讯问背景或犯罪背景等，这些因素单独或共同影响着监察对象固守回避动机的具体决策。关于监察对象违纪违法犯罪行为特征因素，具体包括违纪违法犯罪行为的严重性和具体的犯罪类型；违纪违法犯罪行为的严重性与监察对象的监察对象应讯动机决策之间存在紧密的联系，因为更严重的违纪违法犯罪行为通常会导致更严厉的刑罚，所以出于对刑罚后果的恐惧，监察对象违纪违法犯罪行为越恶劣，越容易固守回避动机，目的是以拒绝趋近监察人员的方式抗谈拒供；有的时候，犯罪类型也制约着监察对象固守回避动机的具体决策，在很多情况下，贿赂犯罪的涉嫌者较难改变动机选择初衷，因为固守回避动机是其逃避供述的首选方式，往往成为其决策依据的首虑问题，认为这样能够达致应讯目标已经成为其的思维惯性，当然这种情况的出现也与证据难取性有关。在某些情况下，贪污和挪用公款的涉嫌者在讯问攻势的凌厉压迫下，较之贿赂犯罪的涉嫌者相对容易发生动机转换的情形，即弃置对回避动机的固守而转向采用趋近动机，因为此时大量书证的证明力超过了畏罪惧罚的个人想象力，监察对象为了争取好态度不得不变更动机决策依据。关于职务犯罪讯问情境因素，主要包括利用证据的强度和质量、法律建议的可得性以及讯问策略与技巧等。在此需要强调说明的是，所谓利用证据的强度和质量，尤指监察人员运用审查调查直觉思维和审查调查理性思维，将预测的违纪违法犯罪行为事实及可能存在的证据技巧式地抛给监察对象，以求对监察对象产生心理压迫或精神慑服的效果。因为监察对象口供对突破职务犯罪案件的引领作用，所以获取口供至关重要，而在监察对象缺乏供述主动性的情况下，适时用虚拟事实及证据震慑监察对象已经成为重要的慑服手段。在通常情况下，监察对象只有在感觉到审查调查机关已经掌握充分的证据时，才可能弃守回避动机而转向趋近动机，而在对证据的感知程度较弱时则做不到这一点。关于法律建议的可得性，是指监察人员在利用二项迫选程序提出两种不同的选择项，迫使监察对象在这两个都不适当的监察对象应讯动机决策选项中做出选择时，要想方设法帮助监察对象有效克服畏罪惧罚的顾虑，以尽量增加所提选项的可接受性。关于讯问策略与技巧，由于这个话题的个性化色彩过于浓厚，所以一时无法凝聚成篇，但有一点需要大家记住，所有的讯问策略与技巧均建基于对监察对象的心理特征和行为特点的分析之上。

借鉴之七，在对受压背景设计上，我们要充分利用监察对象对未来的不确定感这个谈话感知，尽量减弱监察对象的控制力和自主性，以达到迫使监察对象以趋近动机取代回避动机的决策转换目的。只有存在对未来的不确定感才能促使监察对象注意倾听监察人员的说教，只有注意倾听才能促使监察对象进入控制选项范围，只有进入选项范围才能操纵监察对象对现有选项的主观感知，只有在主观感知基础上才能促使监察对象开始理性评估选项利弊，只有在理性评估选项利弊基础上才能促使监察对象做出动机决策改变。而只有减弱监察对象的控制力和自主性才增加使监察对象的服从意识，只有具备服从意识才能实际压缩监察对象的自主决策空间，只有被压缩自主决策空间才能牵引监察对象进入选项范围，只有进入选项范围才能促使监察对象专注于权衡利弊，只有在权衡利弊基础上才能促使监察对象尽快做出动机选择决策，只有监察对象做出最优的动机选择决策监察人员才有完成职务犯罪讯问任务的可能。

至此，我们可以针对如何改变监察对象动机选择的决策建构起专门的理论模型。从讯问进程看，在职务犯罪讯问中，无论是否采用软讯问法，一般都要凭借留置措施优势和讯问手段优势对监察对象进行心理压迫，限制监察对象的决策自主性，培养监察对象的服从意识，综合调动影响讯问的内外部因素，帮助监察对象形成选项概念，促使监察对象利用直觉思维和理性思维的交互作用权衡选项控制的利弊。同时，以加大社会成本和心理成本的威胁限制监察对象的注意力空间，以达到操纵监察对象对控制选项的主观感知的目的，防止出现讯问中的框架效应，迫使监察对象在固守回避动机或采用趋近动机之间进行选择，敦促监察对象尽量依据监察人员的评价标准做出弃置回避动机并代之以趋近动机的最优决策。

以上理论模型是从监察对象、违纪违法犯罪行为以及讯问环境三大方面来分析如何改变监察对象动机选择的决策问题，侧重于对动机选择决策影响因素的浅层揭示上。从操作简便性上讲，便于职务犯罪审查调查部门快捷地从心理学角度了解影响动机决策的因素，但缺乏对监察对象决策内部机制的深入探讨，使我们无法深入了解监察对象决策的过程和特征等内部机制，还无法使我们建立关于监察对象固守回避动机决策中的框架效应的理论描述。同时，还带来了一系列的疑问，即具体到监察对象固守回避动机决策选择情境下，在监察对象动机选择的决策过程中发生框架效应的机理是什么呢？框架效应在监察对象的决策中是如何表现的呢？监察对象因对证据感知程度的不同所引致的选项决策利弊衡量对框架效应的发生起何作用？也就是说，我们建立的上述理论模型仍是一种颇具外在性特点的模型，还需要通过对内部机制的探讨来予以理论完善，决策中的选择性偏差理论可以为我们的研究提供具体的帮助。

选择性偏差原指在研究过程中因样本选择的非随机性而导致得到的结论存在偏差，这里特指监察对象在监察对象应讯动机选择过程中因信息选择的非随机性而导致决策错误，也就是说，监察对象根据自己的特定观点来独立确定监察对象应讯动机。这种现象发生的主要原因是监察对象在谈话信息收集过程中对那些与其既有态度和行为相一致的信息具有选择上的偏好，我们称之为“信息的选择性接触”。按照决策理论，基于决策行为的信息收集，监察对象经常表现出一种与其应讯之初持有的态度、观念、立场、信仰或既有决策行为倾向相一致的趋势，而这种对信息的选择性接触行为会导致信息收集偏差，出现一致性偏差效应，即一旦某种选择方案被实施，监察对象便更喜欢用支持性的信息来代替反对性信息，从而意图避免或减少最终决策前可能产生的认知冲突，这种对支持性信息的选择偏差效应已经被特定化为“信息的选择性接触”。对“信息的选择性接触”是分析框架效应产生因素的必要参考项。因为根据框架效应的定义，对于相同信息的不同表征是致使框架效应产生的根本原因，分析监察对象固守回避动机决策中的框架效应，应围绕框架效应定义中的结构性概念进行梳理。

对于监察对象而言，相同的信息是指监察人员对所有监察对象传达应讯要求的语言内容。在职务犯罪讯问过程中，监察人员通常会要求监察对象趋近监察人员，采取与监察人员合作与配合的态度，主动、如实、彻底供述自己的违纪违法犯罪行为；同时警告监察对象，不要回避监察人员，不要采取不合作与不配合的态度，不要不主动、如实、彻底供述自己的违纪违法犯罪行为。这是对监察对象的根本性应讯要求，这种根本性要求是以信息对立的方式被提出的。

这种对立的信息所表征的最基本性信息就是趋近监察人员，与监察人员合作，主动供述违纪违法犯罪事实；这种对立的信息也表征了监察对象应讯动机选择时必须考虑的两个方面，即回避或趋近监察人员。对这两种对立信息的选择过程既是监察对象实施“信息的选择性接触”过程，也是有可能导致框架效应产生的过程。至于监察对象要选择哪些信息则需要一定的评价参照标准，这个参照标准我们通常称之为参照点。参照点在职务犯罪讯问中经常表现为一种期望，即监察对象设定并渴望实现的抗谈拒供目标，监察对象通常会依据这个参照点来调整监察对象应讯动机决策偏好水平。关于这个参照点的设定方式，实际上是给监察对象呈现两条可供选择的信息，即一致和冲突的信息各一条。所谓一致或冲突，是指与监察对象的初始决策是否一致。而初始决策是指监察对象在信息选择的初始阶段，基于脱罪免责的希冀会本能地产生逆反心理，首先选择回避监察人员的不合作动机，作为其初始选择中的既有应讯态度和观念，此意味着这部分监察对象对与其既有态度、观念和决策具有一致倾向性的信息的选择偏好。

由于凸显的信息选择标准差异，监察对象面对不同数量的备择信息会表现出不同的信息偏好。当要求监察对象在固守回避动机或采用趋近动机之间必须做出选择时，由于监察对象在回应这个问题时着重考虑的选择标准是信息方向，即是否满足初始决策的要求，这会引致监察对象对不一致信息的选择偏好，即主要考虑如何拒绝那些满足讯问要求的信息。为了达到讯问目的以说服监察对象放弃固守回避动机，必须再向监察对象阶段性地提供大量的关联信息，以解决监察对象的思想问题。当监察对象面临众多信息时，其在选择标准上考虑的更多的是信息品质，这会导致监察对象对一致性信息的偏好，即主要考虑选择哪些信息能够满足初始决策的要求。在进行上述工作过程中，监察人员以正面要求和侧面警告两种方式表征应讯要求时，导致了监察对象不同的决断。在监察人员正面要求时，绝大部分监察对象会产生回避动机，以得出有违讯问要求的初始决策；在监察人员侧面警告时，少部分监察对象会产生趋近动机，以得出符合讯问要求的初始决策。这时候就会滋生框架效应，主要标识是监察对象是否做出了符合讯问要求的初始决策。至此，我们可以总结出框架效应的产生机理：监察人员要求监察对象主动、如实、彻底供述自己的违纪违法犯罪行为，认为这是监察对象唯一的出路，同时将这项要求以肯定趋近动机和否定回避动机两种方式表征出来，而监察对象出于脱罪免责的欲望本能地选择并固守回避动机、排斥趋近动机，在信息整理过程中以能否满足实现抗谈拒供目标的需要为参照点，锚定那些支持其固守回避动机的信息，排斥那些反对其固守回避动机的信息，并以此为参照来调整对后续动机决策的估计，努力以锚定的支持性信息代替反对性信息，通过对“信息的选择性接触”进而得出与讯问要求不同的结论，主动、如实、彻底供述自己的违纪违法犯罪行为并非其唯一的出路，这就产生了框架效应。

下面我们讨论框架效应在监察对象决策中的表现问题。框架效应的产生具有特殊的讯问背景。在监察对象与监察人员同向而行的情况下不会出现框架效应，只有在监察对象与监察人员逆向而行的情况下才会出现框架效应。框架效应通常存在于职务犯罪讯问全过程，不仅存在于讯问之初，而且会凸显在之后的各个讯问节点。因此，能否产生框架效应成为权衡和检验讯问是否成功的标识之一。只要框架效应出现或存在，那就意味着尚需一个艰难的说服过程，直至框架效应消失。那么，框架效应在监察对象的决策中是如何表现的呢？大家知道，决策即做出选择，是监察对象根据自己的意愿和信念选择行动的过程。监察对象的意愿包括效用、个人价值、目标、结果等；监察对象的信念包括预期、知识、手段等。这一定义包括三部分：第一是监察对象的行动方案，包括选项及其他备选方案；第二是监察对象对讯问情势的客观状态及过程的信念，常以概率的形式描述；第三是监察对象对每种行动方案结果的愿望或价值评价，通常以效用表示。在职务犯罪讯问中，当监察对象打算与监察人员逆向而行时，效用更多的是指监察对象的一种心理感受，往往受监察对象抗谈拒供主观意识的影响，在动机选择时主要参考对其所处讯问环境和对未来个人出路的展望，这实际上反映了监察对象对于风险的态度，认为高风险意味着高收益，进而倾向于通过选择回避动机方式收获高收益。个人价值是指监察对象把自身价值和尊严看作目的，而不把其自己视为满足监察人员和法律意志的手段与工具；目标是指监察对象对选择回避动机的应讯活动预期结果的主观设想；结果是指监察对象以选择回避动机方式进行应讯活动的最后结局；预期是指监察对象对选择回避动机的预先期待，是对未来讯问情势变化做出的一种估计；知识是指监察对象对选择回避动机的认识结果的总和；手段是指监察对象为达到固守回避动机目的而采取的方法和措施。这些要素具有的共同点是都对监察对象选择并固守回避动机起支持作用，对讯问要求起反对作用，是对讯问要求的反向解读。这种反向解读通过综合作用形成了监察对象固守回避动机的初始决策，而初始决策又催生了框架效应，这种框架效应导致监察对象在整个讯问过程中均以初始决策为参照来调整对后续讯问情势的判断。由此可以看出，初始决策的形成是催生框架效应的关键节点。大家知道，整个讯问历程是由若干说服与反说服的节点组成，每个节点都可以被视为一个独立的决策和判断的阶段，这样在原始初始决策的锚定作用下又会形成若干初始决策，这些继发的初始决策均是原始初始决策的支撑内容，都是在框架效应的作用下产生的。也就是说，框架效应诱发了继发性初始决策。具体的诱发过程是：监察对象形成固守回避动机的初始决策后，会对后续的信息选择发生锚定作用，以致监察对象形成一种难以摆脱的思维定式，使监察对象不自觉地注意到与自身固有价值观念和思维方式相一致的信息，这就再次发生对“信息的选择性接触”，这种选择性接触反映了监察对象与先前一致的思维、观念、需要、动机、心理结构等主观因素，被注意到的信息概率也随之呈现较大的主观性。这种主观性表现为对备择信息的再次选择性理解上，那些符合监察对象价值观念和心理特征的信息继续被选中，满足讯问要求的信息则继续被拒绝，那些与监察对象个体价值相吻合且能被监察对象所用的信息接着被选择性地记忆，形成若干带有阶段性和目的倾向性的继发性初始决策，用于支持监察对象继续固守回避动机的决策。这就是框架效应在监察对象动机选择决策中的具体表现。受此启发，监察人员在讯问全程中的工作任务就是力争定点清除初始决策，进而摧毁框架效应产生的基础。粉碎了这些继发性初始决策，也就相应地清除了原始初始决策，消除了讯问中的框架效应。

从框架效应的产生机理看，向监察对象输出信息是框架效应产生的先决条件。大家都知道，运用证据是重要的讯问手段，那么监察人员在讯问中如何掌握证据输出量呢？监察对象因对证据感知程度的不同必定得出选项决策利弊衡量结论，这对框架效应的发生起何作用？下面我们探讨这些问题。

所谓证据输出量是指信息输出量，亦称备择信息数量。根据职务犯罪讯问实践，监察对象的认知系统中存在着一个具有普遍性的数量系统，这个系统由证据存在的时间、证据存在的空间和证据数量组成，这些数字数量、存在空间和持续时间等数量信息被表征为同一形式，即监察对象的心理数量、各个数量成分之间在监察对象的认知系统中可能存在相互干扰现象。监察人员所抛证据数量最终都会成为监察对象心理数量的有效组成部分，受监察对象心理数量控制规则的制约。数量形式不同对监察对象的神经刺激强度也不同：在证据数量少的情况下被刺激的监察对象神经反应烈度较弱；在证据数量多的情况下被刺激的监察对象神经反应烈度较强。数量形式不同所引致的数量编码过程也不同：监察对象在面临证据数量较少并被要求选择时偏重考虑证据信息是否指向其初衷；监察对象在面临证据数量较多并被要求选择时偏重考虑证据效力是否符合其初衷所求的条件。基于此，在职务犯罪讯问过程中，监察人员应该遵循由少到多的基本顺序抛洒证据，按照由弱到强的梯次对监察对象进行神经刺激。

具体讲，在讯问之初，无须进行证据展示，只要遵照讯问规范向监察对象明示具体的讯问要求即可；在其后的讯问进程中，监察人员要根据不同阶段的讯问需要设定带有强烈目的倾向性的话题，这种目的性一定要围绕着如何解决监察对象对讯问要求的阶段性反应去设定，如果需要进行证据展示的话，一定要出示与讯问目的具有直接关联性的证据，至于出示多少证据，也要本着由少到多的基本顺序去具体把握。但有一点需要注意，如果出示一份证据就能解决问题的话，就不能再继续展示证据。另外，证据出示数量与证据信息给予方式有关。证据信息给予方式是指备择信息的呈现形式，一般分为同时性模式和序列性模式。所谓同时性模式，是指被要求选择的证据信息的呈现方式为同时给予；对应这种信息呈现方式，监察对象的证据信息收集程序被称为同时性信息收集。所谓序列性模式，是指被要求选择的证据信息并非一次性给予，而是历经一个给予过程；也就是说，在监察人员分阶段、分批次抛示证据以后，监察对象有可能以一种连续的形式对证据信息进行选择、读取、分析、加工、再选择，该过程被重复直至对证据信息的需求获得满足或决策被执行为止。当证据信息被采用此方式收集时，在选择阶段结束之前监察对象不可能提前确定有多少与其初始决策一致或不一致的证据信息数量，而每一次都会有一个新证据信息引起监察对象的注意，监察对象无论是否注意到该证据信息都必须完成一个即时性决策任务，一旦择取的证据信息被加工，则证据信息收集将会继续进行，监察对象面对证据信息的序列性呈现所进行的信息收集操纵和加工被称作序列性信息收集。根据职务犯罪讯问实践，在对监察对象提出根本性应讯要求时一般采取同时性模式，即用“二项迫选”方式进行；在提阶段性应讯要求时有时也使用同时性模式，但不常用，通常采用序列性模式。采用不同的证据信息给予模式会给监察对象带来信息选择上的不同反应：监察对象进行信息序列性收集时主要考虑选择哪些证据信息能够满足初始决策的要求；当监察对象进行同时性信息收集时会主要考虑如何拒绝那些满足讯问要求的信息。也就是说，证据信息呈现方式对决策过程中信息的选择性接触行为以及由此形成的一致性偏差效应具有一定的调节作用，这种调节作用主要体现在备择证据信息数量以及证据信息给予模式对催生框架效应的影响上。下面我们主要从监察对象角度探讨这些影响。

首先，讨论备择证据信息数量以及证据信息给予模式对催生框架效应的重要性。监察人员抛示证据的数量及模式首先影响监察对象对固守回避动机决策质量的评估。因为监察对象主要依据监察人员给予的证据信息思考自身问题的严重程度、问题存在的时间和范围、把决策风险降至最低的可能性等问题，所以无论决策正确与否，监察对象都必须根据自己掌握并领会的证据范围来评估决策的妥当性，这种客观情况是不以监察对象的主观意志为转移的，这种重要性与证据信息数量及给予模式之间成反向变动关系：对监察对象的重要性越强，监察人员越容易控制证据信息给予模式和数量；对监察对象的重要性越低，监察人员越不在意控制证据信息给予模式和数量。这无疑加大了监察对象做出固守回避动机决策的盲目性，监察对象于讯问初期在参凭无据的情况下仅仅出于脱罪免责的人性本能而选择回避监察人员，过早形成了应讯的初始决策，在客观上为框架效应的尽早滋生准备了条件。如果监察人员在讯问初期就采用同时性给予模式抛示大量证据信息，监察对象则可思前顾后，经过较为周全的考虑后方才做出初始决策，这无疑会推迟框架效应的产生时间，因为框架效应是观察监察对象应讯态度的方向标，所以这会使监察人员无法尽快掌握监察对象真实的应讯态度，拉长讯问周期。

其次，探讨备择证据信息数量以及证据信息给予模式对催生框架效应的决策风险提示。按照职务犯罪讯问经验，多数监察对象在全凭个人主观意愿做出初始决策后，随着监察人员抛示证据密度的加大，可能会在监察人员的证据牵引下有意识地参照证据效力来评估初始决策风险。这时监察人员为了促使监察对象改变应讯态度，也乐意支持监察对象进行初始决策风险评估。在监察对象决定与监察人员逆向而行时，备择证据信息数量以及证据信息给予模式与监察对象初始决策风险呈反向关系：备择证据信息数量以及证据信息给予模式的可接受性越低，监察对象评估的初始决策风险越高；备择证据信息数量以及证据信息给予模式的可接受性越高，监察对象评估的初始决策风险越低。当监察对象决定与监察人员相向而行时，备择证据信息数量以及证据信息给予模式与监察对象初始决策风险呈正向关系：备择证据信息数量以及证据信息给予模式的可接受性越高，监察对象评估的初始决策风险越高；备择证据信息数量以及证据信息给予模式的可接受性越低，监察对象评估的初始决策风险越低。监察对象的初始决策不一定能够代表应讯目标的总体特征，实施起来也不一定能够达到预期效果，甚至根本不可能存在得逞的可能性。这是因为监察对象基于狭窄的证据范围可能会得出错误结论，这就需要监察人员通过适当的证据信息给予模式提供适当数量的证据信息，给予监察对象以固守回避动机决策风险提示，明示或暗示监察对象据此反思初始决策正确与否。这时监察对象如果具有一定的证据领会能力的话，可能会通过对监察人员行为的正面解读，理解到这是监察人员在采用适当控制证据数量和质量的方式，对其进行合适的指导、监督和复核，催促其改进应讯思维和应讯行为，帮助其把初始决策可能所致的风险降至可接受的低水平，此时监察对象愿意接受的初始决策风险越低，所要求的证据规模和数量越大；否则则相反。如果此时监察人员品脉而行，合理选定该节点的证据信息给予模式，适当控制所抛示的证据信息数量，便有可能敦促监察对象在意识到先前的决策风险后自觉修正初始决策。随着初始决策的修正，框架效应就会丧失或部分丧失发生的基础条件，这样便在客观上减少了框架效应产生的可能性，或者在一定程度上减轻了框架效应对讯问成功的阻却作用。

再次，谈谈备择证据信息数量及证据信息给予模式对监察对象预计总体误差的影响。预计总体误差是指监察对象基于对初始决策的正确度评估而预期在证据搜集过程中发现的决策误差。如果不出意外，在监察对象初始决策既定的情况下，如果监察人员采取输出量小的证据信息给予模式，监察对象由于估凭依据较少而会产生较大的预计总体误差，就会认为初始决策正确，此时监察人员对其的容忍度较弱；如果监察人员采取输出量大的证据信息给予模式，监察对象由于估凭依据相对充分则会产生较小的预计总体误差，认为初始决策错误，监察人员对其的容忍度就会相应增强。这种不稳定的预计总体误差一方面会导致监察对象修正初始决策的概率大小，另一方面会引发监察人员对监察对象应讯动机选择的认可和容忍。而监察对象修正初始决策的概率大小则直接决定框架效应的存续，影响监察人员对监察对象应讯态度的评估和把握。以上是从宏观角度描述证据信息给予模式和证据信息数量与监察对象固守回避动机决策中的框架效应之间的关系。下面我们再从微观层面分析监察对象证据信息感知对产生框架效应的影响。在职务犯罪讯问语境下，所谓的违纪违法犯罪事实指控是一个使用证据来确定争议事实真相的过程。一般认为，违纪违法犯罪事实指控的主要向度是监察人员试图以实际掌握的现实证据或以审查调查思维预判的虚拟证据证明其主张的事实。无论证据虚实，都能对监察对象起到直慑灵魂的作用。因为监察对象是否已被所谓的证据锚定，需要监察对象用心去感知和判断，需要监察对象感知的中心内容是监察人员所谓证据的证明效力与证明指向，需要监察对象判断的主要内容是监察人员指控实现的概率大小。这些都是影响监察对象形成固守回避动机初始决策的基本要素。只有当监察对象感受后认为监察人员所抛示的证据还没有形成链条式效力或还没有锁定其身时，监察对象才会受脱罪免责的念头牵引，产生能够脱身的侥幸，进而蔑视甚至忽略监察人员所示证据，完全依照自身主张或愿望来做出固守回避动机的决策；只有当监察对象判断还可以使用辩解或否认的方法去消除证据链条形成效力闭合可能时，才会产生监察人员指控实现的概率很小的误判。在感受或判断过程中，监察对象的经验、知识、价值取向、情感、情绪等也参与其中，但这都属于内源性因素，是监察对象判断预计总体误差的参考性内容，只有当证据信息数量和证据信息给予模式是监察对象判断预计总体误差的根本依据时，监察对象据此判断的预计总体误差大小，才会直接影响监察对象修正初始决策的可能性大小，进而决定框架效应的存续可能性大小。

最后，探讨备择证据信息数量及证据信息给予模式对总体变异性的影响。总体变异性是指监察对象原始初始决策的特征与后续讯问各阶段中的继发初始决策特征之间的差异程度。监察对象原始初始决策的总体特征是全局性、逆反性、独立性、顽固性、排斥性、指导性。所谓全局性是指原始初始决策被做出后对监察对象后续各阶段的应讯决策起着总体性和贯穿性的牵引作用；所谓逆反性是指监察对象原始初始决策是对讯问要求的根本性反动，在内容指向上与讯问要求逆势反向；所谓独立性是指原始初始决策是监察对象在突破讯问攻势思维圈定的情况下完全根据自己的意愿做出的；所谓顽固性是指监察对象在做出原始初始决策后轻易不愿修正或变更；所谓排斥性是指监察对象原始初始决策因与讯问要求性质不同而对讯问要求的排异性；所谓指导性是指原始初始决策是监察对象引导后续各阶段应讯活动的基本思想和指导原则。

继发初始决策除具有原始初始决策的一般特征外，还具有局部性、关联性、支撑性的个别特征。所谓局部性是指继发初始决策只是在后续各阶段对监察对象的应讯决策起牵引作用；所谓关联性是指继发初始决策属于原始初始决策内容体系的组成要素并在后续各应讯阶段对原始初始决策起支持作用；支撑性是指继发初始决策在原始初始决策规定内容的条件下完成支持固守回避动机决策的能力并对推动原始初始决策的实现起到至关重要的作用。从根本上讲原始初始决策与继发初始决策是决定与执行的关系，其内容、性质、目的与功能是一脉相通的。在应讯活动中，监察对象通常会把原始初始决策视为根本性的指导原则，而把继发初始决策作为具体的延续性支持手段。如果再讲不同的话，原始初始决策在应讯始终都发挥反动作用，而继发初始决策只是在各后续应讯阶段发挥局部的支持作用。从监察对象角度讲，原始初始决策是其固守的根本，而继发初始决策是其展开后的辅助实施手段。从讯问全局讲，监察对象若想控制讯问局面，必须首先确定以初始决策对抗讯问要求的总体目标，然后再设想如何分阶段分解总体目标，考虑如何以阶段性对抗措施来支持总体目标的实现。无论是总体对抗设想，还是局部措施实施，监察对象都离不开外源性的证据信息，其必须主要依赖监察人员抛示的证据信息数量和规模来考虑宏观对抗的设计与微观支持的措施。这就使备择证据信息数量和证据信息给予模式与总体变异性之间发生了勾连。一般来讲，无论是从原始初始决策角度而言，还是从继发初始决策角度讲，备择证据信息数量及证据信息给予模式与总体变异性之间具有同向变动关系：备择证据信息规模越大，总体变异性越大，否则则相反。为什么这样说？这是因为监察对象被灌输的证据信息量越大，其被心灵撞击的范围就越大，思虑问题的广度和深度就越宽泛，思考应对之策的滤全性就越强，思维偏差就越小，决策误差就越小，这意味着原始初始决策被修正和初始决策被废止的可能性增大，原始初始决策和初始决策之间的关联度发生松散，导致总体变异性增大。相反，如果监察对象由于占有的证据信息不充分而导致较大的决策偏差，就意味着原始初始决策被进一步强化，继发初始决策与原始初始决策间的高强度联系也将得到进一步固化，这就会导致总体变异性变小。以上这两种情况的直接后果，是使框架效应得到弱化或强化。在前一种情况中，框架效应可能因总体变异性增大而受到削弱；在后一种情况中，框架效应可能因总体变异性变小而得到加强。

以上是从内外机制两方面对监察对象固守回避动机决策中的框架效应进行的理论探讨，下面转向破解框架效应的司法实践总结。

既然对证据的选择性接触对框架效应的影响很大，那么我们就要考虑从限制选择性接触行为出发来考虑如何破解监察对象固守回避动机决策中的框架效应问题，具体应从选择性接触行为发生的影响因素入手，职务犯罪讯问实践中的做法是：

第一，限制备择证据信息数量。监察对象在证据信息选择过程中，对与其既有态度、观念和决策具有一致倾向的证据信息具有选择偏好，我们要针对监察对象这一特点限制对其的证据信息输出规模和数量。在讯问之初的“两项迫选”阶段，不抛证据信息，只正面进行法律政策教育，迫使监察对象仅仅依据内源性信息做出应讯行为选择，同时逼其暴露行为选择的内源性根据，为确定下一步的谈话主题奠定指向基础；在其后的话轮交锋中，围绕着如何让监察对象弃置回避动机这个中心话题有意识地抛示证据信息，并注意把握抛示节奏和把控证据输出规模，以满足话题支持的最低限度为原则。

第二，注意备择证据信息呈现形式。

第三，调整监察对象证据信息搜索过程中的聚焦。所谓聚焦是指监察对象在证据信息搜索过程中对证据信息和决策所形成的关注。如果监察对象把注意力放在决策上，便会增加其对支持信息的选择偏好；相反，倘若监察对象把注意力放在可用的备择证据信息上，则会降低其对支持证据信息的选择偏好。根据认知失调理论，对决策的关注和坚持将会增加监察对象的认知失调体验，而对证据信息的关注则会减少这种体验。因此，监察人员要针对监察对象的这个认知特点，把监察对象从认知失调的体验中分散出来，敦促监察对象减少对决策的思虑，降低监察对象对决策的信念和坚持性，进而减少监察对象在证据信息搜索过程中的偏差行为。

第四，操纵监察对象的证据信息加工能力与目标选择能力。因为监察对象对其持有的应讯态度至少在一定程度上反映了其对讯问现实的回应，当其能力被限制到影响监察对象有效加工输入证据信息的程度时，决策偏差可能会以一种与态度一致的形式出现。因此，在实际的讯问过程中，监察对象通常会在讯问现实的评估中被激发出精确的动机，一般会首先产生回避动机。同样，倘若证据信息加工的需求通过任务的形式要求监察对象超越其动机或者能力的限制，那么监察对象默认的趋势可能会是去加工其所遇到的与其应讯态度相关的证据信息。在某些情境下，监察对象在扩展其证据信息加工能力方面的一般性动机相对较低，这些情境可能会限制监察对象证据信息加工的能力，以满足监察对象指向固守回避的精确性动机，并导致监察对象对选择性证据信息加工策略的采纳。当加工的需要超过了监察对象的认知资源总量的时候，监察对象将会对认知资源进行选择性分配，还会在分配过程中会具有不同的潜在优化策略，这种策略就是通常选择那些自己最先接触到的证据信息，并且力避可能诱发认知失调的不良体验。换句话说，当监察对象面临一定数量的证据信息时，其信息加工能力或容量受监察对象信息加工的目标的影响，同时会依据被收集证据信息的类型产生特定的信息加工策略。比如，当监察对象对与自身态度相关的证据信息进行加工以尝试满足表达的目标时，往往会使用态度一致性原则把证据信息加工顺序予以优化区分的策略。职务犯罪讯问实践表明，监察对象对证据信息的选择偏差并不是与选择性接触效应相关的唯一条件，尽管监察对象会有一种倾向，希望能够更为精确地进行证据信息加工，但在某些情况下，有关采取趋近动机的证据信息加工可能比固守回避动机更为直接，也就是说，根据由特定目标所激发的动机性质，选择性接触效应可能被加强或者减弱。这为操纵监察对象的证据信息加工能力与目标选择能力提供了可能。操纵方式之一就是抛示一些支持趋近动机的证据信息，阻碍监察对象态度一致性原则的使用，即在监察对象固守回避动机目标明显时，最明智的做法是给出一致和不一致两方面的证据信息，并反驳那些一致的证据信息；操纵方式之二就是要求监察对象把弃置回避动机作为态度表达目标，实施激发监察对象有目的的动机加工策略。

3. 态度改变对监察对象弃置回避动机的作用

应讯态度是监察对象的一种心理准备，是监察对象把判断和思考引向监察对象应讯动机选择特定方向的预先观念和偏向。就监察对象固守回避动机而言，应讯态度一般体现在监察对象的信念和情感倾向中，是监察对象对固守回避动机的认知喜爱与否的主观评价性反应。固守回避动机是监察对象应讯动机选择所拥有的相对稳定的一种心理倾向，以及由此产生的相关行为倾向性。监察对象的应讯态度是可以转变的，新的态度形成的过程其实就是态度改变的实质过程，应讯态度改变的过程和机理与应讯态度的形成过程和机理是相互一致的。监察对象在监察人员的信息灌输下，不断接收关于弃置回避动机的劝告信息，遂修正原有态度，转而采用趋近动机，这就是态度改变。监察对象态度改变了，意味着监察对象弃置回避动机具有了现实可能性，表征着监察对象自然转用趋近动机。这期间监察对象的应讯态度改变对弃置回避动机的作用主要表现在以下三个方面：

第一，审视作用。我们可以简单地把监察对象的认知视为某些特定的监察对象应讯动机选择知识，把监察对象的认知结构视为与其个人对应的应讯行为、应讯知识、应讯观念和应讯决心的态度总和，这个态度总和的基本构成单位就是监察对象的各认知元素，态度改变的基本需求就是要求各认知元素与态度转变相关及协调。从此角度讲，监察对象应讯态度改变对上述各认知元素起着审视作用，即审视这些元素是否与监察对象应讯态度改变相关以及是否协调。因为每个监察对象都拥有自己所特有的认知元素，协调、不协调及不相关这三种情况直接代表了相关认知元素之间的关系。这种审视作用还表现在可以动态监控监察对象是否产生了监察对象应讯心理冲突。在通常的讯问情境下，当监察对象发觉自己所特有的多种认知元素之间区别度越发加大时，便会相应产生心理冲突和紧张，同时随即产生不断促使其放弃或改变原有的固守回避动机认知的内在动力，继而随着认知的改变产生了弃置回避动机转取趋近动机这种新的应讯态度，使监察对象的认知重新回归平衡协调。如果监控到监察对象没有产生监察对象应讯心理冲突，则应提醒监察人员再备资料另想办法，以挑起监察对象的监察对象应讯心理冲突。

第二，锚定作用。从前述可知，监察对象做出固守回避动机的初始决策后，在未来讯问前景不确定的情况下，监察对象在其后的讯问中对监察对象应讯动机的选择仍会受到初始决策的锚定影响，以初始决策为参照点进行调整做出估计，但这种调整往往不充分，使得其最后的估计结果偏向初始决策的一种判断偏差现象。即使监察对象出现短期的动摇，但很快又会回到坚持初衷状态，这就是在讯问前期甚至讯问全过程会出现监察谈话双方僵持不下情势的根本原因。但监察对象的这种应讯态度有可能会发生改变，这是监察人员会竭力促成的目标。所谓应讯态度转变即监察对象在原来态度的基础之上，因接受新信息或新意见而发生应讯态度改变。此谓新信息就是监察人员又抛示的新证据；此谓新意见就是监察人员又做出的带有阶段性讯问要求性质的纪法建议，这些纪法建议一旦经监察对象吸收消化后即能成为监察对象的新的认知元素。也就是说，这些新证据和新的认知元素成为决定应讯态度改变的关键要素，也是促使监察对象弃置回避动机的关键要素。在这个促使弃置的过程中，涉及监察人员、监察对象、证据信息和讯问情境四个基本要素。证据信息和讯问情境会对监察对象的领悟过程产生不同程度的影响，而发生不同程度的情感转移，这种情感转移会随着监察对象领悟的变化而转移到与之相关的其他要素上。如果监察对象所接受的证据信息与已有的证据信息在可接受度上相差悬殊，便会出现监察对象应讯心理紧张或不安，趋同机制随即发生作用，监察对象会尽可能将前后两个不同的证据信息趋于统一，在这个过程中应讯态度就有可能改变。当然也可能出现监察对象为了固守初始决策而误解证据信息或拒绝证据信息等现象。

为什么出现这种情况？这得分情况解释。第一种情况是监察人员对监察对象调整的不充分而导致监察对象产生锚定效应所致。在讯问前期，监察对象是依靠直觉判断才做出固守回避动机的初始决策，随后又进行系统分析再对判断结果做出理性调整，但无论是初始决策还是继发的调整，均主要建立在监察人员不抛示证据信息或抛示带有不充分特征的证据信息基础上。无论排除认知因素的影响与否，监察对象调整的程度都是不充分的，决策结果又存在非理性偏差，这说明监察对象在调整过程中，既非出于谨慎，也非出于冲动，对调整不充分的解释意味着非理性偏差具有一定的普遍性。而这些现象都是出于监察对象的锚定作用而产生的。这是在监察对象不接受讯问要求的前提下可能发生的锚定效应。第二种情况是监察对象在接受讯问要求的前提下也有可能发生锚定效应。因为监察对象接受讯问要求意味着其对监察人员的服从，在此前提下，监察对象就会变更固守回避动机的初始决策，转而采用趋近动机，在这期间监察对象要历经“服从、同化、内化”三个思维转变阶段。所谓服从，就是按照监察人员弃置回避动机的要求去做；所谓同化，就是监察对象对所获得的证据信息进行转换，以使这些证据信息符合现有的认知方式；所谓内化，就是监察对象在应讯思想上与监察人员的思想观点保持一致，自己所认同的新观点自成一个新的持久性的应讯态度体系。在这三个思维转变阶段，监察对象由于受服从意识的支配，会以弃置回避动机作为继发性决策的参考点来思考以后的应讯态度和应讯行为选择，同时必然会锚定那些支持弃置回避动机的证据信息，来同化自己的认知方式，最终达到内化的效果。又因为监察对象的应讯态度是其弃置回避动机的前提，所以当监察对象的应讯态度改变时，其监察对象应讯动机选择势必受锚定效应的影响而发生改变，这会导致弃置回避动机决策的产生。总之，锚定效应在监察对象应讯态度决策和应讯行为选择中既能起到一定的积极作用，又会给监察对象带来判断偏差。

第三，建构作用。围绕着如何消除判断偏差来建构监察对象应讯态度改变的正向导引体系是职务犯罪讯问的中心任务。建构这种正向导引体系的具体措施是：在职务犯罪讯问之初，在监察人员不抛示证据的情况下，允许监察对象对讯问要求保持更多的警惕性，鼓励监察对象尽早暴露初始决策的内源性根据，以便于决定下一步讯问中怎么抛示证据给予反驳。在接下来的讯问阶段，在监察人员抛示证据的情况下，允许监察对象多去思考监察人员提供的锚定证据信息的客观性和准确性，甚至以允许监察对象反推锚定证据的不恰当性为手段，鼓励监察对象去质疑锚定证据的客观性和指向性。如果监察对象无法质疑锚定证据的客观性，就会增加对锚定证据的采用可能性，这样监察人员就能更大程度地削弱固守回避动机的锚定偏差强度。同时监察人员要注意抛示证据的密度和质量，因为在职务犯罪讯问实践中经常会出现这样的情况，即监察对象对初始决策依据自源性了解越多，就越不容易受到监察人员所抛示证据信息的影响。这意味着监察对象在做出继发性决策时掌握的自源性知识可以给其一定的帮助，这为监察人员敲响了警钟，必须加强锚定证据信息的指向性和可采性，以锚定证据信息去驳斥自源性知识，争取最大限度地减少监察对象的锚定判断偏差。通过职务犯罪讯问实践可知，监察对象的监察对象应讯动机强度和认知状态也能对其应讯态度改变产生影响，此时监察人员可以提高监察对象追求答案正确率的动机强度或给予关于初始决策相关知识预警的方式，减少监察对象自发锚定偏差，因为对固守回避动机初始决策的警告能够有效提高监察对象的认知调整，弱化监察对象的锚定决策偏差。总之，在目前的职务犯罪讯问中，祛除监察对象固守回避动机初始决策主要是从两方面着手：测试为监察对象提供信息的可靠性以及提高监察对象的动机水平。这同时是建构监察对象应讯态度以改变正向导引体系的具体策略。

参考文献

［1］宋晓兰、唐孝威：《意识全局工作空间的扩展理论》，载《自然科学进展》2008年第6期。

［2］宋晓兰：《心智游移现象及其脑机制研究》，浙江大学博士学位论文2009年6月。

［3］胡楠荼：《心智游移和注意网络关系的研究》，浙江大学博士学位论文2012年7月。

［4］魏屹东、安晖：《意识的语境认知模型——兼评巴尔斯的意识理论》，载《人文杂志》2012年第4期。

［5］潘守信：《犯罪心理痕迹的分析步骤和方法》，载《湖北警官学院学报》2007年第3期。

［6］甘莉：《犯罪心理画像的理论与应用研究》，上海大学硕士学位论文2014年4月。

［7］何颖：《多维视野中的非理性及其价值研究》，黑龙江大学博士学位论文2002年3月。

［8］陈闻高：《供述动因论》，载《吉林公安高等专科学校学报》2010年第5期。

［9］王敏：《关于犯罪动机的跨学科研究》，载《西南政法大学学报》1999年第3期。

［10］王鹏：《集体效能的理论及实验研究》，山东师范大学硕士学位论文2004年4月。

［11］杨治：《基于心理学的审讯方法与策略探讨》，载《产业与科技论坛》2010年第8期。

［12］李小丹：《受贿案件中犯罪嫌疑人的应讯心理及审讯策略研究》，西南

大学硕士学位论文 2010 年 5 月。
[13] 王福龙：《嫌疑人心理状态及审讯方法探析》，载《广西警官高等专科学校学报》2009 年第 3 期。
[14] 陈闻高：《侦讯说服规劝论》，载《四川省政法管理干部学院学报》2000 年第 4 期。
[15] 刘春林：《侦查再现论》，华东政法大学硕士论文 2007 年 4 月。
[16] 周文霞、郭桂萍：《自我效能感：概念、理论和应用》，载《中国人民大学学报》2006 年第 1 期。
[17] 支磊：《自侦案件审讯中心理限制方法的运用研究》，安徽大学硕士学位论文 2012 年 10 月。
[18] 张沛超：《心理治疗的哲学研究》，武汉大学博士学位论文 2012 年 11 月。
[19] 杨玲丽：《共生理论在社会科学领域的应用》，载《社会科学论坛》2010 年第 16 期。
[20] 周慧渊：《自尊与防御机制使用关系研究》，浙江大学硕士学位论文 2008 年 5 月。
[21] 张凤华、曾建敏、张庆林：《框架效应：情感的启发式》，载《心理科学》2010 年第 6 期。
[22] 陈闻高：《论侦讯对话中的心理强制》，载《上海公安高等专科学校学报》2003 年第 5 期。
[23] 陈闻高：《论侦讯手段的软和硬》，载《江西警察学院学报》2012 年第 3 期。
[24] 江华：《论职务犯罪讯问中的心理控制方法》，西南政法大学硕士学位论文 2010 年 9 月。
[25] 房敞立：《模糊语言在讯问中的运用》，载《四川警察学院学报》2016 年第 6 期。
[26] 高新平：《职务犯罪侦查思维理论与实践》，中国检察出版社 2016 年 5 月版。
[27] 桑涛：《公诉语言学：公诉人技能提升全程指引》，中国法制出版社 2016 年 6 月版。

后 记

自20岁参加经济检察工作并接触职务犯罪讯问以来，我就颇费思量地虑及职务犯罪讯问有哪些逻辑生发要素、这些要素的作用机制和原理是什么等问题。随着工作年限的增长，职务犯罪讯问工作的长期磨砺使我具备了一些具体的感悟，这些一并体现在了本书中。

国家监察体制改革以后，我转隶到了纪检监察机关，随着办理留置案件经验的不断丰富，再加上受国内现有职务犯罪讯问研究成果的启发，我开始产生了某些体系性的思考，对职务犯罪讯问要素研究的兴趣日益浓厚。对于监察体制改革后的职务犯罪讯问来讲，不变的是要素的逻辑生发结构，变换的是这些要素运用的机制。我感叹于职务犯罪侦查讯问效率的高能，又惊叹于思想政治教育浸润灵魂的魔力，于是就尝试着将两者有机地结合起来并具体运用到留置案件的讯问中，成功的喜悦促使我草就此书，渴望能对职务犯罪讯问实务起到参考和启发作用，对纪检监察工作高质量发展略尽绵薄之力。

仅以此书奉献给我所挚爱的职务犯罪审查调查工作！

高新平

2021年4月7日于济南